U0916160

2018 年 4 月 16 日，退役军人事务部挂牌仪式在京举行。

2018 年 11 月 1 日，退役军人事务部部长孙绍骋带队赴中央党校（国家行政学院），与第 16 期县委书记研修班的部分学员座谈，就基层退役军人工作中遇到的困难问题、解决措施等听取意见建议。

2018 年 5 月 12 日，退役军人事务部部长孙绍骋在河北省调研退役军人工作，与退役军人交流、询问了解工作生活情况。

2018 年 5 月 22 日，退役军人事务部部长孙绍骋在天津市西青区退役军人联络服务中心、河西区军休所调研，与军休干部交流。

2018 年 8 月 20 日，退役军人事务部副部长钱锋出席退役军人和其他优抚对象信息采集工作业务培训班开班式并作动员讲话。

2018 年 5 月 25 日，退役军人事务部副部长钱锋在江苏省南京市调研，参观考察颐和路社区将军馆。

2018 年 9 月 4 日，退役军人事务部副部长钱锋会见来访的乌干达国防与退役军人事务国务部长鲁瓦米拉马一行。

2018 年 7 月 12 日，中央军委政治工作部主任助理兼退役军人事务部副部长方永祥出席中央单位军队转业干部安置工作会议并讲话。

2018 年 11 月 27 日，中央军委政治工作部主任助理兼退役军人事务部副部长方永祥在宁夏回族自治区退役军人事务厅调研，了解机构组建工作。

2018 年 12 月 19 日，中央军委政治工作部主任助理兼退役军人事务部副部长方永祥赴清华大学看望 2018 年中央单位军队转业干部专业培训班全体学员。

2018 年 10 月 31 日，中央纪委国家监委驻退役军人事务部纪检监察组组长林国耀为退役军人事务部全体党员干部作学习《中国共产党纪律处分条例》专题辅导报告。

2018 年 7 月 10 日，中央纪委国家监委驻退役军人事务部纪检监察组组长林国耀在广西壮族自治区调研，看望慰问退役军人。

2018 年 7 月 12 日，中央纪委国家监委驻退役军人事务部纪检监察组组长林国耀在云南省文山州老山作战纪念馆考察调研，了解烈士褒扬纪念工作。

2018 年 4 月 24 日，退役军人事务部组织召开部分中央企业接收安置退役士兵工作座谈会。

2018 年 7 月 31 日，退役军人事务部召开组建以来的首次新闻发布会，部领导孙绍骋、钱锋、方永祥出席。

2018 年 9 月 13 日，退役军人事务部邀请部分全国人大代表、全国政协委员来部机关座谈，通报退役军人事务部组建及各项工作进展情况、建议提案办理情况，听取对退役军人工作的意见建议，部领导孙绍骋、钱锋、方永祥、林国耀出席。

2018 年 9 月 25 日，退役军人事务部在部机关举办“不忘初心、牢记使命　为构建新时代退役军人事务新格局努力奋斗”英烈文化作品展，部领导孙绍骋、钱锋、方永祥、林国耀为展览揭幕并一同参观。

2018 年 11 月 10 日，中央宣传部、退役军人事务部在北京公开发布 2018 年“最美退役军人”先进事迹。

2018 年 12 月 28—29 日，首次全国退役军人事务厅（局）长会议在京召开。

2018 年 11 月 16 日，北京市退役军人事务局挂牌成立。

2018 年 11 月 29 日，天津市退役军人事务局挂牌成立。

2018 年 11 月 1 日，河北省退役军人事务厅挂牌成立。

2018 年 10 月 29 日，山西省退役军人事务厅挂牌成立。

2018 年 11 月 10 日，内蒙古自治区退役军人事务厅挂牌成立。

2018 年 11 月 11 日，辽宁省退役军人事务厅挂牌成立。

2018 年 11 月 30 日，吉林省退役军人事务厅挂牌成立。

2018 年 10 月 25 日，黑龙江省退役军人事务厅挂牌成立。

2018 年 11 月 28 日，上海市退役军人事务局挂牌成立。

2018 年 11 月 17 日，江苏省退役军人事务厅挂牌成立。

2018 年 10 月 24 日，浙江省退役军人事务厅挂牌成立。

2018 年 11 月 28 日，安徽省退役军人事务厅挂牌成立。

2018 年 11 月 7 日，福建省退役军人事务厅挂牌成立。

2018 年 11 月 9 日，江西省退役军人事务厅挂牌成立。

2018 年 11 月 19 日，山东省退役军人事务厅挂牌成立。

2018 年 11 月 26 日，河南省退役军人事务厅挂牌成立。

2018 年 11 月 23 日，湖北省退役军人事务厅挂牌成立。

2018 年 11 月 2 日，湖南省退役军人事务厅挂牌成立。

2018 年 11 月 9 日，广东省退役军人事务厅挂牌成立。

2018 年 11 月 20 日，广西壮族自治区退役军人事务厅挂牌成立。

2018 年 9 月 29 日，海南省退役军人事务厅挂牌成立。图为海南省退役军人事务厅厅长接受任命书。

2018 年 11 月 6 日，重庆市退役军人事务局挂牌成立。

2018 年 11 月 21 日，四川省退役军人事务厅挂牌成立。

2018 年 11 月 19 日，贵州省退役军人事务厅挂牌成立。

2018 年 11 月 19 日，云南省退役军人事务厅挂牌成立。

2018 年 11 月 22 日，西藏自治区退役军人事务厅挂牌成立。

2018 年 11 月 15 日，陕西省退役军人事务厅挂牌成立。

2018 年 10 月 30 日，甘肃省退役军人事务厅挂牌成立。

2018 年 11 月 26 日，青海省退役军人事务厅挂牌成立。

2018 年 11 月 15 日，宁夏回族自治区退役军人事务厅挂牌成立。

2018 年 11 月 29 日，新疆维吾尔自治区退役军人事务厅挂牌成立。

中国
退役军人事务年鉴

CHINA VETERANS AFFAIRS YEARBOOK

退役军人事务部◎编

科学技术文献出版社
SCIENTIFIC AND TECHNICAL DOCUMENTATION PRESS
·北京·

图书在版编目（CIP）数据

中国退役军人事务年鉴. 2019 / 退役军人事务部编. —北京：科学技术文献出版社，2019.12
ISBN 978-7-5189-6287-7

Ⅰ.①中⋯ Ⅱ.①退⋯ Ⅲ.①退役—军人—人事管理—中国—2019—年鉴 Ⅳ.①E263-54

中国版本图书馆 CIP 数据核字（2019）第 255964 号

中国退役军人事务年鉴2019

策划编辑：崔 静　　责任编辑：王瑞瑞　　责任校对：文 浩　　责任出版：张志平

出 版 者　科学技术文献出版社
地　　址　北京市复兴路15号　邮编 100038
编 务 部　（010）58882938，58882087（传真）
发 行 部　（010）58882868，58882870（传真）
邮 购 部　（010）58882873
官方网址　www.stdp.com.cn
发 行 者　科学技术文献出版社发行
印 刷 者　北京时尚印佳彩色印刷有限公司
版　　次　2019 年 12 月第 1 版　2019 年 12 月第 1 次印刷
开　　本　889 × 1194　1/16
字　　数　470千
印　　张　22.75　彩插32面
书　　号　ISBN 978-7-5189-6287-7
定　　价　198.00元

《中国退役军人事务年鉴 2019》
编委会

《中国退役军人事务年鉴 2019》
编写组成员

编辑说明

《中国退役军人事务年鉴》是关于退役军人工作的专业性史料工具书，旨在逐年记录、时序呈现、客观反映我国退役军人工作发展概况，为全国退役军人事务系统工作者和关心、关注退役军人工作的广大读者提供借鉴和参考。

《中国退役军人事务年鉴 2019》是我国第一部翔实记录退役军人工作的年鉴，共 6 个部分，包括党和国家领导人关于退役军人工作的活动和讲话、退役军人事务部领导讲话和署名文章、全国退役军人工作、地方退役军人工作、政策法规、大事记。其中，全国退役军人工作主要从国家层面反映政策措施、思想政治和权益维护、规划财务、移交安置、就业创业、军休服务管理、拥军优抚、褒扬纪念（国际合作）等工作；地方退役军人工作主要从地方层面反映各省（区、市）和副省级城市及新疆生产建设兵团退役军人相关工作。

《中国退役军人事务年鉴 2019》的编辑出版，是在全国退役军人事务系统的共同努力下完成的。在此，谨向所有参加编辑出版工作的领导和同志表示衷心感谢！因编者水平有限，疏漏之处在所难免，恳请广大读者批评指正！

编　者

2019 年 12 月

前　言

习近平总书记在党的十九大上庄严宣布：中国特色社会主义进入了新时代。同样是在这次会议上，习近平总书记的重要讲话掷地有声：“组建退役军人管理保障机构，维护军人军属合法权益，让军人成为全社会尊崇的职业。”

2018年，伴随着新时代的和煦春风，中国退役军人工作具有里程碑意义的大幕隆重拉开。时间的年轮，清晰地记录下退役军人工作在新中国发展史上前进的步伐——

2018年3月12日，在出席十三届全国人大一次会议解放军和武警部队代表团全体会议时，习近平总书记饱含深情地说：“组建退役军人管理保障机构对于更好为退役军人服务、让军人成为全社会尊崇的职业具有重要意义，要把好事办好办实。”

2018年3月17日，十三届全国人大一次会议表决通过了关于国务院机构改革方案的决定，退役军人事务部正式批准组建。

2018年4月16日，退役军人事务部挂牌仪式和成立大会在京举行。

自此，退役军人工作站在新的历史起点上，和伟大祖国同步共进，在时代新风里开局起笔。

这一年，艰巨任务面前扬帆远航。退役军人事务部坚持以习近平新时代中国特色社会主义思想为指导，深入学习贯彻习近平总书记关于退役军人工作重要论述精神，牢固树立以退役军人为中心的工作理念，确立让退役军人满意、让军人成为全社会尊崇的职业的奋斗目标。在军地相关部门配合下，边组建机构、边推进工作，边谋划长远发展、边解决遗留问题，边着手顶层设计、边落实当年任务，迎难而上、开拓进取，各项工作平稳起步、有序推进。一幅壮美的时代画卷徐徐展开，一条独具特色的退役军人工作之路正在形成。

这一年，政策法规密集出台落地。备受关注的《退役军人保障法》被列入全国人大常委会47件“需要抓紧工作、条件成熟时提请审议的法律草案”之一，送中央和国家机关，各省、自治区、直辖市人民政府及军队有关部门征求意见。与此同时，《关于促进新时代退役军人就业创业工作的意见》《关于进一步加强由政府安排工作退役士兵就业安置工作的意见》《关于印发〈为烈属、军属和退役军人等家庭悬挂光荣牌工作实施办法〉的通知》《关于调整部分优抚对象等人员抚恤和生活补助标准的通知》先后出台，这些政策如同贴心的“大礼包”，让退役军人备感温暖。

这一年，尊崇之光照亮退役之路。把接收安置好退役军人作为支持国防和军队建设的实际行动，圆满完成军转干部、退役士兵、复员干部、军休干部和退休士官的安置任务；积极扶持退役军人就业创业，推动制定税收优惠和公益性岗位兜底政策，指导各地强化就业服务；商中央财政投入资金，落实退役军人和其他优抚对象待遇；大力开展双拥共建，推动一批实际问题解决；部署开展悬挂光荣牌、退役军人和其他优抚对象信息采集工作，为下一步服务保障奠定基础；维护退役军人合法权益，认真做好来访来信办理工作，开通网上信访渠道，督促遗留问题解决；与中央宣传部面向全社会联合开展“最美退役军人”学习宣传活动，不断增强广大退役军人的幸福感、荣誉感、尊崇感。

潮平两岸阔，风正一帆悬。当前，我国退役军人工作正处在改革发展的关键节点，责任重大、任务艰巨、使命光荣。我们相信，在以习近平同志为核心的党中央坚强领导下，各级退役军人工作者和广大退役军人必将肩负起历史使命、凝聚起磅礴力量、激扬起无畏勇气，为实现“两个一百年”奋斗目标、实现中华民族伟大复兴的中国梦作出新的更大贡献！

目录

党和国家领导人关于退役军人工作的活动和讲话

习近平关于深化党和国家机构改革决定稿和方案稿的说明

（节选）

组建退役军人事务部。为让军人成为全社会尊崇的职业，维护军人军属合法权益，将民政部、人力资源和社会保障部以及中央军委政治工作部、后勤保障部有关职责整合，组建退役军人事务部。

（《〈中共中央关于深化党和国家机构改革的决定〉〈深化党和国家机构改革方案〉辅导读本》，人民出版社）

习近平在出席解放军和武警部队代表团全体会议时强调
扎扎实实推进军民融合深度发展
为实现中国梦强军梦提供强大动力和战略支撑

（节选）

组建退役军人管理保障机构对于更好为退役军人服务、让军人成为全社会尊崇的职业具有重要意义，要把好事办好办实。

国防和军队建设是全党全军全国各族人民的共同事业。中央和国家机关、地方各级党委和政府要大力支持国防和军队建设，全军要积极支援地方经济社会发展。军地双方要发扬军爱民、民拥军的光荣传统，不断巩固军政军民关系，为实现“两个一百年”奋斗目标、实现中华民族伟大复兴的中国梦而共同奋斗。（新华社北京2018年3月12日电）

中央经济工作会议在北京举行
习近平李克强作重要讲话
栗战书汪洋王沪宁赵乐际韩正出席会议

（节选）

加强保障和改善民生。要完善制度、守住底线，精心做好各项民生工作。要把稳就业摆在突出位置，重点解决好高校毕业生、农民工、退役军人等群体就业。（新华社北京 2018 年 12 月 21 日电）

李克强在第十三届全国人民代表大会第一次会议上的政府工作报告

（节选）

鼓励支持返乡农民工、大中专毕业生、科技人员、退役军人和工商企业等从事现代农业建设、发展农村新业态新模式。

扎实做好退役军人安置、管理和保障工作。

稳步提高城乡低保、社会救助、抚恤优待等标准。

做好伤残军人和军烈属优抚工作。

维护军人军属合法权益，让军人成为全社会尊崇的职业。

各级政府要采取更有力的举措，支持国防和军队建设改革，深入开展拥军优属、拥政爱民活动，使军政军民团结始终坚如磐石、始终根深叶茂。（中国政府网，2018 年 3 月 5 日）

孙春兰在退役军人事务部挂牌仪式和成立大会上强调
改革创新　履职尽责　开创退役军人工作新局面

中共中央政治局委员、国务院副总理孙春兰16日出席退役军人事务部挂牌仪式和成立大会并讲话。她强调，要以习近平新时代中国特色社会主义思想为指导，提高政治站位，增强“四个意识”，坚决贯彻党中央、国务院决策部署，加快机构改革和职能整合，建立健全集中统一、职责清晰的退役军人管理保障体制，开创新时代退役军人工作新局面。

孙春兰指出，组建退役军人事务部，是以习近平同志为核心的党中央着眼党和国家事业全局作出的重大战略决策，对于加强退役军人管理服务保障，激励他们为社会主义现代化建设贡献聪明才智，激发广大官兵昂扬士气，吸引优秀人才投身国防军队建设，汇聚实现强军梦、强国梦的磅礴力量，具有重大深远意义。

孙春兰强调，要全面深刻领会机构改革精神，准确把握职能定位，优化顶层设计，构建与经济社会发展水平相适应、与深化国防和军队改革相衔接、与退役军人贡献相匹配的管理体制和制度体系。深入调查研究，创新思路理念，健全协同机制，全面提升退役军人工作水平，切实维护军人军属合法权益，让军人成为全社会尊崇的职业。坚持以人民为中心，求真务实、真抓实干，不断增强退役军人的获得感幸福感。

中央军委委员、中央军委政治工作部主任苗华出席相关活动。（新华社北京2018年4月16日电）

退役军人工作经验交流会在河北召开
孙春兰郭声琨赵克志出席

6月30日至7月1日，退役军人工作经验交流会在河北召开。会议总结交流河北等地经验做法，研究部署进一步做好退役军人工作。中共中央政治局委员、国务院副总理孙春兰，中共中央政治局委员、中央政法委书记郭声琨，国务委员、公安部部长赵克志出席并讲话。

会议期间，与会代表考察了河北省加强退役军人服务管理工作的好做法好经验，河北、北京、天津、山东、湖南、贵州等省市作了经验介绍，10个地方和部门作了书面经验交流。近年来，这些地方和部门把退役军人服务管理工作作为重要政治任务来抓，实行“一把手”工程，思想认识到位、组织领导到位、工作感情到位、政策落实到位、困难帮扶到位、教育引导到位，取得阶段性成效，为各地进一步做好退役军人工作提供了有益借鉴。

会议强调，要坚持以习近平新时代中国特色社会主义思想为指导，坚决贯彻党中央、国务院决策部署，提高政治站位，增强“四个意识”，落实主体责任，加强协调配合，推动现有政策不折不扣地落实，同时结合各地实际完善政策措施，维护退役军人合法权益。要因地制宜做好优抚安置工作，加强服务体系建设，做好扶持就业创业、教育培训、生活困难救助等工作，让广大退役军人切实感受到党和政府的温暖。要坚持党建引领，加强思想引导、法治教育，褒扬彰显退役军人为党、国家和人民牺牲奉献的精神风尚和价值导向，让军人成为全社会尊崇的职业。（新华社石家庄2018年7月1日电）

部分省份退役军人服务管理工作推进会在京召开 孙春兰出席并讲话

中共中央政治局委员、国务院副总理孙春兰27日下午主持召开部分省份退役军人服务管理工作推进会，强调要深入学习贯彻习近平总书记关于退役军人工作的重要指示批示精神，不断增强责任感和紧迫感，扎实做好退役军人服务管理工作，切实保障退役军人合法权益，维护社会和谐稳定大局。

孙春兰指出，党中央、国务院高度重视退役军人工作，专门组建退役军人事务部，充分体现了对广大退役军人和优抚对象的关心厚爱。各地各有关部门要牢固树立“四个意识”，提高政治站位，按照6月30日在河北召开的退役军人工作经验交流会的要求，全面履职尽责，把党中央、国务院的决策部署落地落实。退役军人政策落实情况已纳入今年国务院大督查重点范围，近期将开展实地督查。各地要切实担负主体责任，抓紧开展自查，及时整改政策落实中的突出问题。

孙春兰强调，要在提高退役军人服务管理工作精细化水平上下功夫，建立完善服务体系，扎实做好退役军人安置就业、保险接续、困难帮扶、优待抚恤和信息采集、悬挂光荣牌等重点工作。“八一”将至，要做好拥军优属、拥政爱民等工作，广泛开展走访慰问活动，积极帮扶下岗失业、生活困难的退役军人和优抚对象，使他们感受到党和政府的关怀。（新华社北京2018年7月27日电）

王勇在第十三届全国人民代表大会第一次会议上关于国务院机构改革方案的说明

（节选）

组建退役军人事务部。为维护军人军属合法权益，加强退役军人服务保障体系建设，建立健全集中统一、职责清晰的退役军人管理保障体制，让军人成为全社会尊崇的职业，方案提出，将民政部的退役军人优抚安置职责，人力资源和社会保障部的军官转业安置职责，以及中央军委政治工作部、后勤保障部有关职责整合，组建退役军人事务部，作为国务院组成部门。其主要职责是，拟订退役军人思想政治、管理保障等工作政策法规并组织实施，褒扬彰显退役军人为党、国家和人民牺牲奉献的精神风范和价值导向，负责军队转业干部、复员干部、退休干部、退役士兵的移交安置工作和自主择业退役军人服务管理、待遇保障工作，组织开展退役军人教育培训、优待抚恤等，指导全国拥军优属工作，负责烈士及退役军人荣誉奖励、军人公墓维护以及纪念活动等。

（新华社北京 2018 年 3 月 13 日电）

退役军人事务部领导讲话和署名文章

在退役军人事务部全体干部大会上的讲话

孙绍骋

（2018年4月20日）

今天，我们召开退役军人事务部成立后的第一次全体干部大会，主要任务是：深入学习习近平新时代中国特色社会主义思想，贯彻落实党中央、国务院决策部署，明确重点任务，进一步统一思想、凝聚共识、振奋精神，努力开创退役军人工作新局面。

习近平总书记对退役军人工作高度重视，在安置、双拥、烈士褒扬、优待抚恤等各个方面作出了一系列重要论述，这是习近平新时代中国特色社会主义思想的重要组成部分，它深刻回答了新时代退役军人工作“谁来做”“做什么”“怎么做”等重大问题，为我们工作指明了前进方向、提供了根本遵循。组建退役军人事务部，是习近平总书记亲自谋划设计、亲自部署推动的大战略、大手笔，是以习近平同志为核心的党中央统筹国内国际两个大局、着眼经济建设与国防建设协调发展两个方面作出的重大政治决策，对于服务中华民族伟大复兴、厚植强军根基、完善社会治理、推进军民融合深度发展、维护退役军人合法权益都具有重大意义。

在党中央、国务院坚强领导下，在军地有关部门大力支持下，经过大家共同努力，4月16日，我部顺利举行了挂牌仪式并召开成立大会，标志着组建工作第一阶段任务圆满完成。中共中央政治局委员、国务院副总理孙春兰同志亲自出席挂牌仪式和成立大会，为我部揭牌并发表重要讲话。中央军委委员、中央军委政治工作部主任苗华同志出席活动并讲话。中央军民融合办、中央军委后勤保障部等军地相关部门领导同志出席活动，给予支持。下面，我围绕深入学习贯彻习近平新时代中国特色社会主义思想，落实好孙春兰副总理讲话要求，推动新时代退役军人工作，讲几点意见。

一、准确把握定位，着力构建与推进国家治理体系和治理能力现代化相适应的退役军人事务部

定位决定方向，方向引领发展。退役军人事务部是全新组建、平地起楼，准确把握定位尤为重要，必须坚持以习近平新时代中国特色社会主义思想为统领，适应推进国家治理体系和治理能力现代化的深刻变革，全面贯彻中央决策部署，忠实践行为军服务的宗旨，切实把部机关建强建好。

（一）建成增强“四个意识”、坚定“四个自信”、做到“两个维护”的政治机关。这是立

部之魂。习近平总书记指出，中央和国家机关首先是政治机关，而不是单纯的业务单位。这是对中央和国家机关最本质的定位和最根本的要求。退役军人事务部直接服务于国防和军队建设，在政治上比其他部门应有更高的标准、更严的要求，从组建一开始就必须旗帜鲜明讲政治，突出建设“政治机关”这个定位，把牢增强“四个意识”、坚定“四个自信”、做到“两个维护”这个根本。要做到这一点，就必须坚定执行党的政治路线，严格遵守党的政治纪律和政治规矩，坚决维护习近平总书记在党中央和全党的核心地位，坚决维护党中央权威和集中统一领导，在政治立场、政治方向、政治原则、政治道路上坚定同以习近平同志为核心的党中央保持高度一致，真诚认同核心、坚决维护核心、时刻紧跟核心，自觉向党中央看齐，向习近平总书记看齐，向党的基本理论、基本路线、基本方略看齐，把增强“四个意识”、坚定“四个自信”、做到“两个维护”要求落实到我部建设各方面和全过程。

（二）建成坚决落实党中央、国务院决策部署的行政机关。这是立部之要。我部作为国务院组成部门，承担着退役军人思想政治、接收安置、服务管理、待遇保障等重要职能。要履行好职责，必须提高政治站位，自觉把退役军人工作放在党、国家和军队工作大局中思考和谋划，做好中央决策部署与退役军人工作结合的文章，创造性地贯彻落实。必须坚持依法行政，强化法治思维，大力推动立法、严格执法、带头守法，努力提高我部乃至整个系统依法履职水平。必须勇于改革创新，退役军人工作的出路在于全面深化改革，要积极适应国家全面深化改革新形势，紧跟国防和军队改革新进程，强化问题导向，把握特点规律，充分考量改革力度和社会可承受程度，蹄疾步稳推进各项改革。

（三）建成有力维护退役军人合法权益的服务管理机关。这是立部之基。习近平总书记指出，让军人成为全社会尊崇的职业。对于我部来说，奋斗目标就是让退役军人满意，让他们成为全社会尊重的对象。要把这一奋斗目标逐步变为现实，必须坚持以习近平强军思想为指导，以国防和军队建设需求为牵引，多做稳军心、暖人心的好事实事，发挥好支持国防、助力强军的重要作用。必须牢固树立以人民为中心的发展思想，把退役军人放在心中最高位置，强化服务意识，真心实意为他们排忧解难，更好地为退役军人和其他优抚对象服务，真正把我部建设成为退役军人之家、军人军属的依靠、连接军地和促进军民融合的“桥梁”，真正让退役军人信赖，使他们有更多获得感和幸福感。必须坚持物质保障与精神激励、荣誉尊崇并重，既要充分体现高于一般社会保障的特殊优待，又要创新精神激励方式方法，推进退役军人荣誉体系建设，让他们切实感受到来自全社会的尊重。必须把对退役军人的深情厚爱和教育管理结合起来，寓教育管理于服务之中，着力提升我部的管理能力和指导水平。

二、落实新时代新任务新要求，加快形成退役军人工作新格局

党的十八大以来，在以习近平同志为核心的党中央坚强领导下，各级党委、政府和军队各级组织认真贯彻中央要求，怀着深厚感情、带着强烈责任，推动退役军人工作不断进步，取得了显著成绩。先后出台了退役军人安置、保障、服务

管理的一系列文件，妥善安置了50万名军转干部和退役士兵，组织培训了240余万名退役军人，优抚对象抚恤补助标准以10%的比例连年提高，服务对象合法权益得到较好保障，崇尚英雄、缅怀先烈的社会氛围日趋浓厚，军爱民、民拥军的光荣传统进一步巩固，退役军人工作发展基础不断加强。

同时，也要清醒地看到，我们工作中还面临不少亟待解决的矛盾和难题。我们要深入贯彻习近平新时代中国特色社会主义思想，着眼新机构新职能新使命，加快构建新时代退役军人工作新格局。

（一）构建系统完备、科学规范的政策法规体系。退役军人工作是一项政策性很强的工作，政策性越强，越需要科学合理、配套衔接的政策体系作保证。过去，退役军人工作职能分散在军地多个部门，既存在着政出多门、职能交叉，政策不平衡、不统一等问题，也存在着政策滞后、“空白”的缺陷。组建退役军人事务部，一个迫切任务就是要本着“坚持有效的、完善不足的、废止过时的、填补空白的”原则，正确处理局部与全局、当前与长远、特殊与普遍、需要与可能的关系，加强制度顶层设计，改革完善工作评价体系，切实改变政策出台“挤牙膏”方式，解决“碎片化”问题。要对现行政策进行全面梳理，列出清单，逐一评估，看哪些是继续有效的，哪些是需要修改完善的，哪些是需要废止的，还有哪些空白点需要填补，做到心中有数。要加强理论研究，列出课题，区分专题，采取部里组织力量集中攻关和借助军地科研力量协助攻关相结合的办法，积淀理论成果，推动实际运用。要区分轻重缓急，稳妥出台政策，及时回应退役军人关切，做到成熟一个推出一个，逐步构建与经济社会发展水平相适应、与国防和军队改革相衔接的政策法规体系，为退役军人工作长远发展提供坚实的制度保障。

（二）建立集中统一、职责清晰的服务保障体系。为退役军人服务是退役军人工作的本质要求。针对服务对象数量多、分布广、需求多元等特点，着力构建横向到边、纵向到底、覆盖全员的管理服务体系。要摸清服务需求，加强调查研究，及时掌握服务对象的基本情况，以及他们的所思所想、所需所盼，为做好服务工作打下基础。要明确服务范围，坚持有所为有所不为，合理界定退役军人工作部门的服务内容，明确应当做什么、能够做什么、做到什么程度。要优化服务模式，在协调保证纳入基本公共服务体系的同时，积极引入政府购买服务、社会专项服务，鼓励退役军人自我服务，倡导志愿者服务，形成多种渠道供给、多种力量参与的服务模式。要创新服务手段，建立全国联网、上下贯通的退役军人信息化平台，提高服务的便捷性和可及性，让数据信息多“跑路”，让退役军人少跑腿。

（三）健全运转顺畅、执行高效的工作运行体系。退役军人工作涉及面宽，特别是军转干部和退役士兵安置、扶持就业创业等任务，单靠哪一级、哪个部门是做不到也做不好的，必须调动各方力量共同工作。要建立多方协作机制，加强与军地相关部门的沟通协调，积极争取支持，发挥各部门的职能作用；充分调动社会力量，注重发挥各类社会组织的作用，共同做好退役军人工作。要建立上下联动机制，明确中央、地方权责事项清单，充分发挥地方积极性，及时总结推广河北等地好经验好做法。对重点难点问题，上下协同，共同推动解决。要建立督导落实机制，推动把退役军人工作情况纳入党委政府绩效考核范围，加强对地方督促检查、分类指导，对工作不落实造成重大影响的，实行责任倒查。督导问责要“长牙齿”，而且要“长獠牙”，不能成为“稻草人”。

三、坚持忠诚干净担当标准，努力建设高素质专业化干部队伍

做好新时代退役军人工作，关键在人，关键在培养造就一支忠诚、干净、担当，具有铁一般信仰、铁一般信念、铁一般纪律、铁一般担当的工作队伍，这是履行好我部职责使命的重要保证。

（一）锤炼对党忠诚品格。“天下之德，莫过于忠”。对党忠诚是每个共产党员必须坚守的最基本的政治要求。坚持对党忠诚，最根本的是对党的核心忠诚，对党的事业忠诚，坚定对马克思主义的信仰，坚定对社会主义和共产主义的信念。对党忠诚就要紧跟党的理论创新步伐深化理论武装，学深悟透习近平新时代中国特色社会主义思想，始终坚定“四个自信”，筑牢信仰之基、补足精神之钙、把稳思想之舵。就要全心全意为退役军人服务，真心实意助力国防和军队现代化建设，把广大退役军人凝聚到党的事业中来，从而巩固党的执政基础，这是退役军人工作者对党忠诚最重要、最直接、最现实的体现。

（二）强化履职尽责能力。完成好各项目标任务，既要政治过硬，也要本领高强。要按照党的十九大精神要求，切实增强学习本领、政治领导本领、改革创新本领、科学发展本领、依法执政本领、群众工作本领、狠抓落实本领和驾驭风险本领，牢牢把握退役军人工作主动权。当前，退役军人工作正处于深化改革的攻坚期、爬坡过坎的关键期。我们必须以强烈的责任感和使命感，加强学习，深化对习近平总书记重要论述的领悟和理解，刻苦钻研专业知识，全面提升业务素养。必须加强调查研究，深入基层一线，贴近退役军人和其他优抚对象，倾听他们的意见和建议，掌握第一手材料，找准破解难题的“金钥匙”。必须敢于担当，积极作为，敢啃硬骨头，善打攻坚战，逢山开路、遇水架桥，干在实处、走在前列。必须狠抓落实。习近平总书记强调，一分部署，九分落实；这能力那能力，不落实就等于没能力；千忙万忙，不抓落实就是瞎忙，就是做无用功。要把能不能做到狠抓落实，作为能力素质的一种考验，作为党性修养、思想作风和精神状态的重要标志，坚持说实话、谋实事、出实招、求实效，真正做到针落听音、脚过留印，把习近平总书记“要把好事办好办实”重要指示和中央要求不折不扣落实落细。总之，要通过不断的努力，每名同志都要成为退役军人工作的行家里手，成为退役军人工作系统的中坚骨干。

（三）养成雷厉风行作风。良弓在手，贵在速发。习近平总书记一贯倡导“马上就办、真抓实干”的作风。我们是中央国家机关，上对党中央、国务院，下对地方退役军人工作部门，工作成效直接关乎广大退役军人切身利益。工作是否雷厉风行，作风是否扎实过硬，体现的是我们对贯彻中央决策部署的态度，反映的是我们对广大退役军人和其他优抚对象的感情。因此，每名同志更加需要反应敏捷、行动迅速、提高效率。当前，我部组建任务与业务工作都很艰巨，人少事多的矛盾非常突出，没有务实高效作风，没有吃

苦耐劳精神是不可能完成任务的，今后一段时间加班加点将是常态。对此，大家要有打硬仗的心理准备，更要有长期吃苦的自觉行动。

（四）保持清正廉洁操守。退役军人工作敏感程度高，广大官兵、退役军人和社会各界对我们的一言一行、一举一动都很关注。要切实用“四有”标准严格要求自己。坚持公道正派、事业为上，谋事干事都要从事业需要出发，公平公正地对待和处理问题。要知敬畏、存戒惧、守底线，用好手中的权力，绝不能用人民赋予的权力谋取个人私利。要坚持防微杜渐，注意在小事小节上严格把好廉洁自律关，不踩红线，不碰底线，清清白白做人，干干净净做事。我们党组成员会发挥表率作用，带头守规矩讲纪律，带头严于律己，带头接受监督，并督促分管部门认真落实各项要求。

四、着眼高质高效开局起步，切实抓好当前几项重点工作

（一）有序推进组建后续工作。相比其他新组建的部门，我部组建难度更大、任务更重。在座各位都是退役军人事务部从无到有的历史见证者、参与者，还将是退役军人事业未来宏伟蓝图的描绘者、书写者，工作成效如何，直接关乎退役军人事业的长远发展，使命光荣、责任重大。我们要继续发扬不怕吃苦、敢打硬仗的作风，扎实做好各项工作，确保按中央要求及时高效组建到位。要严格落实责任分工。部党组研究决定成立8个小组，明确了各组职责和人员分工。借调人员到位后，还会增设几个组，“三定”规定落实以前，我们就按这种方式运行。希望各小组负责同志切实负起责任，认真履行好第一责任人的职责。其他同志也要各司其职，按照新的分工做好工作，确保机构改革期间思想不乱、队伍不散、工作不断、干劲不减。要密切沟通协作。8个小组是由过去2个司局的同志组合而成，彼此间还不够熟悉，对相关政策的了解也需要一个过程。因此，既要讲分工，更要讲协作，取长补短，互相补台，心往一处想，劲往一处使，避免工作断档缺位失误。要注重增进融合。作为一个新的集体，大家来自不同部门，必须强调融合。对一个新部而言，人员的融合、人心的融合最难。从现在开始，原来的司、局不存在了，在座的各位也不是司长、局长、处长了，而是组长、副组长、组员了。大家都要从原来民政、人社和优抚、军转的概念中跳出来，站在退役军人事务部角度思考研究问题，树立退役军人事务部的整体概念、整体形象，真正做到机构人员融合、理念思路融合、职能职责融合、运行机制融合、思想感情融合。当然，我们强调融合，不是要忘记过去，而是要在继承中发展，用更宽的视野、在更大的格局中做好工作。

（二）坚决完成年度安置任务。今年是深化国防和军队改革关键之年，转业干部总数约9万人，是10年来人数最多的一年，符合安排工作条件的退役士兵也有4万多人，安置任务重、压力大。同时，今年又是退役军人事务部组建的第一年，新部工作标准、工作作风、工作成效，以及军地对新部的印象和评价等，都会通过今年安置工作完成情况体现出来。我们要按照一手抓组建、一手抓业务的思路，在快速高效抓好组建工作的同时，抓紧推进相关业务工作，确保业务工作不挂空挡、不降质量。特别是要坚决完成今年

的安置任务，保证今年安置的标准不降低、质量不下降，而且要比去年做得更好，努力做到安置对象、接收单位、军队三满意。

（三）扎实抓好基础工作。把基础做实，万丈高楼才能拔地而起。一张白纸，可以绘出最美的蓝图。我部组建工作正处于起步阶段，要特别注重基础建设，筑牢退役军人事业发展的根基。要健全完善办文、办事、办会的各类规章制度，使各项工作从一开始就定规立矩，有章可循、有据可依。要重视基础性调研工作，及时收集整理基础资料，确保各类历史资料和工作数据得到妥善交接和保管，同时还要注重收集国外有关信息资料，为推动我国退役军人工作提供参考。要抓紧规划信息化建设，坚持高起点谋划、高标准建设、分步骤推进，充分运用大数据，摸清底数，为退役军人工作开展提供信息技术支撑。要高度重视保密工作，时刻绷紧安全保密这根弦，严防失泄密问题发生，更不能发生政治性失泄密事件。要加快办公设施配备和后勤保障建设，为机关工作正常高效运转创造必要条件。

（四）切实加强党建工作。抓好党建工作是高质量完成各项工作任务的重要保证。新部组建伊始就要按照党的十九大部署和新时代党的建设总要求，坚持和加强党对退役军人工作的全面领导，坚持党要管党、全面从严治党，坚持以党的政治建设为统领，全面推进退役军人事务部政治建设、思想建设、组织建设、作风建设、纪律建设，把制度建设贯穿其中，不断提高我部党的建设质量。要把政治建设摆在首位，把从严治党的要求立起来，贯穿到各项工作中去。要认真开展“不忘初心、牢记使命”主题教育，推进“两学一做”学习教育常态化制度化。要把加强机关党的建设摆上重要议事日程，尽快建立健全我部党的各级组织，抓紧制订我部今年党建工作计划，有序开展各种组织活动，把各级党组织建设成为坚强的战斗堡垒。要牢固树立“一岗双责”意识，抓好全面从严治党责任落实，做到组建工作、业务工作和党建工作统筹推进。要严格党内政治生活，加强党风廉政建设，大力支持中央纪委派驻纪检组履行监督、执纪、问责职责。

做好新时代退役军人工作使命光荣、任务艰巨、责任重大。我们要以习近平新时代中国特色社会主义思想为指导，在党中央、国务院的坚强领导下，紧紧依靠全部干部职工的共同努力，锐意进取、埋头苦干，不断开创新时代退役军人工作新局面！

坚定不移推进全面从严治党
以优良作风开创新时代退役军人工作新局面

孙绍骋

（2018年9月27日）

按照部党组中心组学习安排，今天，我给大家讲一次党课，谈点学习体会。党员领导干部讲党课，既是我们党的优良传统，也是党组织生活的一项重要制度。我部组建以来，部党组成员先后带头讲了党课，部机关各司、各直属单位的领导干部也要落实好这项制度，认真讲党课、讲好每一次党课。

今天这次党课，我想围绕“坚定不移推进全面从严治党，以优良作风开创新时代退役军人工作新局面”，讲四个问题：一是充分认识全面从严治党的重大意义；二是准确把握全面从严治党的科学内涵；三是全面从严治党的实践探索和经验总结；四是持之以恒把全面从严治党贯穿退役军人工作全过程。

全面从严治党，是党的十八大以来党中央推进党的建设新的伟大工程的鲜明主题，是以习近平同志为核心的党中央治国理政、管党治党的重大举措。退役军人事务部作为党和国家机构改革新组建部门，必须在建部伊始就大力加强党的建设，在深刻学习领会习近平总书记关于全面从严治党重要论述的基础上，以新时代党的建设总要求为根本，充分认识全面从严治党的重要意义，准确把握全面从严治党的科学内涵，认真梳理全面从严治党的发展历程和党的十八大以来党中央全面从严治党的重大决策部署，以党的政治建设为统领，全面加强党的各项建设，奋力开创新时代退役军人工作新局面。

一、充分认识全面从严治党的重大意义

一是历史使命使然。我们党从诞生之日起，就义无反顾担当起为中国人民谋幸福、为中华民族谋复兴的历史使命。97年来，我们党不忘初心、牢记使命，团结带领全国各族人民，跨过一道又一道沟坎，闯过一道又一道难关，取得一个又一个胜利，创造一个又一个奇迹，使中华民族伟大复兴展现出前所未有的光明前景。特别是党的十八大以来，在以习近平同志为核心的党中央坚强领导下，我们前所未有地走近世界舞台中央，前所未有地接近实现中华民族伟大复兴的目标，前所未有地具有实现这个目标的能力和信心。从党的十九大到二十大，是“两个一百年”奋斗目标的历史交汇期。我们既要全面建成小康社会、实现第一个百年奋斗目标，又要乘势而上开启全

面建设社会主义现代化国家新征程，向第二个百年奋斗目标进军。习近平总书记指出，中华民族伟大复兴，绝不是轻轻松松、敲锣打鼓就能实现的。历史已经并将继续证明，我们党要始终成为时代先锋、民族脊梁，始终成为马克思主义执政党，自身必须始终过硬。这就要求全党同志必须更加自觉地坚定信心，勇于直面问题，敢于自我革命、刮骨疗毒，消除一切损害党的先进性和纯洁性的因素，清除一切侵蚀党的健康肌体的病毒，不断增强党的政治领导力、思想引领力、群众组织力、社会号召力，确保我们党永葆旺盛生命力和强大战斗力。

二是时代发展使然。新中国成立以来特别是改革开放以来，我们党团结带领全国各族人民不懈奋斗，推动我国经济实力、科技实力、国防实力、综合实力进入世界前列，推动我国国际地位实现前所未有的提升，党的面貌、国家的面貌、人民的面貌、军队的面貌、中华民族的面貌发生了前所未有的变化，中华民族正以崭新姿态屹立于世界东方，中国特色社会主义进入了新时代。面对世界多极化、经济全球化、社会信息化、文化多样化的深入发展，面对各国综合国力的激烈竞争，面对我们党执政环境的深刻变化，面对党风廉政建设和反腐败斗争的继续深化，我们党的领导核心作用与推进国家治理体系和治理能力现代化的关系更加密切，党要管党、全面从严治党的任务越来越艰巨繁重。习近平总书记指出，历史使命越光荣，奋斗目标越宏伟，执政环境越复杂，我们就越要增强忧患意识，越要从严治党，做到“为之于未有，治之于未乱”，使我们党永远立于不败之地。习近平总书记还强调，中国特色社会主义进入新时代，我们党一定要有新气象新作为。这就要求我们必须站在新的历史起点上，坚持与时俱进、保持战略定力，推动全面从严治党向纵深发展，确保党在世界形势深刻变化的历史进程中始终走在时代前列，在应对国内外各种风险和考验的历史进程中始终成为全国人民的主心骨，在坚持和发展中国特色社会主义的历史进程中始终成为坚强领导核心。

三是矛盾问题使然。中国特色社会主义进入新时代，我国社会主要矛盾已经转化为人民日益增长的美好生活需要和不平衡不充分的发展之间的矛盾，这是关系全局的历史性变化，对党和国家工作提出了许多新要求。党的十八大以来，以习近平同志为核心的党中央坚持刀刃向内，针对党员干部队伍中出现的一系列问题，坚持全面加强党的领导和党的建设，下决心改变管党治党“宽松软”的状况，消除了党和国家内部的严重隐患，刹住了一些过去认为不可能刹住的歪风邪气，攻克了一些司空见惯的顽瘴痼疾，形成了反腐败斗争的压倒性态势，巩固了党的执政基础。同时也必须看到，全面从严治党只是开了一个好局，巩固、深化、提高的工作仍任重道远，解决党内深层次矛盾和问题仍需要持续努力。正如习近平总书记指出的，全党要清醒认识到，我们党面临的执政环境是复杂的，影响党的先进性、弱化党的纯洁性的因素也是复杂的，党内存在的思想不纯、组织不纯、作风不纯等突出问题尚未得到根本解决。要深刻认识党面临的执政考验、改革开放考验、市场经济考验、外部环境考验的长期性和复杂性，深刻认识党面临的精神懈怠危险、能力不足危险、脱离群众危险、消极腐败危险的尖锐性和严峻性。因此，全党同志必须保持清醒头脑，增强忧患意识，坚持问题导向，坚定不移全面从严治党，不断提高党的创造力、凝聚力、战斗力，使我们党永远立于不败之地。

从退役军人事务部所肩负的职责使命来看，全面从严治党更具体、更具有针对性和现实性。党的十八大以来，以习近平同志为核心的党中央立足实现中华民族伟大复兴的中国梦，立足国防和军队现代化建设需要，把退役军人工作放在突出的战略位置，亲自决策组建退役军人事务部，多次对退役军人工作作出重要指示批示。我们作为退役军人事务部的初创者和建设者，倍感使命光荣、责任重大。如何在党中央的坚强领导下，忠实履行好我们肩负的职责使命，圆满完成好我们承担的工作任务，是我们每一位同志都必须认真思考并坚决完成的重大课题。前一段时间，我们围绕退役军人党员的教育管理情况，到河北、山东、江苏、四川等地进行调研。从调研的情况看，形势不容乐观，个别情况令人担忧，存在的主要问题有以下几个方面：第一，党员底数尚未完全掌握，“口袋党员”“隐形党员”情况较为突出，存在底数不清、失联失控的现象。第二，党的组织和工作还没有实现全覆盖，大量长期外出务工、人户分离的退役军人党员，没有纳入流入地党组织管理。第三，党员教育管理宽松软问题较为突出，有的退役军人党员长期脱离党的组织，组织观念淡化。第四，党员教育管理工作体系有待完善，力量需要进一步加强。这些问题是我们当前和今后一个时期需要下大力气抓好的重点问题，必须通过全面从严治党带动全面从严治部，在全部上下形成方向明、职责清、干劲足、成效大的党建工作格局。必须通过发挥党的政治优势、组织优势和群众工作优势，促进退役军人各项工作任务的有效落实，切实让党中央和习近平总书记放心、让全体官兵安心，让退役军人满意，让军人成为全社会尊崇的职业。

二、准确把握全面从严治党的科学内涵

第一个方面，核心是加强党的领导。我们党的历史和新中国发展的历程都告诉我们，要建设好我们这个大党、治理好我们这个大国，坚持党的领导至关重要，维护党中央权威至关重要，维护习近平总书记的核心地位至关重要。第一，坚持党的领导是中国特色社会主义的最本质特征。党的领导地位不是自封的，是历史和人民的选择。正是有了党的坚强领导，有了党的正确引领，中国人民才从根本上改变了自己的命运，中国发展才取得了举世瞩目的伟大成就，中华民族才迎来了伟大复兴的光明前景。党的领导不仅是中国特色社会主义最本质的特征，也是中国特色社会主义制度的最大优势。现在，我们党和国家站在了一个新的历史起点上，开启了新的奋斗征程，党带领全国各族人民实现“两个一百年”奋斗目标、实现中华民族伟大复兴，不知还要爬多少坡、过多少坎、经历多少风风雨雨、克服多少艰难险阻。要完成光荣艰巨的历史使命，战胜前进道路上的风险挑战，从根本上讲，还是要依靠我们党坚强领导、依靠我们党举旗定向。第二，加强党的领导关键是坚持党中央集中统一领导。办好中国的事情，关键在党。我们党之所以能几经挫折而不断奋起，领导中国革命、建设和改革不断走向胜利，带领亿万人民筑梦小康，就在于党内高度的团结统一、步调一致，全体党员和各级党组织自觉接受党中央的集中统一领导。习近平总书记强

调，只有全党思想和意志统一了，才能统一全国各族人民思想和意志，才能形成推进改革的强大合力。新加坡前总理李光耀在《李光耀观天下》一书中写道："5000年来，中国人一直认为，只有中央强大，国家才能安全；中央软弱则意味着混乱和动荡。每个中国人都理解这一点，这也是中国人的根本原则。"第三，维护习近平总书记的核心地位是坚持和加强党的领导的根本保证。党的十八大以来，以习近平同志为核心的党中央高瞻远瞩、运筹帷幄，在改革发展稳定、内政外交国防、治党治国治军诸方面提出一系列新理念新思想新战略，出台一系列重大方针政策，推出一系列重大举措，推进一系列重大工作，体现出大思路、大手笔、大智慧，得到全党的一致拥护和社会各界的广泛赞扬，引起国际社会的持续关注和广泛好评。所以，习近平总书记成为党中央的核心、全党的核心，是在领导和推进社会主义建设和改革开放的伟大实践中自然形成的，反映了全党全军全国各族人民的共同心愿，是党和国家的根本利益所在，是坚持和加强党的领导的根本保证。

第二个方面，基础在全面。"全面"的第一层含义是，管全党、治全党，从严治党覆盖各个领域、各个部门、各个层级。全党8900多万名党员在纪律面前一律平等，遵守纪律没有特权，执行纪律没有例外，党内决不允许存在不受纪律约束的特殊组织和特殊党员。"全面"的第二层含义是，从严治党体现在党的建设各个方面。以党的政治建设为统领，全面推进党的政治建设、思想建设、组织建设、作风建设、纪律建设，把制度建设贯穿其中，深入推进反腐败斗争，不断提高党的建设质量。"全面"的第三层含义是，"老虎""苍蝇"一起打。有效运用监督执纪"四种形态"，既有霹雳手段，动辄则咎，严肃查办违纪行为和腐败案件，又注重抓早抓小，防微杜渐，及时咬耳扯袖、红脸出汗；既严肃查办领导干部违纪违法案件，又注重加强基层党风廉政建设，及时查处群众身边的腐败问题，让人民群众有更多获得感、幸福感、安全感。

第三个方面，关键在严。就是要坚持寸步不让，坚持抓政治从严、思想从严、管党从严、执纪从严、治吏从严、作风从严、制度从严、反腐从严。对党员干部严格教育、严格管理、严格监督，严明纪律，严惩腐败，严肃治理党内的各种歪风邪气。第一，严格监督。扎实做好清权、确权、分权、示权各项工作，让权力在阳光下运行，把权力关进制度的笼子里，落实巡视派驻全覆盖、巡视巡察一盘棋，扫除监督的"死角""盲区"。第二，严肃执纪。坚持无禁区、全覆盖、零容忍，坚持重遏制、强高压、长震慑，不搞法不责众、不搞情有可原、不搞下不为例，持续释放执纪必严强烈信号，避免出现"破窗效应"。第三，严厉问责。动员千遍不如问责一次。加强对"两个责任""一岗双责"落实情况、党内政治生活状况、党的路线方针政策执行情况的督促检查，对失管失察、失职失责的党员干部，坚决予以问责，推动全面从严治党纵向延伸、横向拓展，形成一级抓好一级、层层传导压力的良好局面。

第四个方面，要害在治。就是要坚持标本兼治。惩治，治是根本，必须治标治本，"惩前"的目的是"毖后"，"治病"的效果体现在"救人"。第一，强化不敢腐的震慑。加大惩治力度，抓好警示教育，深刻剖析典型案例，充分发挥查处案件的警示作用，运用好违纪违法干部忏悔录这个反面活教材，使拒腐防变警钟长鸣。第二，扎牢不能腐的笼子。坚持制度治党，建立健全各项制度，完善激励和约束机制，按照“把权力关进制度的笼子”的要求，在制度机制上管起来、严起来、硬起来，把篱笆扎紧，保证权力受到监督。第三，增强不想腐的自觉。坚持思想建党，教育引导党员干部坚定理想信念，修好共产党人的“心学”，弘扬中华民族优秀传统文化、革命文化和社会主义先进文化，不断增强党性修养，坚定“四个自信”，使党员干部自觉向高标准努力，从思想深处筑牢抵制腐朽思想的“防火墙”。

第五个方面，永远在路上。全面从严治党只有起点、没有终点。全面从严治党永远在路上，是党的十八大以来我们党下大气力推进管党治党实践、坚持问题导向、勇于自我革命提出的重大理论和实践课题。党的十九大报告、党章修正案和中央纪委工作报告这 3 个重要文件，都无一例外地强调“全面从严治党永远在路上”。在十九届中央纪委二次全会上，习近平总书记再次强调，要“重整行装再出发，以永远在路上的执着把全面从严治党引向深入，开创全面从严治党新局面”。党中央的决策部署和习近平总书记的重要指示，既充分体现了我们党清醒认识形势、勇于直面问题的鲜明态度，也充分展现了我们党进行自我革命、永葆生机活力的坚定自信，更充分表明了我们党坚持不懈抓正风肃纪、反对腐败没有休止符的坚强决心。这是我们党自我净化、自我完善、自我革新、自我提高的精神品格决定的，也是我们党长期执政的地位决定的。“永远”是“长期”的同义语，“路上”是“前进”的进行时。“永远在路上”，既彰显我们党不忘初心、一路走来的历史，又昭示牢记使命、砥砺奋进的现在和未来；既强调注重日常、抓在经常的持续发力，又突出露头就打、狠抓顽症的久久为功。“永远在路上”，需要的是全党执着的信念和常抓的韧劲，推动全面从严治党在坚持中逐步深化、在深化中持续发展，不断提高长期执政的能力。

三、全面从严治党的实践探索和经验总结

“全面从严治党”贯穿于党的革命、改革和建设的各个发展时期，经历了从“治党”到“从严治党”再到“全面从严治党”的发展过程。从一定意义上来说，我们党的发展历程就是不断从严治党的过程。

“从严治党”是马克思主义政党的建党原则。党在创建之时就强调始终严明党的纪律，要求“接受党员要特别谨慎，严格审查”。党的二大在党章中专设“纪律”一章，制定了具体的党员纪律处分细则。党的三大在党章中将民主集中制作为党的指导原则，为从严治党打下了组织基础。革命时期，我们党开展整风运动，加强对党员的教育，严肃党的纪律，推进从严治党。新中国成立后，我们党更加注重发扬从严治党的优良传统，党的八大在党章中强调“必须不断地发扬党的工作中的群众路线的传统”，提出了坚持民主集中制的六条原则、党员的十项义务和七项权利。1985 年 11 月 24 日，中共中央整党工作指导委员会发出《关于农村整党工作部署的通知》，提出“要从严治党，坚决反对那种讲面子不讲真理，

讲人情不讲原则，讲派性不惜牺牲党性的腐朽作风”。这是中央文件中首次明确提出“从严治党”。以此为起点，“从严治党”被广泛运用于党的文献。党的十三大指出，“必须从严治党，严肃执行党的纪律”。党的十四大强调要坚持党要管党和从严治党，并将“坚持从严治党”写入党章，使从严治党上升到党的根本大法的高度，标志着我们党正式将其作为管党治党的根本原则。党的十五大将从严治党和保持党的先进性和纯洁性联系起来，明确提出“从严治党，是保持党的先进性和纯洁性，增强党的凝聚力和战斗力的保证”，“把从严治党的方针贯彻到党的建设的各项工作中去”。进入新世纪，党中央明确提出“治国必先治党，治党务必从严”。党的十六大强调“全面推进党的建设新的伟大工程”，党的十七大提出“以改革创新精神全面推进党的建设新的伟大工程”，党的十八大要求“全面提高党的建设科学化水平”，党的十九大强调“坚定不移全面从严治党”，提出了“新时代党的建设总要求”。

党的十八大以来，党中央和习近平总书记对全面从严治党高度重视，作出一系列重大决策部署和制度安排。

一是中央领导带头，出台八项规定。2012 年 12 月 4 日，中共中央政治局召开会议，审议中央政治局关于改进工作作风、密切联系群众的八项规定。经过 6 年多的持续努力，中央八项规定精神深入人心，成为作风建设的代名词，所规范的内容大大拓展，党风政风民风发生巨大变化，获得人民群众的一致好评。通过梳理中央纪委国家监委官方网站，截至 2018 年 12 月底，全国查处违反“中央八项规定精神问题”事件 271 407 起，仅 2018 年就处理 92 215 人，给予 65 558 人党纪政务处分，含 6 名省部级领导干部。

二是雷霆万钧“打虎”，持续正风肃纪。6 年多来，先后有 176 名省部级以上领导干部落马，查处的中管干部覆盖了 31 个省（区、市），充分说明中央对腐败的零容忍态度，党纪面前没有任何人可以例外，无论是谁，只要触犯党纪国法，都不能逃脱惩处。

三是集中开展巡视，形成强大震慑。2013 年 5 月，十八届中央首轮巡视启动，截至党的十九大前，中央巡视组共开展 12 轮巡视，巡视了 277 个党组织，对 16 个省（区、市）开展“回头看”，对 4 个中央单位开展了“机动式”巡视。党的十九大以来，中央连续开展了 3 轮巡视。巡视已经成为反腐败斗争的一把“利剑”。与此同时，创新巡视方式，实行巡视组组长、巡视对象、巡视组与巡视对象关系三个不固定，一次一授权，冲着具体人、具体事，一个下属单位、一个工程项目、一笔专项经费去巡视。可以说，巡视监督为全面从严治党提供了有力支撑。

四是聚焦“四风”问题，集中进行整改。2013 年 6 月，党中央决定分两批在全党开展党的群众路线教育实践活动，按照“照镜子、正衣冠、洗洗澡、出出汗”的总要求，聚焦“四风”集中抓整改。这是党的十八大之后，中央部署的第一个重大教育实践活动，也是持续时间最长、覆盖人员最多、党员感受最深、国内外影响最广的一次教育活动，成为以习近平同志为核心的党中央全面从严治党的一张靓丽“名片”。切实解决了一些多年想解决但没有解决的问题，刹住了许多人认为“不可能刹住”的歪风，向全党全国人民交上了一本反“四风”的明白账。

五是抓住关键少数，厉行“三严三实”。

2015年4月起，党中央决定在县处级以上领导干部中开展“三严三实”专题教育，专门印发《关于在县处级以上领导干部中开展“三严三实”专题教育方案》的通知。“三严三实”明确了党员干部特别是领导干部的修身之本、为政之道、成事之要，体现着共产党人的价值追求和政治品格，为加强新形势下党的思想政治建设和作风建设提供了重要遵循。从成果来看，“三严三实”专题教育是在群众路线教育实践活动基础上，党员干部在思想、作风、党性上的又一次集中“补钙”和“加油”，使全面从严治党的氛围更浓了、领导干部的标杆作用更明显了。

六是坚持全员覆盖，推进“两学一做”。2016年2月，党中央决定在全体党员中开展“学党章党规、学系列讲话，做合格党员”学习教育。开展“两学一做”学习教育，是面向全体党员深化党内教育的重要实践，是推动党内教育从“关键少数”向广大党员拓展、从集中性教育向经常性教育延伸的重要举措。“两学一做”学习教育要求把党的思想建设放在首位，以尊崇党章、遵守党规为基本要求，以用习近平总书记系列重要讲话精神武装全党为根本任务，教育引导党员自觉按照党员标准规范言行，进一步坚定理想信念，提高党性觉悟，为党在思想上、政治上、行动上的团结统一夯实基础。习近平总书记专门作出重要批示强调，“两学一做”学习教育是推进思想建党、组织建党、制度治党的有力抓手，是全面从严治党的基础性工程，要坚持不懈抓下去。2017年4月，中共中央办公厅印发《关于推进“两学一做”学习教育常态化制度化的意见》，将全面从严治党融入了日常、抓在了经常。

四、持之以恒把全面从严治党贯穿退役军人工作全过程

一说起党建，有的同志可能认为这是部党组的事，或者是领导的事，与自己没关系，或者关系不大。其实，党建工作与在座的每一位同志都息息相关。大家想一下，如果每一位党员都能尽职尽责，都能发挥先锋模范作用，我们部的党建工作肯定坚强有力、充满活力，我们的退役军人工作也肯定日新月异、蒸蒸日上。同样的，如果大家对党建工作都不重视，党中央的决策部署就没法落实，大家的成长进步就没人来关心，谁愿意在一个慵懒涣散的单位里工作？出了问题“锅”还得大家一起背！所以，党建工作不仅关系我部工作的大局，也直接关系每一位党员的切身利益。希望全部上下都重视党建，牢固树立抓好党建是最大政绩的观念，把我们的党建工作抓紧抓实抓好，为开创新时代退役军人工作新局面作出自己的贡献。党建工作既然是整个部的事，是大家的事，应该怎么抓、抓什么，希望大家都认真思考。我的体会，应该重点抓好以下几个方面。

一要坚定不移加强政治建设，培养听党话、跟党走的好党员好干部。习近平总书记指出，中央和国家机关首先是政治机关，必须旗帜鲜明讲政治。部党组在部门刚组建时就提出，要把我部打造成增强“四个意识”、坚定“四个自信”、做到“两个维护”的政治机关，坚决落实党中央、国务院部署的行政机关，有力维护退役军人合法权益的服务管理机关。我们要紧紧围绕这个定位不动摇，以党的政治建设为统领，把政治上的要求贯穿于党的建设和退役军人事业发展中，推动退役军人事务部全面从严治党向纵深发展，努力

建设政治过硬、工作高效、作风优良、群众满意的模范机关。讲政治是具体的，是要落实到工作中、体现在行动上的。怎么讲政治？第一，要坚决做到“两个维护”，坚决维护习近平总书记党中央的核心、全党的核心地位，坚决维护党中央权威和集中统一领导，自觉做到党中央提倡的坚决响应、党中央决定的坚决执行、党中央禁止的坚决不做。第二，要严守党的纪律，特别是要严守政治纪律和政治规矩，自觉遵从党章党规党纪，做到心有所畏、言有所戒、行有所止。第三，要提高政治警觉，增强政治鉴别力和政治敏锐性，敢于坚持原则，在大是大非面前敢于“亮剑”，自觉做政治上的明白人。第四，要站稳政治立场，把人民群众放在心中最高位置，积极为退役军人和其他优抚对象服务，以实际行动践行党的宗旨。第五，要提升政治担当，认真履行党员义务，踏踏实实做好本职工作，发挥先锋模范作用，以优异的工作成绩践行对党组织的承诺。第六，要倡导先进文化，围绕让退役军人满意，让他们成为全社会尊重的人，让军人成为全社会尊崇的职业这个重大的使命任务，在退役军人工作系统大力培养拥军、为军、强军、兴军的文化，用这一先进的文化凝神聚力、激发干劲。

二要坚定不移加强思想建设，培养勤学习、有理想的好党员好干部。习近平总书记强调，思想建设是党的基础性建设。为什么说是基础性的？习近平总书记指出，对党员、干部来说，思想上的滑坡是最严重的病变，“总开关”没拧紧，不能正确处理公私关系，缺乏正确的是非观、义利观、权力观、事业观，各种出轨越界、跑冒滴漏就在所难免。思想上松一寸，行动上就会散一尺。纵观这几年落马的党员干部，出问题都是首先在思想上出了问题。所以，我们必须坚定不移加强思想建设。第一，要加强理论武装，认真学习马克思主义，尤其要深入学习习近平新时代中国特色社会主义思想，深刻领会和把握其丰富内涵、精神实质和实践要求，学会和运用贯穿其中的立场观点方法来观察问题、分析问题、解决问题，在提高理论素养的同时不断提升能力素质。第二，要坚定理想信念，解决好世界观、人生观、价值观这个“总开关”，坚定“四个自信”，自觉做共产主义远大理想和中国特色社会主义共同理想的坚定信仰者和忠实实践者。习近平总书记指出，坚守这份理想信念，是拒腐防变的思想根基；坚守这份理想信念，不是一朝一夕的事，需要一辈子学习进步，一辈子改造提高。不做到这一点，就可能随时掉队，名节不保，甚至身败名裂。我们要牢记习近平总书记的嘱托，学思践悟、深学笃行。第三，要严格组织生活，推进党支部标准化规范化建设，认真落实“三会一课”、民主生活会和组织生活会、谈心谈话、民主评议党员、请示报告等基本制度，让全体党员始终处于组织的教育管理之中。习近平总书记强调，在党内生活方面，一个是坚持、一个是加强、一个是创新，不创新，那形式也巩固不住。要注重组织活动的方式方法，增强组织生活的吸引力和感染力。第四，要抓好主题教育，按照党中央的安排部署，全党即将开展“不忘初心、牢记使命”主题教育，要抓住这个有利契机，教育广大党员干部牢记自己第一身份是共产党员、第一职责是为党工作，在党言党、在党忧党、在党为党，自觉维护党的形象和声誉，不忘初心、牢记使命，以更加坚定的信念、更加有效的工作、更加务实的作风，全力以赴做好退役军人各项工作。

三要坚定不移加强人才建设，培养高素质、专业化的好党员好干部。习近平总书记强调，党的干部是党和国家事业的中坚力量，要建设高素质专业化干部队伍。为政之要，莫先乎人；成事之要，关键在人。政治路线确定之后，干部就是决定因素。退役军人事务部是新成立的部门，任务艰巨，工作繁重，急需一批德才兼备、专业敬业的优秀干部。目前，机关各司最突出的矛盾就是人员少、任务重。解决这个问题，要按照党中央的决策部署和习近平总书记的重要指示要求，既着眼当前，又着眼长远，努力建设一支忠诚干净担当的干部队伍，为退役军人工作的持续健康发展提供有力的人才支撑和智力支持。第一，要选好人选准人，本着事业为上、人岗相宜、人事相宜的原则，拓宽选人视野，努力把德才兼备、工作急需的人才选进来，补充到干部队伍中去，解决当前人手不足、人少活多的难题。第二，要加强干部培养，着眼退役军人工作的实际需要，不断优化干部成长路径，加强干部队伍的专业化建设，按照干什么学什么、缺什么补什么的思路，通过学习培训、以岗带训、交流任职等途径，提高干部的专业化能力素质，解决当前干部中能力不足、本领不够的问题。同时，要积极为广大干部搭建干事创业的平台、施展才华的舞台，激发大家干事创业的热情，不断提高综合素质和专业能力。第三，要树立正确导向，按照好干部标准和实际工作需要，选贤任能、用其当时，知人善任、人尽其才，把优秀的干部及时发现出来、精心培养起来、合理使用起来，同时要注重发现培养选拔优秀年轻干部，真正让选出来的干部组织放心、群众满意、干部服气，使退役军人事业在干部推动下兴旺发达，让干部在推动事业发展中健康成长。第四，要关心爱护干部，坚持严管和厚爱结合、激励和约束并重，既对干部从严教育、从严管理、从严监督，也要关心干部、爱护干部、尊重干部，激励广大干部在新时代有新担当新作为，旗帜鲜明地为那些敢于担当、踏实做事、默默奉献的干部撑腰鼓劲。

四要坚定不移加强基层建设，培养党性强、肯担当的好党员好干部。习近平总书记指出，基层是党的执政之基、力量之源，只有基层党组织坚强有力，党员发挥应有作用，党的根基才能牢固，党才能有战斗力。下一步，要从完善各级基层党组织设置着手，不断加强基层组织建设，真正把各级党组织建设成为坚强有力的战斗堡垒，成为引导党员健康成长的党员之家，成为促进工作创新开展的先锋战队。第一，要加强党的全面领导，坚持党对退役军人工作的领导，不折不扣贯彻落实习近平总书记的重要指示批示和党中央决策部署，严格重大事项向党中央请示报告制度。充分发挥退役军人事务部全面从严治党工作领导小组作用，从部党组层面加强对我部党建工作的组织领导和统筹协调。第二，要突出政治功能，以提升组织力为重点，把机关和直属单位的党组织建设成为宣传党的主张、贯彻党的决定、领导基层治理、团结动员群众、推动改革发展的坚强战斗堡垒，通过党的政治优势、组织优势和群众工作优势的发挥，促进各项工作任务的有效落实。第三，要扩大组织覆盖，以党建工作为统领，加强对退役军人的教育管理，充分发挥基层党组织教育党员、管理党员、监督党员和组织群众、宣传群众、凝聚群众、服务群众的作用，把教育寓于管理之中，将管理融入服务之中，进一步提高对退役军人的教育管理水平，让退役军人工作有温度、有质感、有情怀。

五要坚定不移加强作风建设，培养作风正、形象好的好党员好干部。习近平总书记指出，党的作风是党的形象，是观察党群干群关系、人心向背的晴雨表。党的作风正，人民的心气顺，党和人民就能同甘共苦。实践证明，只要真管真严、敢管敢严，党风建设就没有什么解决不了的问题。作风反映的是一个单位的“风向标”，体现的是广大干部的“精气神”。风气正，则政通人和、百业俱兴；风气不正，则事乱人散、百弊丛生。一个单位的好作风不是一朝一夕形成的，但是一个单位、一个部门如果一开始就抓不严、抓不紧，再抓就费时费力、事倍功半。我们退役军人事务部组建不久，下一步要坚持高标准、严要求，打好基础、立好规矩，持之以恒、久久为功，抓好作风建设。第一，要坚持正确导向，旗帜鲜明地提倡好的作风，态度明确地反对坏的作风，让大家明确该做什么、不该做什么，该怎么做、不该怎么做，既为退役军人工作的持续发展提供作风保证，也为党员干部的成长成才营造良好环境。比如，在思想作风上，我们反对教条主义、反对因循守旧，提倡解放思想、实事求是、改革创新、与时俱进等；在学风上，我们反对主观主义、反对“闭门造车”，提倡坚持学习、调查研究、科学思维、学以致用、理论联系实际等；在工作作风上，我们反对形式主义、反对官僚主义，提倡为民务实、真抓实干、雷厉风行、马上就干、干就干好等；在领导作风上，我们反对自由主义、反对好人主义，提倡坚持党性原则、加强党的全面领导、贯彻民主集中制、开展批评与自我批评等；在生活作风上，我们反对享乐主义、反对奢靡之风，提倡艰苦奋斗、“三严三实”、廉洁奉公、洁身自好等。有了好的作风来保证，我们的好规矩就会树起来，我们的党员干部就会行动起来，我们的各项工作就会推动起来，我们的退役军人事业就会好起来。第二，要注重日常养成，从日常工作抓起，从点滴小事严起，从领导干部做起，有苗头就抓，有问题就改，在抓常、抓细、抓长上下功夫、求实效，督促全部上下养成好习惯、形成好作风。第三，要强化制度规范，靠制度促进作风养成，建立完善规章制度、严格执行规章制度，把作风建设的“软要求”变成“硬约束”，让作风建设有评价标准、有行为准则、有环境氛围，实现作风建设的制度化、常态化。第四，要大力纠正“四风”，要结合各司和直属单位的实际、结合党员个人的实际，认真查找“四风”方面的问题，边查边改、立行立改、务求实效。领导干部要带头反“四风”、树新风，以身作则、身体力行，形成“头雁效应”，影响和带动全部形成好风气、好习惯、好氛围。

六要坚定不移强化反腐倡廉，培养自律严、重清廉的好党员好干部。习近平总书记指出，腐败是社会的毒瘤。如果任凭腐败问题愈演愈烈，最终必然亡党亡国。我们党把党风廉政建设和反腐败斗争提到关系党和国家生死存亡的高度来认识，是深刻总结了古今中外的历史教训的。中国历史上因为统治集团严重腐败导致人亡政息的例子比比皆是，当今世界上由于执政党腐化堕落、严重脱离群众导致失去政权的例子也不胜枚举。习近平总书记的这一重要论述振聋发聩、令人警醒。一个干部成长起来不容易，既有个人努力，还有组织培养、领导关心、同事帮助、亲友支持，干部出了问题受到处理，无论个人还是组织都会受到影响，但这个罪最终还得自己受。所以，抓好党风廉政建设和反腐败斗争，不仅关系到我们退役军人事务部的事业发展，也关系到每一名党员、每一名干部、每一名职工成长进步，必须高度重视、下大气力抓紧抓实。第一，要加强思想教育。组织广大党员干部认真学习习近平总书记关于党风廉政建设和反腐败斗争的重要论述，充分认清反腐败斗争的严峻性和紧迫性，增强自觉反腐的责任感和使命感，自重自省自警、慎独慎微慎初，知敬畏、存戒惧、守底线，习惯在受监督和受约束的环境中工作生活，走好自己的人生路。第二，要完善制度机制。抓住制度建设这个关键环节，通过建章立制，确立规矩、划出红线，用制度管人、管权、管事，做到令行禁止、言出法随，构建不敢腐、不能腐、不想腐的制度机制。第三，要落实“两个责任”。习近平总书记指出，我们党反腐败不是看人下菜的“势利店”，不是争权夺利的“纸牌屋”，也不是有头无尾的“烂尾楼”，“老虎”要露头就打，“苍蝇”乱飞也要拍。党组和派驻纪检监察组、直属机关党委和纪委都要履行好各自的主体责任和监督责任，坚持无禁区、全覆盖、零容忍，重遏制、强高压、长震慑，以永远在路上的坚韧和执着，持之以恒推进反腐败斗争。第四，要坚持标本兼治。加强对权力的监督制约，深入查找党风廉政建设风险点，强化纪律执行，深化运用监督执纪“四种形态”，抓早抓小、防微杜渐，把严的标准、严的措施贯穿于管党治党全过程，引导广大党员干部树立为民、务实、清廉的良好形象。

在退役军人事务部党组理论学习中心组（扩大）第二专题第五次学习会议上的讲话

孙绍骋

（2018 年 11 月 29 日）

总体国家安全观是以习近平同志为核心的党中央对国家安全理论的重大创新，是在新时代、新形势下走中国特色国家安全道路、维护和塑造中国特色大国安全的强大思想武器和行动指南，是习近平新时代中国特色社会主义思想的重要组成部分。统筹发展和安全，增强忧患意识，做到“安而不忘危，存而不忘亡，治而不忘乱”是我们党治国理政的一个重大原则。习近平总书记多次强调，中华民族伟大复兴绝不是轻轻松松、敲锣打鼓就能实现的，全党必须付出更加艰巨、更为艰苦的努力。学习总体国家安全观，我有三点体会。

第一，必须充分认清新时代坚持和贯彻总体国家安全观的重大意义，号准“形势脉”。

国家安全是国家生存和发展最基本的前提。党的十八大以来，以习近平同志为核心的党中央高度重视国家安全问题，首次提出了总体国家安全观，对国家安全理论进行了重大创新；党的十九大将总体国家安全观纳入新时代中国特色社会主义基本方略，为国家安全顶层设计提供了指导性原则。

明者因时而变，知者随事而制。习近平总书记的新国家安全观应势而生，回应的正是当下错综复杂的各类安全挑战。主要表现在：一是适应时代发展的需求。总体国家安全观结合当前国内外安全形势的总体特点，提出富有中国特色的国家安全价值理念、工作思路与机制路径，与时代发展变化的趋势相契合。二是应对风险挑战的需求。当前中国面临的安全和发展环境复杂多变，各种可以预见和难以预见的风险因素明显增多，国家安全的内涵和外延比历史上任何时候都要复杂，维护国家安全的任务更加繁重艰巨。三是完成历史使命的需求。实现伟大梦想，必须牢牢抓住中国特色社会主义进入新时代的重要历史机遇，以总体国家安全观更好地维护和延长我国发展重要战略机遇期。四是回应人民期待的需求。随着我国经济社会发展和对外开放不断扩大，人民对国家安全有了更多更高的期待，必须予以积极回应和有效解决。

习近平总书记站在国家发展和民族复兴的战略高度，准确把握国家安全的新特点新趋势，提出总体国家安全观重大战略思想，谋划走出一条中国特色的国家安全道路，为新形势下维护国家安全确立了根本遵循。

第二，必须准确把握新时代坚持和贯彻总体国家安全观的根本原则，找准“定盘星”。

全面贯彻落实总体国家安全观，必须坚持统筹发展和安全两件大事，坚持人民安全、政治安全、国家利益至上的有机统一，不断加强统筹能力和制度保障。

一是必须以人民安全为宗旨。国泰民安是人民群众最基本、最普遍的愿望。维护国家安全是全国各族人民根本利益所在。总体国家安全观强调以人民安全为宗旨，把人民安全作为国家安全最核心的部分，其他方面和领域的安全都要统一于人民安全。这是习近平新时代中国特色社会主义思想坚持以人民为中心的丰富内涵在国家安全领域的集中体现。以人民安全为宗旨，就要坚持国家安全一切为了人民、一切依靠人民，始终把人民安全放在最高位置。归根到底，就是增强使命感和责任感，把党的群众路线贯彻到维护国家安全的全部活动之中，不断提高人民的认同感、归属感、安全感、获得感、幸福感。

二是必须以政治安全为根本。政治安全攸关党和国家的安危存亡，攸关中国特色社会主义发展全局，攸关党和国家的长治久安。要维护经济、社会、文化、军事等其他各个领域的安全，最终都需要以政治安全为前提条件。政治安全的核心是巩固政权安全和制度安全，最根本的是维护习近平总书记党中央的核心、全党的核心地位，维护以习近平同志为核心的党中央权威和集中统一领导，维护中国特色社会主义制度，维护马克思主义在意识形态领域的指导地位。以政治安全为根本，就是要更加自觉地坚持党的领导这个中国特色社会主义最本质特征和中国特色社会主义制度最大优势不动摇，更加自觉地增强中国特色社会主义道路自信、理论自信、制度自信、文化自信，保持政治定力，始终坚持和发展中国特色社会主义。

三是必须以国家利益至上为准则。国家利益是主权国家在国际社会中生存和发展需求的体现。坚持国家利益至上，对内就是要坚持国家利益高于部门利益，整体利益高于局部利益，站在全局高度，统筹协调整体利益的有序发展。对外就是要坚决维护国家主权、安全、发展利益。习近平总书记在多个重要场合强调，中国人民不信邪也不怕邪，不惹事也不怕事，任何外国不要指望我们会拿自己的核心利益做交易，不要指望我们会吞下损害我国主权、安全、发展利益的苦果；中国不觊觎他国权益，不嫉妒他国发展，但决不放弃我们的正当权益。这些重要论述和郑重宣示，掷地有声，体现了以习近平同志为核心的党中央勇于决断、敢于担当的战略胆识和坚强信念，向全世界清晰表达了涉及我国核心利益的红线，亮明了维护我国国家安全的底线。

四是必须加强科学统筹和制度能力建设。总体国家安全观强调全面系统和辩证协调这个思想方法和工作方法，要求把攸关国家安全的主要因素都放到一个系统里来总体谋划，使国家安全工作既立足当前又着眼长远、既整体推进又突出重点，实现平衡兼顾、贯通驾驭。同时要根据国家安全形势的变化，针对国家安全面临的新问题和新挑战及时调整应对思路和策略手段；要不断健全完善国家安全制度体系，建立健全国家安全工作责任制，形成高效权威的领导体制，强化维护国家安全的责任；要通过多种手段增进全党全民国家安全意识，推动全社会形成维护国家安全的强大合力，为维护国家安全提供坚实的社会基础和有利的舆论环境。

第三，必须严格落实新时代坚持和贯彻总体国家安全观的总体要求，种好“责任田”。

根据总体国家安全观的顶层设计，结合我部职能职责以及当前退役军人事务领域面临的风险挑战，我认为，要着力抓好以下四个方面的工作，确保退役军人事务领域安全稳定。

一要强化政治担当，捍卫政治安全。欲谋国家安全，必先求政治安全。退役军人工作作为事关中华民族伟大复兴的战略工程，事关改革发展稳定大局的基础工程，事关军人军属切身利益的民心工程，如若做不好，影响的是军心民心，动摇的是党的执政基础，损害的是国家长治久安的根基。部党组高度重视退役军人事务领域的政治安全问题，教育全体机关干部提高思想认识和政治站位，保持政治定力，坚决维护习近平总书记党中央的核心、全党的核心地位，坚决维护党中央权威和集中统一领导，坚决捍卫中国特色社会主义制度。要强化荣誉激励，深入挖掘退役军人先进典型，加大宣传表彰力度。要不断加强退役军人思想政治工作，把政治引领贯穿始终，宣讲好党的路线方针政策，特别是对退役军人中的党员，要配合各级组织部门加强教育管理，通过严格组织生活，严明政治纪律、组织纪律，使之“离军不离党”“退伍不褪色”，始终听党话、跟党走，牢记第一身份，当好先锋模范，永远成为捍卫党的领导和社会主义制度的强大力量。这一点，要通过加强党建工作、加强对退役军人管理等努力抓紧抓好抓实。

二要强化责任担当，维护社会安全。社会安全与人民群众的生活密切相关，维护社会安全是落实总体国家安全观以人民安全为宗旨的最直接体现。我们要向社会广泛宣传解读政策，澄清模糊认识，树立鲜明导向。对于反映集中的诉求和热点问题，要主动发声、积极回应、耐心引导；对于政策落实不到位、退役军人合法权益受到损害的，要积极协调有关地方部门落实政策，切实解决退役军人遇到的困难。

三要强化使命担当，助力军事安全。作为退役军人事务部的初创者和建设者，我们使命光荣、责任重大，要在建部初期就树牢为国防和军队建设服务的工作目标，认真贯彻落实党中央、国务院决策部署，着力维护退役军人的合法权益，服务于激发昂扬向上的军心士气和强化军人使命感、荣誉感，为使军队成为广大青年的坚定向往和崇高追求，使军人成为全社会尊崇的职业贡献力量。要切实把责任扛在肩上，认真落实“三定”规定，不断优化职责职能、提升服务质量，把我部建成增强“四个意识”的政治机关，坚决落实党中央、国务院决策部署的行政机关，有力维护退役军人合法权益的服务管理机关。要根据新形势新任务需要，不断锤炼绝对忠诚、真抓实干、雷厉风行、清正廉洁的部风，以永不懈怠的精神状态和一往无前的奋斗姿态改革创新、开拓奋进，在新时代新起点展现新部新面貌，为中国梦强军梦提供坚强支撑。

四要强化内部管理，确保自身安全。要做好保密工作。国家秘密作为国家安全的信息表现形式，是国家重要的战略资源，一旦发生泄露，必将给国家、民族和人民利益带来不可估量的损失。保密工作历来是我们党和国家的一项重要工作，在当前信息化背景下，窃密技术花样翻新，窃密手段层出不穷，保密工作面临着越来越多的风险挑战。要严格人员管理，规范管理机制，尽快健全完善各项规章制度，推动部内工作运转制度化、规范化、科学化。要做好隐患排查，进一步落实安全管理工作责任制，认真梳理、排查、整改安全隐患，特别要关注机要室、档案室、值班室等重点部位和重要设施安全状况，做到突出重点、覆盖全面，及时消除各种安全隐患，确保我部安全工作‘零事故”。

以习近平新时代中国特色社会主义思想为指导
深化改革　锐意进取　努力开创退役军人工作新局面

孙绍骋

（2018 年 12 月 28 日）

这次全国退役军人事务厅（局）长会议的主要任务是，以习近平新时代中国特色社会主义思想为指导，深入学习贯彻习近平总书记关于退役军人工作重要论述，落实党的十九大和十九届二中、三中全会以及庆祝改革开放 40 周年大会、中央经济工作会议、中央军委政策制度改革工作会议精神，总结今年工作，明确工作目标方向，部署明年重点任务，动员全系统振奋精神、统一思想、深化改革，不断把退役军人事业推向前进。下面，我讲四个问题：

一、2018 年工作成效明显，为退役军人工作改革发展奠定了重要基础

2018 年是党和国家发展进程中不平凡的一年，对于退役军人工作来讲也是载入史册、不同寻常的一年。伴随改革步伐，退役军人事务部门全新组建，退役军人工作迈入新的发展阶段。一年来，各级退役军人事务部门坚持以习近平新时代中国特色社会主义思想为指导，深入学习贯彻习近平总书记关于退役军人工作重要论述精神，在军地相关部门配合下，边组建机构、边推进工作，边谋划长远发展、边解决遗留问题，边着手顶层设计、边落实当年任务，迎难而上、开拓进取，各项工作平稳起步、有序推进。

（一）工作体系构建进展顺利。按照深化党和国家机构改革部署，稳步推进退役军人事务机构组建。退役军人事务部4月16日正式挂牌成立，省级以下机构组建工作全面展开，全国 31 个省（区、市）的省级退役军人事务厅（局）均已挂牌，内设机构配置和人员配备工作正在进行，市、县以下机构组建按计划推进，部分省份成立了省市县乡村五级服务机构，贯通上下的工作体系逐步建立。

（二）落实中央部署坚决有力。按照习近平总书记重要指示要求，今年党中央、国务院多次召开会议，对退役军人工作作出一系列部署，孙春兰副总理出席了在河北召开的退役军人工作经验交流会，多次主持召开部分省份退役军人服务管理工作推进会和退役军人工作专题会，亲自协调解决重点难点问题。我们认真落实相关会议精神，对议定事项倒排时序、压茬推进，协调相关部门，督促指导各地，逐项推动解决。各级高度重视，主要负责同志亲自抓，部署出台相应措施，确保中央要求不折不扣落实。

（三）政策法规制定快速推进。新部组建伊始，我们就把政策法规建设摆在突出位置，为退役军人事业发展提供制度保障。我们会同相关部门就退役军人党员组织关系转接管理、退役士兵安置、服役表现与安置相结合、退役军人就业创业、提高抚恤补助标准、悬挂光荣牌、退役军人信息采集等工作出台了文件。军休干部和退休士官安置管理、境外烈士纪念设施保护等文件即将出台。《退役军人保障法》、解决部分退役士兵社会保险、伤病残军人移交安置、信息化建设总体方案正在抓紧制定。

（四）思想政治工作深入开展。牢固树立政治意识，大力宣传以习近平同志为核心的党中央对退役军人工作的高度重视，对广大退役军人的关心关爱。围绕新出台政策、重要工作进展、热点敏感问题加强舆论引导，及时回应社会关切。会同中央宣传部开展“最美退役军人”学习宣传活动，推进宣传平台建设，召开新闻发布会，开通部官网官微，加强与媒体沟通合作，提高退役军人工作影响力传播力。总结河北保定、四川渠县等地经验做法，探索退役军人党员教育管理方法。扎实开展关心关爱，组织走访慰问，深入一线做思想工作，对生活困难退役军人给予帮扶，解决他们的实际困难。

（五）年度安置任务有效落实。把接收安置好退役军人作为支持国防和军队改革的实际行动，有力落实年度军转干部、退役士兵、复员干部、军休干部和退休士官安置任务。改进安置办法，推行“阳光安置”，制定出台《符合政府安排工作条件退役士兵服役表现量化评分暂行办法》。拓展安置渠道，机关、事业单位接收安置退役士兵比例不断提高，首次将123家中央企业全覆盖纳入年度退役士兵安置计划，提供岗位1.5万多个，占中央企业年度新招录职工总数5.2%。扶持退役军人就业创业，推动制定税收优惠和公益性岗位兜底保障政策，各级共组织专场招聘会300多次，提供就业岗位60多万个，组织20多万名退役军人参加就业创业培训。

（六）服务保障水平不断提升。落实自主择业军转干部、军休干部各项待遇，重点优抚对象提标时间由每年10月1日提前到8月1日，平均提高幅度10%。大力开展双拥共建，推动一批实际问题解决。全面开展悬挂光荣牌、退役军人和其他优抚对象信息采集工作。推进退役军人工作信息化，启动全国统一、上下联通的退役军人和其他优抚对象信息数据库和信息管理平台建设。褒扬纪念工作深入推进，开展“崇尚英雄·精忠报国”“铭记功勋·致敬英烈”等系列宣传教育活动，组织第五批在韩志愿军烈士遗骸交接安葬，加强境外烈士纪念设施保护管理。

同时，机关自身建设扎实推进。我们认真学习贯彻习近平新时代中国特色社会主义思想，把政治建设摆在首位，增强“四个意识”、坚定“四个自信”、做到“两个维护”，自觉在思想上政治上行动上同以习近平同志为核心的党中央保持高度一致。坚持“严”字当头，加强机关作风建设，健全各项规章制度。按照好干部标准选好配强干部队伍，为退役军人工作发展提供有力组织保障。

今年工作成绩来之不易，是在工作机构刚刚组建、各方面条件还不到位的情况下取得的。这得益于党中央、国务院对退役军人工作的坚强领导，得益于各级党委政府高度重视和有关部门积极支持配合，特别是各级民政、人社部门给予的大力支持，得益于退役军人工作系统上下的顽强拼搏、辛勤付出。在此，我代表部党组向有关单位和部门，向全国退役军人工作系统广大干部职工致以崇高的敬意和衷心的感谢！

二、统一思想、明确方向，努力构建新时代退役军人工作新格局

党中央和习近平总书记高度重视退役军人工作。习近平总书记亲自谋划设计、亲自部署推动组建退役军人管理保障机构，并在退役军人就业安置、双拥共建、烈士褒扬、优待抚恤等方面作出一系列重要论述，系统阐释了新时代退役军人工作带有方向性、根本性、战略性的重大问题。这些重要论述，是习近平新时代中国特色社会主义思想的重要组成部分，为做好新时代退役军人工作提供了根本遵循。我们要认真学习领会，吃透精神实质，切实转化为推动退役军人工作的思想理念、思路举措、工作方法，进一步认清形势、统一思想、把握规律、明确方向，谋划设计好退役军人工作长远发展蓝图。

（一）深刻认识退役军人工作面临的新形势。在中国特色社会主义进入新时代的深刻背景下，退役军人工作面临难得机遇与严峻挑战。从机遇来看，中央对退役军人工作的重视程度前所未有，习近平总书记十分关心，作出一系列重要论述，为退役军人工作改革发展提供了强有力的领导；中央决定组建退役军人管理保障机构，构建全新工作机制，为解决退役军人工作体制性障碍创造了最好条件；军事政策制度改革全面推开，倒逼退役军人工作必须深化改革、整体重塑，全新构建政策制度体系，为解决矛盾问题提供了重要契机。从挑战来看，我们工作职能大幅拓展、服务对象大幅增多、服务范围大幅拓宽，很多空白领域亟待填补；原有工作方式已经不相适应，但新的方式方法还处在探索之中；新机构的成立，使广大退役军人和其他优抚对象充满期待，希望得到更充分的优待和尊重，但目前工作基础还比较薄弱。解决退役军人事务领域的矛盾问题不可能一蹴而就，也不能久拖不决。我们要正确认识，既不能被困难吓倒，也不能盲目乐观，必须以时不我待、只争朝夕的紧迫感，逢山开路、遇水架桥的勇气和毅力，抢抓机遇、迎接挑战，切实担当起推进退役军人事业的历史重任。

（二）准确把握新时代退役军人工作的基本要求。就是要把习近平总书记关于退役军人工作重要论述精神贯彻落实到退役军人工作的各方面全过程。重点体现在六个方面：

一是坚持加强党的领导。退役军人工作事关改革发展稳定大局、事关国防和军队建设，加强党对这项工作的集中统一领导至关重要。我们要坚决贯彻党的路线方针政策，确保中央部署要求在退役军人工作系统不折不扣落实；要切实加强退役军人思想政治引领，确保退役军人始终听党话、跟党走。

二是坚持“两个服务”方向。退役军人工作一头连着军队、一头连着地方，为经济社会发展服务、为国防和军队建设服务，是退役军人工作的职责使命。我们要紧紧围绕实现党在新时代的强军目标，全力做好退役军人接收安置、待遇保障等工作，解决现役军人后顾之忧。同时，将退役军人作为宝贵的人力资源，想方设法把他们安置好、使用好、作用发挥好。

三是坚持以退役军人为中心。以退役军人为

中心是以人民为中心发展思想在退役军人工作领域的具体体现。我们要把退役军人对美好生活的向往作为奋斗目标，把解决他们的困难问题作为工作重点，把他们是否满意、是否认可作为检验标准，把广泛发动、紧紧依靠他们作为重要方法，贯穿到各项工作之中，带着责任、带着感情开展工作。

四是坚持改革创新驱动。解决退役军人工作矛盾问题，关键在于深化改革。要解放思想、更新观念，打破思维定式，转变工作方式，既敢闯敢试，又蹄疾步稳，全面深化改革，以前瞻的思维规划长远发展，以改革的勇气和担当破解难题。

五是坚持依法依规治理。依靠法治推动是退役军人工作长远发展之计。要从新机构组建之初，就把政策法规建设摆在突出位置，加快立法，使各项工作有法可依；严格执法，按照法规政策回应退役军人诉求；推动守法，引导退役军人依法依规反映问题、表达诉求，促进退役军人工作在法治轨道上运行。

六是坚持凝聚各方力量。退役军人工作关联军地、牵涉多方，单靠哪一级、哪个部门都难以做好。要建立权威、高效、顺畅的工作协作机制，发扬全社会拥军爱军优良传统，调动军队、地方、部门、社会等各方积极因素，合力推进退役军人工作。

（三）牢固确立退役军人工作的目标思路。习近平总书记指出，让军人成为全社会尊崇的职业。对退役军人工作系统来讲，奋斗目标就是让退役军人满意，让他们成为全社会尊重的人，让军人成为全社会尊崇的职业。围绕实现这一目标，必须改革与形势发展不相适应的理念思路、工作机制、政策制度和方式方法，全新构建退役军人工作格局，不断增强广大退役军人和其他优抚对象的获得感、幸福感。关键要加快实现五个方面的转变：在工作理念上，从解困型优抚逐步向褒扬激励型转变，建立更加公平合理、更好发挥激励功能的优抚制度；从注重“授人以鱼”向“授人以渔”转变，加强教育培训，提升退役军人就业竞争能力；从只注重服务向服务与管理并重转变，加强对退役军人的思想引领和教育管理，使他们成为改革发展成果的分享者，改革事业的坚定维护者、奋斗者。在工作领域上，扩大工作对象范围，从部分退役军人和重点优抚对象向所有退役军人和其他优抚对象转变；拓展工作内容，从主要负责接收安置向全方位的安置服务管理保障转变；延长工作链条，从接收安置工作“一阵子”向服务保障管理“一辈子”转变。在政策制度上，从“碎片化”“打补丁”方式，向整体设计、重塑再造转变，构建系统完备、科学管用的退役军人工作政策制度体系。在运行机制上，从部门单打独斗向动员全社会、协调各部门合力共为转变，更加注重政策标准制定、加强督导检查、严格追责问效，把压力传递到各级各方面；从军地分治向军地之间无缝衔接转变，形成顺畅高效的工作运行机制。在方式方法上，从粗放型工作方式向精细化服务管理转变，充分运用信息化手段和大数据，精准掌握服务对象基本情况和服务需求，提高服务质量和效率。

（四）建立健全退役军人工作的体系架构。贯彻落实习近平总书记有关重要指示要求，搭建退役军人工作长远发展架构。组织管理体系方面，要深入贯彻落实党和国家机构改革部署，推动各级建强退役军人管理保障机构，建立贯通省市县乡村各级的服务体系，形成横向到边、纵向到底、覆盖全员的服务网络。工作运行体系方面，要适应推进国家治理体系和治理能力现代化要求，建立督导落实、情况通报、考核评价机制，加强军地协同、部门协同、上下协同，组织动员全社会各方面力量共同来做。政策制度体系方面，要衔接军事政策制度改革精神，构建以《退役军人保障法》等为主干，涵盖就业安置、待遇保障、抚恤优待、荣誉激励、教育管理等各领域的退役军人工作政策制度体系。

三、认真落实中央部署要求，以改革的思路和举措推进2019年各项任务

2019年是新中国成立70周年，是决胜全面建成小康社会第一个百年奋斗目标的关键之年，是深化国防和军队改革的重要一年，也是退役军人工作全系统的开局之年。退役军人工作总体要求是：以习近平新时代中国特色社会主义思想为指导，以深化改革为动力，以构建科学规范的组织管理体系、工作运行体系、政策制度体系为主线，着眼长远加强顶层设计，立足当前解决突出问题，综合施策、持续发力，推动退役军人工作全面发展，为经济社会持续健康发展、为社会大局稳定作出积极贡献，以优异成绩庆祝新中国成立70周年。

（一）突出政策制度建设，为退役军人工作持续发展提供可靠制度保证。制度更带有根本性、稳定性、长期性。要按照优化协同高效的目标，对接军事政策制度改革要求，加快构建退役军人工作的政策制度体系。一要加快立法步伐。积极推进《退役军人保障法》立法工作，适时公开向社会征求意见，进一步完善草案，力争明年年底前提交全国人大审议。制定修订《军人抚恤优待条例》《烈士褒扬条例》《退役军人安置条例》，同时研究制定相关配套政策制度，逐步形成一套完整的政策制度体系。二要加强政策理论研究。目前，退役军人工作理论研究还很薄弱，存在大量空白，亟须补齐这一短板。要建立退役军人工作政策理论研究专家库，充分发挥“外脑”作用。围绕重难点问题，组织军地高校、科研机构专家集智攻关，为研究制定相关政策和法律法规提供理论支撑。各地要积极探索、建言献策，共同推进退役军人工作政策制度改革。

（二）狠抓思想政治工作，确保退役军人始终离军不离党、退役不褪色。一要加强党员教育管理。会同组织部门按照组织关系隶属，参加多重组织生活的方式，组织流动退役军人党员就近就便参加组织生活，提高组织生活质量。二要加强宣传舆论引导。制定《退役军人事务工作表彰奖励办法》《应邀以退役军人身份参加大型活动着装办法（试行）》。建立“优秀退役军人典型”资源库，健全常态化宣传机制，激励广大退役军人争当先进模范。各地要结合明年的表彰活动，对模范退役军人和先进工作单位、先进工作者进行广泛宣传，营造良好社会氛围。加强宣传平台建设，主动发声、引导舆论。

（三）做好移交安置和服务管理工作，积极支持深化国防和军队改革。各地要早做谋划，科学编制安置计划，加大服务管理力度，确保完成安置任务。一要推进安置制度改革。探索建立“直通车”式安置方式。拓宽安置渠道，发挥事业单位和国有企业安置退役士兵主渠道作用。推进安置地政策改革，制定鼓励退役军人到中西部地区、中小城市和县乡基层安置的政策措施，缓

解大城市安置压力。二要提高安置质量。完善机关、事业单位安置退役军人办法，增强安置政策刚性。突出安置好师团职干部和功臣模范，改进中央单位及其垂直管理系统京外单位安置军转干部办法。提高安置工作精准度，把退役军人特点与接收单位需求更好结合起来，促进“人事相宜”。完善“阳光安置”机制，将退役安置与服役贡献密切挂钩，对服役时间长、贡献大的退役军人，安置时给予适当优待。三要改进军休干部和伤病残军人接收安置机制。出台军休干部和伤病残军人专项政策，加快住房落实、加强医疗保障、提高补贴标准、优化交接机制，以刚性措施推动解决部分军休干部和伤病残军人滞留部队问题。四要创新军休服务管理模式。改进军休人员待遇政策调整机制。积极适应社会化服务发展方向，打破干休所多年沿袭的大包大揽、封闭单一的服务管理方式，探索开门办所、融入社会、购买服务、资源共享的新模式，满足军休人员多元化需求。打造军休文化品牌，举办全国军休干部庆祝新中国成立70周年文艺汇演。同时，做好复员干部、无军籍职工移交安置和自主择业军转干部、自主就业士兵服务管理工作。

（四）大力促进就业创业，把退役军人作为重要人力资源使用好、作用发挥好。退役军人在部队长期从事军事作训，回归地方后，许多人面临军事技能转化为职业技能的困难，需要采取针对性措施给予帮扶，变“经济补偿”为“能力提升”。一要加大教育培训力度。构建学历教育与技能培训相结合的教育培训体系，鼓励退役军人参加学历教育，加大大学生士兵复学优惠支持力度，落实退役军人接受免费教育培训政策，加强高职、中职教育培训，帮助退役军人改善知识结构、提升竞争能力，为稳定就业打牢基础。坚持市场导向，开展“订单式”“定向式”“定岗式”培训，实行培训、就业一体化服务。各地要编制退役军人教育培训机构承训目录，建立就业实习实训基地，定期考核、动态管理。二要加强就业服务。研究制定适合退役军人就业的岗位目录。加强与国有大型企业和民营骨干企业对接，组织开展区域性退役军人专场招聘，建立退役军人就业信息平台，促进供需信息有效对接。对符合条件的就业困难人员，纳入公益性岗位保障范围。会同相关部门和地区，探索选派退役军人充实城乡基层工作力量。协调扶持随军随调家属就业创业。三要积极鼓励创业。加大退役军人创业税收、金融等优惠力度，探索设立退役军人创业基金，组建退役军人创业指导团队，为退役军人创业提供服务。

（五）做好抚恤优待工作，增强退役军人优抚待遇的整体性公平性协调性。优抚标准偏低、统筹平衡不够、公平性不足是部分退役军人和其他优抚对象反映强烈的问题，迫切需要对各类优抚对象相关政策进行系统梳理、整体设计。一要构建统筹平衡的抚恤补助量化标准。按照贡献与待遇匹配原则，合理确定享受抚恤优待政策的对象范围，研究建立抚恤优待补助量化标准体系，增强激励功能，逐步实现从生活解困向褒扬激励转变。二要建立优抚标准动态增长机制。与国家经济发展水平相适应，研究建立退役金、抚恤金、优待金等动态增长机制，使广大退役军人和其他优抚对象更好分享改革发展成果。探索优化抚恤优待保障中央和地方财政分担机制。三要建立体现尊重的社会优待体系。根据服役贡献制定各类对象优待目录清单，在养老、医疗、住房、家属随迁安置、文化、交通、子女教育等方面，给予区别化优先优惠。广泛动员社会各方力量为退役军人提供服务，引入志愿者服务，探索建立政府主导、多方参与的社会优待工作机制。四要完善双拥工作机制。健全双拥工作区域协调机制、领导小组成员单位专题会商机制、任务落实通报检查机制。修订双拥模范城县命名管理办法和考评标准，开展双拥创建调研督导，加强模范城县动态管理。做好军供服务保障工作。

（六）做好褒扬纪念工作，推动在全社会形成崇尚英雄、缅怀先烈的良好风尚。英烈精神是中华民族的宝贵精神财富。加强烈士褒扬纪念，是培育和践行社会主义核心价值观的重要内容。目前，这项工作发展不平衡的问题还比较突出，需要进一步加大工作力度。一要大力弘扬英烈精神。完善英烈褒扬机制，重新设计制作《烈士光荣证》。围绕庆祝新中国成立70周年，精心组织烈士纪念日向英烈敬献花篮等纪念活动，开展全国英烈讲解员大赛和寻找烈士亲属活动，加强英烈文化研究，营造浓厚氛围。二要全面提升烈士纪念设施水平。研究启动国家英烈纪念园建设，组织实施纪念设施提质改造、优化展陈专项工程，推进烈士纪念设施保护单位隶属关系调整，加强精细化管理，继续做好境外烈士纪念设施修缮保护工作。三要加快推进军人公墓项目。研究拟订军人公墓建设规划和标准，适时出台建设、管理和维护政策。

（七）着力破解矛盾问题，及时回应退役军人最关心最直接最现实的利益诉求。问题是时代的声音，也是我们努力的方向。面对延宕已久的矛盾问题，面对退役军人反映突出的诉求，必须突出重点、创新举措、及早解决。一要解决政策不落实问题。各地要对退役军人各项政策落实情况进行全面清理，尽快消化问题存量。比如，在待遇保障方面，还存在优抚政策落实不到位、待上岗期间生活补贴发放不及时、养老医疗保险未接续等问题。各地要切实负起主体责任，建立台账、加紧整改。二要做好社保接续工作。为切实解决部分退役士兵退休后的养老、医疗保障问题，部里会同相关部门制定了《关于解决部分退役士兵社会保险问题的意见》，正在按程序报批。《意见》出台后，各地要认真抓好组织实施，对符合条件的退役士兵逐一登记造册、核算资金。要做好政策宣传解读，防止误解误读和相关群体攀比，切实把好事办好办实。三要加强特殊困难援助。对遇有特殊困难的退役军人和军属，根据其困难程度，在享受社会保障待遇基础上，给予临时性、应急性帮扶援助，体现党和政府的特殊关怀。帮扶援助政策出台后，各地要结合实际拟订具体办法，提供多渠道多层次的帮扶援助。

（八）加强基层基础建设，提高退役军人服务管理水平。“求木之长者，必固其根本。”各级要充分利用机构改革契机，把基础和基层建强，不断提高退役军人服务管理工作可及性、精准性。一要健全服务体系。借鉴河北等地经验做法，在省市县乡村各级建立实体化的退役军人服务机构。要把工作做实，充实人员力量，防止搞形式、走过场，只挂牌子不配人，确保有专业人员提供专业化服务。二要深化退役军人服务保障事业单位改革。各地在机构组建过程中，要高度重视服务保障单位转隶和建设，对原分散在其他部门的退役军人服务保障单位，要系统性、成建制转隶，确保不降级、不减人、不改变机构性质，做到力量不减弱、工作不断线、管理不放松，平稳有序完成机构改革任务。要深化改革、盘活资产、激发活力，切实把这些单位的作用发挥好，更好地为退役军人服务。三要提高信息化水平。加快推进退役军人信息采集，逐人建档立卡，摸清服务对象底数。加紧建设全国退役军人综合信息数据库，整合系统、互联互通，实现各类数据资源有机整合。探索“互联网 + 退役军人服务”模式，构建综合管理平台，以信息化推进退役军人工作现代化。

明年还有一项重要任务，将以中央名义召开五年一次的全国退役军人工作会议。对退役军人工作长远发展作出全面部署，同时表彰全国模范退役军人和先进工作单位、先进工作者。各地要配合做好模范和先进典型的遴选推荐工作，在全社会进一步形成重视退役军人工作、关心退役军人的良好氛围。

四、切实加强系统自身建设，为退役军人工作提供坚强保障

当前，退役军人工作改革发展稳定的任务艰巨繁重，必须高度重视系统自身建设，切实把各级退役军人事务部门建成增强“四个意识”、坚定“四个自信”、做到“两个维护”的政治机关，坚决落实党中央、国务院决策部署的行政机关，有力维护退役军人合法权益的服务管理机关，以强有力的组织保证推动退役军人各项工作落实落地。

（一）突出加强政治建设。退役军人工作直接服务国防和军队建设，关系国家政治安全和大局稳定，不同于一般性工作，政治上要求更高。各级退役军人事务部门必须旗帜鲜明讲政治，深入学习领会习近平新时代中国特色社会主义思想，深入学习领会习近平总书记关于退役军人工作的重要论述，在学懂弄通做实上狠下功夫，增强“四个意识”、坚定“四个自信”、做到“两个维护”。要自觉把退役军人工作摆到党和国家工作全局中去思考谋划，带着高度的政治责任，把中央决策部署贯彻到退役军人工作的方方面面，创造性地抓好落实。

（二）健全完善组织机构。各地机构改革还在进行当中，要坚决落实改革部署，确保及时高效组建到位，工作尽快运转起来。要加快组建进度，做好“三定”工作，主动向当地党委、政府领导汇报有关情况，与机构改革管理部门加强沟通协调，在机构设置、编制保障、职数安排、人员力量等方面争取更多支持，打牢工作运行基础。要注重增进融合，着眼新机构人员来自不同部门的实际，加强机构人员融合、理念思路融合、职能职责融合、运行机制融合、思想感情融合，树立退役军人事务部门的整体概念、整体形象。要及时健全机关各级党组织，强化学习教育，严格组织生活，切实发挥战斗堡垒作用。

（三）着力建强干部队伍。据我了解，各地厅（局）班子成员大多数都是刚刚接触这项工作，还是“新手”，迫切需要尽快进入情况、熟悉业务、担起责任。即便是长期从事这项工作的同志，也要主动适应面临的新形势、改革的新要求，转变工作理念，加快能力升级。必须把提升能力素质作为紧迫任务，按照高素质专业化的要求建强系统干部队伍。要掌握专业知识，把学习摆在突出位置，深化对习近平总书记关于退役军人工作重要论述的领悟和理解，加强专业理论学习，全面提升退役军人工作政策水平。明年，系统上下要大规模开展培训，部里将配合中央组织

部举办退役军人事务省级干部研讨班、厅（局）长培训班，举办退役军人工作系统处级干部培训示范班，各级也要相应组织干部教育培训。要培养专业能力，注重实践锻炼，把优秀干部放到重要岗位历练，放到退役军人工作一线积累经验，全面提升运用把握政策、谋划推动工作、驾驭复杂局面、解决棘手问题的本领。要打造专业精神，始终带着对退役军人的深厚感情，保持对退役军人事业的热爱，刻苦钻研、追求卓越，把各项工作做成精品，打造优良服务品牌。

（四）培塑良好作风形象。退役军人工作敏感程度高，部队官兵、退役军人和社会各界对我们的一言一行都高度关注，我们的作风形象对做好工作至关重要。要高度重视部门作风建设，制定退役军人工作部门行为规范和服务规范，从一开始就把规矩立起来、形象树起来。要坚持求真务实、真抓实干，把习近平总书记“要把好事办好办实”重要指示和中央各项要求不折不扣落实到位。要坚持雷厉风行、快捷高效。服务退役军人的部门，应有军队的色彩，应有军人的作风和品质，能打仗打胜仗，说干就干、干就干成，针落听音、脚过留印，高质高效完成各项任务。要坚持严格自律、清正廉洁。系统的每名同志都要自警自律，从小事小节做起，防微杜渐，知敬畏、存戒惧、守底线，清清白白做人，干干净净做事，培塑形成退役军人事务部门良好风气。

新时代催征号角已经吹响，退役军人工作正处在改革发展的历史新起点上。让我们更加紧密地团结在以习近平同志为核心的党中央周围，高举习近平新时代中国特色社会主义思想伟大旗帜，在党中央、国务院的坚强领导下，牢记使命、锐意改革、勇于担当，不断开创新时代退役军人工作新局面！

做好退役军人服务管理保障工作的根本遵循
——深入学习贯彻习近平总书记关于退役军人工作的重要论述

孙绍骋

党的十九大作出组建退役军人管理保障机构的重大决定，这是退役军人工作史上具有里程碑意义的一件大事。退役军人为国防和军队建设作出过重要贡献，是社会主义现代化建设的重要力量。做好退役军人工作对于加强国防和军队建设、推动经济社会发展、维护政治安全稳定具有重要意义。习近平总书记对做好退役军人服务管理保障工作高度重视，作出一系列重要论述，为开创新时代退役军人工作新局面提供了根本遵循和重要指引。

一、深刻领会习近平总书记关于退役军人工作重要论述的精髓要义

习近平总书记关于退役军人工作重要论述，系统深刻阐明了退役军人工作的重要意义、目标任务、方针原则、总体要求、方法路径等若干重大问题，高屋建瓴、统揽全局、内涵深刻，具有很强的前瞻性、针对性、指导性。

阐明了退役军人工作的重要意义。习近平总书记指出，退役军人管理保障是关系军队稳定和社会大局稳定的大问题。军转安置工作是实现“两个一百年”目标、实现中华民族伟大复兴的中国梦的重要力量。坚如磐石的军政军民团结，永远是我们战胜一切艰难险阻、不断从胜利走向胜利的重要法宝。这些重要论述，贯通历史、现实、未来，蕴含治国理政的政治智慧和强军兴军的战略谋划，为做好退役军人工作提供了强大的思想引领和精神动力，要求我们充分认清新时代退役军人工作的职责使命、责任担当，积极主动投身服务中国梦强军梦伟大实践。

明确了退役军人工作的目标任务。习近平总书记指出，组建退役军人管理保障机构，维护军人军属合法权益，让军人成为全社会尊崇的职业。要把退役军人事务全面抓起来，建立健全组织管理体系、工作运行体系、政策制度体系，满腔热忱为退役军人服务。这些重要论述，深刻把握了改革强军事业的特点规律，准确界定了退役军人工作的战略定位，集中反映了广大官兵和退役军人的殷切期盼，要求我们紧紧围绕目标，不断改进创新服务管理保障工作，建立健全集中统一、系统完备、职责清晰、运行高效的体制机制。

确立了退役军人工作的方针原则。习近平总书记指出，要坚持为经济社会发展和军队建设服务的方针，贯彻妥善安置、合理使用、人尽其才、各得其所的原则，推进退役军官安置管理保障体

制机制改革和政策制度创新，逐步健全完善服务保障体系和相关政策法规。这些重要论述，体现了党中央关于做好退役军人工作的决策意图，指明了新时代退役军人服务管理保障工作的前进方向，要求我们围绕中心、服务大局，在深化改革和创新发展中，统筹推进接收安置、待遇保障、荣誉激励、教育管理等各项工作。

提出了退役军人工作的总体要求。习近平总书记指出，在国家层面加强对退役军人管理保障工作的组织领导，健全服务保障体系和相关政策制度。中央国家机关、地方各级党委和政府要强化大局观念，把支持深化国防和军队改革当作分内的事，拿出一些特殊措施和倾斜政策，主动帮助做好退役军人、职工安置工作。这些重要论述，明确了中央和地方在退役军人工作上的总体职能定位，阐释了“大局观”“分内事”“一盘棋”思想，要求我们勇于担当、主动作为，凝心聚力、团结协作，进一步加强体系建设，提升管理保障水平，服务国防和军队改革。

指明了退役军人工作的方法路径。习近平总书记指出，军转安置工作要适应全面深化改革新形势，按照深化干部人事制度改革、国防和军队改革新要求，推进体制机制创新，为促进军队干部队伍建设、为安置和使用好军转干部提供更可靠更有效的制度保障。这些重要论述，深刻揭示了深化改革和完善制度对于退役军人工作的特殊意义，提供了做好退役军人工作的具体方法和科学路径，要求我们抓住新时代新发展新机遇，以改革促发展，用制度管长远，着力从制度和政策层面研究解决面临的困难和问题。

二、准确把握新时代退役军人工作新要求

做好新时代退役军人工作，必须坚持以习近平新时代中国特色社会主义思想为指导，以退役军人工作面临的重点难点问题为导向，对接军事政策制度改革，解放思想、开拓创新、深化改革，加强政策制度和体制机制创新，努力开创退役军人工作新局面。

坚持党的全面领导。做好退役军人工作，必须毫不动摇地坚持党的全面领导。要把退役军人事务部建成增强“四个意识”的政治机关、坚决落实中央决策部署的行政机关、有力维护退役军人合法权益的服务管理机关。要加强各级退役军人管理保障机构党组织建设，落实全面从严治党责任，打造忠诚干净担当的干部队伍，发挥党的政治、组织和群众工作优势，推动各项任务有效落实。要坚持以基层党建工作为引领，充分发挥基层党组织宣传政策、团结群众、管理党员的战斗堡垒作用，加强对退役军人党员的教育管理，寓教于管、融管于服，真正把退役军人党员管起来，管出凝聚力、管出战斗力。

坚持以退役军人为中心。让退役军人满意、让他们成为全社会尊重的人、让军人成为全社会尊崇的职业，是我们的奋斗目标。要牢固树立以人民为中心的发展思想，把退役军人对美好生活的向往作为工作导向，全心全意为他们服务。要充分发挥退役军人先锋模范作用，鼓励支持他们投身经济社会发展，使他们始终成为爱国奉献、忠诚担当、奋发有为的积极力量。要充分发挥退役军人天然优势和独特作用，吸纳部分优秀人员进入退役军人事务系统，当好感情联络员、思想

辅导员、政策宣讲员。

坚持全面深化改革。退役军人工作的根本出路在于全面深化改革。随着经济社会发展、利益格局调整和思想观念转变，退役军人工作面临的矛盾问题日益凸显。要有效整合军地有关职能，加快组建各级机构，配齐配强工作力量，建立健全工作机制，将党和国家机构改革方案落到实处。要注重发挥退役军人优势，引导他们退伍不褪色，为经济社会发展继续贡献力量。要有力维护退役军人合法权益，消除现役军人后顾之忧，为国防和军队改革建设提供有力支撑。要紧密衔接社会民生领域改革，实现待遇保障由解困型向优待型转变，保证退役军人在优先享受基本保障的基础上，享受更多优待。

坚持不断创新发展。做好退役军人工作，发展是第一要务，创新是第一动力。要切实打开思路、转变观念，科学谋划顶层设计，对体制机制和政策制度进行整体性、系统性安排设计，逐步搭建退役军人工作的“四梁八柱”。要坚持实事求是、探索创新，鼓励和尊重基层实践首创，注重把地方经验做法上升为国家层面的政策制度创新，以基层创新改革的星星之火，形成新时代退役军人工作的燎原之势。要坚持与时俱进、永不停滞，准确把握新时代退役军人工作面临的新形势新任务，勇于变革、勇于开拓，始终以创新为动力源泉，推动退役军人工作持续发展。

三、全力开创新时代退役军人工作新局面

学习领会习近平总书记关于退役军人工作重要论述，贯彻落实中央决策部署要求，必须坚持目标牵引、问题导向，综合施策、持续发力，加快建立健全“六个体系”，不断提高退役军人服务管理保障水平。

完善政策制度体系。坚持依法行政、科学管理，落实军事政策制度改革要求，在全面梳理和科学评估现行政策的基础上，厘清退役军人工作政策需求，结合地方实践经验，集中攻关基础理论课题，积极稳妥出台政策，逐步形成与经济社会发展水平相适应、与国防和军队改革相衔接，以拟出台的《退役军人保障法》为根基，以拟出台或修订的《退役军人安置条例》《军人抚恤优待条例》《烈士褒扬条例》等行政法规为主干，以部门规章制度和规范性文件为支撑的政策制度体系。

优化接收安置体系。坚持妥善安置、合理使用、人尽其才、各得其所的原则，进一步优化安排工作、扶持自主就业、退休、供养等安置方式。下大力解决安置历史遗留问题，强化安排工作政策刚性，改进机关和事业单位接收安置退役军人办法，建立以服役贡献和德才条件为依据、公开公平公正的“阳光安置”机制。优化自主就业创业政策，完善教育培训体系，拓宽就业渠道，加强创业扶持，促进广大退役军人更好投身大众创业、万众创新热潮。加快伤病残休人员移交办理，建立符合条件人员即退即交即接工作机制，做好随军家属安置工作，服务部队集中精力专司打仗、专谋打赢。

加强待遇保障体系。坚持抚恤优待本质属性，按照贡献与待遇匹配、普惠与优待叠加的原则，提高服务保障水平。完善体现褒扬的优抚制度，建立统筹平衡的待遇保障标准，健全经费自然增长机制。创新待遇保障举措，统一制发优待证，

研究制定优待目录清单。建立兜底保障的困难援助机制，对生活困难退役军人，在享受社会保障基础上，依据困难程度区分层次进行帮扶援助；探索适合退役军人的保险项目，使其得到更多保障。

构建荣誉激励体系。坚持精神激励与物质保障并重，褒扬彰显退役军人为党、国家和人民牺牲奉献的精神风范和价值导向。大力弘扬英烈精神，加强英烈纪念设施管理，推进军人公墓建设，建立健全烈士祭扫制度和礼仪规范，依法保护英烈荣誉，宣传英烈事迹和英雄故事。健全表彰激励机制，深入开展双拥模范创建活动，定期进行全国退役军人工作表彰，邀请优秀退役军人代表参加重大庆典，将退役军人先进典型载入地方志，坚持开展送立功喜报、悬挂光荣牌、走访慰问等活动。注重宣传引导，利用新媒体大数据，发掘推广退役军人先进典型，讲好退役军人故事，营造全社会尊崇军人的浓厚氛围。

建立教育管理体系。坚持严管与厚爱相结合，充分发挥基层党组织作用，将退役军人党员全部纳入党组织管理。加强思想教育，压实基层组织责任，对本单位、本地区退役军人进行社会主义核心价值观教育，开展社会公德、职业道德、家庭美德、个人品德和法治教育。严格党员管理，做好退役军人党员组织关系转接，依托基层服务站点，加强退役军人流动党员管理。探索建立诚信机制，将退役军人纳入社会诚信体系，将待遇保障与现实表现挂钩，对违法乱纪者给予惩戒，对建功立业者给予激励，引导他们珍惜荣誉、永葆本色。

健全组织运行体系。充分履行党委政府在退役军人管理保障方面的重要职责，构建党委领导、政府牵头、退役军人事务部门协调、相关部门配合、社会参与的工作格局。理顺经费保障渠道，强化中央财政主体责任，加大省级财政投入力度，引入社会资金，形成多元化保障格局。着力构建横向到边、纵向到底、覆盖全员的服务体系，逐步优化政府购买服务、社会专项服务、鼓励自我服务、倡导志愿服务相结合的服务模式，建设退役军人信息数据库，抓紧信息采集，构建“互联网＋退役军人服务”平台，为退役军人提供优质高效的服务。

（原载于《求是》2018 年第 24 期）

敢于担当　积极作为
努力开创新时代退役军人工作新局面

钱　锋

（2018 年 6 月 28 日）

今年是建党 97 周年。应部党务人事组之邀，我结合学习《关于进一步激励广大干部新时代新担当新作为的意见》（以下简称《意见》），以“敢于担当，积极作为，努力开创新时代退役军人工作新局面”为题，与大家交流一些体会。

5 月 20 日，中办印发《意见》，要求各级党委（党组）结合实际认真贯彻落实。这是深入贯彻习近平新时代中国特色社会主义思想和党的十九大精神，坚持严管和厚爱结合、激励和约束并重，建设高素质专业化干部队伍的一项重大举措。对新组建的退役军人事务部来说，贯彻好落实好《意见》，意义尤其重大。

习近平总书记指出，干部就要有担当，有多大担当才能干多大事业，尽多大责任才会有多大成就。中国特色社会主义是干出来的，新时代是干出来的，退役军人工作同样如此，我们的工作每推进一步都要依靠在座各位担当作为。新时代新机构新担当新作为，应当成为我们的座右铭。

一、担当作为是中国共产党人鲜明的政治品格

中国共产党是一个敢于担当的马克思主义政党，自诞生之日起就自觉把对国家、对民族、对人民的责任扛在肩上，义无反顾肩负起实现中华民族伟大复兴的历史使命。97 年来，中国共产党在担当中奋力前行，团结带领人民进行了艰苦卓绝的斗争，谱写了气吞山河的壮丽史诗：取得了新民主主义革命胜利，实现了民族独立、人民解放、国家统一、社会稳定，实现了中国从几千年封建专制政治向人民民主的伟大飞跃；进行社会主义革命，确立了社会主义基本制度，推进社会主义建设，完成了中华民族有史以来最为广泛而深刻的社会变革，实现了中华民族由近代不断衰落到根本扭转命运、持续走向繁荣富强的伟大飞跃；进行改革开放新的伟大革命，开辟了中国特色社会主义道路，开启了中华民族伟大复兴的新征程，中国特色社会主义进入了新时代。

97 年的中共党史，其实就是一部前仆后继、不怕牺牲的担当奋斗史。一代又一代共产党人用自己的生命诠释了不同历史时期的担当，镌刻成一座又一座丰碑。在实现民族独立和人民解放的战争年代，数以百万的共产党人抛头颅、洒热血，作出了巨大牺牲和奉献。李大钊、方志敏、瞿秋白、江竹筠、刘胡兰、董存瑞……这一个个中国

共产党人心怀崇高革命理想，以鲜血和生命践行了对民族和人民的英勇担当。有关统计显示，从1921年7月1日到1949年10月1日，可以查到姓名牺牲的中共党员有370多万人，也就是说，在这1万多个日子里，平均每天约有370名共产党员牺牲。而在新中国成立之初，全国的党员总数也不过才440多万人。据优抚褒扬组提供的资料，从辛亥革命至今，有名有姓烈士共有196.84万人。据保守估计，全国至少有2000多万名烈士为民族独立、人民解放和国家富强、人民幸福而英勇牺牲，也就是说，只有不足1/10的英烈留下了姓名。目前，全国共有烈士墓98万余座，其中，无名烈士墓29万多座，安葬了78万余名无名烈士。我前不久到江苏调研，专门到南京雨花台烈士陵园代表退役军人事务部敬献花篮，缅怀革命先烈。在国民党统治时期，雨花台成为屠杀共产党人和革命志士的刑场，先后有近10万名革命先烈在此惨遭杀害，但有名有姓的烈士只有1519名。

在和平建设和改革开放时期，广大共产党人同样表现出敢为人先的担当精神，在各行各业积极作为，哪里有困难、哪里最危险，哪里就有共产党员的身影。雷锋、王进喜、焦裕禄、孔繁森、牛玉儒、杨善洲等，都是中国共产党人担当作为的楷模。退役军人群体也是如此，在军队他们保家卫国奉献青春，脱下军装回到社会，为社会主义现代化建设继续奋斗，涌现许多杰出代表。例如，今年4月被中央宣传部追授为“时代楷模”的吕建江，由部队转业从警13年，始终牢记使命、忠诚担当，模范践行共产党员的初心，在平凡的岗位上干出了不平凡的业绩，赢得了人民群众的信任和赞誉。退役军人是社会主义现代化建设不可或缺的力量，是重要的人才资源，应当激励、褒扬他们继续为经济社会发展贡献力量。

习近平总书记指出，一个有希望的民族不能没有英雄，一个有前途的国家不能没有先锋。包括抗战英雄在内的一切民族英雄，都是中华民族的脊梁，他们的事迹和精神都是激励我们前行的强大力量。我部的一项重要职责是烈士褒扬、纪念设施管理保护，学习好传承好英烈们的优秀传统和精神品格，学习好传承好军人的优秀传统和精神品格，是推进新时代退役军人工作的前提和保证。

二、习近平总书记是担当作为的光辉典范

党的十八大以来，在以习近平同志为核心的党中央坚强领导下，党和国家各项事业取得历史性成就、发生历史性变革，这与广大干部改革创新、干事创业、担当作为密不可分，更与习近平总书记的政治担当、历史担当和责任担当密不可分。2012年11月15日，习近平同志担任总书记后第一次同中外记者见面讲话时就庄严宣告：“人民对美好生活的向往，就是我们的奋斗目标。”“我们肩上的重大责任，就是对民族的责任，对人民的责任，对党的责任。责任重于泰山，事业任重道远。”2012年11月29日，习近平总书记在参观《复兴之路》基本陈列展时发表了重要讲话，第一次明确提出实现中华民族伟大复兴的中国梦。从此，中国梦成为唱响中国、响彻世界的时代最强音。中国梦是中华民族近代以来最伟大的梦想，凝聚了几代中国人的历史夙愿，体现了中华民族和中国人民的整体利益，体现了

以习近平同志为核心的党中央执政兴国的宏图伟略和治国理政的责任担当。2014年2月7日，习近平总书记在接受俄罗斯电视台采访时强调指出，“我的执政理念，概括起来说就是：为人民服务，担当起该担当的责任。”正是这种担当，引领中国走进了新时代，谱写了中国特色社会主义事业崭新篇章。2014年6月30日，习近平总书记在中央政治局第十六次集体学习时强调，我们共产党人的忧患意识，就是忧党、忧国、忧民意识，这是一种责任，更是一种担当……要教育引导全党同志特别是各级领导干部坚持“两个务必”，自觉为党和人民不懈奋斗，不能安于现状、盲目乐观，不能囿于眼前、轻视长远，不能掩盖矛盾、回避问题，不能贪图享受、攀比阔气。

面对世情、国情、党情的深刻变化，面对前所未有的发展机遇和风险挑战，习近平总书记以对中国特色社会主义事业的赤胆忠心和担当，反复强调，中国特色社会主义道路是实现社会主义现代化的必由之路，是创造人民美好生活的必由之路。全党同志必须牢记，道路决定命运，找到一条正确的道路多么不容易，我们必须坚定不移走下去。全党要坚定道路自信、理论自信、制度自信、文化自信。与此同时，习近平总书记坚持解放思想、与时俱进、实事求是、求真务实，立足中国实际、把握世界大势、集中全党智慧，全面深刻回答了一个重大时代课题，这就是新时代坚持和发展什么样的中国特色社会主义，怎样坚持和发展中国特色社会主义。答案就是习近平新时代中国特色社会主义思想。思想是国家、政党、民族的灵魂，也是国家、政党、民族精神品格的高度概括和提炼总结。习近平新时代中国特色社会主义思想集中反映了当代中国共产党人的鲜明品格、价值追求、担当作为，是我们为实现中华民族伟大复兴而奋斗的行动指南。

在许多领域许多关键时候，习近平总书记总是身先士卒、率先垂范、亲力亲为、披荆斩棘、雷厉风行，为全党树立了担当作为的光辉典范。他把全面深化改革的重任牢牢扛在肩上，深刻指出，全面深化改革是系统工程，头绪多，任务重，上来就必须有气势，要气势如虹、势如破竹、所向披靡地向前推进，先集中力量把主要改革举措推出来，特别是具有四梁八柱性质的改革举措要推出来，然后集中力量一项一项抓好落实。习近平总书记关于深化改革的重要指示对我部的工作具有重要指导意义，在当前形势下，我部应集中力量把主要改革举措推出来，特别是具有四梁八柱性质的改革举措，然后集中力量抓好落实。习近平总书记强调，改革推进到今天，比认识更重要的是决心，比方法更重要的是担当。正是这种担当，1500多项改革举措纵深推进，一些存在多年的顽瘴痼疾、利益藩篱被破除，重要领域和关键环节改革取得突破性进展，主要领域改革主体框架基本确立，中国特色社会主义制度更加完善，国家治理体系和治理能力现代化水平明显提高，全社会发展活力和创新能力明显增强。

习近平总书记更是把全面从严治党的责任牢牢扛在肩上，以“明知山有虎，偏向虎山行”的英雄气概，带领全党重拳反腐、重典治弊、猛药去疴、刮骨疗毒，集中整饬党风，严厉惩治腐败。习近平总书记指出，从严治党是一场看不见硝烟的战争，不是作秀，不是演戏，不能那样温良恭俭让。我们不是没有掂量过，但认准了党的宗旨使命，认准了人民期待。人民把权力交给我们，我们就必须以身许党许国、报党报国，该做的事就要做，该得罪的人就得得罪。不得罪腐败分子，就必然会辜负党、得罪人民。这就叫得罪千百人，不负十三亿！我们要有这份使命担当、这份毅然决然。正是有这种对党、对国家、对人民的强烈历史担当和无私无畏的政治勇气，才走出了今天这样一条符合党情国情民情的全面从严治党新路子，才形成了今天这样反腐败斗争的压倒性态势，才有了今天这样风清气正的党内政治生活新气象。

习近平总书记对建设高素质专业化干部队伍高度重视，树立起十分鲜明的新时代用人导向。他用20个字概括了好干部的标准：信念坚定、为民服务、勤政务实、敢于担当、清正廉洁。习近平总书记指出，担当就是责任，好干部必须有责任重于泰山的意识，坚持党的原则第一、党的事业第一、人民利益第一，敢于旗帜鲜明，敢于较真碰硬，对工作任劳任怨、尽心竭力、善始善终、善作善成。"疾风识劲草，烈火见真金。"为了党和人民事业，我们的干部要敢想、敢做、敢当，做我们时代的劲草、真金。担当大小，体现着干部的胸怀、勇气、格调，有多大担当才能干多大事业。他强调，必须下大力气解决不求有功、但求无过的"圆滑官""老好人""推拉门""墙头草"问题，组织上一定要为勇担当、有本事、坚持原则、不怕得罪人、个性鲜明的干部说公道话。习近平总书记反复要求党员领导干部要对党忠诚、个人干净、敢于担当，要坚持正确用人导向，真正让那些忠诚、干净、担当的干部得到褒奖和重用，让那些阳奉阴违、阿谀逢迎、弄虚作假、不干实事、会跑会要的干部没市场、受惩戒。习近平总书记的系列重要讲话，高度概括了我们党对党员领导干部的政治要求，划定了评价干部的基本标准，我们一定要牢记在心，担当作为。

立足中国、着眼世界是习近平总书记担当作为的鲜明特点。作为大国领袖，他站在人类社会前途命运的高度，提出构建人类命运共同体这一全新理念，为解决国际社会面临的各种全球性挑战提供了中国方案。习近平总书记指出，让和平的薪火代代相传，让发展的动力源源不断，让文明的光芒熠熠生辉，是各国人民的期待，也是我们这一代政治家应有的担当。中国方案是：构建人类命运共同体，实现共赢共享。在谈到中美关系时，习近平总书记指出，构建新型大国关系是双方在总结历史经验基础上，从两国国情和世界形势出发，共同作出的重大战略抉择，符合两国人民和各国人民根本利益，也体现了双方决心打破大国冲突对抗的传统规律、开创大国关系发展新模式的政治担当。搞好中美关系，符合两国人民根本利益，也是中美两个大国对世界的应有担当。中方积极致力于同世界各国和谐相处、合作共赢。我们愿意加强同美方在经贸、投资、科技、能源、人文、基础设施等领域互利合作，加强在国际和地区事务中沟通协调，共同维护世界和平稳定。在谈到"一带一路"建设时，习近平总书记指出，政党和政治家应具有远见卓识和历史担当，在共建"一带一路"的进程中走在前列。我们既要登高望远，又要脚踏实地。登高望远，就是要顺应时代潮流，做好顶层设计；脚踏实地，就是要有序推进，争取早期收获。这些重要讲话、重要指示，都体现出习近平总书记的世界情怀和大国担当，在习近平总书记的领导下，中国已经成为全球治理进程中最有活力、最有担当的积极力量。

时代不同，中国共产党人的担当也有不同，会有因时因事的变化和概括，但有一点始终没有改变，那就是为中国人民谋幸福，为中华民族谋复兴，为世界谋大同，以及为此无私无畏、砥柱中流、英勇奋斗的担当本色和鲜明品格。

三、担当作为的本质是坚定的信仰

中国共产党人之所以敢于担当作为，是因为有信仰，担当缘于信仰，担当的硬度、作为的力度取决于信仰的高度。

敢于担当是中华民族的优秀传统。“鞠躬尽瘁，死而后已”“先天下之忧而忧，后天下之乐而乐”“苟利国家生死以，岂因祸福避趋之”“我以我血荐轩辕”等，这些气节和精神，早已融入我们民族的血脉中，成为生生不息的民族魂，也成为中国共产党成长进步的力量源泉。

“行源于心，力源于志。”建党之初，全国只有50多名党员，没有任何军事武装，小得不能再小、弱得不能再弱。但13名中国共产党人在党的一大上，仍然明确把“由劳动阶级重建国家”“废除资本私有制”写入党纲。这些中国共产党的缔造者敢于担当的底气何来？来自于坚定的信仰。大革命失败后，中国共产党人从6万多名锐减到1万多名，全国处于血雨腥风之中，但毛泽东、周恩来、朱德等中国共产党人挺身而出，置生死于不顾，组织领导了南昌起义、秋收起义和其他武装斗争，创建了人民军队，建立了农村革命根据地，开创了农村包围城市、武装夺取政权的中国革命道路。这些人民军队的缔造者敢于担当的底气何来？来自于坚定的信仰。抗日战争爆发时，弱小的中国共产党人，面对民族危亡，最早发出了全民族抗战号召，最早组织开展了抗日游击战争，并促成建立了抗日民族统一战线，领导了敌后战场14年的艰苦抗战。解放战争初期，国民党有430万军队，拥有飞机大炮和各种先进武器，而人民解放军只有127万人，主要依靠“小米加步枪”，虽然敌我力量如此悬殊，但面对中国两种命运、两个前途的大决战，中国共产党人不畏强敌、奋然而起、敢于斗争、敢于胜利，最终在短短三年多时间里就消灭了国民党800多万军队，建立了中华人民共和国。在一个个重大生死关头，中国共产党人都面临着道路的抉择，而且都能取得一次又一次伟大的胜利。这些胜利是偶然？是命运的眷顾？显然不是，是信仰的结果，是基于信仰的坚守和担当作为的结果。

信念如磐。坚定的理想信念，是中国共产党人担当作为的根本精神动力。习近平总书记反复强调，革命理想高于天。共产主义远大理想和中国特色社会主义共同理想，是中国共产党人的精神支柱和政治灵魂。共产党人的命脉和灵魂，就是对马克思主义的信仰，对社会主义和共产主义的信念。有了信仰和信念，担当作为就有了坚实的思想基础，就有了置生死于度外的坚贞不屈和拼搏奉献的无私无畏。“从来壮烈不贪生，许党为民万事轻”“愿以我血献后土，换得神州永太平”，分别是关押在渣滓洞一同被国民党杀害的革命烈士罗世文、车耀先的诗作。我在重庆工作了九年，每年都会到渣滓洞、白公馆和红岩村参观，接受红岩精神教育，每次都有非常深的感受。周从化烈士“失败膏黄土，成功济苍生”的雄心壮志，陈然烈士“对着死亡我放声大笑”的视死如归，这些革命烈士“向死而生”的英雄气节，是中国共产党人坚持信念、担当作为的真实写照。

四、担当作为是一种能力

担当作为需要信仰，需要坚守，也需要本领支撑。“没有金刚钻，揽不了瓷器活。”敢于担当、积极作为是领导干部的基本素质，本领过硬才有底气担当，才能有所作为。这就要求我们下大气力苦练内功，提升履职尽责能力。

担当作为要有政治定力。没有政治定力的所谓“担当”是乱担当。要严守政治纪律和政治规矩，增强“四个意识”，不断提高政治鉴别力和政治敏锐性，自觉在思想上政治上行动上同以习近平同志为核心的党中央保持高度一致，自觉维护党中央集中统一领导，在事关全局、事关根本的原则问题上，立场坚定，旗帜鲜明，任何时候都不摇摆、不跟风、不投机取巧、不阳奉阴违。

担当作为要有理论素养。担当作为，还要有理论上的清醒。理论清醒就能把握担当作为的方向，增强担当作为的能力。要深入学习习近平新时代中国特色社会主义思想和党的十九大精神，进一步坚定“四个自信”，不断增强担当作为的底蕴。

担当作为要有履职尽责的本领。没有本领，没有能力，担当作为就是空中楼阁。《意见》提出，“要着力增强干部适应新时代要求的本领能力，按照建设高素质专业化干部队伍要求，强化能力培训和实践锻炼，提高专业思维和专业素养，涵养干部担当作为的底气和勇气”。这要求我们加强专业知识、专业能力培训，全面提高学习本领、政治领导本领、改革创新本领、科学发展本领、依法执政本领、群众工作本领、狠抓落实本领、驾驭风险本领，牢牢把握工作主动权。

担当作为要有正确的政绩观。习近平总书记指出，我们做人一世，为官一任，要有肝胆，要有担当精神，应该对“为官不为”感到羞耻，应该予以严肃批评。他强调，党的干部必须坚持原则、认真负责，面对大是大非敢于亮剑，面对矛盾敢于迎难而上，面对危机敢于挺身而出，面对失误敢于承担责任，面对歪风邪气敢于坚决斗争。这是对担当精神的科学阐释，指明了在什么情况下要敢于担当作为，具有很强的现实针对性。一个干部是否能担当作为，既看平时，更看关键时刻特殊环境。在日常工作中，担当作为，这是基本功。在关键时刻特殊环境坚守底线，敢于担当才见真本事。担当作为的底气足不足，底蕴够不够，是不是来真的，这个时候就会一清二楚。

担当作为要知敬畏存戒惧。担当作为不是可以乱来，更不是违法乱纪的挡箭牌。习近平总书记指出，廉洁自律是共产党人为官从政的底线，飞扬跋扈、唯我独尊并不是敢于担当。如果领导干部自身不正，连廉洁的底线都守不住，担当就是假担当，就是一种奢谈。因此，每一位同志都要敬畏党规党纪，敬畏国家法律，敬畏手中的权力，管好慎用，戒贪戒欲。清清白白做人，才能踏踏实实做事、坦坦荡荡做官，这样才能真担当真作为。

五、担当作为需要激励

担当作为需要环境支持、组织激励。要真正把每个人的积极性、主动性和创造性充分激发出来，关心和厚爱同样不可或缺。对于想干事有作为的人来说，要的就是一个能够施展抱负的舞台，《意见》充分体现了这一点。如果让我用一句话概括《意见》的内涵，就是：为担当作为者担当。

要以重实干重实绩的用人导向激励担当作

为。树立重实干重实绩的用人导向比说什么都管用。要坚持好干部标准，突出选拔信念过硬、政治过硬、责任过硬、能力过硬、作风过硬，敢于负责、勇于担当、善于作为、实绩突出的干部，突出实践实干实效，真正在日常工作中特别是在大事要事难事的担当作为中考察选拔干部，真正让那些想干事、能干事、干成事的干部有机会有舞台。

要以科学的考核评价激励担当作为。干与不干、干多干少、干好干坏一个样的问题，在不少部门是一个顽症，严重挫伤干事创业的积极性创造性。完善干部考核评价机制，是解决这一顽症的良方。干部考核评价是用人的“指挥棒”，要按照《意见》提出的那样，“体现差异化要求，合理设置干部考核指标，改进考核方式方法，增强考核的科学性、针对性、可操作性。调动和保护好各区域、各战线、各层级干部的积极性”。真正让吃苦者不吃亏，流汗者不流泪，担当作为者不后悔。

要以宽容激励担当作为。干事业总是会有风险，期望或要求每一项工作、每一件事情只许成功不许失败,实际上是对担当作为的扼杀。《意见》指出，要切实为敢于担当的干部撑腰鼓劲。要做到这一点，关键是要落实好习近平总书记提出的“三个区分开来”的要求，即把干部在推进改革中因缺乏经验、先行先试出现的失误错误，同明知故犯的违纪违法行为区分开来；把尚无明确限制的探索性试验中的失误错误，同明令禁止后依然我行我素的违纪违法行为区分开来；把为推动发展的无意过失，同为谋取私利的违纪违法行为区分开来。要妥善把握事业为上、实事求是、依纪依法、容纠并举“四个原则”，结合动机态度、客观条件、程序方法、性质程度、后果影响以及挽回损失“六个要件”，具体问题具体分析，明辨“为公”还是“为私”，分清“无心”还是“有意”，判定“失误错误”还是“违纪违法”。宽容不是纵容，保护不是庇护。容错是有前提和底线的，那就是纪律和法律，越过了这条底线，就是乱担当乱作为，任何时候都应受到严肃处理。

要以厚爱激励担当作为。好干部既是管出来的，也是组织关心关爱出来的。对干部既从严要求又真诚关爱，是干部担当作为的内在要求。关心关爱的目的，就是帮助干部健康成长。习近平总书记多次强调，要把严格管理干部和热情关心干部结合起来，既要求干部自觉履行组织赋予的各项职责，严格按照党的原则、纪律、规矩办事，不滥用权力、违纪违法，又对干部政治上激励、工作上支持、待遇上保障、心理上关怀，让广大干部安心、安身、安业，推动广大干部心情舒畅、充满信心、积极作为、敢于担当。习近平总书记还指出，对广大基层干部要充分理解、充分信任、格外关心、格外爱护，多为他们办一些雪中送炭的事情。有总书记的亲切关怀和要求，有《意见》的具体指引，新时代一定会有越来越多的干部有新担当新作为。

六、在履职尽责中担当作为

履行好退役军人事务部的职责使命，需要我们每位同志的担当作为。回顾、总结中国共产党人的担当作为，学习领会《意见》精神，最重要的就是使同志们深刻认识、铭记、弘扬中国共产党人的担当精神，在退役军人工作中勤于履职、勇于任事，使担当作为在我部蔚然成风，努力开创退役军人工作的新局面。

切实增强政治担当。要始终坚定理想信念，坚持对中国特色社会主义和共产主义的信仰和理想不动摇，坚决把实现“两个一百年”奋斗目标、实现中华民族伟大复兴的中国梦作为最高价值追求，不断夯实担当作为的政治定力，保持担当作为的政治勇气。要坚持用习近平新时代中国特色社会主义思想武装头脑，深入学习贯彻习近平总书记关于退役军人工作的系列重要论述，增强“四个意识”、坚定“四个自信”、做到“两个维护”，以对党忠诚、为党分忧、为党尽职、为民造福的政治担当，满怀热情地投入退役军人工作的新实践。

切实增强历史担当。深刻领会和把握新时代、新思想、新矛盾、新目标对退役军人工作的新要求，以时不我待、只争朝夕的历史担当，努力改革创新、攻坚克难、锐意进取。作为退役军人事务部的第一代奋斗者，虽然工作辛苦、艰苦，不少工作也未见得会在短时间内完成，但这是党、国家、军队的一项崇高事业，是可以在历史上留下印迹的，是会被广大退役军人和其他优抚对象记住的。我们要有为退役军人工作接续奋斗、担当作为的家国情怀，这也是我们应当具备的心态。

切实增强责任担当。要守土有责、守土负责、守土尽责，在其位、谋其政、干其事、求其效。当前，我部工作十分繁重，许多同志身兼数职，加班加点两个多月来是个常态，是形势所迫，更是责任所在。我们要继续凝心聚力，爬坡上坎，问题导向，深化改革，狠抓落实，抓紧做好部组建、政策研究、安置就业、优抚褒扬等各项工作，既重眼前，更重长远，以舍我其谁的精神状态，敢于担当，积极作为，努力作出无愧于时代、无愧于退役军人、无愧于历史的业绩。

在退役军人事务部宣传工作座谈会上的讲话

钱　锋

（2018 年 11 月 27 日）

今天，请大家来开这个座谈会，主要是为了深入贯彻习近平总书记关于退役军人工作的重要指示批示精神和全国宣传思想工作会议精神，总结今年宣传工作情况，研究如何进一步加强退役军人工作宣传，推动退役军人工作发展，营造关心国防、尊崇军人的浓厚氛围。自我部成立以来，中央军委政治工作部宣传局、兵员和文职人员局、网络舆论局、老干部局、全军转业办和解放军新闻传播中心等军队部门对我们的工作给予了大力支持和热情帮助，各大媒体和各位媒体朋友为退役军人工作宣传付出了大量心血，作出了积极贡献。刚才座谈中，大家又为我部宣传工作和各项建设积极建言献策，提出了许多宝贵的意见建议。

下面，我结合大家的发言，就做好宣传工作、推进退役军人工作谈谈看法，与大家作个交流。

一、宣传工作是做好退役军人工作的重要保障

做好退役军人工作，是事关党和国家工作全局的重要举措，是实现强军目标、建设世界一流军队的重要保障，是加强社会主义现代化建设的重要任务，必然需要举旗帜、聚民心、育新人、兴文化、展形象。我们部党组高度重视宣传工作，坚持把做好宣传工作与提升退役军人和其他优抚对象获得感结合起来，与引导激励退役军人鼓舞士气、振奋精神结合起来，与实现退役军人工作奋斗目标结合起来，牢固树立工作自信，为做好退役军人工作提供精神力量、创造有利条件。

退役军人工作政治性强，抓好宣传工作有利于及时传达中央决策部署和关怀厚爱。我们党历来高度重视退役军人工作。特别是党的十八大以来，以习近平同志为核心的党中央立足中华民族伟大复兴的中国梦，立足国防和军队现代化建设需要，把退役军人工作放在突出的战略位置，亲自决策组建退役军人事务部。我们要把党中央、国务院的重大决策部署、重要指示精神和重大工作举措及时向广大退役军人、社会公众介绍传递，离不开宣传工作这个重要纽带。

退役军人工作社会关注度高，抓好宣传工作有利于及时解疑释惑、统一思想认识。退役军人群体基数较大，广大退役军人、新闻媒体和社会各界对相关工作、政策特别是一些热点、难点问题十分关注。通过宣传工作，及时加强正面引导、回应社会关切，解疑释惑、澄清事实真相，能够

增进国内外公众对退役军人工作的了解和认知，消除不实或歪曲报道的影响，引导大家统一思想、凝聚共识，维护党和政府形象与公信力，营造关心支持退役军人工作的浓厚氛围。

退役军人工作涉及面广，抓好宣传工作有利于集思广益、共同推进退役军人工作。目前，退役军人工作面临不少矛盾问题，有的问题积累多年，涉及各个部门、方方面面，解决起来难度大。准确、客观、全面地宣传报道退役军人工作的基本情况和难点症结，能够增进理解，赢得信任，吸纳社会各方面意见建议，提高政府决策水平和工作质量，推动退役军人工作发展。

二、当前我部重点工作情况

刚才通报了我部成立以来宣传工作情况和下一步安排。我再介绍一下当前我部重点工作情况，这些也都是我们开展新闻宣传的主要内容。

（一）《退役军人保障法》立法工作

改革开放以来，退役军人工作领域出台了许多法律政策，如《兵役法》《现役军官法》《退役士兵安置条例》《军人抚恤优待条例》《烈士褒扬条例》《军队转业干部安置暂行办法》等，为广大退役军人的妥善安置、就业创业等提供了法律政策保障。但是退役军人工作领域还存在法律层级低、体系不健全、政策制度分散等问题。退役军人事务部的组建，为退役军人工作的集中统一管理创造了有利条件，也为科学制定退役军人工作法律政策体系提供了组织保证。加快推进《退役军人保障法》立法工作，坚持运用工程化思路，将过去的法律政策中好的经验和做法用法律形式固化下来，是贯彻落实全面依法治国的必然要求，是维护社会经济改革发展稳定大局的根本保证，是系统构建退役军人管理保障法律体系的关键步骤，将为退役军人工作部门发挥职能作用提供法律依据，为开展退役军人工作提供总纲，为维护军人军属合法权益、支持退役军人积极参加社会经济建设提供根本法律保障，有利于提高国家治理能力和治理体系在退役军人工作领域的现代化水平。

《十三届全国人大常委会立法规划》明确《退役军人保障法》由国务院、中央军委提请审议，退役军人事务部负责起草。我部成立后，立即启动了《退役军人保障法》起草工作。为贯彻落实科学立法、民主立法、依法立法要求，广泛听取各方意见建议，目前，已经形成《退役军人保障法（草案）》征求意见稿，并送中央和国家机关，各省、自治区、直辖市人民政府以及军队有关部门征求意见。我们正梳理汇总各单位的意见，认真分析研究，反复沟通协调，对法律草案进行修改完善。下一步，将与军地有关部门共同努力，尽快拿出成熟的法律草案，适时公开向社会征求意见。

同时，我们还正在组织研究制定有关社会保险接续、困难退役军人帮扶援助、伤病残军人移交安置、退役士兵教育培训、军休人员安置管理、加强优待工作、做好信访工作等政策文件。

（二）移交安置工作

今年是深化国防和军队改革的重要一年，各项工作正在有序有力推进，力争年底前完成安置任务。

关于军转干部安置。7 月，退役军人事务部会同中央组织部联合向中央单位下达军转干部安置计划。针对今年中央单位安置任务重的实际，我们及时召开中央单位军转安置工作会议，指导各单位深挖安置潜力，拓展安置渠道，积极提供安置岗位。安置过程中，各中央单位坚决贯彻落实习近平总书记关于军转安置工作的重要指示精神，把安置好军转干部作为支持改革强军的实际行动，自觉克服机构改革、央企整合带来编制紧缺等实际困难，尽最大努力拿出机关空缺职位和企事业单位发展前景好、待遇较高的岗位用于接收军转干部。坚决贯彻公平公正公开原则，进一步规范安置工作流程，改进和完善面试、专业能力测试、双向选择以及考察确定人选等各个环节的工作，军转安置工作的透明度和公信力不断提高。中央纪委国家监委、全国人大、外交部、商务部、应急管理部、退役军人事务部、体育总局、社会科学院、中国电信集团公司等 36 家单位还超计划完成安置任务，发挥了示范和表率作用。

各地严格按照中央关于深化国防和军队改革期间军转安置工作文件要求，在编制职数、工作安排、经费支持等方面加大工作力度，稳步推进安置工作，确保年底前完成安置任务。北京市拿出了一批市属企事业单位领导实职岗位，用于安置师团职干部。上海市要求各区安排正团职领导干部实职比例不低于 45%，安排副团职干部公务员比例不低于 80%。

关于退役士兵安置。各地普遍把解决遗留问题与防止新增问题紧密结合，通过加大政策扶持、资金扶持、就业扶持等方面的工作力度，让广大退役士兵借助公益性岗位、特殊困难帮扶等较好实现就业生活等方面的保障，有效巩固了解决安置遗留问题工作成果。对做好新形势下的退役士兵安置工作，国家层面重点推进，国务院、中央军委印发通知，对做好年度退役士兵安置工作提出明确要求。各地第一时间召开退役士兵安置工作会议、退役军人服务管理工作会议，迅速制订下发通知计划，细化任务要求，全面抓好安置源头、安置过程、安置结果等环节，确保工作落地落实。按照国家要求，各地普遍加大机关事业单位接收安置比例，江西、山东、广西等省（区、市）安置到机关事业单位的比例平均达到 50% 以上。广西采取“三互通一总结”（加强军地业务部门人员互通、加大退役士兵基本情况互通、落实安置上岗情况互通、做好接收安置工作总结）的办法来提高岗位匹配度。

加大中央企业接收安置退役士兵工作力度，在去年向部分中央企业试点下达接收安置计划的基础上，今年面向所有中央企业开展此项工作，涉及军工、能源、金融、地产、石化、通信、烟草、邮政等多个领域，工程、生产、技术、营销、管理等岗位类别，提供岗位数量占中央企业年度新招录职工总数的 5.2%。各地普遍重视加强与中央企业对接，北京、天津、上海等地通过召开“双选会”的形式，由中央企业和退役士兵双向选择，提高了人员和岗位的匹配度。山西、浙江等省份召开部分企业岗位对接座谈会，加快推进接收安置进度。河北通过电话联系、主动到用人单位上门了解等方式，加强对退役士兵的跟踪回访，指导用人单位落实岗位待遇。国家电网、中国航空等单位通过主动调剂安置计划，把岗位主动调整到安置任务重的地区，提高了安置岗位的使用率。

（三）信息采集工作

由于过去对退役军人等服务对象的有关情况掌握不明，导致在政策制定、经费测算、服务保障等多方面遇到困难。我部于今年8月起，在全国广泛开展信息采集工作，目的是摸清服务对象的底数和基本情况，为每名退役军人和其他优抚对象建档立卡，切实提高服务管理工作水平。这是贯彻落实党中央、国务院决策部署的一项基础性、全局性、战略性工作，对于做好新时代退役军人管理、服务、保障工作，维护广大退役军人和其他优抚对象的切身利益，具有十分重要的意义。

目前，这项工作在全国范围稳步推进，各地采集的数据正陆续审核上报，整体进展顺利。但由于工作时间紧、任务重，信息采集工作中仍存在一些需要不断加强和改进的方面。今天下午会后，我们还将召开信息采集工作新闻通气会，就有关情况进行详细通报。下一步，我们要牢牢把握数据全面精准的总要求，以时不我待的紧迫感，群策群力，扎实做好这项工作。

（四）烈士祭扫工作

近年来，烈士纪念设施已日益成为党和国家开展爱国主义教育的重要阵地，承担着继承革命传统、褒扬铭记烈士、教育引导群众的重要作用。目前，全国共有各类烈士纪念设施约103.14万处，其中，烈士墓约100.16万座、其他纪念设施（纪念碑、塔、亭、馆等）约2.98万处。

自2014年国家立法设立烈士纪念日后，公祭烈士成为国家重要制度安排。每年烈士纪念日，各级党委、政府和驻军部队、企事业单位、社会组织和部分驻外使领馆均开展丰富多彩、形式多样的公祭烈士活动。据统计，全国有2200多个县级以上人民政府在烈士纪念日组织开展烈士公祭活动，300多万社会各界代表参加。我驻朝鲜、老挝、越南、卢旺达、马耳他等国使领馆也赴我在境外的烈士纪念设施举行了公祭活动。此外，据不完全统计，每年约有1.5亿人次以扫墓、敬献花圈和花篮、网上祭扫等形式到烈士纪念设施开展祭扫活动。同时，我们也充分运用现代信息技术手段，开展网上祭扫活动，为广大人民群众祭奠英烈提供便利。例如，2018年清明节期间，我们整合新媒体、新技术和社会资源开展了“铭记·2018清明祭英烈”主题宣传教育活动，指导各地和有关驻外使领馆开展了形式多样的祭扫纪念活动，整个活动受众上亿人次，专栏访问量80余万人次，取得良好社会效果。前不久，在中国人民志愿军入朝作战68周年之际，我们组织了由50人组成的中国青年干部代表团访问朝鲜，开展祭扫交流活动，这是我部成立和《中华人民共和国英雄烈士保护法》实施以来，首次组织的大规模境外烈士祭扫活动，新闻媒体作了广泛报道，反响很好。

下一步，我们将在指导各地加强烈士纪念设施基础设施建设的同时，规范做好烈士祭扫接待服务工作：一是按照《英雄烈士保护法》中“国家建立健全英雄烈士祭扫制度和礼仪规范”的要求，抓紧研究起草相关制度规定，进一步规范烈士祭扫工作，引导公民庄严有序开展祭扫活动；二是针对近年来异地祭扫接待工作中面临的困难与问题，修订完善现行异地祭扫制度，适当调整保障范围、人数频次、祭扫形式、补助标准等内容，更加凸显对烈属的关心关爱；三是针对部分烈士墓没有亲属祭扫的问题，加强精细化管理和人性化服务，多措并举开展烈士寻亲工作。

此外，关于退役军人事务部门组织建构情况。退役军人事务部作为国务院组成部门，按照国务院机构改革方案，主要职责是拟订退役军人思想政治、管理保障等工作政策法规并组织实施，褒扬彰显退役军人为党、国家和人民牺牲奉献的精神风范和价值导向，负责军队转业干部、复员干部、退休干部、退役士兵的移交安置工作和自主择业退役军人服务管理、待遇保障工作，组织开展退役军人教育培训、优待抚恤等，指导全国拥军优属工作，负责烈士及退役军人荣誉奖励、军人公墓维护以及纪念活动等。部内共设置 10 个内设机构，分别是：办公厅、政策法规司、思想政治和权益维护司、规划财务司、移交安置司、就业创业司、军休服务管理司、拥军优抚司、褒扬纪念司（国际合作司）、机关党委（人事司）。

三、下一步退役军人工作有关考虑

下一步，退役军人工作主要有以下几项重点任务。

一是接收安置退役军人。主要是增强政策刚性，对安置政策进行完善，进一步优化退役军人安置考核评价办法，激励广大官兵安心服役、建功军营，更好服务练兵备战谋打赢。二是充分发挥退役军人作用。依托普通高校、职业院校等教育资源，构建学历教育与技能培训互为补充的退役军人教育培训体系。对创业的退役军人，加大税收、场地、资金等优惠力度，为创业起步提供支持。三是保障退役军人待遇。按照贡献与待遇匹配原则，合理确定享受待遇保障的对象范围和标准，推动优待抚恤政策从解决生活困难向体恤褒奖牺牲奉献转变。同时，对因特殊情况导致基本生活出现严重困难的退役军人和其他优抚对象，在享受社会保障待遇基础上，给予临时性、应急性帮扶援助，保障基本生活。四是加强退役军人教育管理。坚持关心厚爱与严格要求并重，加强退役军人思想政治工作，把从严治党要求、正面宣传引导、经常性思想沟通、纪律约束等贯穿教育管理始终，引导退役军人始终听党话、跟党走。五是维护退役军人合法权益。加强法规政策建设，加大落实督导力度，营造遵法守法良好环境，要求各级退役军人事务部门认真倾听退役军人心声，耐心解答退役军人反映的问题，带着责任、带着感情做好工作，及时解决退役军人反映突出的问题。

以上是对我们工作情况的一些介绍。退役军人工作一头连着军队、一头连着地方，政治性强，复杂程度高，做好退役军人工作，离不开军队各级和各部门的大力支持，需要充分发挥我们的政治优势和制度优势，统筹军队、地方各方面力量，密切军地之间、部门之间协同，凝聚做好退役军人工作的强大合力。退役军人工作是关系政治安全和社会大局稳定的重要工作，必须牢牢把握正确的政治方向和舆论导向，牢固树立工作自信，既要扎扎实实做，也要理直气壮说。做好退役军人工作，离不开军地宣传部门和广大新闻工作者的大力支持，需要深入开展各种宣传引导，及时传达中央的决策部署和关怀厚爱，阐释解读退役军人工作各项政策举措，广泛宣传退役军人先进典型事迹，激励广大退役军人争当党的事业的推动者、时代主旋律的弘扬者、社会正能量的传播者，积极营造支持退役军人工作的浓厚社会氛围。我们真诚欢迎在座各位，继续关心和支持退役军人工作，共同把这项光荣的事业不断推向前进。

在全国退役军人事务厅（局）长会议上的总结讲话

钱　锋

（2018 年 12 月 29 日）

在大家的共同努力下，2018 年全国退役军人事务厅（局）长会议圆满完成各项议程，即将结束。这次会议是退役军人事务系统组建后的第一次全国性大会，中央重视、意义重大、内容重要。会议全面总结今年工作的主要成绩，深刻阐释习近平总书记关于退役军人工作重要论述精神，客观分析当前工作面临的新形势新要求，科学提出工作目标思路和体系架构，部署安排明年重点任务，并就加强系统自身建设提出了明确要求。七个单位交流了工作经验，值得大家学习。会议期间，部机关各业务司负责同志与各地厅（局）长进行了专题业务讨论交流。全体参会人员还进行了分组学习讨论，进一步沟通情况、交流体会、研提意见、共商对策。

这次会议虽然时间短，但主题突出、内容丰富、讨论深入，达到了统一思想、明确要求、理清思路、指导实践的目的。大家一致感到，这次会议是一次举旗定路、谋篇布局的会议，是一次凝心聚力、提神鼓劲的会议，是一次务实圆满、富有成效的会议。大家一致认为，这次会议有四大收获：

一是明确了职责，增强了使命性。大家认为，退役军人工作是事关中华民族伟大复兴的战略工程、事关改革发展稳定大局的基础工程、事关退役军人和其他优抚对象切身利益的民心工程。在习近平总书记的亲自推动下，党的十九大决定组建退役军人管理保障机构，《深化党和国家机构改革方案》进一步明确退役军人管理保障机构的职责，这是实现强军目标、建设世界一流军队的重要保障，也是加强社会主义现代化建设的重大举措。大家表示，一定要深刻领会党中央和习近平总书记的决策意图，把使命记在心中、把责任扛在肩上、把落实抓在手里，认认真真站好退役军人事务系统的第一班岗。

二是指明了方向，增强了主动性。大家认为，习近平总书记关于退役军人工作的重要论述，高屋建瓴、内涵深刻、切中要害，充分体现了习近平总书记强烈的大局意识、长远的战略谋划、非凡的政治智慧，是习近平新时代中国特色社会主义思想的重要组成部分，为做好退役军人工作提供了根本遵循。大家表示，一定要增强“四个意识”、坚定“四个自信”、做到“两个维护”，把思想和行动统一到中央决策部署和习近平总书记重要论述精神上来，积极主动、真抓实干，拿出逢山开路、遇水架桥的魄力和水滴石穿、持之以恒的干劲，坚决把各项工作做好、做到位、作出成效。

三是认清了形势，增强了紧迫性。大家感到，当前中央对退役军人工作的重视程度前所未有，系统机构和工作机制正在组建，政策制度整体重塑已经启动，条件向好、机遇难得。大家表示，一定要抢抓机遇、乘势而上，尽快完成组建后续工作，抓紧推动业务步入正轨，通过改革创新将退役军人事业做好做实。

四是厘清了思路，增强了靶向性。大家认为，这次会议明确了退役军人工作的奋斗目标、发展方向、任务要求、整体思路和方法路径，非常及时、非常解渴，有利于进一步准确把握工作脉络、聚焦瞄准核心重点、科学精准发力用力。部分地方在会上介绍的经验做法，干货满满、创新务实，有利于打开思路、参考借鉴、推动工作。大家表示，一定要认真贯彻落实会议要求，主动学习兄弟省份有益经验和成功做法，进一步压实责任、讲究策略、强化措施、锐意改革，切实提高退役军人工作整体水平。

下面，我就学习领会贯彻落实此次会议精神，统筹抓好当前工作讲几点意见：

一、牢牢把握“一条主线”

自觉把贯彻落实习近平总书记重要论述精神作为主线贯穿工作始终，深刻领悟做好退役军人工作的地位作用、目标方向、重点任务、方法路径等基本问题，准确把握新时代退役军人工作的新形势新要求，始终坚持目标牵引和问题导向的系统思维，紧紧扭住政策法规、思想政治、移交安置、服务管理、就业创业、抚恤优待、维护权益等年度重点任务，不断深化改革、锐意进取，推动政策落实和问题解决，促进经济社会发展和国防军队建设。

二、抓紧推进“两项建设”

一方面，抓紧机构建设。紧密结合本地实际，牢牢把握省级机构承上启下的定位和作用。一要尽快完成组建后续工作。扎实做好“三定”落实，争取编制、职数与担负的重任相匹配。要建立健全档案文电、保密机要、公文运转、党建人事、规划财务等制度规范，同步推进直属单位的人员转隶及资产盘活管理等工作，最大限度地发挥功能效用。二要继续做好部门联动工作。抓紧提请省级党委成立退役军人工作决策议事协调机制，高规格配备领导小组，配强领导小组办事机构，并积极主动联系有关部门，形成推动工作整体合力。三要及时指导下级机构组建工作。中央编办印发了先行启动市、县两级退役军人事务机构改革的通知。各地要吃透中央精神，切实加强对市、县两级推进机构组建的指导，协调市、县两级党委政府在班子配备、机构编制、开办经费等方面予以倾斜，为基层打开工作局面提供有力支持。同时，要千方百计抓住机遇，加快各级退役军人服务机构建设，真正做实做强。

另一方面，抓紧队伍建设。一是尽快落实人员力量。目前各省级机构空编不少，很多岗位没有落实具体人员。要坚持五湖四海、任人唯贤、德才兼备、以德为先的原则，采取多种方式千方百计广纳良才、进人落编、充实力量。二是切实提升队伍能力。在座的厅（局）长从事过涉军业务的很少，多数是新人；省级机构中民政、人社转隶人员占比不一，新人不少。而退役军人工作政策性极强，要求很高，迫切需要系统干部职工尽快熟悉政策规定、业务流程和职责要求。能力素质提升是系统组建后的第一要务，明年部里将组织开展全员性的大培训、大练兵，希望各地认真组织参训，尤其是在座的各位厅（局）长，要发挥头雁效应，带头学、认真学、系统学，尽快提升履职尽责、开拓创新的能力和水平。市、县两级机构成立后，各省（区、市）也要开展好培训工作。

三、大力夯实“三个基础”

一要夯实已有工作基础。习近平总书记指出，新官上任要善于“瞻前”、注意“顾后”。对于我们系统而言，“瞻前顾后”的重中之重就是妥善处理历史遗留问题，特别是对退役士兵反映突出的应安置未安置等问题，不能新官不理旧账，置之不理、任其积压。要拉网彻查、积极整改，做实程序、兑现待遇。

二要夯实政策制度基础。做好退役军人工作，政策是依据、是关键。各地要按照全面依法治国要求，系统梳理本级的土政策、土办法，认真科学评估效果效力。对与中央精神相悖、与形势要求不符的，应及时废止或修改，但务必从严把握标准，避免引起政策适用断档。对于中央和部里近来新出台的政策文件，要因地制宜、积极配套，但必须坚持全国一盘棋，不能突破中央政策底线。同时，在文件清理和政策创制中，要注重商请司法行政部门做好审核把关工作。

三要夯实决策信息基础。新中国成立以来，除了每年例行退出现役的人员之外，军队还有多次裁军减员；退役军人回到地方后，身体、家庭、就业、收入、社保等状况也千差万别。全面了解他们的基本情况，精准掌握他们的生活现状，是我们测算经费、出台政策的依据，是我们开展工作、提升服务的前提，是我们加强教育、改进管理的基础。从这个意义上讲，做好当下的信息采集工作，是我们系统工作的战略工程和百年大计。基础不牢、地动山摇。大家务必拿出小学生学习偏旁部首表、乘法口诀表、英文字母表的态度和韧劲来对待这项工作，进一步加强技术保障、加大宣传力度、强化政策指导，把基础功课做扎实，把系统工程做全面。信息化是推进退役军人工作现代化的必由之路。要坚持全国一盘棋，统一规划、统一标准、上下联动、互联互通、共建共享，实现中央、省、市、县、乡镇五级应用。各地在机构组建过程中，要高度重视信息化建设，按照要求同步规划。

四、坚决完成“四大任务”

一是安置就业。今年，面对繁重的组建工作和安置压力，各地统筹兼顾、稳步推进，较好地完成了指令性安置和就业创业扶持任务。明年，随着军改向纵深推进，退出现役的人数可能继续保持高位，而且中央经济工作会议还将解决退役军人就业列为明年重点任务，大家要高度重视、积极应对、充分准备。要进一步拓宽机关事业单位安置渠道，提高央企岗位利用效率，规范量化评分、排序选岗程序，确保政府安排工作人员得到妥善安置。要进一步加强教育培训、就业推荐和创业指导，下大力补齐“促进能力提升”这个短板，帮助自主就业创业人员更好就业创业。要进一步用好公益性岗位兜底政策，保障好下岗失业人员的基本生活。

二是服务保障。服务好保障好退役军人和其他优抚对象是我们的基本职责，也是我们的重要使命。要切实转变观念，从“一阵子”转为“一辈子”。要凝心聚力，在物质待遇上把现有政策落实到位、不留空隙，同时通过改革创新政策制度，进一步优化标准，更充分地体现激励褒扬导向，建立适应经济社会发展的自然增长机制，不断满足服务对象日益增长的美好生活需要。特别是要按照即将出台的文件要求，认真做好部分退役士兵保险接续、伤病残人员移交安置及后续服务保障工作，解决好他们的实际困难，维护好他们的合法权益。服务保障不仅仅是物质的，精神层面的激励也是服务保障的重要内容。要改革精神褒奖方式，扩大精神褒奖范围，认真做好悬挂光荣牌、颁发荣誉奖章、载入地方志、邀请参加重要活动、走访慰问及其他优待工作，不断增强服务对象的获得感、荣誉感。政策具体执行过程中，遇有情况及时上报。

三是宣传教育。要改变思路、创新方法，通过群众喜闻乐见的形式，主动宣传法规政策和先进典型，特别是要深入学习宣传“最美退役军人”，引导广大退役军人知政策、明事理、谋进步，摒弃“躺在功劳上睡大觉，待在家里面等靠要”的思想，为美好生活而自觉奋斗。要探索利用企事业单位、城乡社区等基层党组织的战斗堡垒作用，抓住退役军人党员这个关键，加强思想引导，扎实做好党性教育工作，确保退役军人退伍不褪色、永远跟党走。在思想政治工作方面，希望各地敢于先行先试，多探出几条路子来，为部里制定政策提供实践支撑。

四是信访工作。要增强忧患意识，加强防范政治风险，扎实做好来访接谈接待和矛盾排查化解工作，努力营造和谐稳定社会环境。

让我们紧密团结在以习近平同志为核心的党中央周围，不忘初心、牢记使命，锐意改革、奋发进取，为全国退役军人工作实现良好开局作出新的更大贡献。

党员领导干部要带头学好用好马克思主义

方永祥

（2018 年 6 月 1 日）

今天，组织部机关全体党员干部第二次集体学习，时效性强，主题突出、意义重大。根据安排，我想以“党员领导干部要带头学好用好马克思主义”为题，谈两点学习认识。

一、我们党为什么要如此高调地纪念马克思、坚持和发展马克思主义

5 月 5 日，是马克思诞辰 200 周年纪念日。4 月 23 日，习近平总书记组织十九届中央政治局第五次集体学习《共产党宣言》及其时代意义，并发表重要讲话；5 月 4 日上午，中国共产党在人民大会堂举行纪念马克思诞辰 200 周年大会，习近平总书记出席大会并发表重要讲话；5 月 5 日，中国在德国马克思的故乡举行马克思铜像落成典礼；进入 5 月以来，国内外学者、新闻媒体有组织地举行论坛和宣传马克思主义伟大思想；5 月 28 日，世界 70 多个共产党汇集北京，纪念和研讨马克思主义。为什么我们党要如此高调地纪念马克思、坚持和发展马克思主义？

（一）马克思把为人类解放而献身作为终生使命，具有共产主义者光辉典型的人生。马克思是全世界无产阶级和劳动人民的革命导师，是马克思主义的创始人，是马克思主义政党的缔造者和国际共产主义的开创者，是近代以来伟大的思想家，世界公认的“千年第一思想家”。17 岁的马克思在自己的高中毕业作文《青年在选择职业的考虑》中就写道：“如果我们选择了最能为人类而工作的职业，那么……享受就是不可能的、有限的、自私的乐趣，我们的幸福将属于千百万人、我们的事业将悄然无声地存在下去，但是他会永远发挥作用，而面对我们的骨灰，高尚的人们将洒下热泪。”为实现自己的志向和理想，马克思的一生饱尝颠沛流离的艰辛、贫病交加的煎熬，但他初心不改、矢志不渝，为人类解放的崇高理想而不懈奋斗，成就了伟大人生。习近平总书记在纪念大会上称赞马克思的一生，是胸怀崇高理想、为人类解放不懈奋斗的一生；是不畏艰难险阻、为追求真理而勇攀思想高峰的一生；是为推翻旧世界、建立新世界而不息战斗的一生。这样的人生，是无产阶级革命家、思想家的典范，是共产党人学习看齐的榜样。这是为什么要纪念马克思的第一点。

（二）马克思主义照亮人类探索历史规律和寻求自身解放的道路。马克思给世界、给中国留下的最有价值、最具影响力的精神财富，就是以他的名字命名的科学理论——马克思主义。这一

壮丽的理想照亮了人类探索历史规律和寻求自身解放的道路。马克思主义主要由哲学、政治经济学和科学社会主义三大部分组成，在马克思主义三大组成部分创立之前，德国古典哲学、英国古典政治经济学、法国空想社会主义早已存在，但他们要么是没有真正揭示社会发展规律、没有找到实现理想的有效途径；要么是为统治阶级服务的理论，不是为人民造福的理论；要么是唯心主义理论或教条，马克思吸取精华、去其糟粕，研究创造的科学学说，为人类揭示了历史规律和指导寻求解放的道路。习近平总书记在纪念大会上称赞马克思主义是科学的理论，创造性地揭示了人类社会发展规律；是实践的理论，指引着人民改造世界的行动；是不断发展的开放的理论，始终站在时代前沿。这是为什么要纪念马克思的第二点。

（三）马克思主义深刻地改变了世界，更深刻地改变了中国。《共产党宣言》发表170年来，马克思主义在世界上得到广泛传播，并产生广泛而深刻的影响。在马克思主义指导下，“第一国际”等国际工人组织相继创立和发展；在马克思主义影响下，马克思主义政党在世界范围如雨后春笋建立和发展起来；在马克思主义引领下，列宁领导的十月革命取得胜利，社会主义从理论变为现实，打破了资本主义一统天下的世界格局，第二次世界大战结束后，一大批社会主义国家相继诞生。马克思主义深刻地改变了世界，更深刻地改变了中国。中国近代以来，争取民族独立、人民解放和实现国家富强、人民幸福成为中国人民最现实的历史任务。在旧式的农民战争走到尽头，在不触动封建根基的自强运动和改良主义屡屡碰壁，在资产阶级革命派领导的革命和西方资本主义的其他种种方案纷纷破产、无法改变中国命运的情况下，正是十月革命的马克思列宁主义，给苦苦探索救亡图存出路的中国人民指明了前进的方向、提供了全新的选择。在现代中国的历史大潮中，正是有了马克思主义的指引，才有了一个勇担民族伟大复兴、带领中国人民创造人间奇迹的马克思主义政党——中国共产党的诞生；正是有了中国共产党人把马克思主义基本原理同中国革命建设具体实际相结合，才有了中国人民取得新民主主义革命和社会主义革命的伟大胜利；正是有了中国共产党人把马克思主义基本原理同中国改革开放的具体实际相结合，开创了建设中国特色社会主义新的伟大实践，才使中国大踏步赶上了时代，实现了中华民族从站起来到富起来的伟大飞跃；正是有了中国共产党人把马克思主义基本原理同新时代中国具体实际相结合，才有了中国人民进行伟大斗争、建设伟大工程、推进伟大事业、实现伟大梦想，推进中华民族迎来了从富起来到强起来的伟大飞跃。历史已经证明，马克思主义的命运早已同中国共产党的命运、中国人民的命运、中华民族的命运紧紧连在一起；实践已经证明，马克思主义为中国革命、建设、改革、发展提供强大的思想武器，中国共产党把马克思主义写在自己的旗帜上是完全正确的，历史和人民选择马克思主义是完全正确的，不断推进马克思主义中国化时代化是完全正确的；新时代也将证明，中国共产党人永远是马克思主义忠实的信奉者、坚定的实践者，坚持和发展马克思主义，高举中国特色社会主义伟大旗帜，中国共产党将给世界上那些既希望加快发展又希望保持自身独立的国家和民族提供全新选择，为解放人类问题贡献出中国智慧和中国方案。这是为什么要纪念马克思的第三点。

总体来说，我们党如此高调地纪念马克思，是以习近平同志为核心的党中央，不忘初心、牢记使命，在向人类历史上最伟大的思想家表达忠诚致敬，也是在向人民、向世界宣示我们中国共产党对马克思主义科学真理的坚定信念。

二、怎样学习和实践马克思主义

中国共产党是用马克思主义武装起来的政党，马克思主义是中国共产党人理想信念的灵魂。我们之所以能够历经艰难困苦而不断发展壮大，一个重要原因就是——始终重视思想建党、理论强党，使全党始终保持统一的思想、坚定的意志、协调的行动、强大的战斗力。每当我们党面临革命、建设、改革、发展的关键时期，就大抓马克思主义大学习大讨论。如1938年抗日战争时期，毛泽东同志指出，如果我们党有一百个至二百个系统地而不是零碎地、实际地而不是空洞地学会了马克思列宁主义的同志，就会大大地提高我们党的战斗力量。如1978年，在推进改革的关键时刻，全党展开了“实践是检验真理的唯一标准大讨论”；又如党的十八大以来，在我国社会主义进入新时代的关键时期，我们党全面开展党的群众路线教育实践活动、“三严三实”专题教育、“两学一做”学习教育，党的十九大还专门部署全党开展“不忘初心、牢记使命”主题教育。这都说明，学习和实践马克思主义，在中国革命、建设、改革、发展中都有十分重要的意义。

怎样学习和实践马克思主义？我想区分我们党的各级组织和党员干部特别是党员领导干部，来谈学习习近平总书记关于学习和实践马克思主义重要讲话的认识。

第一个问题：我们党的各级组织和党员干部学习和实践马克思主义的根本目的和主要内容。

我们党是马克思主义武装起来的政党，从中央到地方、到军队各级党组织，学习实践马克思主义，就是要不断强化坚持和发展马克思主义一系列重大思想，结合新时代正在进行的伟大斗争、伟大工程、伟大事业、伟大梦想，不断从马克思主义理论中汲取科学智慧和理论力量，培养和造就一大批坚定而不是虚假的、系统而不是零碎的、实际而不是空洞的学习马克思主义的优秀共产党人，在统筹推进“五位一体”总体布局、协调推进“四个全面”战略布局中，更有定力、更有自信、更有智慧地坚持和发展新时代中国特色社会主义，更有定力、更有自信、更有智慧地学习贯彻习近平新时代中国特色社会主义思想，更有定力、更有自信、更有智慧地提高和加强党长期执政能力、治理能力，坚定道路自信、理论自信、制度自信、文化自信，确保中华民族伟大复兴的巨轮始终沿着正确航向前进。我认为，这应当是我们党的各级组织、党员干部学习实践马克思主义的基本目的。具体学习什么、怎样实践马克思主义，集中体现在习近平总书记在纪念大会重要讲话阐述的学习和实践马克思主义的九大思想体系，即：

1. 学习和实践马克思主义关于人类社会发展规律的思想。这要求我们党坚定人类社会最终走向共产主义的必然趋势，深刻认识实现共产主义是由一个一个阶段目标逐步达成的历史过程，把共产主义远大理想同中国特色社会主义共同理想统一起来，同我们正在做的事情统一起来，坚定理想信念，为共产主义奋斗不息。

2. 学习和实践马克思主义关于坚守人民立场的思想。这要求我们必须不忘初心、牢记使命，始终把人民立场作为根本立场，把为人民谋福祉作为根本使命，坚持全心全意为人民服务的根本宗旨，始终保持同人民群众的血肉联系，团结带领人民共创历史伟业。

3. 学习和实践马克思主义关于生产力和生产关系的思想。这要求我们党必须始终明确生产力和生产关系、经济基础和上层建筑相互作用、相互制约，支配着整个社会发展进程。解放和发展社会生产力是社会主义的本质要求，是中国共产党人接力探索、着力解决的重大问题。新中国成立 70 年来，我们党带领人民坚定不移解放和发展社会生产力，走完西方几百年的发展历程，推动我国快速成为世界第二大经济体，我们还要通过不断深化改革，调整生产关系、完善上层建筑，让中国特色社会主义更加符合规律地向前发展。

4. 学习和实践马克思主义关于人民民主的思想。这要求我们党要坚定不移走中国特色社会主义道路，在坚持党的领导、人民当家做主、依法治国有机统一中推进社会主义民主政治建设，不断加强人民当家做主的制度保障，加快推进国家治理体系和治理能力现代化，充分调动人民的积极性、主动性、创造性，更加切实、更有成效地实施人民民主。

5. 学习和实践马克思主义关于文化建设的思想。这要求我们党要认清先进的思想文化一旦被群众掌握，就会转化为强大的物质力量；反之，落后的、错误的观念如不破除，就会成为社会发展进步的桎梏。要立足中国，面向现代化、面向世界、面向未来，巩固社会主义核心价值观，推进中华优秀文化创新性转化、创新性发展，不断提高人民思想觉悟、道德水平、文明素养，铸就中华文化新辉煌。

6. 学习和实践马克思主义关于社会建设的思想。马克思、恩格斯阐明在社会主义条件下，社会应该“给所有的人提供健康而有益的工作，给所有的人提供充裕的物质生活和闲暇时间，给所有的人提供真正的充分的自由”。这要求我们党必须坚持“人民对美好生活的向往就是我们的奋斗目标”，坚持以人民为中心的发展思想，在更高水平上实现幼有所育、学有所教、劳有所得、病有所医、老有所养、住有所居、弱有所扶，让发展成果更多更公平惠及人民，不断促进人的全面发展，向实现全体人民共同富裕迈进。

7. 学习和实践马克思主义关于人与自然关系的思想。马克思认为“人靠自然生活”，但“如果说人靠科学和创造性天才征服了自然力，那自然力也对人进行报复”。这要求我们党要十分明确：自然是生命之母，人与自然是生命共同体，人类必须敬畏自然、尊重自然、顺应自然、保护自然，牢固树立绿水青山就是金山银山的理念，推进生态文明建设，共建美丽中国，走出一条生产发展、生活富裕、生态良好的文明发展道路。

8. 学习和实践马克思主义关于世界历史的思想。马克思、恩格斯曾经预言：“各民族的原始封闭状态由于日益完善的生产方式、交往以及因交往而自然形成的不同民族之间的分工消灭得越是彻底，历史也就越是成为世界历史。”这一科学预言成为现实，世界一体化了，而且越发展越一体化。这要求我们党要站在世界历史的高度审视当今世界发展趋势和面临的问题，坚持和平发展和开放战略，积极参与全球治理，同各国人民努力构建人类命运共同体，把世界建设得更加美好。

9.学习和实践马克思主义关于政党建设的思想。马克思认为，“在无产阶级和资产阶级的斗争所经历的各个发展阶段上，共产党人始终代表整个运动的利益”，而且是要“为绝大多数人谋利益”，为建设共产主义社会而奋斗。始终同人民在一起，为人民利益而奋斗，是马克思主义政党同其他政党的根本区别。这要求我们党要统揽伟大斗争、伟大工程、伟大事业、伟大梦想，增强政治意识、大局意识、核心意识、看齐意识，持之以恒推进全面从严治党，坚持党的政治建设，坚持党的全面领导，坚决维护党中央权威和集中统一领导，把党建设成为始终走在时代前列，人民衷心拥护、勇于自我革命、经得起各种风浪考验、朝气蓬勃的马克思主义执政党。

第二个问题：党员领导干部学习实践马克思主义的政治要求。

马克思主义是已被实践证明了的科学理论，是正确的世界观和方法论，是我们党的指导思想和行动指南。我们党高调隆重地纪念马克思，大力倡导要学习和实践马克思主义思想，那么政治要求是什么？党员干部应该怎么做？

1.坚持马克思主义在党的指导地位不动摇。坚持、巩固和发展马克思主义在我党我军我国意识形态领域的指导地位，是我们党的立党之本、强党之本、执政之本。要坚信党的选择、人民的选择，要坚定道路自信、理论自信、制度自信、文化自信，要旗帜鲜明地坚决与“马克思主义过时论”“历史虚无主义论”“军队非党化、非政治化”“军队国家化”等一切错误思潮作斗争，始终坚定信仰信念。自觉加强学习马克思主义经典著作，学习中国化的马克思主义理论，特别是坚持用习近平新时代中国特色社会主义思想武装头脑、指导实践、干事创业。

2.坚持党的政治建设，不断强化政治意识、大局意识、核心意识、看齐意识。政党具有阶级性、政治性。在阶级斗争已不是社会主义现阶段主要矛盾时期内，政党的先进性、纯洁性必须依靠不断强化政治建设。这也是为什么习近平总书记在党的十九大报告中关于新时代党的建设总要求鲜明提出“以党的政治建设为统领”，并反复强调“把党的政治建设摆在首位”。政治建设不是空的，而是具体的，我们部的职能定位第一条就是“把我们部建成增强‘四个意识’、坚定‘四个自信’、做到‘两个维护’的政治机关”，对党员干部来讲，就是时刻强化政治意识、大局意识、核心意识、看齐意识，坚决维护党中央权威和集中统一领导；就是在任何时候任何情况下始终团结在以习近平同志为核心的党中央周围，与党同心同德进行伟大斗争、推进伟大工程、建设伟大事业、实现伟大梦想；就是要在学习工作实践中不断提高本领，忠诚干净担当干事业、作表率。

3.坚持以人民为中心的发展思想，强化为退役军人服务的使命责任。人民性是马克思主义政党最鲜明的品格，是我们党最根本的立场。党的十八大后，习近平总书记在会见记者时向全世界发出“人民对美好生活的向往就是我们的奋斗目标”的铿锵誓言。坚持以人民为中心的发展思想是新时代中国特色社会主义的主要发展思想。如何把以人民为中心的发展思想贯彻到为退役军人的服务管理中？我们提出“把我们部建设成为坚决落实党中央、国务院决策部署的行政机关，有力维护退役军人合法权益的服务管理机关”，我的理解是，作为退役军人事务部的党员干部，就是要努力在更高水平上实现幼有所育、学有所教、劳有所得、病有所医、老有所养、住有所居、弱有所扶，让新时代发展成果更加公平、更多地普惠退役军人，特别是通过加强顶层设计、政策出台和提高执行力服务力，解决历史遗留问题，提高全国退役军人工作水平，这是我们的职责所在。

4. 坚持先进性纯洁性，团结一心共同做退役军人事务部奠基启新的开创者、拓荒牛。退役军人事务部是中央和国家机关机构改革新成立的部委，我们的重要使命是深入贯彻落实习近平新时代中国特色社会主义思想特别是习近平强军思想，在中国特色社会主义新时代，围绕党中央、国务院和中央军委的战略意图和决策部署，在决胜全面建成小康社会、实现强国强军和中华民族伟大复兴的历史进程中，贯彻好习近平总书记“组建退役军人管理保障机构，维护军人军属合法权益，让军人成为全社会尊崇的职业”和“要把好事办好办实”的重要指示要求，担当起退役军人工作“专司主营”责任，不断提高治理体系和治理能力现代化，顺应社会发展，与时俱进、力所能及又量力而行地解决退役军人和其他优抚对象生活、就业、待遇、荣誉、保障和权益维护等问题，让军人成为全社会尊崇的职业，让退役军人和其他优抚对象成为社会尊重的对象，使他们成为社会改革、建设、发展的生力军，为实现强军目标和建设世界一流军队，为国家改革发展稳定和实现“两个一百年”奋斗目标，提供坚定的支撑和保障。

作为退役军人事务部的起笔者、参与者，我们白手起家、平地起楼。这要求党员干部团结一心，共同弘扬党组织和党员先进性纯洁性，带头讲忠诚、讲担当、讲勤政、讲廉政、讲奉献，用我们优良的业务素养和过硬的工作作风，推动新时代退役军人工作上台阶、上水平，坚定不移地实现习近平总书记“让军人成为全社会尊崇的职业”和部党组确定的“让退役军人满意，让他们成为全社会尊重的人”的建设目标。

在退役军人事务部直属机关临时党委、临时纪委全体会议上的讲话

方永祥

（2018 年 7 月 9 日）

今天，我们召开直属机关临时党委、临时纪委全体会议，主要任务是深入学习贯彻习近平新时代中国特色社会主义思想，传达学习中央和国家机关工委对党建工作的部署要求，研究部署部机关当前党建工作和党风廉政建设，进一步统一思想、明确方向、凝聚共识，着力推动部机关党的建设，为完成退役军人管理和服务保障中心工作提供坚强组织保证和力量支撑。

在部机关“三定”规定全面落实前，报请中央和国家机关工委批准，成立直属机关临时党委、临时纪委，是部党组在调整组建期间深入贯彻习近平新时代中国特色社会主义思想、坚决贯彻新时代党的建设总要求的重要举措，是部机关自身建设特别是机关党的建设的一件大事，也是新时代进一步推动部机关党的建设规范化制度化科学化的新起点。机关临时党委履行管党治党主责、临时纪委担起党内监督专责，要深入学习贯彻习近平总书记关于新时代全面从严治党的新论断新部署新要求，牢固立起加强自身建设、开展党建工作的指导思想和努力方向，准确把握直属机关党组织的职能定位和职责任务，充分发挥党的政治优势、组织优势，更好地凝聚人、团结人，为更好发挥退役军人事务部职能提供坚强保证。我就贯彻落实中央和部党组全面从严治党要求，进一步加强部机关党建工作和党风廉政建设，讲三点意见。

第一，要深化思想认识、提高政治站位。这个政治站位，就是要深刻体悟以习近平同志为核心的党中央把全面从严治党引向深入的战略定力和坚定决心，充分认清机关党组织的重要地位和职责任务，切实把机关党的建设抓具体、抓深入、抓到位。退役军人事务部是习近平总书记亲自决策和推动成立的部门，在落实全面从严治党上必须做到初始即严、一严到底，必须做到首任打样、立身为范。一方面，要明确定位职责。定位准方能职能明。直属机关党组织不是可有可无的，更不是多余的，它在中央和国家机关党的建设体系中有着特殊地位和特殊作用，是机关党的建设的具体组织者，是机关中心工作的强力协助者。2009 年全国机关党的建设工作会议强调，要把服务中心、建设队伍，作为机关党的建设的核心任务。2010 年修订的《中国共产党党和国家机关基层组织工作条例》规定，机关党组织要紧密围绕本部门中心工作，把服务中心、建设队

伍贯穿始终，发挥党组织的协助和监督作用。我感到机关党组织就是要坚持围绕中心、建设队伍、服务群众，通过发挥党的政治优势、组织优势和群众优势，通过把基层党组织建设成为坚强战斗堡垒，持续提高党员干部的政治素质、理论素养和业务能力，不断地服务中心工作、保证中心工作，为机关业务工作的顺利完成提供政治、思想和组织保障，提供人才和智力支持，提供精神动力和纪律保证。另一方面，要把握工作关系。党的十九大通过的党章，将部党组对本机关和直属单位党组织工作由“指导”修改为“领导”。一字之别，但指向非常鲜明，就是机关党组织的工作同时接受部党组、中央和国家机关工委的“双重领导”。同时，直属机关党委既要接受上级的工作领导、落实各项任务，又要指导机关基层党组织和直属单位党的建设，既是“落实者”，也是“指导者”，这个关系也要处理好。我们要准确把握直属机关党组织的性质定位、职能定位和职责定位，准确把握接受部党组、中央和国家机关工委“双重领导”的工作关系，通过建立健全工作制度、会议制度等一系列制度举措，既要低头抓落实，也要抬头抓筹划，确保各项建设和工作协调一致、有序推进，不断提高机关党建工作制度化规范化科学化水平。要特别强调的是，当前虽然设立的是临时党委、临时纪委，但党的建设不分阶段、没有临时，机关党建工作必须步步扎实、接续推进，机关党风廉政建设也必须持之以恒、常抓不懈，我们临时党委、临时纪委组成人员不能有临时观念，要勇于扛起管党治党“两个责任”，要树牢角色意识、职责意识，确实把我们这个阶段要干的工作完成好、要履的职落实好，为把我部打造成增强“四个意识”、坚定“四个自信”、做到“两个维护”的政治机关，坚决落实党中央、国务院决策部署的行政机关，有力维护退役军人合法权益的服务管理机关提供服务和支撑。

第二，要推动工作落实、开创党建新局。全面从严治党永远在路上。我们要以成立直属机关临时党委、临时纪委为契机，秉持敢于担当、积极作为、狠抓落实的工作作风，按照新时代党的建设总要求，科学制定下半年部机关党的建设计划安排，注重把各级党组织健全建强，把党的建设各项要求落地落实，有计划、有步骤地把机关党的各项建设推向深入。一要强化政治功能。中央和国家机关首先是政治机关，要以政治建设为统领，始终突出政治建设这个首位，重视加强党的思想建设，始终把理论武装和党性教育摆在突出位置紧抓不放。要持续加强习近平新时代中国特色社会主义思想和党的十九大精神的学习贯彻，推进“两学一做”学习教育常态化制度化，认真组织学习《习近平谈治国理政》（第一卷、第二卷）、《习近平新时代中国特色社会主义思想三十讲》等教材，努力在退役军人事务部营造崇尚理论、学习理论的浓厚氛围，教育引导广大党员增强“四个意识”、坚定“四个自信”、做到“两个维护”。要组织机关党员认真学习贯彻党章，严格执行新形势下党内政治生活若干准则，推动组织生活质量提升，强化政治历练和党性锻炼，不断增强党的意识、党章意识，提高政治觉悟和政治能力。要按照党中央部署，扎实开展“不忘初心、牢记使命”主题教育。各临时党支部成立后，要认真开展“不忘初心、重温入党志愿书”主题党日活动。二要完善制度规矩。要加大部机关党的制度建设力度，尽快建立完善机关党建工作的各项制度规定，做到制度完善、责任明确、程序科学、工作高效，使办文、办会、办事都有章可循、有规可依。要积极探索部机关党的建设的特点和规律，找准机关党建工作的切入点和落脚点，不断创新机关党建工作的方式和方法，切实增强机关党建工作的吸引力和感召力。三要抓好工作落实。习近平总书记教导我们，一分部署，九分落实；这能力那能力，不落实就等于没能力；千忙万忙，不抓落实就是瞎忙，就是做无用功。要结合部机关工作实际，7 月 20 日前建立健全机关基层党组织设置和工作机构，及时把每名党员都编入党的组织、纳入支部管理，经常开展党内活动、过好组织生活，有效发挥基层党组织教育党员、管理党员、监督党员的功能作用。要按照《组建直属机关党委期间党建工作要点及实施方案》部署，把下半年机关党的建设和党建工作任务安排好、筹划好，区分机关党委、机关党支部，把每周、每月、每季必须要落实的制度、内容、工作拉单列表，既要抓好理论武装、党内教育等重点任务的推进和完成，又要注重抓好党费收缴管理、党的基础知识学习等经常性工作的落实和坚持，在抓常抓细中不断提高工作质量和水平。

第三，要锤炼过硬作风、树立良好形象。好作风人人受益，坏风气大家受害。我部刚刚组建起步，机关立什么样的规矩、树什么样的作风，影响和决定着风气走向，新单位加强作风建设尤其需要在立标示范、正面引领上下功夫。临时党委、临时纪委组成人员首先自身要过硬、自身要作表率，要以党员领导干部的良好党性、官德人品影响带动广大党员，进而推动一个新风正气的战斗集体随着部机关组建展示出来。一要加强纪律教育。坚持把纪律和规矩挺在前面，认真学习贯彻《关于新形势下党内政治生活的若干准则》和《中国共产党党内监督条例》《中国共产党纪律处分条例》等党纪党规，严格执行党的政治纪律、组织纪律、廉洁纪律、财经纪律、工作纪律、生活纪律，严格遵守保密纪律，严格落实汇报请示制度，搞好经常性警示教育，引导全体党员自觉按规定办事、守规矩做人。二要持续改进作风。作风建设永远在路上，作风建设也是很具体的，任何时候任何情况下都不能开“天窗”、不能设“暗门”。要不断扎紧扎密制度笼子，持续强化作风培塑，引导机关全体党员充分认清“四风”的危害性和顽固性、反复性，严格落实中央和部党组改进作风规定要求，努力改进思想作风、工作作风、领导作风、生活作风，努力改进学风、文风、会风，从每一件小事抓起，从每一个节点严起，抓早、抓小、抓长、抓细，以踏石留印、抓铁有痕的劲头，持之以恒地反“四风”、转作风、树新风。这里重点强调一下工作作风。当前，组建和业务工作都很重，人少事多的矛盾非常突出，要引导机关广大党员干部积极适应这种状态，平时按时上下班，不能迟到早退；工作上要坚持高标准，调查研究要带头深入基层深入一线。三要强化正风肃纪。要积极主动落实部党组、中央和国家机关工委、驻部纪检组关于党的建设和党风廉政建设的部署要求，把违反中央八项规定精神行为列入纪委工作的重点，坚持无禁区、全覆盖、零容忍，坚持重遏制、强高压、长震慑，注重基层组织党内监督、普通党员民主监督、广大群众日常监督相结合，以“六项纪律”为尺子，实践监督执纪“四种形态”，把严的标准、严的措施贯穿于管党治党全过程，努力建设忠诚干净担当的机关党员干部队伍，树立机关为民务实清廉的良好形象。

今年已经过半，下半年无论是部机关业务工作还是党的建设工作，头绪多、任务重，各项工作和建设要在前期取得成绩的基础上，进一步适应新时代、站上新起点、立起新样子，机关临时党委、临时纪委的组成同志，要发挥示范效应，带头忠诚于党、带头担当尽责、带头厉行严实、带头修身律己，不断推动机关党的建设全面进步、开创新局。

坚决贯彻落实习近平总书记重要指示精神 高标准高质量完成军队转业干部安置任务

方永祥

（2018 年 10 月 22 日）

这次全国军队转业干部安置工作推进会，是在今年全国军队转业干部安置工作处于最后落实的关键时期，由军地双方共同组织召开的一次十分重要的会议。会议的主要任务是，深入学习贯彻习近平总书记关于军转安置工作的重要指示精神，按照党中央、国务院、中央军委关于深化国防和军队改革期间军转安置工作的部署要求，汇报工作，交流经验，研究问题，明确要求，通过再部署再动员，推进军转安置工作有效落实，确保 2018 年全国军转安置任务圆满完成。

刚才，军队和地方 10 名同志作了典型发言，介绍了抓好今年工作落实的经验做法，讲得都很好，值得学习借鉴。移交安置司负责同志介绍了退役军人管理保障改革的有关情况，下一步推进军转安置工作的有关考虑；全军转业办负责同志对进一步做好今年的军转安置工作，也讲了很好的意见，大家要抓好领会落实。下面，我就坚决贯彻落实党中央和习近平总书记有关要求，高标准高质量推动今年军转安置任务圆满完成，讲几点意见。

一、深化国防和军队改革以来军转安置工作取得了显著成绩

深化国防和军队改革，建设世界一流军队，是实现强军梦、强国梦的重要支撑，是实现中华民族伟大复兴的重要保障。做好军队转业干部安置工作，是确保深化国防和军队改革顺利进行的必然要求。军改以来，在以习近平同志为核心的党中央坚强领导下，各级党委政府和军队各级组织认真贯彻落实习近平总书记关于军转安置工作的重要指示精神，贯彻落实中央关于军改期间军转安置工作的部署要求，坚持把安置好军转干部作为一项特殊的政治任务，摆上突出位置，狠抓工作落实，圆满完成了军转干部安置任务。军转安置工作取得的突出成绩，为深化国防和军队改革提供坚强有力的保障支撑，也为促进干部队伍建设、促进经济社会发展和维护国家发展稳定的大局作出了贡献。突出的有这样几个特点：

一是坚持看齐追随，提升政治站位。党中央和习近平总书记高度重视军转安置工作。党的十八大以来，习近平总书记多次对军转安置工作发表重要讲话，作出重要指示，提出明确要求。

特别是对深化国防和军队改革期间的军转安置工作，习近平总书记更是亲自关心、亲自过问、亲自安排部署，2015年11月24日，在中央军委改革工作会议上强调，中央国家机关、地方各级党委和政府要强化大局观念，把支持深化国防和军队改革当作分内的事，拿出特殊措施和倾斜政策，切实做好退役军人安置工作。2016年4月21日，在中央政治局常委会议审议做好深化国防和军队改革期间军转安置工作文件时，专门就高度重视做好军改期间的军转安置工作、关心关爱军队转业干部、创新安置工作机制、加强舆论宣传工作等提出了明确要求。习近平总书记对军转安置工作的关心关怀和一系列重要指示要求，给了我们极大激励和鼓舞，为我们做好军转安置工作指明了前进方向、提供了根本遵循。各级党委、政府和军队各级组织坚持看齐追随，增强“四个意识”、坚定“四个自信”、做到“两个维护”，坚决贯彻落实习近平总书记关于军转安置工作的系列重要讲话精神，坚持把思想和行动统一到习近平总书记的重要指示精神上来，统一到党中央对军转安置工作的安排和部署上来，提高政治站位，增强了做好军转安置工作的使命担当。

二是加强组织领导，强力推动落实。各地按照习近平总书记的重要指示要求，坚持把做好军转安置工作作为关系国防和军队改革的一件大事、一项政治任务摆在突出位置，加强组织领导，周密谋划部署，精心推动落实。河北、山西、江苏、福建、广东、湖南、海南、云南、贵州、四川、陕西等省委、省政府主要领导专门作出批示和指示，对做好军转安置工作提出明确要求。北京、天津、黑龙江、山东、河南、青海等许多省（区、市）把军转安置工作列为“一把手工程”，党委、政府主要领导担当第一责任人，有效形成了主要领导亲自抓、分管领导直接抓、职能部门具体抓的工作格局。各地每年都要通过召开党委常委会、政府办公会、议军会等方式，研究解决军转安置工作中的矛盾困难。很多领导同志亲自挂帅，协调落实军转干部和家属子女安置中的重难点问题。组织、编制、人社、教育、财政等相关部门积极担当作为，解决了许多军转安置工作中的现实问题。军队各级党委和政治工作机关，坚持把做好军转安置工作作为贯彻落实国防和军队改革任务的重要内容，压实组织领导责任，积极开展宣传教育、协调安置、离队报到等一系列工作，为转业安置奠定了良好基础。广大直接从事军转安置工作的军地军转部门的同志，坚持讲政治、讲大局、讲实绩，敢于担当、甘于奉献，迎难而上、积极作为，为推动军转安置任务落实作出了应有贡献。

三是完善政策制度，提高安置质量。在党中央和习近平总书记的关心关怀下，2016年5月，中央专门印发了深化国防和军队改革期间军队转业干部安置工作有关文件，就做好军改期间军转安置工作出台了一系列特殊措施和倾斜政策。中央文件的出台，充分体现了对深化国防和军队改革的大力支持，对改革中作出奉献的军转干部的关心照顾，对促进国防和军队改革顺利进行特别是确保军转安置工作圆满完成提供了坚强有力的政策保证。广大军转干部对党中央和习近平总书记的关心关怀备感温暖、备感振奋。各省（区、市）结合本地实际，在中央文件基础上，出台了做好深化国防和军队改革期间的军转安置工作文件，拿出了一些实实在在的好政策好措施，有效解决了军转干部的安置去向、工作分配、师团职干部的职务安排以及待遇保障、教育培训、家属子女安置等一系列问题。两年来，全国共接收安置了7万余名计划分配军转干部，3万余名师团职干部得到了重点安置，8000余名功臣模范和长期在艰苦边远地区工作的军转干部得到了照顾安置。这两年军转干部安排到公务员岗位的比例、安排领导职务的比例以及离队报到的比例，均达到了历史新高，安置质量有所提升。

四是改进工作方法，加快安置进度。军地各级党委认真贯彻习近平总书记关于“军转干部是党和国家的宝贵财富，是建设中国特色社会主义的重要力量。军队干部转业地方工作，是他们人生的重大转折，要安置好，也要使用好，继续发挥他们的作用”的重要指示要求，强化政治纪律、政治规矩，严肃转业安置工作纪律，坚决杜绝完成转业指标、安置任务难的问题，保证了中央政令、军令畅通。各地进一步健全公平公正公开的安置机制，大力推行考试考核、积分选岗等“阳光安置”办法措施，安置工作的透明度和公信力显著增强，赢得了军队、社会各界和广大军转干部的一致好评。

五是加强军地配合，凝聚工作合力。军地配合是做好军转安置工作的有力保障，也是长期以来形成的好传统好作风。军改以来，地方坚持提高政治站位，把做好军转安置工作作为支持国防和军队改革的实际行动，克服一切困难，落实安置任务；军队坚持强化大局观念，体谅地方困难，教育引导广大军转干部顾全大局，服从组织分配，听从组织安排。军队和地方相互理解、相互支持、密切配合，有力地保障了军转安置工作顺利进行。特别是直接从事具体工作的军地军转安置工作部门的同志，一起研究工作方案，一起审核干部档案，一起制订安置计划，一起解决突出问题，一起推动任务落实，亲如一家、情同手足，凝聚成推进工作的强大力量，有力保障了各年度军转安置任务圆满完成。

二、高标准高质量完成今年军队转业干部安置工作任务

今年是深化国防和军队改革的重要一年，是改革期间干部转业数量最多的一年，也是退役军人事务部组建后开展军转安置工作的第一年。在党中央和习近平总书记亲自关心关怀、亲自部署推动下，今年4月，退役军人事务部挂牌成立。新部组建以来，部党组高度重视军转安置工作，专门召开党组会深入学习贯彻党中央、国务院和中央军委领导同志的重要指示，研究年度军转安置任务和重点工作问题。7月，退役军人事务部会同中组部、中编办、公安部、财政部、教育部、中央军委政治工作部和后保部等8个部门联合下发了《关于做好2018年军队转业干部安置工作的通知》（退役军人部发〔2018〕19号），对今年军转安置工作进行了全面部署，向各地下达了军转干部和随调随迁配偶子女安置计划，并首次下达了军队现役干部转改文职人员安置落户计划。今年军转安置工作任务繁重，在推进党和国家机构改革特别是退役军人管理保障改革的情况下，遇到的新情况新问题较多。在军转安置工作最后落实的攻坚阶段，既要抓机构改革推进，做好省级退役军人事务厅（局）的组建工作；又要抓好年度安置任务落实，确保党中央的战略决策落到实处。重点要抓好以下几个方面的工作：

一是坚决落实年度安置任务。保证安置质量，

加快安置进度，推进工作落实，是这次全国军转安置工作推进会的中心任务。目前，黑龙江、上海、云南、陕西、青海等省市，已基本完成安置任务，为全国安置工作作出了表率，其他省（区、市）军转安置工作也进入了最后落实阶段。但总体看，全面地、高标准高质量地落实好年度安置任务，仍需要我们付出艰巨的努力。下一阶段，要突出抓好安置计划和安置政策落实，切实把每一名军转干部安置好、使用好，确保安置工作质量不下滑。要充分发挥各级党政机关、政法部门、参公单位在军转安置工作中的带头作用，发挥好中央国家机关和垂直管理单位的表率作用。要突出师团职干部安置重点，采取预留领导职数、使用空出的领导职位、按规定增加非领导职数等有效办法，切实安排好他们的工作和职务。要采取有力举措，照顾安排好功臣模范、长期在艰苦边远地区和特殊岗位工作的军转干部，在分配去向、职务安排、待遇保障上要优先考虑、重点倾斜，充分体现对英雄模范的尊崇和对奉献精神的褒奖。各地要采取一切必要手段，打好安置工作“攻坚战”，确保年度军转安置任务在年底前全部落实。

二是着力健全阳光安置机制。公平正义是中国特色社会主义的内在要求。军转安置工作是一项重要的干部人事工作，政治性、政策性很强，工作要求很高，部队、社会和军转干部都很关注。要坚决贯彻公开公平公正的原则，大力推行“阳光安置”，实现军转安置工作风清气正。在实际工作中，要进一步改进考核选调、考试考核、双向选择、指令性分配以及量化服役表现等安置办法，探索完善德才条件与安置结果相挂钩的具体措施，切实把重德才、重实绩、重贡献的安置导向树起来，把“阳光安置”的标杆立起来。在安置过程中，要推行安置政策、安置程序、安置办法和安置结果全面公开，决不允许暗箱操作，确保军转安置工作在阳光下健康运行。在坚持公平公正的同时，我们还要坚决贯彻妥善安置、合理使用的原则，采取有效措施，把军转干部安排到最能发挥其作用和特长的岗位上，使他们人尽其才、各得其所，在服务社会发展建设中发挥更大作用。

三是积极推进军转培训工作。军队干部转业地方工作，工作环境、工作性质、工作要求都发生了很大变化，对他们进行必要的培训，使他们熟悉和融入地方工作，是安置好、使用好军转干部的客观需要和必然要求。各地在抓好军转干部的接收安置、定岗定位、离队报到等工作的同时，要切实组织开展好军转干部的培训工作。对计划分配的军转干部，一方面要着重抓好上岗前的专业培训，提高他们胜任本职工作的能力。要紧密结合军转干部的特点，突出针对性和实效性，依托本地优质教育培训资源，安排具有丰富工作经验的领导同志、专家学者为他们授课，打造军转培训品牌。另一方面，要继续探索实施好高校专项培训工作。两年来，各地认真落实中央文件要求，积极探索开展高校专项培训工作，一大批“双一流”建设高校积极承担这项培训任务，近万名军转干部走进高校进行专业学习，已成为新时代军转安置工作的一大亮点，受到各方面充分肯定。各地要继续抓好这项工作，切实使它成为解决军转干部转业转岗、适应岗位、担当履职、不断进步的“金钥匙”，成为推动新时代军转安置工作创新发展的“新动力”。此外，我们还要着力抓好自主择业军转干部就业创业培训工作，为他们更好就业创业和在经济社会发展中发挥作用提供帮助、创造条件。

四是用心做好随调随迁工作。广大军转干部献身国防，为国家安宁和人民幸福作出了巨大贡献，他们的家属子女也同样作出了巨大的牺牲和奉献。安置好军转干部随调随迁的家属子女，既是我们的职能所系、职责所在，也是稳军心、固长城的暖心工程。今年全国有1800名军转干部的配偶需要随调，有1万余名家属子女需要随迁。我们要带着感情、带着责任，按照政策规定，努力创造条件，想方设法把随调随迁配偶子女安置好，切实解决好他们的工作问题、生活问题、子女入学入托问题。要做好一人一事工作，对举家搬迁和住房困难的军转干部家庭，要积极协调住房保障等相关部门优先解决，切实把党和政府对军转干部的关心落到实处。

五是重视加强自主择业军转干部管理服务工作。做好自主择业军转干部管理服务工作，是退役军人工作的一件大事。各地要在以往工作的基础上，进一步加强自主择业军转干部管理服务工作，省一级的工作要突出加强规范、巩固提高；地市一级的工作要填补空白、确保全覆盖；自主择业人数较多的县（市、区），更要加强工作力量，抓好管理服务保障。要按照中央有关政策规定，认真落实自主择业军转干部退役金等各项待遇保障，做好退役金的核定、调整和发放工作。要采取有力措施，突出抓好自主择业军转干部党员教育管理工作，落实组织生活制度，发挥支部作用，解决好“口袋党员”问题。要大力加强就业创业促进工作，总结推广各地创造的就业创业“导师制”、实训实习“基地化”等经验做法，积极为自主择业军转干部就业创业搭建平台、搞好服务，推动自主择业军转干部成为改革建设发展稳定的生力军。

三、切实加强军转安置工作的组织领导

对军改期间的军转安置工作，中央要求十分明确，关键在于抓好落实。今年是退役军人事务工作管理保障的开局之年，我们要以更高的标准、更高的质量，抓好各项工作落实，实现退役军人事务机构组建第一年军转安置工作“开门红”。

一要压实责任。落实军转安置政策，完成军转安置任务，是各级党委、政府的重要职责，也是军队和地方军转部门的共同责任。各地要进一步建立健全军转安置工作领导责任制，完善工作落实的机制措施，保障安置工作任务到人、责任到人，保障整体工作顺利进行。在机构改革特别是退役军人管理保障改革正在推进的情况下，尤其要做到工作不断、力度不减、质量不降，这是对贯彻落实中央要求的实际检验。在实际工作中，各地要充分运用组织约谈、责任追究、绩效考核等有效办法措施，使各地区、各部门、各单位的安置任务落到实处。

二要密切配合。军转安置工作涉及军队、地方工作的方方面面，关系千家万户，是一项复杂的系统工程。要进一步发挥我们的政治优势和组织优势，进一步发扬军地协作配合的好传统、好作风，充分调动各方面关心支持军转安置工作的积极性，推动军转安置任务圆满完成。军地之间、地方各单位各部门之间，要相互理解支持，共同研究解决编制职数紧缺、职务安排困难、经费保障不足、家属子女安置难等突出问题。地方的同

志要充分尊重并认真听取军队组织的意见，军队的同志要热心帮助地方安置部门一起啃“骨头”、攻“山头”，把安置中的重难点问题解决好。各方面都要带着对人民子弟兵的深厚感情，满腔热忱做好军转安置工作，切实为建设世界一流军队、实现党在新时代的强军目标提供坚强有力的服务保障。

三要加强督导。抓安置任务落实，既需要科学指导，也需要重点帮扶，还需要督导问责。从总体上看，尽管今年全国的安置进度与往年大体持平，但客观地说，目前各地工作发展还不够平衡，少数地区需要加快工作节奏，避免拖全国的“后腿”。要针对今年安置进度上存在的主要问题，制定改进措施，建立年底前的安置工作“台账”，实施“销号式”管理，一项一项地抓好落实。对安置任务重、矛盾困难多的地市，要加强重点指导，帮助协调解决问题。对安置工作薄弱的地市，各省（区、市）要及时派出督导组，必要时可采取蹲点帮带式的一对一指导，帮助这些地区端正思路、改进办法，加快落实安置任务，并做到安置任务不完成，督导小组不撤离。从下个月起，移交安置司要会同全军转业办采取“每周一报”的方式，对全国军转安置工作进展情况进行通报。必要时，军地要开展联合督导，确保没有一个省（区、市）掉队，确保全国军转安置任务按时落实。

四要着力研究解决重难点问题。深化国防和军队改革以来，军转安置工作取得了突出成绩，积累了丰富经验，军转干部安置质量逐年提高，安置进度逐年加快，安置工作进入了历史最好时期。但不否认，安置工作中仍然存在一些突出的矛盾和问题，譬如，计划分配军转干部分布不平衡，东部沿海、经济发达地区和大城市、中心城市安置压力持续加大；师团职干部职务安排困难；随调家属安置协调难度大等。这些都需要我们进行深入研究，提出有针对性的解决方案。当前，我们还要着重围绕推动计划安置和教育培训工作科学发展，在健全阳光安置工作机制、探索人岗相适有效办法、完善高校培训制度措施等各个方面，拿出新举措，抓出新成效，进一步提高军转安置工作的科学化、制度化、规范化水平。

五要大力加强思想政治工作。加强思想政治工作，是我党、我军的好传统、好作风，是根本政治优势。在深化国防和军队改革中，广大军队转业干部服从改革大局，作出了牺牲奉献，他们是可敬、可爱的人，我们要倍加关心、倍加爱护，尽一切努力，安排好每一位军队转业干部。当然，在安置过程中，受各种因素的影响，很难做到让每一位军转干部都十分满意。特别是在发展社会主义市场经济的新时期，面临各种社会思潮和利益关系的影响，在面临转业这个人生重大转折的关键时期，一些军转干部难免会出现思想波动，有的甚至不能正确处理个人利益与组织需要之间的关系，在这个时候，做好思想政治工作尤为重要。要教育引导广大军转干部深刻领会习近平总书记关于“幸福都是奋斗出来的”重要讲话精神，保持和发扬人民军队优良传统，自觉服从国防和军队改革大局，牢记使命，珍惜荣誉，艰苦奋斗，努力工作，不要吃老本，要立新功，在为党和人民的事业拼搏奉献中，活出精彩人生，创造新的辉煌。军地各级要注重把强有力的思想政治工作贯穿军转安置工作全过程，加强舆论宣传，切实营造有利于军转安置工作落实的良好氛围。

做好今年的军转安置工作，使命光荣，责任重大。让我们紧密团结在以习近平同志为核心的党中央周围，全面贯彻落实党中央关于深化国防和军队改革期间军转安置工作的部署和要求，坚定信心，扎实工作，高标准、高质量地完成好2018年度军转安置任务，努力开创军转安置工作新局面，为推进新时代中国特色社会主义伟大事业、实现中华民族伟大复兴的中国梦作出新的贡献！

学习《中国共产党纪律处分条例》辅导报告

林国耀

（2018 年 10 月 31 日）

习近平总书记指出，党要管党、从严治党，靠什么管，凭什么治？就要靠严明纪律。今年 10 月 1 日，新修订的《中国共产党纪律处分条例》（以下简称《条例》）正式实施。根据部党组关于开展警示教育月活动有关安排，今天我就学习贯彻执行《条例》，与大家交流一下，讲四个问题：

一、加强党的纪律建设是党的优良传统和政治优势

（一）我们党始终高度重视抓纪律建设

我们党是靠革命理想和铁的纪律组织起来的马克思主义政党，纪律严明是党的优良传统和独特优势，是党不断从胜利走向胜利的坚强保证。回顾党的历史，我们党一直把纪律建设放在极为重要的位置，并且根据不同时期的中心任务确定重点建设内容和具体任务。

1. 建党初期。1921 年，党的一大通过的第一个纲领中，涉及纪律的内容就占有相当比重，为党的纪律建设奠定了“纪律立党”的基础。到了 1922 年 7 月党的二大通过第一个党章，其中第四章专门讲纪律，提出了 9 条纪律要求，涉及政治纪律、组织纪律、宣传纪律、党员从业纪律等方面内容。随后，党的三大、四大通过的党章，均设有“纪律”专章。1927 年党的五大通过《组织问题决议案》，第一次明确提出了“政治纪律”这个词，其中第三条指出，“党内纪律非常重要，但宜重视政治纪律，不应将党的纪律在日常生活中机械地应用”。中共五大首次选举产生了中央纪委的前身——中央监察委员会，开启了我们党历史上纪律检查机构的先河。

2. 抗日战争时期。1938 年 9 月召开的党的六届六中全会制定了《关于中央委员会工作规则与纪律的决定》等党内法规，对于保证全党行动一致，特别是保证中央的集中统一领导，发挥了极其重要的作用。

3. 解放战争时期。1945 年党的七大通过的党章第一次把纪律作为党的组织基础写入总纲，规定“在党内不容许有离开党的纲领和党章的行为，不能容许有破坏党纪、向党闹独立性、小组活动及阳奉阴违的两面行为”。七大党章关于加强党的纪律建设、严明党的政治纪律和政治规矩的内容，深刻阐明了党的政治纪律的重要性、特征和执行政治纪律的严肃性，为加强纪律建设提出了根本的指导思想，在党史上具有重大意义。

1949年3月，在革命即将走向全国胜利之际召开的党的七届二中全会作出了“不做寿，不送礼，少敬酒，少拍掌，不以人名作地名，不要把中国同志同马恩列斯平列”等六条规定，这是党中央进京“赶考”前定下的纪律和规矩，对执政后加强纪律建设具有重要示范意义。

4. 新中国成立初期。我们党一如既往地把加强自身纪律建设放在重要位置。1956年9月党的八大通过的党章强调：“党是以一切党员都要遵守的纪律联结起来的统一的战斗组织；没有纪律，党决不能领导国家和人民战胜强大的敌人而实现社会主义和共产主义。”根据所处的环境和肩负任务的变化，党的纪律建设得到进一步加强。

5. 改革开放以来。在吸取“文化大革命”深刻教训的基础上，1980年2月十一届五中全会通过的《关于党内政治生活的若干准则》，总结了党内政治生活的12条基本原则，为党组织和党员遵守党的政治原则和组织原则、接受监督、严明党纪方面确立了规矩、提供了遵循，使党内政治生活重新走上了正轨。1982年9月党的十二大通过的党章，首次将“党的纪律”和“党的纪律检查机关”分列两章，规定了党的纪律的主要内容和遵守维护党的纪律的主要要求。1983年《中共中央关于整党的决定》中指出：“党的每一个组织和每一个党员必须在坚持四项基本原则，坚持十一届三中全会以来党的路线的基础上同中央保持一致，这是党的政治纪律。”1987年，中央纪委向党的十三大报告中，根据新的情况，对党的政治纪律的内涵作了新的概括，指出：“严肃党的纪律，第一位的是严格执行党的政治纪律。”

6. 进入21世纪以来。党反复强调讲政治、顾大局、守纪律，进一步回答了如何加强党的纪律建设的问题。2003年12月《中国共产党纪律处分条例》颁布，在维护党的章程和其他党内法规、严肃党的纪律、纯洁党的组织等方面起到了重要作用。2007年10月，党的十七大强调，全党同志要坚决维护党的集中统一，自觉遵守党的政治纪律，始终同党中央保持一致，坚决维护中央权威，切实保证政令畅通。2009年9月，十七届四中全会再次强调，全党同志要严守党的纪律特别是政治纪律，保证中央政令畅通。

7. 党的十八大以来。以习近平同志为核心的党中央站在坚持党的领导、加强党的建设、全面从严治党的新高度，切实加强纪律建设，坚持纪严于法、纪在法前，提出监督执纪“四种形态”，推动把纪律和规矩挺在前面，进一步发扬纪律严明这一党的光荣传统和独特优势。

党的十八大后，以习近平同志为核心的新一届中央领导集体甫一上任，就把纪律建设摆在突出位置，不到一个月，就出台了《十八届中央政治局关于改进工作作风、密切联系群众的八项规定》。以中央八项规定为开端，几年来党中央先后制定或修订了100多部党内法规，彰显了以习近平同志为核心的党中央把纪律规矩立起来、让管党治党严起来的坚定决心和鲜明态度。2015年，党中央对原党纪处分条例的修订，是一次“体系性重构式”的修订。把党章和其他党内法规中的纪律要求进行梳理整合，修订为“六大纪律”，为全体党员划出了不可触碰的“红线”和“底线”。同时，根据纪严于法、纪在法前的原则，删除了与刑法、治安管理处罚法等国家法律重复的内容，实现纪法分开。

2017年，党的十九大把纪律建设摆在更加突出的位置，纳入新时代党的建设总体布局，在党章中充实完善了纪律建设相关内容。习近平总书记在十九届中央纪委二次全会上指出：要全面加强纪律建设，用严明的纪律管全党治全党。党的十九大闭幕不到一年，党中央站在新的历史起点上，为适应新时代党的建设总要求，对全面从严治党、加强纪律建设进行再部署、再动员，总结近几年党风廉政建设和反腐败工作经验探索，对《中国共产党纪律处分条例》进行了第二次修订，再次释放出以铁的纪律管党治党的强烈信号。

（二）加强纪律建设是全面从严治党的治本之策

加强纪律性，革命无不胜。我们党有 8900 多万名党员，450 多万个党组织，是肩负神圣使命的政治组织，要保持全党团结统一、步调一致，不断从胜利走向胜利，必须有强的纪律。否则，我们党就会成为一盘散沙，全面从严治党就会落空，党的事业就会失败。

1. 加强纪律建设是实现党的领导、落实党的路线方针政策和中央决策部署的保障。党的领导是中国特色社会主义最本质的特征。习近平总书记强调，党要团结带领人民进行伟大斗争、建设伟大工程、推进伟大事业、实现伟大梦想，必须毫不动摇坚持和完善党的领导。党的领导体现在党总揽全局、协调各方，根据党在不同阶段的历史任务，制定实施正确的路线方针政策。路线是“王道”，纪律是“霸道”，党的革命、建设、改革的历史和实践都证明了这一点。新形势下，面对进行伟大斗争的新要求，面对实现伟大梦想的新任务，更需要用铁的纪律来管党治党，确保全党上下统一意志、统一行动、步调一致前进，形成磅礴的力量，把党的路线方针政策落实到位。党的十八大以来全面从严治党的实践再次证明，面临新形势新任务新考验，只有切实加强党的纪律建设，才能从根本上解决党的观念淡漠、组织涣散和领导弱化问题，使党的意识全面唤醒、党的领导全面加强。

2. 加强纪律建设，严明党的纪律，坚持用纪律管全党治全党，是全面从严治党的基础。党的纪律是管党治党的基本手段，是全党共同的行为底线。为什么说纪律是底线，要把纪律挺在前面？一段时期以来，有人把全面从严治党等同于反腐败，认为全面从严治党就是打“老虎”拍“苍蝇”、查腐败惩贪官；有人甚至认为“违纪只是小节，违法才去处理”。党员在守纪方面出现问题时，有的党组织睁只眼闭只眼，“你好我好大家都好”。等到党员党纪防线彻底失守、从违纪滑下违法深渊，由“好同志”沦为“阶下囚”，不仅对党员个人及其亲属造成伤害，更是给党组织造成难以估量的损失。如果所有党员都退守到法律防线，只有违法犯罪的才受到惩处、多数党员都“脱管”，全面从严治党就会落空。因此，党纪必然要严于国家法律，只有立足于防、立足于救、立足于教育、管住大多数，坚持把纪律挺在前面，党员守住了党纪底线，才不会滑向违法犯罪的深渊。

3. 加强纪律建设，严格执纪，严肃查处严重违纪问题，是全面从严治党的重要保障。严格执行纪律，惩处严重违纪行为，形成高压态势，发挥震慑作用，是保证党的肌体健康、保持党的纯洁性的必要手段。对于那些违犯党纪但尚可挽救的党员，必须运用《条例》规定的党纪处分手段去教育、帮助、挽救，督促他们悬崖勒马、悔罪改错，体现了党组织对党员干部的保护。全面从严治党，惩治这一手任何时候都不能放松。要重视教育，但是单靠教育说服和自律，对大多数人可以，对少数人就不行，所以还必须严格执纪，要有雷霆手段，做到“重遏制、强高压、长震慑”。没有严格执纪这一手，没有利剑高悬，教育的效果就会大打折扣，纪律的权威性会严重受损，全面从严治党也难以落实。

（三）纪律处分条例是纪律建设的重要抓手

1.《条例》是各级党组织和党员干部的基本遵循。党的纪律就是党的生命，执行党的纪律是无条件的，遵守党的纪律是对党员最基本最起码的要求。《条例》将党的纪律条文化、具体化，明确规定了什么可以做，什么不可以做，违反了纪律会受到怎样的处罚。各级党组织、党员干部特别是领导干部，在任何时候、任何情况下都必须自觉遵守《条例》，按照《条例》的规定去做。不管党龄长短、职务高低、功劳大小，不论是一般党员，还是领导干部，任何违反党的纪律的党员都要依据《条例》给予相应处理，党内不允许有不受纪律约束的特殊党员。如果触犯国家法律，还要受到法律制裁。守住了纪律底线，党员个人才能不触雷、不踩线，党组织才更有凝聚力、战斗力。

2.《条例》是党章和其他党内法规贯彻实施的重要保证。党的十八大以来，以习近平同志为核心的党中央把管党治党作为治国理政的先手棋，提出坚持依规治党，举全党之力、集全党之智，立体式全方位推进党内法规制度体系建设，形成了以党章为根本，以民主集中制为核心，以准则、条例等中央党内法规为主干，由各领域各层级党内法规制度组成的有机统一的党内法规制度体系。全面从严治党，必须坚持依规治党，把党章和党内法规贯彻好落实好。通过切实维护党章和其他党内法规的坚决实施，坚决维护习近平总书记党中央的核心、全党的核心地位，坚决维护党中央权威和集中统一领导，统一全党步调、实现党的意志、完成党的任务。《条例》因其特有的强制性和惩戒功能，成为维护党章和其他党内法规的坚强保障。修订《条例》从全面梳理党章开始，把党中央关于纪律建设的新精神新要求具体化，注重与近两年颁布的党内法规相衔接，提供了违犯党章和其他党内法规行为的党纪处分依据，对于保障党章和其他党内法规的权威性和严肃性具有重要作用。

3.《条例》是新时代推进全面从严治党的重要利器。当前，反腐败斗争压倒性态势已经形成并巩固发展，但反腐败斗争形势依然严峻复杂，全面从严治党依然任重道远。从党的十八大以来立案查处严重违纪违法中管干部案例来看，有的政治问题和经济问题交织形成利益集团，妄图攫取党和国家权力；有的搞山头主义和宗派主义，破坏党的集中统一；有的“七个有之”集于一身，当面一套、背后一套，“两面人”恶性难改；有的作风漂浮，形式主义、官僚主义问题严重；有的家风不正，家族式腐败问题突出；等等。针对当前形势，针对全面从严治党的新问题、新挑战，《条例》坚持使命引领和问题导向相结合，充分吸纳近年来管党治党实践成果，为解决当前存在的突出问题和新型违纪行为提供了基本遵循和有力武器。作为全面从严治党的又一制度创新成果，《条例》必将充分发挥纪律建设标本兼治的利器作用，使铁的纪律真正转化为党员干部的日常习惯和自觉遵循，推动全面从严治党向纵深发展，为实现新时代党的历史使命提供坚强保障。

二、修订纪律处分条例的重大意义

这次修订《条例》的重大意义，主要体现在以下五个方面：

（一）总结党中央管党治党理论和实践创新成果，实现了制度治党的与时俱进

《条例》与2015年条例一脉相承，都是党的十八大以来全面从严治党的重要制度成果。2015年修订条例，将党的十八大以来管党治党理论创新和实践创新成果制度化，围绕全面从严治党，加强党的先进性、纯洁性建设，坚持纪严于法、纪在法前、纪法分开；把党章、党中央的纪律要求以及其他党内法规的纪律规定，整合为政治纪律、组织纪律、廉洁纪律、群众纪律、工作纪律和生活纪律六项纪律；突出政治纪律和政治规矩，强调政治纪律在六项纪律中是管总的、打头的，是最重要的纪律；把落实中央八项规定精神的要求转化为纪律规范，体现作风建设最新成果，使党的纪律成为管党治党的尺子和全体党员的行为底线。

在2015年的基础上，这次修订，深入贯彻习近平总书记关于党的纪律建设重要论述，全面总结监督执纪中的新经验新做法，深刻分析党的十八大以来中央纪委查处的严重违纪违法中管干部忏悔录反映的问题，落实全面从严治党永远在路上、推动全面从严治党向纵深发展的要求，进一步拧紧党纪螺栓、扎紧制度篱笆。《条例》全面贯彻习近平新时代中国特色社会主义思想和党的十九大精神，以党章为根本遵循，将党章和《关于新形势下党内政治生活的若干准则》等党内法规的要求细化具体化，坚持使命引领和问题导向，实现了制度治党的与时俱进。着力提高纪律建设的政治性、时代性、针对性，使全面从严治党的思路举措更加科学、更加严密、更加有效。

（二）坚决维护以习近平同志为核心的党中央权威和集中统一领导，着力提高纪律建设的政治性

党的十九大明确提出把党的政治建设摆在首位，强调党的政治建设是党的根本性建设，决定党的建设方向和效果。保证全党服从中央，坚持党中央权威和集中统一领导，是党的政治建设的首要任务。习近平总书记在中央政治局第六次集体学习时，深刻阐述了党的政治建设作为党的根本性建设的重大意义，明确提出了加强党的政治建设的具体要求，强调要把准政治方向、坚持党的政治领导、夯实政治根基、涵养政治生态、防范政治风险、永葆政治本色、提高政治能力。习近平总书记指出，在党的六项纪律中，政治纪律最重要、最根本、最关键。党的十八大以来发现的管党治党的所有问题，从本质上看都是政治问题，都是“四个意识”不强的问题，对党不忠诚不老实的问题。从近年来查处的案件，都印证了党中央的判断。这次修订《条例》，紧紧围绕党中央和习近平总书记关于加强新时代党的建设总要求，把政治建设摆在首位，把坚决维护以习近平同志为核心的党中央权威和集中统一领导作为出发点和落脚点，作为根本的政治纪律和政治规矩，对管党治党中的突出问题，特别是习近平总书记反复强调的“七个有之”问题作出更有针

对性的规定，不断完善制度。通过严明政治纪律和政治规矩，引导全党增强“四个意识”，推动各级党组织和党员干部始终自觉地在政治立场、政治方向、政治原则、政治道路上同党中央保持高度一致，确保全党令行禁止，确保党中央一锤定音、定于一尊的权威。

（三）贯彻以人民为中心的发展思想，着力提高纪律建设的时代性

中国特色社会主义进入了新时代，这是我国发展新的历史方位。党的十八大以来，党中央坚持以人民为中心的发展思想，着眼于解决人民最关心最直接最现实的利益问题，提出了一系列新要求、作出了一系列新部署。习近平总书记指出，人民对美好生活的向往，就是我们的奋斗目标，必须坚持人民的主体地位，践行全心全意为人民服务的根本宗旨，坚定不移地贯彻创新、协调、绿色、开放、共享的发展理念，坚持在发展中保障和改善民生。脱贫攻坚、民生领域等群众身边的腐败和不正之风，严重侵蚀我们党的宗旨和人民群众的获得感。《条例》紧密结合新时代新使命新要求，对侵害人民群众利益的问题，增加了相应处分规定。这些规定，为实现“两个一百年”奋斗目标、实现中华民族伟大复兴的中国梦提供坚强纪律保障，体现了纪律建设鲜明的时代性。

（四）总结实践经验，着力提高纪律建设的针对性

党的十八大以来，以习近平同志为核心的党中央全面加强党的领导和党的建设，全面从严治党取得卓著成效，反腐败斗争压倒性态势已经形成并巩固发展。同时也要清醒地认识到，立案审查的违纪违法案件暴露出的问题仍然不容忽视。被查处的中管干部不少都存在违反中央八项规定精神新形式新表现，有的形式主义、官僚主义问题突出。《条例》坚持问题导向，针对管党治党的突出问题和监督执纪中发现的新型违纪行为，进一步总结实践经验，凝练为纪律规定，扎紧制度篱笆，促使广大党员明规矩、存戒惧、知敬畏。

（五）把执纪和执法贯通起来，使全面从严治党的思路举措更加科学、更加严密、更加有效

党的十八大以来，习近平总书记多次强调，要严格依照纪律和法律的尺度，把执纪和执法贯通起来。纪律和法律本质目标是一致的，党规党纪是国法的先导。纪法贯通，首先是坚持纪严于法，强化日常管理和监督，抓早抓小、防微杜渐。要通过抓纪律执行避免党员干部犯更大的错误。这次修订《条例》，贯彻把“严”字长期坚持下去的要求，扎紧制度笼子，筑牢不可触碰的底线。《条例》在坚持纪严于法的同时，做好纪法衔接，规定党组织在纪律审查中发现党员严重违纪涉嫌违法犯罪的，原则上先作出党纪处分决定，并按照规定给予政务处分后，再移送有关国家机关依法处理。明确党组织在纪律审查中发现党员有贪污贿赂、滥用职权、玩忽职守、权力寻租、利益输送、徇私舞弊、浪费国家资财等违反法律涉嫌犯罪行为的，应当给予撤销党内职务、留党察看或者开除党籍处分，与监察法做好有效衔接。

三、条例的主要特点和基本内容

（一）主要特点

《条例》以党章为根本遵循，将党章的新规定新要求细化具体化，切实维护党章权威性和严肃性。同时，注重落实准则要求，注重与其他党内法规衔接，增强制度合力，把制度优势转化为治理效能。《条例》政治性更强、内容更科学、逻辑更严谨、指导性和可操作性更强，其特点可以用“一二三四五六七八”来概括：

一个思想：即增写“习近平新时代中国特色社会主义思想为指导”。

两个坚决维护：即增写“坚决维护习近平总书记党中央的核心、全党的核心地位，坚决维护党中央权威和集中统一领导”。

坚持以习近平新时代中国特色社会主义思想为指导，自觉做到“两个维护”，这是最根本的政治纪律和政治规矩，是条例修订的出发点和落脚点。《条例》第二条明确：“党的纪律建设必须坚持以马克思列宁主义、毛泽东思想、邓小平理论、‘三个代表’重要思想、科学发展观、习近平新时代中国特色社会主义思想为指导，坚持和加强党的全面领导，坚决维护习近平总书记党中央的核心、全党的核心地位，坚决维护党中央权威和集中统一领导，落实新时代党的建设总要求和全面从严治党战略部署，全面加强党的纪律建设。”党的十九大把纪律建设纳入党的建设总体布局，并在党章中充实完善了纪律建设相关内容。本次对《条例》作出修改，就是贯彻落实党的十九大精神，将党章的新规定新要求细化具体化，把习近平新时代中国特色社会主义思想的重要内容转化为纪律要求。以党内基础性法规的形式明确“两个维护”，不仅是对党员思想认识上的强化，更是在政治上、纪律上的明确要求。

三个重点：即将不收敛、不收手，问题线索反映集中、群众反映强烈，政治问题和经济问题交织的腐败案件作为重点审查内容写入《条例》。

《条例》第七条增加了“重点查处党的十八大以来不收敛、不收手，问题线索反映集中、群众反映强烈，政治问题和经济问题交织的腐败案件，违反中央八项规定精神的问题”的表述。这些变化，体现了对顶风违纪、不收敛不收手者严肃查处的态度，再次释放了全面从严治党永远在路上、坚持不懈持之以恒抓纪律建设的强烈信号。

四个意识、四种形态：即增写党组织和党员必须增强“四个意识”和运用监督执纪“四种形态”的内容。

《条例》第三条增加了“党组织和党员必须牢固树立政治意识、大局意识、核心意识、看齐意识”的表述。这是继党章、《关于新形势下党内政治生活的若干准则》、《中国共产党巡视工作条例》后，写入“四个意识”的又一部党内法规，体现了党内法规的系统性、整体性和协同性。

《条例》将实践中普遍运用的监督执纪“四种形态”补充作为总则第一章“指导思想、原则和适用范围”的第五条，这也是总则部分唯一一条新增的条文。这并非“四种形态”第一次写入党内法规。之前党的十八届六中全会审议通过的《中国共产党党内监督条例》中也明确规定，党内监督必须把纪律挺在前面，运用监督执纪“四种形态”；十八届中央纪委七次全会审议通过的《中国共产党纪律检查机关监督执纪工作规则（试行）》，将运用监督执纪“四种形态”进一步程序化、规范化。十九大通过的党章明确规定，运用监督执纪“四种形态”，让“红红脸、出出汗”成为常态，党纪处分、组织调整成为管党治党的重要手段。本次《条例》的修订与党章和其他党内法规相衔接，有利于进一步形成制度合力。

五处纪法衔接：即对党纪与国法的衔接在第27至第30条、第33条中作出详细规定，如增加规定党组织在纪律审查中发现党员严重违纪涉嫌犯罪的，原则上先作出党纪处分决定，并按照规定给予政务处分后，再移送有关国家机关依法处理等。

六个从严：对组织、利用宗教活动反党，破坏民族团结；搞有组织的拉票贿选或者用公款拉票贿选；扶贫领域侵害群众利益；民生保障显失公平；组织利用宗族势力对抗中央方针政策，破坏基层组织建设；贯彻新发展理念失职等六种违纪行为从重或加重处分。

七个有之：即在《条例》中充实完善对“七个有之”问题的处分规定。习近平总书记反复强调要高度警惕“七个有之”问题：任人唯亲、排斥异己；团团伙伙、拉帮结派；匿名诬告、制造谣言；收买人心、拉动选票；封官许愿、弹冠相庆；自行其是、阳奉阴违；尾大不掉、妄议中央。《条例》明确了处理的依据，有利于切实强化党员干部政治意识，提高警惕，反对和防范“七个有之”的问题。

八种典型违纪行为：即对干扰巡视巡察工作，党员信仰宗教，借用管理和服务对象钱款、住房、车辆等，民间借贷获取大额回报，利用宗族、黑恶势力欺压群众，形式主义、官僚主义突出表现，不重视家风、对家属失管失教等八种新型违纪行为作出处分规定。

（二）基本内容

《条例》共三编、11章、142条，19 000余字。与2015年版《条例》相比，分“总则”“分则”“附则”3个部分，新增11条，修改65条，整合2条。第一编为总则，包括1～5章，共43条。主要规定了指导思想、原则和适用范围，违纪与纪律处分，纪律处分运用规则，对违法犯罪党员的处分等内容。第二编为分则，包括6～11章，共95条，这一部分是主体。规定了对违反政治纪律、组织纪律、廉洁纪律、群众纪律、工作纪律、生活纪律的处分。第三编为附则，共4条。明确了制定补充规定等的权限，条例的解释机关，以及条例的实施时间和溯及力等内容。对于条例的规定，每一条都要努力掌握。下面，我结合修订情况，结合部里实际，主要就分则部分重点条款和大家一起学习一下。

1. 关于政治纪律

党的政治纪律，概括地说，就是各级党组织和全体党员在政治方向、政治立场、政治言论、政治行为方面必须遵守的规矩，是维护党的团结统一的根本保证。习近平总书记多次强调，党的纪律是多方面的，但政治纪律是最重要、最根本、最关键的纪律，遵守党的政治纪律是遵守党的全部纪律的重要基础；严明党的纪律，首要的就是严明政治纪律。遵守政治纪律，基本的就是要严格遵守和维护党章，增强“四个意识”、坚定“四个自信”、做到“两个维护”，始终在政治立场、政治方向、政治原则、政治道路上同党中央保持高度一致，严格遵守国家宪法和法律等。这一部分要重点把握以下问题：

一是政治纪律第一条，开宗明义规定在重大

原则问题上不同党中央保持一致且有实际言论、行为或者造成不良后果的，应当给予纪律处分。坚持党的领导，首先是坚持党中央的集中统一领导。《条例》进一步明确对该行为的处分规定，就是要促使党组织和党员牢固树立政治意识、大局意识、核心意识、看齐意识，自觉在思想上政治上行动上同党中央保持高度一致，自觉维护党中央权威和集中统一领导。

二是完善维护党的团结统一的规定，针对习近平总书记强调的“七个有之”中的“自行其是”“尾大不掉”“匿名诬告”“制造谣言”，增加对搞山头主义、制造传播政治谣言等行为的处分条款。《条例》进一步明确对上述行为的纪律处分，有利于正本清源，进一步发挥政治纪律维护党的团结统一的根本保证作用。

三是完善对党忠诚老实的规定，增加对搞两面派、做两面人等行为的处分条款，将不按照有关规定向组织请示报告重大事项由其他纪律调整到政治纪律。两面派、两面人当面一套、背后一套，损害党和人民利益，透支党的信誉，影响党的形象，表现形式多种多样，但都改变不了对党不忠诚不老实的实质。重大事项按规定向组织请示报告，是党员必须遵守的规矩，也是检验一名干部合格不合格的试金石。《条例》把党章中关于党员对党忠诚老实的义务规定进一步细化具体化，既是规范约束，也是警醒教育，有利于促使广大党员干部强化政治意识和程序观念。

四是完善保障党中央重大决策部署贯彻落实的规定，进一步明确规定党员领导干部拒不执行党中央确定的大政方针，甚至背着党中央另搞一套的，落实党中央决策部署不坚决，打折扣、搞变通，在政治上造成不良影响或者严重后果的，干扰巡视巡察工作或者不落实巡视巡察整改要求的，应当给予纪律处分。贯彻落实党中央决策部署，关乎坚持党的领导、加强党的建设，必须不折不扣、坚定不移，决不能有丝毫的含糊和动摇。《条例》充实完善上述规定，有利于确保全党令行禁止，坚持和加强党的全面领导。

五是强调管党治党政治责任，将履行全面从严治党主体责任失职由其他纪律调整到政治纪律。《条例》坚持有权必有责，有责要担当，失责必追究，促使党组织和党员领导干部守土有责、守土负责、守土尽责，保证管党治党主体责任和监督责任落到实处。

六是强调严禁妄议中央，并对诋毁污蔑英雄模范，歪曲党的历史、中华人民共和国历史、人民军队历史的行为亮剑。何为妄议中央？党中央在制定重大方针政策时，通过不同的渠道和方式，充分听取有关党组织和党员的意见建议，但是有些人“当面不说、背后乱说”“会上不说、会后乱说”“台上不说、台下乱说”，实际上不仅扰乱了人们的思想，还破坏党的集中统一，妨碍中央方针政策的贯彻落实，造成了严重后果。也就是说，在当面、会上、台上给你机会提意见时，你不说；背后、会后、台下，在公开场合乱发表违背中央精神的言论，那就是“妄议中央”！这是不允许的，必须严肃处理。近年来，利用网络等载体丑化、抹黑英雄模范、歪曲历史的行为多次引起舆论强烈愤慨。这一次在《条例》中进一步明确有关规定，对于反对、抵制历史虚无主义等无疑具有重要意义，提供了有力武器。对此我们部的同志要高度重视。我们做的就是荣军拥军优军的工作，决不能容忍那些诋毁污蔑英雄模范和歪曲历史的行为。

习近平总书记强调，干部都是党的干部，不是哪个人的家臣，反复告诫党员干部要严守政治纪律和政治规矩，坚决远离各种“小圈子”。党内绝不允许搞团团伙伙、结党营私、拉帮结派，搞了就是违反政治纪律。口头上喊着与党中央保持高度一致，实际却各行其是，那就是阳奉阴违的“两面人”，说一套、做一套，台上一套、台下一套。

2. 关于组织纪律

我们党是按照马克思主义建党原则建立起来的政党，组织严密是党的光荣传统和独特优势。党的组织纪律，指党的组织和党员必须遵守和维护党在组织上团结统一的行为准则，是规范和处理党的各级组织之间、党组织与党员之间，以及党员与党员之间关系的行为规范和规则，是增强组织纪律性的重要保证。习近平总书记指出，遵守党的组织纪律，向组织报告，听组织意见，很多问题就不会发生。遵守组织纪律，基本的就是要严格遵守“四个服从”，严格执行民主集中制，严格执行组织原则等。新修订的《条例》贯彻党章和《关于新形势下党内政治生活的若干准则》等党内法规要求，在组织纪律部分对违反民主集中制原则行为、“七个有之”问题相关条款作了进一步充实完善，对于各级党组织和广大党员坚持民主集中制原则、确保新时代党的组织路线的贯彻实施具有重要意义。这一部分要重点把握以下问题：

一是对违反民主集中制原则的行为细化具体化。增加了对“故意规避集体决策，决定重大事项、重要干部任免、重要项目安排和大额资金使用”“借集体决策名义集体违规”的处分规定，有利于促使各级领导干部特别是一把手带头执行民主集中制，切实把“四个服从”的原则落到实处。

二是对拉票贿选行为的处分条款细化具体化。针对习近平总书记反复强调的“七个有之”问题其中之一“搞收买人心、拉动选票”，在原拉票助选条款基础上，增加一款，规定“搞有组织的拉票贿选，或者用公款拉票贿选的，从重或者加重处分”。拉票贿选是违背组织原则、破坏民主选举的严重违纪行为。近年来，一些地方发生的拉票贿选案，如湖南衡阳人大贿选案、四川南充拉票贿选案、辽宁贿选案，严重破坏了党和国家的民主制度。严厉查处这些案件，对规范和完善党内选举发挥了重要的警示作用。《条例》进一步把实践经验总结提炼出来，凝练为纪律规定，必将进一步严肃组织纪律和换届纪律，为营造风清气正的换届工作提供坚强保障。

三是对违反干部选拔任用工作行为的情形细化具体化。针对习近平总书记反复强调的“七个有之”问题之一“搞封官许愿、弹冠相庆”，贯彻《关于新形势下党内政治生活的若干准则》要求，进一步与《党政领导干部选拔任用工作条例》等党内法规有效衔接，在原违规选任干部条款中增加了“任人唯亲、排斥异己、封官许愿、说情干预、跑官要官、突击提拔或者调整干部”等具体情形，有利于各级党组织按照党中央确定的好干部标准选人用人，着力培养忠诚干净担当的高素质干部，为贯彻实施新时代党的组织路线提供坚强纪律保证。

四是进一步完善对违反请示报告制度行为的处分。《条例》第七十三条明确规定对隐瞒个人有关事项，不如实回复组织约谈函询，不按规定报告个人去向以及不如实填报个人档案等行为，都要给予处分。重大问题集体决策制度是贯彻民主集中制原则的体现，旨在防止“一言堂”“少数人说了算”，避免在重大问题决策上的失误，确保决策的科学性与民主性。然而在实践中，少数党员干部把集体决策当作违纪违法的“遮羞布”“挡箭牌”，有的看似以整个班子名义议事，实为披着民主外衣的“一言堂”甚至家长制；有的不愿担当、不想作为，以集体研究敲定结果，看似集体负责，实为无人负责；还有的心存侥幸，认为只要是集体商定就会法不责众，借集体决策名义集体违规、谋取私利。集体研究不代表可以超越党纪的底线，更不能成为丧失原则、违法乱纪的“免罪符”。此次《条例》对“借集体决策名义集体违规”的行为作出明确的处分规定，企图以集体研究为掩护谋一己之私将受到严惩。

习近平总书记指出，作为干部特别是领导干部，在涉及重大问题、重要事项时按规定向组织请示报告，这是必须遵守的政治纪律和政治规矩，也是检验一名干部合格不合格的试金石。但是一段时期以来，有的党员干部该请示报告的不请示报告，或者不如实请示报告；有的我行我素，个人主义、自由主义严重，不履行请假手续就到处乱跑甚至跑去国外；有的将个人有关事项当作“个人隐私”，跟党藏着掖着。这些“不拿组织当回事”的行为，受到处理也是必然的。

3. 关于廉洁纪律

廉洁纪律是党组织和党员干部在从事党的工作中或者其他与行使职权有关的活动中，应当遵守的廉洁从政、廉洁用权的行为规范和规则，是党员干部秉公用权、廉洁自律的基本规范，是实现干部清正、政府清廉、政治清明的重要保障。习近平总书记要求领导干部要“不断向廉洁自律的高标准看齐，做到心有所戒、行有所止，守住底线、不碰高压线”。廉洁纪律就是在廉洁方面，为全体党员特别是领导干部划定不可触碰的底线。这一部分要重点把握以下问题：

一是针对“四风”隐形变异问题细化完善了相关条款。党的十八大以来，全党上下落实中央八项规定精神，驰而不息纠正“四风”，有效遏制了“四风”问题蔓延。但在一些地方和单位，“四风”问题改头换面，出现了一些披上“隐身衣”的新方式。有的把公款吃喝的餐桌摆到内部食堂、培训中心、农家乐，有的将违规的大额消费拆分成多个小额发票报销，有的变“公车私用”为“私车公养”，有的通过电子礼品卡、电子红包、快递等方式收送礼金等。《条例》坚持问题导向，在第一百零五条对以学习培训、考察调研、职工疗养等为名变相公款旅游，参加所管理企业、下属单位组织的考察活动借机旅游等违反中央八项规定精神新表现作出细化规定，使得查处具有了法规制度的保障，对党员的约束力明显增强，释放出越往后执纪越严的强烈信号。

二是强化对党员干部从事营利活动的监督。党的十八大以来，中央纪委在查处党员领导干部严重违纪违法案件中，发现了一些突出问题。此次修订《条例》，在原违规从事营利活动条款基础上，针对重点环节和关键领域，明确对利用参与企业重组改制、定向增发、兼并投资、土地使用权出让等决策、审批过程中掌握的信息买卖股票，利用职权或者职务上的影响通过购买信托产品、基金等方式非正常获利行为的处分规定。

三是紧盯重点领域和关键环节，禁止领导干部利用职权或影响力为亲属亲友谋求利益。《条例》新增第九十五条，严禁利用职权或职务影响为亲属和特定关系人在审批监管、资源开发、金融信贷、大宗采购、土地使用权出让、房地产开发、工程招投标以及公共财政支出等方面谋取利益。

四是扎紧篱笆，围绕监督执纪中查处的新型违纪行为，与时俱进完善党纪处分的情形。从近年来查处的案例看，一些党员领导干部经常打着“借用”的旗号，违规借用、占用下属单位或企业、管理对象的钱款、住房、车辆等，更有甚者，通过民间借贷大肆获取利益变相受贿，并堂而皇之地认为这些都不是大问题，不属于违纪。

世上没有无缘无故的示好，人家之所以愿意借就是看中了你手上的“权”。你不是无偿借用，实际上是出借自己手中的权力交换，本质是公权的异化和滥用。针对此类问题，《条例》新增第九十条，对借用管理和服务对象的钱款、住房、车辆等，或者通过民间借贷等金融活动获取大额回报，影响公正执行公务行为作出纪律处分规定。

4. 关于群众纪律

党的群众纪律是党组织和党员在贯彻执行党的群众路线和处理党群关系必须遵循的行为准则，是我们党在各个历史时期处理党群关系的总的规范，是我们党密切党与群众血肉联系的重要保证。习近平总书记强调，要以人民群众利益为重、以人民群众期盼为念，真诚倾听群众呼声，真实反映群众愿望，真情关心群众疾苦。遵守群众纪律，基本的就是要坚持党的群众路线，尊重人民群众的主体地位，坚决纠正损害群众利益的行为，实现好、维护好、发展好最广大人民群众的根本利益。

这次《条例》修订，认真贯彻习近平总书记关于维护群众利益的重要论述，着眼于解决人民群众最关心最直接最现实的利益问题，对群众纪律进一步充实完善。

一是明确规定在扶贫领域有侵害群众利益行为的，从重或者加重处分。

二是新增利用黑恶势力欺压群众、充当黑恶势力“保护伞”等行为的处分规定。

三是完善对不作为乱作为等损害群众利益行为的处分规定。当前，在服务群众方面，有的单位虽然表面上“门好进、脸好看”，但还是“事难办”，将过去的“管卡压”变成了现在的“推绕拖”。十九届中央纪委二次全会强调，重点纠正一些领导干部“爱惜羽毛”、回避问题、慵懒无为，一些基层干部不作为、乱作为、冷硬横推问题。对此，《条例》第一百一十六条在“对涉及群众生产、生活等切身利益的问题依照政策或者有关规定能解决而不及时解决，造成不良影响的”中，充实了“慵懒无为、效率低下”的违纪情形；增加“其他不作为、乱作为等损害群众利益行为”的兜底条款。

群众利益无小事。密切联系群众是我们党执政以后的最大政治优势。我们部的主要工作对象是退役军人和其他优抚对象，在处理涉及他们权益的问题时，尤其要注意不能漠然置之，不能一推了之，要满腔热忱做好工作，切实维护他们的合法权益。这既是我们工作职责，也是纪律要求。

四是强化对搞劳民伤财的“形象工程”“政绩工程”等行为的处分。

5. 关于工作纪律

工作纪律是党组织和党员在从事党的各项工作中应当遵循的规范和准则，是党组织和党员开展各项工作的重要保证，也是推进党的事业健康有序发展的重要保障，形成良好工作作风的保障。遵守工作纪律，基本的就是要忠实履行工作职责，正确行使工作权力，严格遵循工作程序，严格保守工作秘密。本次《条例》修订，聚焦形式主义、官僚主义突出问题，把党章、《关于新形势下党内政治生活的若干准则》等党内法规提出的要求凝练为纪律，靠纪律提供保障，促作风转变。这一部分重点要把握两点：

一是新增对贯彻党中央决策部署只表态不落实，热衷于搞舆论造势、浮在表面，以及单纯以会议贯彻会议、以文件落实文件，在实际工作中不见诸行动等行为的处分规定。

二是规定对在上级检查、视察工作或者向上级汇报、报告工作时纵容、唆使、暗示、强迫下级说假话、报假情的，从重或者加重处分。

坐而论道、只说不做，阳奉阴违、不抓落实的行为，必然导致中央决策部署落不了地，导致存在的问题长期得不到解决。

6. 关于生活纪律

生活纪律是党员在社会日常生活中应当遵守的行为规范和规则，包括党员在婚姻、家庭、社会交往中，除工作以外各个方面应当遵守的行为规则，涉及个人品德、传统美德、家庭美德、社会公德等各个方面，关系到党员干部的生活作风和道德品质，关系到党的形象。遵守生活纪律，就是要求党员干部增强自律意识，严格约束操守，守公德严私德，慎始慎终慎独慎微。习近平总书记指出，领导干部的家风，不仅关系自己的家庭，而且关系党风政风。各级领导干部特别是高级干部要继承和弘扬中华优秀传统文化，继承和弘扬革命前辈的红色家风，向焦裕禄、谷文昌、杨善洲等同志学习，作家风建设的表率，把修身、齐家落到实处。各级领导干部要保持高尚道德情操和健康生活情趣，严格要求亲属子女，过好亲情关，教育他们树立遵纪守法、艰苦朴素、自食其力的良好观念，明白见利忘义、贪赃枉法都是不道德的事情，要为全社会作表率。

此次《条例》修订，落实习近平总书记重要讲话精神，与《关于新形势下党内政治生活的若干准则》等党内法规相衔接，在生活纪律方面专门新增了关于家风不正，对配偶、子女及其配偶失管失教行为及其适用的处分种类和幅度。将家风建设写入《条例》，明确了家风问题不仅是道德问题，也是纪律问题，要求党员领导干部更加重视家风建设，作培育良好家风的表率，通过树立良好家风带动党风政风向上向善。

对党员领导干部而言，家庭既是生活之处，也是修身之所。正所谓“积善之家，必有余庆；积不善之家，必有余殃”。历数近年来的落马干部，其腐败行为多与家教不严、家风不正有关。而一些别有用心之人，往往也是从领导干部的家庭成员中打开缺口，从而拉其下水的。有的领导干部不仅在前台大搞权钱交易，还纵容家属在幕后收钱敛财，子女等也利用父母影响经商谋利、大发不义之财。有的将自己从政多年积累的“人脉”和“面子”，用在为子女非法牟利上，造成了严重的危害。

领导干部的家风，不是个人小事、家庭私事，而是领导干部作风的重要表现。今年 3 月，习近平总书记在参加十三届全国人大一次会议重庆代表团审议时强调，要把家风建设摆在重要位置，廉洁修身，廉洁齐家，防止“枕边风”成为贪腐的导火索，防止子女打着自己的旗号非法牟利，防止身边人把自己“拉下水”。作为党员领导干部，既要严于律己，又要从严治家；既要把好廉洁自律的“前门”，又要守好家庭防线的“后门”，要严格要求亲属子女，过好“亲情关”。

四、进一步学习好遵守好执行好纪律处分条例

（一）持续深入学习《条例》

知纪明纪，方能遵纪守纪。纪律意识是否牢固，是党员干部能否遵守党的纪律的先决条件。纪律意识不会自然养成，必须通过不断学习增强。

这段时间，在部党组率先垂范、部机关临时党委具体组织下，大家已经初步学习了《条例》，但党章党规党纪意识不是一天就能树立起来的，要有打持久战的准备。

下一步，部里各级党组织要进一步抓好学习，积极探索新形势下开展纪律教育的有效方法和途径，提高学习质量，确保学习成效。

一要把学习《条例》与学习习近平新时代中国特色社会主义思想和十九大精神紧密结合起来，学深悟透、融会贯通，把握主要内容和精神实质。

二要在学习中进一步提高政治站位和政治觉悟，牢固树立党章意识、纪律意识、规矩意识，强化组织观念，切实增强贯彻执行的自觉性和坚定性，做到党中央提倡的坚决响应、党中央决定的坚决执行、党中央禁止的坚决不做，在部机关和直属单位营造懂法纪、明规矩、知敬畏、存戒惧的浓厚氛围。

三要主动学、认真学、结合实际学。要准确全面理解，明确哪些事能做、哪些事不能做，尤其要把握好《条例》中针对管党治党的突出问题和监督执纪中发现的新型违纪行为作出的新规定。在熟悉掌握《条例》的基础上，真正把《条例》刻在心上、烙在脑海，联系实际、时时对照，在思想上划出红线、筑牢底线。要增强纪律意识，对照《条例》查找个人不足，根据岗位查找风险问题，遇事多问个“行不行”，是否违反规定，从小事预防，从细节入手，防微杜渐。

（二）自觉严格遵守纪律

遵守纪律和规矩，关键在自觉，要害在行动。学习贯彻《条例》决不能“说说”“写写”“挂挂”，必须内化于心、外化于行。

一是要知敬畏，把党的纪律规矩视为“带电的高压线”，时刻紧绷纪律规矩这根弦，守住慎独慎初慎微的关口，做到心有所畏、言有所戒、行有所止。最基本的要做到“三管住”：“管住嘴”，不符合党员身份的话不要说，不该吃的饭不要去吃请请吃；“管住手”，不该拿的一丝一毫不沾；“管住腿”，不该去的地方一步也不能迈。无敬畏，无好果。失去了敬畏，危险也就随之而来。在铁一般的党纪国法面前，任性妄为的无畏者，结局只能是碰得头破血流，最终受到纪律处分，甚至身陷囹圄。

二要常省察，自觉对照党章党规党纪，坚持“吾日三省吾身”，坚持“时时勤拂拭”，及时涤荡心灵、修枝剪叶，认真自查思想和行为，“管却自家身与心，胸中日月常新美”。要做到“三净”：

净思想。理想信念是共产党人的政治灵魂和精神支柱，是共产党人安身立命之本，要切实坚定理想信念，牢固树立宗旨意识，修好共产党人的“心学”。这里特别要指出，习近平总书记多次强调，当官发财两条道，当官就不要发财，发财就不要当官。党员领导干部如果既想“当官”又想“发财”，最终只会“两头空”。这次《条例》增写了相关的条文，进一步警示党员干部，

官有官道、商有商道，切不可“吃着碗里瞧着锅里”，做“当官又发财”的白日梦。作为党员领导干部，要端正观念、牢记初心，时时以“当官不发财”自勉，将心思扑在新时代干事创业中，让群众多些满意的笑脸，这才是从政者一生中最大的“财富”。净圈子。要严守政治纪律和政治规矩，坚决远离各种“小圈子”。要警惕各种微信圈、老乡圈、酒局圈、球友圈等，这些形形色色的圈子不仅容易诱发各种腐败问题，而且还可能污染一个单位的政治生态，本质上都是为一己私利编织利益同盟，违反政治纪律和政治规矩。要切记：热衷搞“小圈子”，总有一天会出事！要坚信：真正的“护身符”，不是“哪条线”“某圈子”“谁的人”，而是心中那把遵纪守法的戒尺。净关系。要坚决反对党内生活庸俗化、娱乐化，营造积极向上、风清气正的机关文化。在机关工作中，反对拉拉扯扯、吹吹拍拍，坚持忠诚老实、厚道本分。在与管理和服务对象接触中，坚持“亲清”二字，严防被“围猎”。在社会生活中，学习毛泽东等老一辈革命家的高尚情操和优良家风，坚持“恋亲不为亲徇私，念旧不为旧谋利，济亲不为亲撑腰”。总之，形成清清爽爽的同志关系、规规矩矩的上下级关系、干干净净的政商和军地关系。

三要受监督。作为党组织中的一员，必须自觉接受监督和约束。随着全面从严治党向纵深推进，制度笼子越扎越紧，“严”和“实”的要求一刻都不放松。要把严管视为厚爱，知行合一，自觉主动接受监督，习惯在受监督和约束的环境中工作生活。不能有人监督时遵守，无人监督时不守，更不能只监督别人、不约束自己。党员领导干部要在“守”字上作表率，形成上行下效、上率下行的良好局面。

（三）认真贯彻执行《条例》

“徒法不足以自行”，法规制度的生命力在于执行，只有真落实重执行才能真正让制度“长牙”、让纪律“带电”。《条例》对各级党委、纪委履行全面从严治党主体责任和监督责任提出了更高的要求。各级党组织要增强“四个意识”，把落实管党治党政治责任作为最根本的政治担当，在下大气力建制度、立规矩的同时，切实重执行、抓落实。

一要以党章党规党纪为尺子，严格执行和维护党的纪律，做到真管真严、敢管敢严、长管长严。对我们这个部来说，尤其需要注重的就是把抓早抓小、防微杜渐，惩前毖后、治病救人的要求落实好。严管才是厚爱。作为领导干部，要敢于瞪眼黑脸，敢于批评人。发现干部苗头性问题，立即制止、纠正，进行批评教育，促其反省改正，做到“不二过”。必须反对“多栽花、少栽刺”的庸俗哲学，决不做“老好人”“墙头草”。在政治方向问题上，必须一是一、二是二，旗帜鲜明、立场坚定，敢于发声，敢于亮剑，划出歪风邪气的红线，不搞庸俗的好人主义，决不做骑墙派。在矛盾困难面前，应当勇于任事，敢抓敢管，不怕困难、不畏风险、不惧担责，让群众感到靠得住、信得过、能放心。在危机危险面前，要勇于挺身而出、义无反顾，敢于决断、敢于负责。受到批评的同志，要勇于接受、诚恳接受。这既是胸怀，又体现担当，有则改之，无则加勉。这样，才是营造积极健康的氛围。

二要进一步加强干部管理，严格执行民主集中制、个人事项报告制度、民主生活会、党员民主评议、日常谈心谈话等。进一步强化日常监督，切实把纪律和监督挺在前面，对党员干部不仅要监督其“八小时以内”遵守纪律的情况，还要以党纪条规约束其“八小时以外”的行为，实现“全覆盖”“无盲区”。实践运用监督执纪“四种形态”，在“第一种形态”上下功夫，抓早抓小、防微杜渐，惩前毖后、治病救人，使铁的纪律真正转化为党员干部的日常习惯和自觉遵循，充分发挥纪律建设标本兼治的利器作用。

三要严格执纪。广大专兼职纪检干部必须坚守职责定位，坚持执纪必严、违纪必究，坚持纪严于法、做好纪法贯通，强化监督、铁面执纪、严肃问责，维护纪律的严肃性。要切实当好“两个维护”的“监督员”、政治生态的“护林员”、干部成长的“保健员”、扶正祛邪的“战斗员”、机构改革的“保障员”。

总之，大家学习贯彻《条例》一定要把自己摆进去、把职责摆进去，认真学习习近平新时代中国特色社会主义思想，学习党章党规党纪，增强“四个意识”、坚定“四个自信”、做到“两个维护”，营造能干事、干成事、不出事的良好氛围，为退役军人服务保障工作作出应有贡献。

在退役军人事务部司局级干部集体廉政谈话会议上的讲话

林国耀

（2018 年 11 月 30 日）

按照惯例，对新提拔的司局级干部，要进行一次集体廉政谈话，这既是一种教育提醒方式，也是一次工作交流。在这个新组建的部，大家无论是转任，还是提任，都是新任，这是非常光荣的事，将会和这个部一道载入史册。今天进行廉政谈话，让我想起了明朝都察院左都御史王廷相关于轿夫穿新鞋的故事。王廷相说，有一天雨后上街，看到有位轿夫穿了双新鞋，开始时小心翼翼生怕把新鞋弄脏了，后来不小心踩到了污泥，之后就不再顾惜脚下的鞋子了。王廷相感慨地说，轿夫穿鞋子这样，立身也是如此，一旦失足可能就毫无顾忌了，“将无所不至矣”！大家刚刚履新，新岗位就好像新鞋一样，希望大家能从这个故事中得到启发，珍惜新的岗位，真正做到慎始善终。结合前一段谈话交流和我个人的一些思考，今天重点讲三个方面的内容：政治与业务、自律与他律、作风与家风。

一、政治与业务

政治和业务是一体两面的关系，两者相辅相成、相互依托，没有离开政治的业务，也没有离开业务的政治，两者统一于中国特色社会主义伟大事业之中。习近平总书记强调新时代领导干部要做到“政治过硬、本领高强”，我理解就是在政治上要能立得起来，业务上要能拿得起来，不负时代、不辱使命。在处理政治和业务的关系上，要牢牢把握以下几点：

（一）政治是灵魂、是统领、是第一位的，政治问题是根本性的大问题，任何时候都必须把政治建设摆在首要位置。在这方面不能有丝毫的松懈、犹豫、动摇、含糊。这不仅是马克思主义政党的本质要求，也是落实党的十九大精神的要义所在。我们经常讲要保持政治本色，这是马克思主义政党特有的、最鲜明的一个特点，也是我们党一以贯之的实践逻辑。习近平总书记讲，共产党不讲政治还叫共产党吗？这发问如黄钟大吕，彰显的就是政治本色。前一段时间，习近平总书记对中央和国家机关党的建设作了重要批示，强调中央和国家机关首先是政治机关，必须旗帜鲜明讲政治，坚定不移加强党的全面领导，坚持不懈推进党的政治建设。作为国务院新组建的部门，我们一定要深刻领会习近平总书记的重要批示，走前头、作表率。

（二）讲政治是有明确要求的，是具体而不是抽象、空洞的，必须贯穿于业务工作的各方面、全过程。领导干部讲政治，基本要求是什么？习近平总书记强调指出，要旗帜鲜明讲政治，站稳政治立场，把握政治方向，坚定政治信念，提升政治能力，确保政治过硬。具体到政治、思想、组织、作风、廉洁、工作、群众、生活等方方面面，都有具体的要求，党的六大纪律都有具体规定，大家必须严格遵守。作为中央国家机关，就是要做到“一个带头、三个表率”，带头维护习近平总书记党中央的核心、全党的核心地位，维护党中央权威和集中统一领导，在深入学习贯彻习近平新时代中国特色社会主义思想上作表率，在始终同党中央保持高度一致上作表率，在坚决贯彻落实党中央各项决策部署上作表率。我们要结合部里实际，把讲政治的要求，转化为政治自觉、思想自觉、行动自觉，确保退役军人工作走在正轨、不出偏差。

（三）领导干部要带头讲政治，做政治上的明白人，决不能拿政治纪律和政治规矩当儿戏。做政治上的明白人，关键是要有政治敏锐性，要有政治鉴别力，要有政治定力。首先，要明白哪些事情可以做，哪些事情不能做，就像习近平总书记强调的一样，有些事情在政治上决不能做，做了就要付出代价。比如“七个有之”“五个有的”，这些已经写入了新修订的纪律处分条例，违反了就要付出代价。其次，要明白政治上不能模糊化，不能虚化、淡化，“化”了那是要摔跟头的。有的人认为政治太空、讲的太虚，对政治不感兴趣，犯了政治冷漠症，甚至搞政治虚无主义，这恰恰是掉入了人家的政治陷阱里。不讲政治本身就是政治，但这不是我们共产党人要的政治。在这方面，美国兰德公司的一个报告，就充分暴露了西方敌对势力的险恶用心。报告中提到，美国搞垮苏联，用了“两化”就够了（即一个是分化，一个是西化），但是要把中国搞垮，除了这“两化”之外，还要再加上“四化”：让中国的老百姓对政治淡化，让中国的各级领导干部在市场经济大潮的冲击下腐化，对中国的领袖人物、英雄人物进行丑化，让马克思主义的主导地位在多元化的意识形态中融化。面对这样的形势，我们不讲政治能行吗？当然，讲政治也不能泛化，不能无限地放大。再次，领导干部带头讲政治，做政治上的明白人，还要经常对标看齐，对照党中央的路线方针政策和决议，看看哪些方面做到了，哪些方面做得还不够、还不好，时时刻刻警醒自己、提升自己。

（四）讲政治，说一千道一万，落脚点在提高政治能力，使自己的政治能力与担当的领导职责相匹配。对领导干部来讲，加强政治历练，积累政治经验，自觉把讲政治贯穿于党性锻炼的全过程，这是提高政治能力的不二法门。首先要加强理论学习，用最新理论成果来武装头脑。刘少奇同志曾讲“领导干部理论上不过关，容易成为俘虏”。刚才通报的党员领导干部廉洁从政应知应会测评情况，总体上看平均分不错，但很不平衡，也反映出有的同志对一些最基本的要求还没有掌握，有的同志可能入了眼睛但还没有入脑入心。当前最重要的就是要学习习近平新时代中国特色社会主义思想，学习党的十九大精神。要真学、真信、真用，要在深化学习上、在消化学习上、在转化学习成果上下功夫，要真正入脑入心，学深悟透，融会贯通。同时，要加强实践锻炼，要结合业务工作，把讲政治贯穿其中。经常站在讲政治的高度去分析评判，分析形势要多考虑政治因素，谋划工作要多考虑政治要求，处理问题要多考虑政治风险。提高政治能力，还要加强党内政治生活的锻炼，也就是党性锻炼。这几年党中央下大力气进一步规范和加强这方面工作，出台了《关于新形势下党内政治生活的若干准则》。民主集中制、“三会一课”、批评与自我批评，这些都是党内政治生活很重要的内容，部机关党委、各党支部建立起来后要抓好这方面工作。党内政治生活是个“大熔炉”，在政治生活中加强锻炼，是我们党性修养的“必修课”。

二、自律与他律

每个人都需要自律和他律。自律就是在无人监督的情况下对自己的言行和举止进行自我约束和自我控制，使自己能够自我净化、自我完善、自我革新、自我提高。严于自律是领导干部最重要的修身之道。习近平总书记强调，领导干部必须加强自律，慎独慎微，保持自律的定力。自律最大的敌人就是自己，更深入地讲，就是自己找借口。要时时向自己的借口挑战，向外界的诱惑挑战，学会阻击欲望，守住底线，自觉做到人前人后一个样，有要求和没要求一个样，有监督和没监督一个样。

要坚守自律的细节。一是要养好小习惯。坚持局不乱入、嘴不乱吃、手不乱伸、脚不乱迈，使自律成为思想自觉和行动自觉，成为日常习惯和生活常态。要养成自律的习惯，在一时、一处、一事上自律不难，难的是时时处处事事都自律。就像毛泽东同志强调的那样，一个人，做一件好事并不难，难的是一辈子只做好事不做坏事。在任何时候、任何场合、面对任何事情，我们都要保持一颗从严自律的平常心。二是要改好小病灶。经常反思自己、反省自己，及时“筛选排查”学习、工作、生活、交友等方面有没有苗头性、倾向性问题，多给自己提提醒，确保防微防初。对踩红线、闯雷区的小言小行，要坚持零容忍。三是去掉小爱好。爱好很容易成为突破口，爱好的关口要紧紧把住，不要让人有可乘之机。

他律就是要自觉接受监督。领导干部自觉接受监督，不仅是对自身最大的保护，也是党性强的表现。党章明确规定，不允许有任何不参加党的组织生活、不接受党内外群众监督的特殊党员。从党的十八大以来查处的大量腐败案件看，拒绝监督、逃避监督往往都是走向腐败堕落的前兆，失去制约和监督，必然导致腐败。监督好比一面镜子，经常照照镜子，纠正自己，人才会更清醒、更谨慎，才会避免走弯路、犯错误。古人讲，畏法度者最快乐，守规矩者最自由。明太祖朱元璋一天早朝时突然问群臣：“天下何人最快活？”有人说功成名就者最快活，有人说富甲天下者最快活……答案五花八门。朱元璋听着这些回答只是颔首捻须，不以为然。这时一个名叫万钢的大臣回答：“畏法度者最快活。”朱元璋连连点头，称其见解“甚独”。领导干部自觉接受监督是一种品格，一种责任，也是一种境界。有的人置监督于不顾，说一套做一套，做事情遮遮掩掩，这不仅是党性修养不够，而且是不具备领导干部起码的素质。严格监督并不是与哪位同志过不去，而是为了让大家在沟沟坎坎面前能走过去；并不是给哪位同志出难题，而是保证大家少出问题、不出问题。监督是对领导干部真正的关心和爱护，领导干部要正确对待监督，自觉接受监督，让自党接受监督成为习惯、成为常态。

他律要做到三个“接受”。对派驻监督要开心接受。中央纪委国家监委驻退役军人事务部纪检监察组是代表中央纪委国家监委对下级党组织和领导干部的监督，派驻监督是全天候、近距离、常态化的，是不走的巡视组，监督的重点是驻在部门领导班子成员和司局级干部，突出的是政治监督，监督“两个遵守”（即遵守党章党规党纪和宪法法律）、“两个维护”（即坚决维护习近平总书记党中央的核心、全党的核心地位，坚决维护党中央权威和集中统一领导）、“两个落实”（即落实中央的路线方针政策和决议，落实中央八项规定精神以及民主集中制、选人用人、作风建设等方面的规定）。深化运用监督执纪“四种形态”，特别是第一种形态，让红脸出汗、咬耳扯袖成为常态。红脸总比黑脸好，出汗总比出事强。对组织监督要诚心接受。要遵守组织制度，认真贯彻民主集中制，积极参加党内的政治生活、进行“三会一课”、开展批评与自我批评。要严格遵守组织纪律，该请示的要请示，该报告的要报告，不能含含糊糊，在组织面前要光明磊落、行为有矩、诚实坦荡。对群众监督要虚心接受。群众的眼睛是雪亮的，退役军人事务部刚刚成立，退役军人充满期待，要多倾听基层的意见、多听退役军人意见，多与他们沟通交流，接受监督，让权力在阳光下运行。有了“开心”“诚心”“虚心”，就能习惯在监督和约束的环境中放心地工作和生活。

在严格自律和接受他律的基础上，作为领导干部还要律他，加强内部制度约束。作为各司（厅）、直属单位的主要领导，负有抓班子带队伍的职责，承担主体责任，要对党风廉政建设和反腐败工作负责。要对单位内部的廉政风险点进行认真梳理，建立约束机制。出了问题，作为主要领导要承担责任。

三、作风与家风

作风建设关系党的形象，关系人心向背，关系党的生死存亡。我们党在长期的革命建设和改革过程中高度重视作风建设，培育和形成了许多优良的作风，这是党的宝贵财富。党的十八大以来，以习近平同志为核心的党中央以身作则，率先垂范，以作风建设为突破口，颁布实施中央八项规定，坚定不移推进全面从严治党，党风政风社会风气发生了全面深刻的变化，作风建设已成为党的建设的一张金色名片。党的十九大以后，习近平总书记强调新时代要有新气象、新作为，并多次就作风建设作出重要批示，为全党树立了标杆。作为新组建的部，培育形成良好的作风至关重要，而良好的部风也都是由各司（厅）、单位的风气形成的。目前各司（厅）刚刚组建，机构和队伍都是新的，要树立和形成什么样的作风，带出一支什么样的队伍，干成什么样的事情，都需要认真地思考，认真谋划。我们有的司（厅）已经在行动了，制定一些内部规范制度，并开始执行。在这里面要突出强调坚决摒弃和杜绝形式主义和官僚主义。为什么要强调这个问题？最近中央纪委办公厅印发了《关于贯彻落实习近平总书记重要指示精神集中整治形式主义官僚主义的工作意见》，全面启动集中整治工作。《意见》明确亘点整治四个方面、十二类的突出问题。在贯彻落实党的路线方针政策、中央重大决策部署方面，重点整治严重影响党中央权威和集中统一领导、影响中央政令畅通的突出问题；在联系群众服务群众方面，重点整治群众身边，特别是群众反映强烈的突出问题；在履职尽责服务经济社会发展方面，重点整治不担当、不作为、慢作为、乱作为、假作为等严重影响改革发展高质量的突出问题；在学风、会风、文风及检查调研方面，重点整治频次过多过滥、浮于表面等突出问题。前两天，中央纪委国家监委刚刚曝光了全国六起形式主义、官僚主义典型案例。大家要按照《意见》要求，把自己摆进去，把工作职责摆进去，找准焦距、对准靶心，以扎实有效的工作推动作风建设不断深入，真正把我们退役军人事务部建成让党中央放心、退役军人满意的模范机关。

家风问题，不仅关乎道德，也是纪律要求。中华民族历来重视家风家教，家风是一个家族的传家宝。很多家训吸收了忠孝廉节的内容，留下了许多箴言警句。比如说，“道德传家，十代以上，耕读传家次之，诗书传家又次之，富贵传家，不过三代”。《易经》里也讲道：“积善之家，必有余庆，积不善之家，必有余殃。”《易经》六十四卦里有一卦叫家人卦，就是讲怎么治家，怎么能够家庭和谐，怎么端正家风。中国的家风家教是源远流长的。

习近平总书记讲，领导干部的家风，不是个人小事、家庭私事，而是干部作风的重要表现。党的历史上，我们老一辈无产阶级革命家，在家风建设中树立了很好的榜样。毛泽东同志在处理亲友关系上讲三个原则：“恋亲不为亲徇私，念旧不为旧谋利，济亲不为亲撑腰。”体现了共产党员不搞特殊化的政治本色。从党的十八大以来中央和各地查处的违纪违法案件来看，家风败坏往往是领导干部严重违纪、违法犯罪的重要诱因。许多落马的贪官亲属都扮演了不光彩的角色，有关案例也比较多，“夫妻店”“父子兵”“兄弟连”等情况不胜枚举，令人感叹。这次新修订的《中国共产党纪律处分条例》就在生活纪律章节中专门强调家风建设，规定：“党员领导干部不重视家风建设，对配偶、子女及其配偶失管失教，造成不良影响或者严重后果的，给予警告或者严重警告处分；情节严重的，给予撤销党内职务处分。”这表明领导干部的家风不是一般性的问题，而是严格的纪律要求。

我们部里的领导干部，要把家风家教摆在更加突出的位置。首先，这跟我们的服务对象有关系。我们的服务对象就是退役军人，军人最重战友之情。战友到家里坐坐送些东西，有些时候就没有足够警惕性了。其次，升官了，又要换房子了，不要为了个人利益问题，出现假离婚的情况。社会上有的人为了规避住房限购政策少缴税就去办理离婚，但离婚不离家。在机关里，要避免这种情况。对家人最大的爱，就是要让他们远离权力的诱惑。我一直讲，廉洁是一种力量，是一种让人快乐心安的力量，廉洁让自己心安，让家人心安。不要为了利益，让自己、让家人担惊受怕。人往往到生命最后关头才明白什么都不是自己的，自己什么都带不走。林则徐有副对联写得很好：“子孙若如我，留钱做什么，贤而多财，则损其志；子孙不如我，留钱做什么，愚而多财，益增其过。”前一段时间，我看到一篇文章，是一位即将去养老院的退休老人写的，说的是生活开始不再能完全自理，准备搬去养老院住。去养老院之前就在家里想要带什么去，却发现什么也带不走。家里的全套红木家具带不过去，买了很多衣服也不能都带过去，自己喜欢集邮，收集的很多邮票也不能带过去看，平常爱喝的酒也不能带过去。最后就带了身份证、医疗卡、银行卡、一些备用药片、几本爱看的书以及几件随身穿的衣服，最后发现所有的财富都是多余的，都不是自己的。作为领导干部，还是要注重廉洁修身，廉洁齐家，带头树立良好家风，管好自己，管好家人，让好家风成为硬约束，让家庭成为拒腐防变的第一道防线，让家风成为廉洁自律最牢固的关口。

我讲这些，就是希望大家在新的岗位上严格要求自己，廉洁从政，履职尽责，为退役军人工作作出新贡献。

全国退役军人工作

退役军人事务部工作情况

2018年是退役军人工作史上具有里程碑意义的一年，伴随改革步伐，退役军人事务部全新组建，退役军人工作迈入新的发展阶段。一年来，部党组坚持以习近平新时代中国特色社会主义思想为指导，深入学习贯彻习近平总书记关于退役军人工作重要论述精神，全面贯彻党的十九大和十九届二中、三中全会精神，认真落实党中央、国务院决策部署，在军地相关部门配合下，边组建机构、边推进工作，边谋划长远发展、边解决遗留问题，边着手顶层设计、边落实当年任务，迎难而上、开拓进取，各项工作平稳起步，有序推进，成效明显，为退役军人工作改革发展奠定了重要基础，为服务国防和军队建设作出了积极贡献。

（一）坚持政治建设引领全局。退役军人工作直接服务国防和军队建设，关系政治安全和大局稳定，政治要求高，退役军人事务部门必须旗帜鲜明讲政治，自觉把退役军人工作摆到党和国家工作全局中思考谋划，带着高度的政治责任感、使命感开展工作。一是始终把政治建设摆在首位。先后组织40次党组会、党组中心组理论学习，学习习近平总书记重要论述精神、重要批示指示和中央有关会议文件精神。持之以恒开展政治性警示教育，注重以案明纪、以案说法，严明政治纪律和政治规矩。坚决执行党的政治路线，坚决维护习近平总书记党中央的核心、全党的核心地位，坚决维护党中央权威和集中统一领导，在政治立场、政治方向、政治原则、政治道路上坚定同以习近平同志为核心的党中央保持高度一致。认真学习贯彻习近平新时代中国特色社会主义思想，坚决贯彻落实习近平总书记关于退役军人工作的重要论述精神，牢固树立以人民为中心的发展思想，切实维护退役军人合法权益。二是强化政治机关建设。习近平总书记指出，中央和国家机关首先是政治机关。退役军人事务部明确建成增强“四个意识”、坚定“四个自信”、做到“两个维护”的政治机关，坚决落实党中央、国务院决策部署的行政机关，有力维护退役军人合法权益的服务管理机关的定位，确立让退役军人满意、让军人成为全社会尊崇的职业的奋斗目标，确保工作始终保持正确的政治方向。三是推进党建工作与业务工作深度融合。党的建设实践表明，没有离开业务的政治，更没有离开政治的业务。退役军人事务部高度重视党建和业务工作的深度融合，在狠抓业务工作的同时，加强机关党的建设，成立直属机关临时党委、纪委，严抓纪律规矩，确保机构改革期间党建工作任务不断档、力度不松劲。建立健全“一岗双责”“两学一做”学习教育常态化机制、重大事项请示报告制度等。扎实开展“重温入党志愿书”主题党日及党章学习月、警示教育月等系列活动，不断提升全体党员干部党性修养和政治自觉。深入学习贯彻《关于深化中央纪委国家监委派驻机构改革的意见》，全力支持保障驻部纪检监察组开展工作，主动接受监督，积极落实全面从严治党主体责任。

（二）工作体系构建进展顺利。组建退役军人事务机构是党和国家机构改革的重要内容，习近平总书记对此高度重视，亲自谋划设计、亲自部署推动组建退役军人事务部。一年来，按照深化党和国家机构改革的决策部署，进一步解放思想，加大改革创新，积极稳步推进退役军人事务机构组建。一是高效完成部机关组建。4 月 16 日正式挂牌成立，及时健全党的组织，根据“三定”规定，聚焦主责主业，明确部内各司（厅）处室职责、设置和编制配备，推动建立决策议事协调机制，逐步补充人员力量，抓紧建章立制，克服办公地点偏远、办公条件简陋等困难，实现部机关正常有序运行。二是积极指导省级以下机构组建。通过多种方式指导地方退役军人事务行政管理机构组建，截至 2018 年年底，全国 31 个省（区、市）的省级退役军人事务厅（局）均挂牌，内设机构配置和人员配备工作正在进行；市、县以下机构组建提前推进。三是有序推进服务管理保障体系建设。认真贯彻落实习近平总书记的重要指示精神，总结推广河北、天津经验，指导各地加快推进服务管理保障体系建设，截至 2018 年年底，已有一些省份成立了省、市、县、乡、村五级服务机构，横向到边、纵向到底、覆盖全员的服务网络正在推进，贯通上下、系统完备、职责清晰的工作体系逐步建立，为推进退役军人工作提供了坚实的体制机制保障。

（三）落实中央决策部署坚决有力。党中央、国务院高度重视退役军人工作，习近平总书记作出一系列重要论述，为开创新时代退役军人工作新局面提供了根本遵循。2018 年，中央领导同志多次就退役军人工作作出指示批示，为退役军人工作指明了方向。退役军人事务部深入学习贯彻习近平总书记关于退役军人工作重要论述精神，对议定事项倒排时序、压茬推进，协调相关部门，督促指导各地，逐项推动落实。召开系统组建后的首次全国退役军人事务厅（局）长会议，进一步统一思想认识、明确目标任务、推动落实各项工作。

（四）政策法规制定快速推进。退役军人工作政策性很强，过去工作职能分散在军地多个部门，既存在政出多门、职能交叉，政策不平衡、不统一等问题，也存在政策滞后、留有“空白”等不足。坚持以改革为出路，以创新为动力，新部组建伊始，就把政策法规建设摆在突出位置，列入基础工程和长远大计，注重从“碎片化”“打补丁”方式，向整体设计、重塑再造转变，逐步构建系统完备、衔接配套、科学管用的退役军人工作政策制度体系。一方面，加快做好顶层设计，《退役军人保障法》已成型，并多次征求意见；另一方面，加快推进政策制度出台，会同相关部门就退役军人党员组织关系转接管理、退役士兵安置、服役表现与安置挂钩、就业创业、提高抚恤补助标准、悬挂光荣牌、退役军人信息采集等工作出台了文件，社会评价良好。军休干部和退休士官安置管理、境外烈士纪念设施保护等政策文件即将出台。解决部分退役士兵社会保险、伤病残军人移交安置、信息化建设总体方案，按程序推进。

（五）思想政治工作深入开展。思想政治工作是实现党的领导的重要途径，是一切工作的生命线。过去一个时期，退役军人工作偏重于待遇保障，思想政治工作抓得不够，存在一手硬、一手软的问题。退役军人工作归根到底是做人的工作，关键是要打通思想，形成认同。退役军人事务部组建以来，充分发挥党的政治优势，有效开展思想政治工作，引导退役军人退役不褪色，努力使他们成为中国共产党执政的重要依靠力量。一是加强新闻宣传工作。大力宣传以习近平同志为核心的党中央对退役军人工作的高度重视，对广大退役军人的关心关爱，引导广大退役军人听党话、跟党走。推进宣传平台建设，开通部门户网站、政务微信公众号，多种形式发布权威信息，围绕新出台政策、重要工作进展、热点敏感问题加强舆论引导，及时回应社会关切。“八一”建军节前，退役军人事务部在国务院新闻办举行了首场新闻发布会，38家境内外媒体参加，共推出150余篇新闻报道，社会反响强烈。二是强化正面典型引领。联合中央宣传部开展“最美退役军人”系列学习宣传活动，集中发布20名“最美退役军人”典型事迹，拍摄系列专题片，举办报告会，营造学习最美、争当最美的浓厚氛围。协调中央主要新闻媒体开设退役军人专栏，经常性宣传退役军人先进事迹，提高影响力传播力。三是探索教育管理新途径。会同中央组织部、中央军委政治工作部对退役军人党员组织关系转接工作进行规范。开展退役军人思想政治和党建工作专题调研，总结河北保定、四川渠县等地做法，研究退役军人党员教育管理方法。指导各地扎实开展关心关爱活动，组织走访慰问，深入一线做思想工作，对生活困难退役军人给予帮扶，解决他们的实际困难。同时，积极推进褒扬纪念工作。开展“崇尚英雄·精忠报国”“铭记功勋·致敬英烈”等系列宣传教育活动，在全社会营造弘扬英烈、崇尚英烈的浓厚氛围。组织第五批在韩志愿军烈士遗骸交接安葬，加强境外烈士纪念设施保护管理。

（六）年度接收安置任务有效落实。始终坚持将接收安置好退役军人作为支持国防和军队建设改革的实际行动，按照妥善安置、合理使用、人尽其才、各得其所的原则，优化安排工作、扶持就业创业、退休、供养等多种安置方式，顺利完成年度安置任务。一是扎实推进计划分配军转干部安置。计划分配军转干部已全部安置到位，安置质量明显提升。深挖安置潜力，指导中央单位超额完成计划接收目标。二是大力拓展退役士兵安置渠道。4万多名由政府安排工作的退役士兵安置任务基本完成。首次将123家中央企业纳入年度退役士兵安置计划，提供岗位1.5万多个。改进退役士兵安置办法，修订出台《符合政府安排工作条件退役士兵服役表现量化评分暂行办法》，推进“阳光安置”。三是积极扶持退役军人就业创业。3.2万余名自主择业军转干部待遇保障落实到位。推动制定税收优惠和公益性岗位兜底保障政策，指导各地强化就业服务，各级共组织专场招聘会300多场，提供就业岗位60多万个，组织20多万名退役军人参加就业创业培训。四是圆满完成军休人员安置任务。健全“随退随审、即交即接”工作机制，抓好滞留部队离退休和伤病残人员移交，超计划接收30.4%，军地各级妥善解决住房落户、残情鉴定等方面问题1200余个，受到军队有关部门和军休人员高度评价。

（七）服务保障水平不断提升。退役军人服务保障是关系军队建设和社会大局稳定的重大问题。一年来，退役军人事务部不断提升服务保障水平，创新服务保障方式，让服务对象感受到党和政府的关心关爱。一是加大中央财政投入力度。商中央财政投入1200多亿元，较好地落实退役军人和其他优抚对象待遇，其中重点优抚对象提标时间由每年10月1日提前到8月1日，平均提高幅度达10%。二是全面开展服务保障工作。落实出台调整军休干部取暖补贴制度。大力开展双拥共建，军地合力推动解决一批实际问题。全面梳理完善参战、参试部队目录，取得明显成效。部署开展悬挂光荣牌、退役军人和其他优抚对象信息采集工作，悬挂光荣牌近900万户，建立军地11个部门组成的信息采集部际联络员机制，稳步推进信息采集工作，为服务保障奠定了坚实基础。三是推进退役军人工作信息化。组织编制退役军人信息化建设有关方案，启动全国统一、上下联通的退役军人和其他优抚对象信息数据库和信息管理平台建设，以信息化推动退役军人工作现代化。

（八）权益维护工作有力有序。权益维护工作不仅事关退役军人和其他优抚对象切身利益，更事关改革发展稳定全局，退役军人事务部对此一直高度重视，始终坚持带着责任和感情做工作，切实维护退役军人合法权益。一是加大政策落实督查力度。国务院将退役军人工作纳入第五次大督查范围。利用综治工作（平安建设）考评机制，加大对化解历史遗留问题考评力度，部署开展退役军人工作政策落实情况考评。二是认真做好信访工作。在不完全具备接待条件的情况下，挂牌第二天即开始接访。开通网上信访，加强信访办理和信访事项转办督办，推动解决合理诉求。

（九）褒扬纪念工作规范创新。深入学习贯彻习近平总书记关于褒扬纪念工作重要论述精神，推动政策制度规范和创新，弘扬英烈事迹和精神，加强烈士纪念设施管理和保护，各项工作平稳起步、有序开展。一是大力推进政策创制工作。全面汇总梳理褒扬纪念法规政策，做好废、改、立等工作。积极推动并参与《英雄烈士保护法》审议公布宣传工作，组织编写《英雄烈士保护法释义》。着力政策创制，起草境外烈士纪念设施保护管理办法，进一步加强和规范境外烈士纪念设施保护管理工作。二是加强烈士纪念设施保护管理。围绕落实中央领导同志重要指示精神，研究湘江战役红军遗骸收殓保护工作，会同中央军委政治工作部起草《湘江战役红军遗骸收殓保护工作方案》。会同有关部门，提前周密谋划部署对越自卫反击战40年烈士祭扫组织服务工作。举行“第十三轮中俄军事纪念设施问题磋商”，稳步推进哈巴罗夫斯克东北抗联教导旅英烈纪念设施建设工程。扎实开展老挝有关烈士陵园修缮工作，完成赞比亚中国烈士陵园设计方案。抓住有利契机，推动在朝志愿军烈士陵园修缮工程建设。三是广泛弘扬英烈精神。制作“崇尚英雄·精忠报国”专题视频并面向全社会播出。协同中央宣传部开展“为了民族复兴·英雄烈士谱”主题宣传活动。以中华英烈网为平台，组织开展“铭记2018·清明祭英烈”主题宣传教育活动，线上线下同步结合推动提升活动效果。组织开展“铭记功勋·致敬英烈——纪念改革开放40周年”主题宣传活动，通过电视、网络、新媒体尤其是VR全景技术，在央视综合频道和全国各主要媒体全网推送公益宣传片。组织首届“中国青年干部赴朝祭扫交流代表团”赴朝开展政治外交活动，产生了很好的社会反响。讲好英烈故事、传承英烈精神，使崇尚英雄、缅怀先烈的社会氛围日益浓厚。

（十）干部队伍建设扎实推进。当前，退役军人工作改革发展稳定的任务艰巨繁重，完成这些任务离不开高素质专业化干部队伍，必须加快推进系统自身建设，以强有力的组织保障推动退役军人各项工作落实落地。一是配齐配强工作力量。在中央组织部的大力支持下，协调从民政部、人力资源社会保障部转隶的干部，从部委选调、军队借调干部，招录新进公务员，接收军队转业干部，较快配备工作力量。二是切实提升队伍能力。着眼退役军人工作实际需要，不断优化干部成长路径，加强干部队伍高素质专业化建设。全国退役军人事务厅（局）长会议期间，安排部机关各业务司负责同志与各地厅（局）长进行业务讨论交流；召开全国退役军人事务厅（局）办公室主任会议，进行政策业务培训；组织部机关全体党员干部参加政治素质和业务知识专题讲座16讲，累计听讲达1500余人次。三是明确选人用人标准。坚持严管和厚爱结合、激励和约束并重，调动广大干部的积极性、主动性、创造性。建立健全部机关干部选拔任用体系，把政治标准摆在首位，坚持事业为上、以事择人，让专业人做专业事，选拔忠诚干净担当的干部，为退役军人工作发展提供坚强组织保障。

政策法规

2018年，退役军人政策法规工作紧紧围绕贯彻习近平新时代中国特色社会主义思想和党的十九大精神，特别是以习近平总书记关于退役军人工作的重要论述为指导，按照工作部署，精心组织、有序推进。

一、推进《退役军人保障法》立法

新中国成立以来，党中央、国务院、中央军委制定了一系列政策法规，对维护退役军人权益、做好退役军人服务管理保障工作发挥了重要作用。随着经济社会发展，国防和军队改革深入推进，退役军人工作出现了一些新的情况和问题，需要制定一部系统完备的法律，为做好新时代退役军人工作提供法治保障。

退役军人事务部成立之后，立即启动《退役军人保障法》研究起草工作。认真学习习近平总书记关于退役军人工作的重要论述，系统梳理现行退役军人安置、抚恤优待、褒扬纪念等方面的政策法规，分析各界研究成果和意见建议，借鉴其他国家和地区退役军人工作立法经验，召开座谈会听取各方面意见建议，在广泛征求意见的基础上，形成了《退役军人保障法（草案）》。

二、开展法律政策全面清理

全面清理现行有效的退役军人法律政策，是贯彻全面依法治国要求，健全完善退役军人法律政策体系的迫切需要，是使退役军人工作走上法治化、规范化轨道，更好地服务于经济社会发展、国防军队建设的重要任务，是维护法制统一、权威、尊严，建设中国特色社会主义法律体系的必然要求。退役军人事务部成立后，立即组织开展退役军人工作法律政策全面清理工作，制定了清理工作方案。对新中国成立以来涉及政策法规工作职责的法律政策进行全面清理，逐件研究并提出处理意见。

三、加强政策理论问题研究

下达2018年退役军人事务部理论课题研究计划，从退役军人工作基本问题、政策法规体系和退役军人指令性安置问题、教育培训、社会保障体系、世界主要国家工作经验等10个方面设置研究课题。采取面向社会公开征集、向军内院校定向直接委托等方式，遴选出承担相关课题研究任务的单位。密切与军地相关院校的沟通联系，有效发挥“外脑”作用，不断提升政策理论研究水平。

四、做好行政复议工作

2018 年，政策法规工作严格依照法律法规规定履行行政复议应诉职责，充分发挥行政复议化解行政争议的主渠道作用，支持合理诉求，坚决纠正违法行政行为，切实维护退役军人及其他优抚对象合法权益。

思想政治和权益维护

2018年，思想政治和权益维护工作紧紧围绕贯彻习近平新时代中国特色社会主义思想和习近平总书记关于退役军人工作的重要论述，坚持边学边干、迎难而上、主动作为、探索攻坚，推动各项业务取得新成效。

一、推进退役军人思想政治和党建工作

在充分调研的基础上，重点从加强舆论引导、搞好典型宣传和强化退役军人党员教育管理等方面着力，完善相关政策，宣传一批优秀退役军人典型事迹，推动退役军人受尊崇氛围的形成。

（一）深入调查研究

围绕做好退役军人思想政治和党建工作，8月中旬部领导带队赴河北、山东、江苏、四川等地进行专题调研，其间通过召开省、市、县有关部门和基层党组织负责人座谈会、听取不同行业退役军人代表意见建议、到基层一线实地走访查看等形式，着力摸清现状、研究对策。9月下旬，部领导专门就调研情况与中央组织部进行沟通交流，为下一步开展相关工作指明了方向。

（二）加强舆论引导

积极做好“八一”“十一”等重要节点的舆情引导工作，紧贴政策出台进度，从7月下旬开始，针对新出台的政策文件做好跟踪解读，协调中央媒体做好全网推送、解读问答等工作；遴选38名退役军人和基层工作人员典型，在黄金时段和重要板块进行重点报道，“八一”前先后协调刊发典型报道30余篇、推出先进典型事迹16个，树立了崇尚典型、争当先进的导向。

（三）做好典型宣传

会同中央宣传部开展“最美退役军人”学习宣传活动，授予广西壮族自治区那坡县烈士陵园原园长王启荣等20名同志“最美退役军人”称号。通过中央电视台和全国20余家省级卫视频道，集中发布先进事迹；组织两个报告团，分赴10个省份、20余个城市，深入机关、院校、企业和军营，开展巡回报告，宣传相关人员先进事迹，社会反响积极热烈。主流媒体和网络平台开设“最美退役军人”“退役军人风采录”“脱下军装还是兵”等富有特色的专栏，宣传波次推进、持续升温。

（四）完善制度体系

为解决基层部分退役军人党员组织关系转接不及时、材料不规范、衔接不紧密、落实不到位等问题，在深入15个省（区、市）调查研究的基础上，中央组织部、退役军人事务部、中央军委政治工作部印发了有关通知，对退役军人党员组织关系转接工作进行系统规范，并明确了退役军人党员组织关系转接有关问题的解决办法。

二、加大督导检查力度

深入贯彻党的十九大关于维护军人军属合法权益的重大战略部署，结合实际用足用活督查“指挥棒”，坚持多手发力，推动退役军人政策规定监督检查落实。

（一）提高督查工作权威

国务院将退役军人工作纳入第五次大督查范围，对31个省（区、市）和新疆生产建设兵团实行全覆盖督查，提高督查的精准性、科学性和权威性。

（二）落实落细解决问题

加大对中央领导同志及部领导批示的重点信访事项督办力度，对有关问题线索逐一进行梳理分类，分别制定信函督办、电话督办、跟进帮扶和情况核实等处办督办措施，督促解决退役军人信访问题。

（三）部署综治工作考核

充分依托综治工作（平安建设）考评机制，设立考评领导小组，明确考评细则，规范考评程序，部署开展退役军人工作政策落实情况综治考评，加大对历史遗留问题的考核权重，有力维护退役军人合法权益。

三、做好退役军人信访工作

认真学习贯彻中央领导同志重要指示批示精神，始终坚持以退役军人为中心的工作导向，自觉强化责任担当，带着责任、感情有质感、有温度地开展信访工作，高起点谋划、高标准推进、高效率运行，完善工作手段，健全工作机制，压实工作责任。

（一）加快推进基础建设，为信访工作开展提供必要条件

1. 加强信访接待场所建设

建成8个接待窗口、6个接谈室、1个办信室。结合工作实际不断改善接待场所软硬件建设，尽最大努力为来访退役军人提供温馨和谐的环境。在提升功能方面，为老幼病残孕开通绿色通道，在接待窗口之间加装隔音板，在大厅加装显示屏、叫号机等设备，把体贴入微的人性化服务呈现在点滴和细节之中。在改善条件方面，在接待室内加装暖风机、电视、坐垫、窗帘等，在接待室外排队等候区域加装遮阳棚、隔离栏杆、电风扇等设施，为来访退役军人提供更舒适的条件。在营造信访文化氛围方面，对来访大厅宣传字体和展板进行统一规划设置，增设5块温馨提醒和服务理念宣传标识，印制有关告知内容，将《群众依法逐级走访流程图》《工作人员五不准》等制度上墙，宣传退役军人信访工作有关规定，接受来访群众监督。

2. 加强人员队伍建设

研究细化借调信访工作人员有关办法，会同人事司制定新进公务员到信访岗位挂职锻炼工作制度，不断完善选人用人机制，抓好干部队伍建设。在日常工作中加强人员队任管理。不定期对信访业务规范情况和考勤情况进行抽查通报，坚持每周“双碰头会”制度，及时通报情况、会商研判、安排工作。出台《工作人员五不准》制度，加强廉政建设。

3. 加强信息化建设

退役军人事务部挂牌之初，只有办公桌和单机电脑，工作人员白天接访，晚上下班后将当天收到的《来访登记表》录入电脑，定期将信访事项通过发机要件的形式交办相关地方，这种全部依靠人工操作的工作方式效率较低且容易出错。为提高工作效率，及时准确受理办理信访事项，积极协调国家信访局等部门，于 2018 年 7 月 4 日正式连通国家信访信息系统进行登记接待和信访事项办理，实现了信息化办公，大大提高了工作效率和准确率。

4. 开通网上信访业务

为实现“让退役军人少跑腿，让数据信息多跑路”这一目标，最大限度方便退役军人反映诉求，用两个月时间加班加点研发退役军人网上信访信息系统，并在人员配备、场所建设、硬件设施等方面做好充分准备。9 月 1 日，退役军人网上信访业务正式上线开通，退役军人只要登录退役军人事务部官网或者用手机扫描二维码，就可以反映信访诉求。通过扩大宣传，网上信访的知晓度不断扩大。

（二）提高信访事项办理标准，维护退役军人合法权益

1. 建立健全各项规章制度

印发退役军人事务部信访工作办法，严格退役军人事务部信访事项受理办理程序和标准，为退役军人事务部信访工作各个环节提供制度保障。

2. 高标准办理信访事项

部领导多次对信访工作及情况动态作出批示、提出要求，并定期批阅来信、接待来访，亲自推动解决疑难复杂信访问题。按照“事事有着落，件件有回音”的工作要求，带着责任和感情，扎实做好信访事项的登记和办理，并对地方办理情况逐件进行审核。

3. 着力提升督办效能

对重要或疑难信访事项专案进行研究，确有需要的通过发函督办，要求有关地方在 1 个月内报送办理结果，着力解决政策未落实到位、影响较大或情况比较复杂的信访事项，加快推进合理诉求依法依规解决到位。

（三）着力提升综合研判能力，为领导决策提供参考

定期将来信来访和网上信访情况进行梳理分析，形成每天有情况、每周有分析、每月有报告的信息报告机制，建立健全呈报部领导阅批来信、特殊来信办理工作机制。截至 2018 年 12 月 30 日，共起草报送日报、简报、通报等材料 190 余份。

（四）加强对地方退役军人事务部门信访工作的指导

针对地方机构改革期间，有的信访事项滞留各地民政部门、人社部门的情况，通过机要形式向地方集中转送交办信访事项，并专门将国家信访信息系统转办的信访事项打印成列表，向全国各省（区、市）退役军人事务厅（局）集中进行交接，要求他们主动与当地民政、人社和信访部门做好工作对接，严格按照有关规定，及时接收办理转送、交办的信访事项，确保不因部门组建延误信访件办理。

规划财务

2018年，规划财务工作开拓进取，积极作为，取得了良好成效。规划财务制度体系初步建立，预算资金保障有力，财务管理规范高效，统计调查有序推进，后勤保障平稳运行，信息化建设顶层设计初步构建。

一、注重建章立制，夯实工作基础

坚持顶层设计、统筹谋划，建立健全部规划财务制度体系，2018年先后出台规章制度20项，推动了机关工作良性运转。在财务管理方面，制定财务报销、预算管理、差旅费、会议费等12项制度，规范了部机关财务、预算管理等各项工作的职责权限、业务流程等。在机关运行方面，制定涉密专用信息设备采购等3项制度，保障机关工作有序开展。在统计调查方面，制定统计工作管理办法、防范统计造假弄虚作假责任规定等2项制度，为部统计调查工作的开展提供制度依据。

二、加强预算管控，严格审核把关

（一）预算资金保障充足

在“三定”方案没有到位、职能尚未完全明确的情况下，完成了包括新建部项目库，系统编制预算项目文本、绩效文本，测算基本支出预算等工作，同时，实现项目预算第三方机构评审全覆盖。在中央财政收支形势极为严峻的背景下，提供了有力的资金保障。

（二）预算执行规范高效

主动沟通提醒，做好预算执行管控，协助各单位规范支出事项，有效提高预算执行率。

（三）财务审核把关严格

综合考虑部实际情况，对常用的差旅费、会议费、培训费和因公临时出国等报销事项进行了重点梳理，规范审批流程，严格审核、细致把关各项报销事项。

三、统一指标设计，推进统计体系建设

（一）开展统计调查制度建设

系统梳理原有相关统计指标，逐项提出修订意见、指标解释和填报说明，对统计指标和年报实行集中统一管理。编制涉及机构、人员和业务工作等45张报表1503项指标，报送国家统计局的相关数据指标180个。

（二）研发退役军人统计系统软件

规范统计指标形式，为各级数据采集、上报

奠定工作基础，实现全国县、市、省、部四级统计数据层层汇总上报，满足精准化、信息化和全覆盖的要求。

四、抓好后勤服务，保障机关有序运转

与国管局厘清职责权限，确立工作流程。协调申请配置公务用车，严格公务用车的日常管理与使用。及时配备机关办公设备家具用品，发放办公家具1714件（套），办公设备993台（套）。建立驻部医务室，为部机关干部职工提供全面医疗服务，累计900余人次。高标准设立职工之家等设施。做好地方借调人员、武警驻勤人员食宿、交通、设备等保障事项。

五、加强顶层设计，统筹信息化建设布局

（一）规划信息化发展

开展退役军人信息化发展战略研究，编制完成《全国退役军人信息化建设总体方案》，明确全国退役军人信息化工作的指导思想、总体框架、建设内容和实施步骤，确定了“一库、两平台、一支撑”的主要任务。该方案将作为退役军人信息化建设的总体遵循。

（二）退役军人工作数据库

编制《退役军人综合信息大数据平台建设规划（草案）》，整体规划了未来3年退役军人大数据平台建设的路线图，确保形成全国统一规范、权威可靠的综合信息数据库。编制《退役军人和其他优抚对象信息采集数据汇集工作方案》，推进退役军人和其他优抚对象信息资源管理平台建设，开展数据质量检查、数据接收管理、内部分析比对等工作，完成退役军人和其他优抚对象信息采集第一阶段任务。

（三）实施信息化业务应用系统建设

做好退役军人事务部网络基础设施建设和运维工作，推动部门户网站、网上信访系统、内网综合办公平台建设，以保障办公环境网络的通畅，确保最新政策制度和新闻动态等官方消息及时发布。畅通网上信访渠道，服务退役军人实际需求。

（四）落实国家各项信息平台应用试点和建设要求

按照国务院统一部署，细化工作目标、工作内容，制定实施时间表，积极推进电子政务内网建设和政务服务平台建设工作。

移交安置

2018年，退役军人移交安置工作以习近平新时代中国特色社会主义思想为指引，围绕服务国防和军队建设，推进地方经济社会发展和维护退役军人合法权益，坚持强化政策创制、坚持改革创新、坚持攻坚克难，在多个领域、多个层面取得较大进展。

一、推进政策创制

深入贯彻中央领导同志部署要求，积极从政策层面入手，建立科学统筹、规范有序的政策制度体系。

针对退役士兵岗位安置质量、相关标准不高，部分政策有空白的问题，制定出台《关于进一步加强由政府安排工作退役士兵就业安置工作的意见》，实现4个方面重要突破：第一，优化了安置模式，由政府安排工作退役士兵回到地方后又放弃安排工作待遇的，可以领取一次性就业补助金，并享受扶持自主就业退役士兵就业创业的优惠政策。第二，提高了经费补助标准，把原来基本参照低保标准发放的待安排工作期间的生活补助调整为按照上年度最低工资标准。第三，进一步明确了安置地的规定，强化了省级统筹调剂安置计划的权限，提高了安置任务的均衡协调负担。第四，填补了待安排工作期间的保险政策空白，规定了基本养老保险、基本医疗保险接续办法，有利于帮助退役士兵更好地享受养老和医疗待遇。

服务改革强军战略，强化备战打赢导向，修订印发《符合政府安排工作条件退役士兵服役表现量化评分暂行办法》，健全“阳光安置”工作机制，激发士兵建功军营的积极性、主动性。该办法在原来基础上进一步完善了适用范围、评分项目和标准、档案材料登记管理、审档评分、责任追究等内容，更加强调退役士兵安置待遇与服役表现相匹配，更加聚焦士兵备战打仗和贡献奉献，对于深入推进公正公平公开“阳光安置”，树立正确的退役士兵安置导向，引导现役士兵矢志强军打赢和立足军营建功具有重要意义。

二、推进年度各项任务落实

军转干部安置方面：一是显著强化组织领导。各省（区、市）党委、政府高度重视军转安置工作，多个地方党政主要负责同志专门作出指示批示，提出明确要求，将其纳入“一把手工程”，亲自安排部署，亲自督导落实。二是扎实推进任务落实。各地按照中央文件要求，结合本地实际，出台配套优惠政策措施，在挖掘安置潜力、拓宽安置渠道、解决安置困难方面想了不少办法，在编制职数、工作安排、经费支持等方面给予有力支持。北京市拿出了一批市属企事业单位领导实职岗位，用于安置师团职干部。江苏省坚持安置政策、计划、程序、结果“四公开”，采取优惠政策，推广专业人才“特岗选拔”、政法基层单位“提前免试选用”等做法，鼓励军转干部到经济建设和基层一线工作。上海市要求各区安排正团职领导干部实职比例不低于45%，安排副团职干部公务员比例不低于80%。安徽省规定省直单位接收的师团职和技术九级以上军转干部全部安排在机关行政岗位。广西壮族自治区继续将团职军转干部安置与县（市、区）领导班子建设结合起来，引导符合进中心城市的军转干部到非中心城市的县（市、区）领导岗位工作。三是安置进展快。北京等19个省（区、市）通过召开军转安置工作领导小组会议或扩大会议、全省安置工作会议、安置工作推进会等多种形式，对年度军转安置任务作出部署；吉林等7个省（区、市）明确不再召开全省性会议，直接按中央文件推进落实。各地严格按规定的时间节点抓工作落实，许多省份倒排时间，细化安置流程，稳步推进工作。云南省把安置工作流程细化为25个工作节点，山东、河南两省每周调度一次全省安置进度，通过这些有力举措，极大地加快了工作进度。

退役士兵安置方面：一是精心安排部署。退役军人事务部、中央军委政治工作部按照国务院、中央军委年度有关通知精神，及时下发关于做好由政府安排工作退役士兵移交安置工作的通知。重点对提高政治站位、提升安置质量，强化跟踪问效提出明确要求。各地普遍召开层级较高的工作会议，或者以省政府文件形式下发相关工作通知，提高安置工作的权威性。二是提升安置岗位质量。各地严格落实退役士兵安置相关法规政策，发挥事业单位和国有企业安置退役士兵主渠道作用，在确保岗位数量的同时逐步提高岗位质量。天津、重庆等地在协调争取安置岗位的同时，由省级统筹部分安置指标用于调剂给安置任务较重的地区，取得了良好效果。上海、江西、宁夏等地基本为每名安排工作退役士兵提供1～2个岗位，极大地提升了退役士兵的选择空间，较好地提升了他们对安置工作的满意度。三是全力推进“阳光安置”。各地普遍结合当地实际，完善推进“阳光安置”的办法措施，公开安置岗位、安置程序、安置结果，实行量化考核、按分排序、按序选岗，确保退役士兵安置工作公开公平公正。四是扎实推进伤病残退役士兵移交安置工作。各地认真总结和完善近年来伤病残士兵移交接收的经验做法，本着对退役士兵负责、对军地建设负责的态度，加强沟通协调，加快接收安置进度，高标准落实医疗、住房等方面的保障政策，基本完成了具备条件伤病残退役士兵移交接收安置任务。

三、完成重点领域工作任务

着力做好中央单位接收安置军转干部工作。结合2018年中央单位计划接收安置军转干部任务较重的实际情况（是1986年中央单位开展安置工作以来安置计划最多的一年），专题召开中央单位军转安置工作会议，进一步统一了思想。各单位高度重视，深挖安置潜力，拓展安置渠道，积极提供安置岗位，超额完成了年度安置任务。安置过程中，进一步改进统一考试和双向选择的程序、办法和措施，对安置的政策、程序、计划、岗位等信息进行了全部公开，“阳光安置”工作机制进一步完善。

着力抓好计划分配军转干部教育培训工作。积极推进适应性培训工作取得新进展，顺利完成全员参训任务；计划分配军转干部专业培训进一步科学化规范化，全国专业培训的参训率达98%，中央单位军转干部专业培训方案得到优化调整，参训率再创新高；计划分配军转干部进高校专项培训工作扎实推进，全年计划分配军转干部进高校专项培训员6624人，同比增加165%。

着力抓好中央企业接收安置退役士兵工作。2018年，退役军人事务部向123家中央企业下达岗位计划1.5万多个。围绕做好此项工作，各中央企业规范了涉及军工、能源、金融、地产、石化、通信、烟草、邮政等多个领域，工程、生产、技术、营销、管理等15个岗位类别，其中，行政类、技术类、工程类、管理类等相关岗位比例明显高于往年。国家电网公司、农业银行、铁路总公司等完成年度接收安置任务的40%以上。

就业创业

2018年，退役军人就业创业工作开局起新、谋篇布局，坚持以习近平新时代中国特色社会主义思想为指导，全面打基础、着力抓规范，各项工作起步顺利、推进有力，并取得了初步成效。

一、政策创制工作

以法规制度建设为基础，统筹设计新时代退役军人就业创业工作的整体框架。在深入研究调查、充分征求各方意见的基础上，会同军地12部委制定出台《关于促进新时代退役军人就业创业工作的意见》，在完善教育培训体系、鼓励各类单位优先招录、优化创业环境、健全服务体系等方面提出一系列优惠措施，作为新时代退役军人就业创业工作的首个基础性政策，是指导当前和今后一个时期退役军人就业创业工作的重要文件。《关于促进新时代退役军人就业创业工作的意见》首次提出退役军人就业创业政策优先，保障退役军人在享受普惠性就业创业扶持政策和公共服务基础上再给予优待。同时，加强政策配套建设，组织召开部分省份和有关军地部门座谈会议，研究《关于促进新时代退役军人就业创业工作的意见》任务分工落实方案，确保该意见落地落实。

二、教育培训工作

研究起草了《关于自主择业军队转业干部安置工作有关具体问题的通知》，不断完善退役军人教育培训、就业创业、服务保障工作的制度体系。全年培训自主择业军转干部1.4万人，自主就业退役士兵21.8万人；协调中央财政下拨自主择业军转干部培训经费3200万元，自主就业退役士兵培训经费9.9亿元。

三、扶持就业创业工作

联合人力资源社会保障部制定下发《关于做好退役军人就业帮扶工作的通知》，会同财政部出台调整自主就业退役军人就业税收优惠政策，在扩围、提标幅度方面取得了历史性突破。

坚持主动作为，推动将退役军人优先纳入国家终身职业技能培训体系和公共就业服务体系；加强就业创业服务，与中国银行、全国总工会“工慧驿家”、滴滴出行、顺丰速运、京东、81联聘、智联招聘等多家企业和招聘机构商谈，探索研究符合退役军人就业的岗位目录；指导各地强化就业服务，落实优惠政策，2018年各级共组织专场招聘会300多次，提供就业岗位60多万个。

四、服务保障工作

根据现行政策，提出《个人所得税法》修正案修改意见并被采纳，将自主择业军转干部退役金免征个人所得税政策写入现行2018年《个人所得税法》修正案，进一步明确了退役金免税政策。提高服务保障水平，落实2018年度自主择业军转干部、复员干部安置计划，印发《关于做好2018年度自主就业退役军人接收安置工作的通知》，指导各地做好接收安置、待遇保障和管理服务工作，扎实推进自主择业工作信息平台建设，建立统一完整的数据库，为后续工作开展奠定基础。

五、创新探索工作

坚持以需求为牵引，以市场为导向，加强新时代退役军人工作研究，积极探索构建学历教育与技能培训相结合的教育体系，开展“订单式”“定向式”“定岗式”培训，推动培训、就业一体化服务；探索选配退役军人充实城乡基层工作力量，首次配合新疆维吾尔自治区党委组织部完成四川、河南等8个省（区、市）驻疆部队退役士兵到南疆基层工作招录任务。

军休服务管理

2018年，军休服务管理工作紧紧围绕支持助力改革强军战略，以服务备战、下力破解滞留难题为牵引；以加快交接、高标准完成安置任务为目标；以加大投入、大力提升待遇保障水平为核心；以夯实基础、全面增强服务管理效能为保障，以时不我待的作风、只争朝夕的精神状态，全力推进军休工作创新发展。

一、坚持建章立制，政策制度创制实现突破

习近平总书记在全军政治工作会议上强调，对伤病残军人移交难、退休干部安置难等问题，要结合深化改革加紧从政策制度层面研究解决。退役军人事务部一成立，即启动相关研究，召开军地座谈会，成立工作专班，摸清人员底数，逐个建立台账，深入广泛论证，采取集中办公、座谈讨论、登门汇报、书面函商等方式，集中力量、倾力协调，牵头会同公安部、财政部、住房城乡建设部、卫生健康委、医保局、中央军委政治工作部和中央军委后勤保障部等军地7个部门研究形成了伤病残军人退役安置有关工作文件，提出加快住房落实、放宽落户条件、加强医疗保障、提高补贴标准、优化交接机制等刚性措施，切实推动解决滞留难题、减轻部队负担，助力军队聚焦备战打仗。

二、加强军地协同，完成移交安置任务

2018年是军地改革的关键一年。地方自上而下全面实施机构改革，军队基层单位改革仍在进行、政策制度改革全面开启，给军休移交安置带来严峻挑战。

面对困难，全国军休服务管理系统攻坚克难、主动靠前、为军服务，综合采取及早布置任务、召开移交安置推进会、军地联动协调、实行专项督导、开展入户走访等措施，联合军队妥善解决住房落户、残情鉴定、医疗终结、档案审核等方面问题1200余个，全力推动审定和移交任务落实。

三、突出工作重点，不断提高保障水平

落实“两个待遇”事关军休人员切身利益，是军休工作的重中之重，也是老同志最为关心关注的问题。

一是实行取暖补贴制度改革。组织军地部门反复会商、统筹考虑、持续推动，历经一年半时间，制定出台了实行取暖费改革的通知，建立了单位

按标准发放、个人按规定交纳的取暖费新制度。

二是研究解决住房遗留问题。会同中央组织部、人力资源社会保障部就地方组织、人社部门管理的军休干部住房货币补差问题，从补差适用政策、经费保障渠道、测算发放等方面提出措施办法，联合向财政部发出了申请经费预算的函。

三是协调中央财政提高有关待遇标准。以退役军人事务部名义致函财政部，协商提高军休人员有关经费补助标准，并就伤病残退役军人住房补贴和一次性安置补助费、服务管理机构经费提标事项等，与有关部门初步达成一致。

四是争取军费加大投入。协商中央军委后勤保障部，改变以往 25 年的做法，以全国军休信息系统统计数据为依据，较 2017 年增加 3.3 亿元，确保了军休人员各项待遇全面落实。

四、夯实工作基础，增强服务管理效能

面对军休信息系统落后、人员底数不清、管理手段薄弱等一系列问题，不等不靠，下力解决，全国军休服务管理系统为军休工作长足发展打下良好基础。

一是建强平台，推进军休信息化建设。全力打造“横向到边、纵向到底、覆盖全员”的信息化平台，一方面，将军休干部、无军籍职工住房保障信息系统归并，实现平台统一；另一方面，督促各地根据要求，尽快完成支撑环境建设，积极推进部、省、市、县、服务管理机构“五级联网”，在当前的改革大环境下，不到一年的时间里，已有半数以上省份完成，为实现军休干部“随退随交、即接即保障”常态化目标提供了强有力的技术支撑。

二是摸清底数，首次开展军休信息数据核查工作。以推进“五级联网”为契机，结合退役军人信息采集工作，在全国开展军休数据大清理大核查，对照军休人员档案，对信息系统数据逐条检查、逐项完善、逐个审核，切实做到军休人员信息和机构信息真实、完整、准确，切实做到军休数据项目全面、底数清楚，对于促进军休经费的精准化测算和规范化管理、提高军休政策研究制定的科学性具有重要的意义。

三是及早部署，推进军休文化纵深发展。贯彻中央要求，下发《关于举办全国军休干部庆祝新中国成立 70 周年文艺汇演的通知》，对 2019 年军休文体活动高起点设计、高标准谋划，努力将文艺汇演打造成全国军休一张闪亮的名片。

拥军优抚

2018年，拥军优抚工作以习近平新时代中国特色社会主义思想为指引，深入贯彻党的十九大及十九届二中、三中全会精神，充分发挥拥军优抚综合管理部门职能作用，各项工作都取得明显成绩。

一、推进优待抚恤体系建设

（一）研究修订优待抚恤相关政策

全面梳理汇总新中国成立以来优待抚恤法规政策，做好废、改、立等工作。一是研究梳理优抚对象社会优待情况。起草《军人军属、退役军人和其他优抚对象社会优待情况梳理分析报告》《优抚对象和其他群体待遇梳理和比较有关情况的报告》。二是研究修订优抚相关政策。研究调整“带病回乡”和“病残评定”政策，与国防部协调修改《兵役法》相关条款，研究修订《军人抚恤优待条例》《伤残抚恤管理办法》等。三是整合完善优待相关政策。起草军人军属、退役军人和其他优抚对象优待工作文件稿，明确了优待工作的性质、指导思想、主要原则及工作目标，在适当拓宽优待对象范围的同时提出分级分类管理，并初步建立起优待目录清单。

（二）建立完善抚恤补助量化标准体系

按照系统化设计、有重点突破、分步骤推进的思路，本着先易后难、先重点后全面的原则，起草《关于建立完善优抚对象定期抚恤补助量化标准体系的政策建议》，明确标准参照指标和达到比例，建立优抚标准动态调整机制。同时，研究提出下一步优抚政策调整改革重点研究的问题和今后的工作计划。

（三）建立健全优军服务保障国家基本公共服务标准体系

细化落实优军服务保障方面国家基本公共服务质量要求，将优抚对象优先纳入覆盖一般群众的救助、养老、医疗、住房及残疾人保障等各项社会保障制度体系，更好地维护退役军人合法权益。

二、提升优抚保障水平和服务质量

（一）提高定期抚恤补助标准

自2018年8月1日起以10%的幅度，提高退役军人和其他优抚对象等人员抚恤补助标准，下达提标资金19.6亿元。提标时间由10月1日提前至8月1日，充分考虑了“八一”建军节在广大军人、军属和退役军人心中的情感和位置，营造了“八一”期间浓厚的爱国拥军社会氛围，增强了广大军人、军属的荣誉感、尊崇感。

（二）规范和创新全国悬挂光荣牌工作

国务院办公厅下发了《为烈属、军属和退役军人等家庭悬挂光荣牌工作实施办法》，从国家层面统一扩大了光荣牌悬挂范围，规范了光荣牌的样式、悬挂方式和管理机制，适当拓展了优待内容。

三、夯实拥军优抚工作基础

（一）承担退役军人和其他优抚对象信息采集相关任务

推动下发了《关于做好退役军人和其他优抚对象信息采集工作的通知》，建立完善军地11个部门组成的部际联络员机制，印发退役军人和其他优抚对象信息采集工作方案和《退役军人和其他优抚对象信息采集第一阶段工作实施细则》；及时组织召开动员培训会，加强宣传引导，编发简报，研究解决遇到的问题、下发通知稳步推进信息采集工作。

（二）加强优抚事业单位保障能力建设

协调财政下拨优抚事业单位中央补助资金8.5亿元，争取福彩资金对优抚事业单位新改扩建项目的支持。下发《加强改革期间事业单位移交管理工作的通知》，统计全国优抚事业单位编制、人员、床位等信息，研究优抚事业单位发展思路。

（三）协调推动双拥领导机构调整

协调中央国家机关、中央军委机关37个部门做好全国双拥工作领导小组成员单位及组成人员调整工作，以退役军人事务部、中央军委政治工作部名义向国务院、中央军委上报《关于调整全国双拥工作领导小组成员单位、组成人员及办公室组成的请示》。经国务院、中央军委批准，2018年12月8日，国办、军办下发关于调整全国拥军优属拥政爱民工作领导小组组成人员的通知。

四、继续做好双拥工作

（一）营造爱国拥军爱民奉献社会氛围

采取多种形式，深入宣传中央关于做好双拥工作、加强军政军民团结的决策部署。7月底、12月底，退役军人事务部、中央军委政治工作部分别联合下发《关于做好“八一”期间拥军优属拥政爱民工作的通知》《关于做好新年春节期间拥军优属拥政爱民工作的通知》，并以全国双拥办名义转发，部署“八一”、元旦、春节期间双拥工作。

（二）发挥双拥工作优势帮助部队解决实际问题

推动解决部队反映的涉及家属随军就业、子女教育优待、训练场地（阵地）建设使用等实际困难200多项，落实300多名随军家属随调随迁，

2.1 万名军人子女享受了教育优待。

（三）筹备召开全国双拥工作领导小组第三十次全体会议

组织研究起草了《2018 年全国双拥工作情况》《2019 年全国双拥工作要点》，修订《全国双拥工作领导小组工作规则》《全国双拥工作领导小组办公室职责和工作制度》《全国双拥工作领导小组成员单位双拥工作职责》。

褒扬纪念（国际合作）

褒扬纪念工作坚持以习近平新时代中国特色社会主义思想为指导，深入学习贯彻习近平总书记关于褒扬纪念工作重要指示精神，推动政策制度规范和创新，弘扬英烈事迹和精神，加强烈士纪念设施管理和保护，各项工作平稳起步、有序开展。

一、落实中央领导同志指示

深入学习贯彻习近平总书记系列重要讲话精神特别是关于褒扬纪念工作的重要指示精神，认真落实中央领导同志指示要求，自觉增强做好本职工作的使命感、责任感和紧迫感，全力推动工作高起点进入、高质量展开。一是专程走访慰问叶庆华等烈属，听取有关方面意见建议，梳理烈士和烈属权益保护相关政策。二是积极指导广西开展摸底排查工作，召集财政部、中央军委政治工作部等14个部门研究措施，会同军地相关部门制定工作方案，有序推进收殓保护工作。三是深入研究推动烈士褒扬政策制度改革创新的意见建议，形成专题报告。四是着眼提升烈士及烈属荣誉地位，积极协调军地有关部门，推动将英雄烈士保护纳入党和国家功勋荣誉表彰制度体系。

二、政策创制工作

全面汇总梳理褒扬纪念法规政策，做好废、改、立和宣传等工作，进一步促进了褒扬纪念体系建设。推动立法工作，积极参与全国人大法工委组织的《英雄烈士保护法》审议公布工作，组织编写《英雄烈士保护法释义》，加强宣传学法用法。着力政策创制，进一步加强和规范境外烈士纪念设施保护管理工作。完善制度管理，完成外事及因公赴港澳台地区审批权限申请及备案事宜，制定出台《外事管理规定》《司局级及以下人员因公临时出国（境）管理办法》《驻外机构及驻外人员管理暂行办法》，奠定了外事工作政策规章基础。

三、英烈精神弘扬纪念工作

以讴歌习近平总书记的英雄情怀为宗旨，宣传英烈故事，弘扬英烈精神。一是以纪念为主题，营造缅怀英烈、纪念英烈氛围。以“崇尚英雄·精忠报国”为主题，制作专题视频并面向全社会播出，掀起了弘扬英烈精神的热潮。会同中央网信办联合拍摄了第五批20位在韩志愿军烈士遗骸交接专题纪录片。协同中央宣传部开展“为了民族复兴·英雄烈士谱”主题宣传活动，以中华英烈网为平台，组织开展“铭记2018·清明祭英烈”主题宣传教育活动，线上线下同步结合推动提升活动效果，使崇尚英雄、缅怀先烈的社会氛围日益浓厚。积极组织开展“铭记功勋·致敬英烈——纪念改革开放40周年”主题宣传活动，通过电视、网络、新媒体尤其是VR全景技术，讲好英烈故事、传承英烈精神，制作的公益宣传片在央视综合频道和全国各主要媒体全网推送。二是指导组织开展好纪念活动。协调29个部委负责同志参加烈士纪念日当天纪念活动，组织保障43名老战士和烈属代表参加向人民英雄敬献花篮仪式。指导各地开展烈士纪念日烈士公祭活动，当日共有近3000个县级以上人民政府举行了庄严肃穆的烈士公祭仪式，300多万名各界代表参加活动，在全社会营造了尊重烈士、缅怀烈士的浓厚氛围。三是顺利完成第五批20位在韩志愿军烈士遗骸交接，在沈阳抗美援朝烈士陵园隆重举行安葬仪式。协调保障20多个参战老兵和烈士遗属团组，赴朝鲜、越南、巴基斯坦等国开展祭扫活动。组织抗战老战士及后人代表参加了习近平主席向俄罗斯总统普京颁授“友谊勋章”的授勋仪式。

四、境外烈士纪念设施保护管理工作

举行“第十三轮中俄军事纪念设施问题磋商”，起草中俄烈士纪念设施保护管理政府间协定中方建议方案。稳步推进哈巴罗夫斯克东北抗联教导旅英烈纪念设施建设工程。稳步推进在老挝烈士陵园修缮工作，完成赞比亚中国烈士陵园设计方案，积极推动陵园开工建设和纪念馆陈展工作。抓住中朝双方高层互动频繁深入的有利契机，推动江东、顺安在朝志愿军烈士陵园修缮工程建设，于志愿军入朝参战纪念日（10月25日）隆重举行竣工仪式。积极推动云山、阳德、平康等重点烈士陵园修缮工程，向朝方提出商签关于做好在朝志愿军烈士褒扬工作的政府协定草案并启动磋商工作。为迅速打开我国在朝志愿军烈士褒扬工作新局面，组织“中国青年干部赴朝祭扫、交流代表团”赴朝开展政治外交活动，产生了很好反响。大力加强驻朝志愿军烈士褒扬代表处自身建设，调整完善内部规章制度并按程序报批，代表处各项工作步入规范化制度化运行轨道。

五、国际合作工作

加强基础调研，查阅收集中央有关规章制度和文件，汇总整理部机关、直属单位出访报告，形成外事工作台账。申请年度因公出国经费和外事接待经费，学习借鉴英国、德国、土耳其、以色列、俄罗斯、波兰等近20个国家退役军人工作情况，根据退役军人事务部工作要点研究拟定2019年度部级人员因公临时出国计划。健全外事工作基础硬件软件，协调采购外事专网系统等，保证退役军人事务系统出访团组顺利出行。圆满完成退役军人事务部首个外事会见活动，9月4日，部领导会见乌干达国防与退役军人事务国务部长鲁瓦米拉马一行，就退役军人安置领域政策制度和经验做法进行座谈交流。

地方退役军人工作

北京市

一、机构建设情况

北京市退役军人事务局于2018年11月16日挂牌成立，为市政府组成部门。内设办公室、政策法规处、思想政治和权益维护处、规划财务处、移交安置处、就业创业处、军休服务管理处、拥军优抚处、褒扬纪念处、机关党委（人事处）、机关纪委和工会。下设北京市军队离休退休干部安置事务中心、北京市军队转业干部培训中心、北京市军队转业干部安置服务中心、北京市退役军人服务中心、北京市军供站，均为事业单位。

高质量完成机构改革组建工作，坚持把加强党的全面领导贯穿于改革组建始终，坚决贯彻落实中央关于深化党和国家机构改革的部署要求，稳妥有序地推进各项工作。严格按照市委、市政府指示要求，不等不靠，主动作为，成立党务人事、权益维护、后勤工作、政务工作4个筹备组，克服各种困难，高效推进筹备工作，实现了改革过渡期思想不乱、工作不断、队伍不散、干劲不减的目标。成立工作专班，研究“三定”方案，明确主要职责，协调机构编制，高效率、高标准完成职能整合、部门转隶、人员划转、档案交接、资产移交，确保机构改革组建顺利进行。

二、军转干部安置工作

统筹考虑市级单位编制员额、历年完成率、机构改革情况等综合因素，确保北京地区每名军转干部100%有岗位。建立健全联动工作机制，与北京市相关部门加强沟通对接，最大限度地接收安置军转干部，合力做好安置工作。2018年中央下达北京市军队转业干部接收安置任务7400余人，占全国总量的10%，位居全国首位。全市接收安置计划分配军转干部近3000人，截至12月31日，北京市市级单位接收安置工作基本完成，16个区军转干部安置工作顺利开展。自主择业军转干部接收任务4466人，是自主择业安置政策实施以来接收人数最多的一年，前11个月累计向自主择业军转干部发放退役金18.04亿元。完成计划分配军转干部岗前专业培训600余人、军转干部进高校专项培训100人，自主择业军转干部就业创业培训近600人。

三、退役士兵安置工作

落实退役士兵服役表现量化评分，全力保障符合政府安排工作条件的退役士兵工作落实，增加事业单位接收安置比例。举办首届“中央企业面向北京市退役士兵选签会”，84 家中央企业 276 家接收单位参加选签，109 名退役士兵现场签卡。协调中央和北京市属企业为 3 名安置岗位不满意人员改善了工作岗位。投入 340 万元选派 186 名退役士兵到北京市 10 所指定院校进行培训，有力提高了退役士兵学历层次和就业竞争力。

四、优抚对象保障工作

按照北京市政府折子工程要求，筹资 1000 万元向驻京部队官兵赠送 22.8 万个保温杯，为优抚对象发放慰问金 5000 余万元。完善优抚保障体系，一至四级残疾军人护理费标准同比提高 9.9%，部分优抚对象抚恤补助金标准同比提高 5.5% ～ 10%；投入资金 470 余万元为残疾军人配置康复辅助器具，认真做好全市纪念英烈活动、优抚对象“民政一卡通”发放、优抚对象子女中高考加分教育优待等工作。投入资金 2200 余万元修缮保护全市烈士纪念设施，维修改造光荣院。组织抗战老兵及其后人代表参加中华人民共和国“友谊勋章”颁授仪式，组织抗战烈属参加“9・3”抗战胜利 73 周年座谈会，组织 66 名在京老战士、烈士亲属、军休干部代表等参加公祭活动。

五、拥军优属工作

积极支持驻京部队建设，投入 5.7 亿元支持北京卫戍区和武警北京市总队基本建设。支持驻京部队项目规划选址、用地预审许可等项目 30 个、“清煤降氮”工程 26 项。完成“天舟一号”设备运输等交通服务保障 78 批次。支持配合北京地区部队停止有偿服务项目 10 889 个，关停比例达 97.4%。投入 3.7 亿多元走访慰问基层部队。办理无业家属随军进京 1901 人、随军家属工作调京 1300 多人，定向安置工作 380 人。开展助力随军家属就业工程试点，组织随军家属专场招聘会 60 场次，提供岗位 5300 多个，为 5000 名军人子女解决就近上学、跨区入学。组织召开市委议军会、首都军政座谈会、军民联欢会、军地青年联谊会、军事日等双拥活动 3600 多场次。3800 多个军（警）民共建对子深入社区、街道、农村、学校开展双拥共建、“文明创建”活动，积极开展法律、医疗、教育、科技“四下乡”活动，军训学生 11.8 万多人。

六、军休服务管理工作

建立军休干部“即退即审”“即交即接”工作机制，实行全年常态化审定接收，确保“只要部队交得出，北京就能接得住”。党的十八大以来，中央下达北京市军休干部接收安置 16 852 人，实际接收安置 18 808 人，超额完成 11.6%；共接收安置无军籍职工 10 858 人。今年落实军休人员政治待遇和生活待遇保障经费 30.56 亿元。完善军休服务保障体系，制定实施军休干部服务管理工作标准、工作细则和服务管理机构星级评定办法，基本实现了“机构按标准服务、岗位按职能规范、人员按职责履职”。出台《关于推进军休干部社会化服务的意见》，引进社会化服务项目 260 余项，较好地满足了军休干部个性化、多元化需求。出台《关于加快首都军休文化建设的意见》，全市军休干部成立群众性文体组织 680 多个，丰富和活跃了军休人员文化生活。北京市推行的军休标准化服务、社会化服务、军休文化养老等创新举措，在全国军休领域发挥了示范引领作用。

七、就业工作

为发挥新组建政府机关职能作用，以首善标准服务退役军人，进一步推进退役军人就业工作，做好自主就业和下岗失业退役士兵、复员干部就业。12月11日，北京市退役军人事务局刚成立不久，就积极协调276家中央企业、市属国有企业和大型民营企业拿出近千个就业岗位供退役军人选择，吸引千余名退役士兵到现场咨询、应聘，达成就业意向663人，占比60%以上。此举为退役军人多渠道、多行业、多岗位就业创造了有利条件，受到广大退役军人的热烈欢迎，营造了全社会崇尚军人、关爱军人的良好氛围。

八、信息数据采集工作

及时召开北京市退役军人和其他优抚对象信息采集工作部署会，明确信息采集对象范围、采集内容、数据管理、信息安全和组织实施等要求，抽调专人成立综合协调组、政策咨询组、技术服务组，确保信息采集工作有序推进。加强业务培训，编印工作手册，整合信息资源，为基层信息采集工作提供方便。在各区设立1116个信息采集点，公布热线咨询电话36个。市退役军人事务局工作人员深入信息采集点，现场了解采集进展、系统运行情况，召开座谈会，广泛听取意见建议，及时进行政策解读，为加强退役军人和其他优抚对象服务保障、工作运行体系建设、维护军人军属合法权益打下了扎实基础。

九、权益维护工作

建立信访室，积极办理信访事项，排查矛盾问题，制定来访接待工作方案，明确工作流程，建立信访工作日报、周报、月分析制度，建立信访协作机制，安排专人负责信访接待。北京市退役军人事务局挂牌即接访，及时解答信访群众的诉求，努力维护退役军人合法权益。

天津市

一、机构建设情况

2018 年 11 月 29 日，天津市退役军人事务局正式挂牌成立，内设办公室、思想政治和权益维护处、规划财务处、移交安置处、就业创业处、军休服务管理处、拥军优抚处、褒扬纪念处、人事处（机关党委办公室）、市委退役军人事务工作委员会办公室秘书处等。市退役军人事务局直属事业单位 8 个：市军用饮食供应站、市自主择业军队转业干部工作办公室、市复员退伍军人精神病疗养院、市荣复军人疗养院、市烈士陵园、市退役军人服务中心、市军队离休退休干部活动中心、市军队转业干部培训与接待中心。天津市纪委及时派驻退役军人事务局纪检监察组，履行纪检监察职责。全市 16 个区均组建区退役军人事务局筹备组，边抓机构组建、边抓退役军人服务管理工作、边推进重点工作落实。

二、服务保障工作

积极探索退役军人服务保障新途径，2018 年 7 月，天津市委决定将原有的区、乡镇（街道）、村（社区）三级退役军人服务联络站提升为市、区两级退役军人服务中心和乡镇（街道）、村（社区）两级退役军人服务站，其中市级退役军人服务中心 1 个，区级退役军人服务中心 16 个，乡镇（街道）退役军人服务站 247 个，村（社区）退役军人服务站 5297 个，全市退役军人服务中心（站）总数达 5561 个。制定出台《关于进一步规范天津市退役军人服务中心（站）建设的指导意见》和《退役军人服务中心（站）建设工作规范实施细则》，着力推进党建工作平台化、软硬件建设规范化、职责任务清单化、服务内容标准化、服务管理智慧化、营造军人特色文化“六化”建设。有效利用服务保障体系全覆盖优势，广泛开展大走访、谈心谈话活动，提供问题“申请—协调—处理—反馈”一站式服务，打通政策落实、服务保障“最后一公里”。

三、成立关爱退役军人协会（站）

主动创新工作思路，9 月 28 日，天津市关爱退役军人协会成立，设会长 1 名、副会长 6 名、秘书长 1 名，分别由地方和军队退休的老同志担任，并成立协会党委，设协会办公室（由市退役军人事务局代管）。推动在各区、街镇相应成立关爱退役军人协会，村（社区）建立关爱退役军人服务站，全面落实人员、服务、经费三保障。关爱退役军人协会定位为党委和政府关心关爱退役军人工作的外延，联系广大退役军人的桥梁纽带，推动退役军人政策落实的参谋助手，做好服务保障的“退役军人之家”。各级关爱退役军人协会（站），坚持政治建会原则，突出“关爱”宗旨，围绕开展思想政治工作、弘扬先进典型、推动就业创业、帮助解决实际困难等职能，扎实做好政治关爱、政策关爱、就业关爱、情感关爱和精神关爱，广泛与退役军人交朋友，做到一次见面、长期联系、定期走访。各级关爱退役军人协会（站）与退役军人服务中心（站）形成了力量互补、工作互促的工作格局。

四、思想政治工作

在全市部署开展深化退役军人大走访活动，8 月 31 日上午，天津市委书记主持召开退役军人代表座谈会，与 8 位退役军人代表面对面交心谈心，深入了解退役军人优待政策、优抚待遇落实情况，真诚倾听意见诉求，研究改进完善退役军人服务管理工作。天津市退役军人事务局筹备组成立了 4 个调研组，由局领导同志带队，围绕加强退役军人党员教育管理工作深入调研。12 月底，会同市委组织部研究出台《关于加强我市退役军人党建工作的意见（试行）》，建立退役军人党建工作联席会议制度，设立退役军人党建工作机构，认真做好退役军人党员组织关系转接，为退役军人党员提供“一站式”服务。各级认真落实领导干部包联、谈心谈话制度，着力实施稳心、安心、贴心、暖心、忠心“五心工程”，分层次、全覆盖式走访慰问退役军人，深入做好政策解释、思想教育、帮扶解困等工作。元旦、春节、“八一”期间，市委、市政府主要领导同志带头走访慰问，并以天津市委、市政府名义向退役军人送对联、福字，慰问信，慰问品等。开通天津市退役军人事务局官方网站和天津市退役军人服务中心微信公众号，加大政策宣传解读和先进典型宣扬力度，唱响主旋律，弘扬正能量。深入开展“最美退役军人”遴选推荐和学习宣传活动，天津银座集团有限公司董事长、退役军人王贵武荣获全国首届“最美退役军人”称号。

五、权益维护工作

坚持把完善并落实政策作为维护退役军人合法权益的首要任务，天津市领导同志先后 4 次组织政策梳理，梳理 7 个方面国家政策 131 件、本市政策 92 件，及时对标对表抓好贯彻落实，从政策制度层面加大对退役军人合法权益维护。落实市委“战区制、主官上、权下放”要求，各级干部深入社区入户走访，与退役军人代表座谈交流，面对面听取意见。各级退役军人服务中心（站）就近就地为退役军人提供政策咨询、诉求反映、帮扶解困等服务，推动矛盾问题源头化解，有力维护退役军人合法权益。各级坚持把解决思想问题与解决实际问题相结合，持续加大个案帮扶救助力度，对家庭遇有变故、生活确实困难的退役军人采取“一人一策”的方式，积极为退役军人办实事、解难题，传递党和政府的关怀温暖。

六、安置就业工作

坚持把接收安置好退役军人作为支持国防和军队改革的实际行动，组织召开全市军转安置工作会议，组织全员适应性培训、公务员录用资格培训和考试，设立专门窗口，为广大军转干部接转组织关系、办理落户等提供“一站式”服务。

组织各委办局、中央驻津单位等140余家单位与计划分配军转干部洽谈，让退役军人与用人单位“零距离、面对面”双向选择，完成1500多名军转干部安置任务。积极拓宽退役士兵安置渠道，推动将82家中央驻津企业全覆盖纳入年度退役士兵安置计划，召开“双向选择”招聘会，安置由政府安排工作退役士兵近400名。全市召开退役军人专场就业招聘会18场次，帮助近2000名退役军人达成就业意向。

七、拥军优抚工作

8月27日，天津市率先启动退役军人和其他优抚对象信息采集和悬挂光荣牌工作，提前完成信息采集工作第一阶段任务，得到退役军人事务部通报表扬。大力开展双拥共建工作，全市累计投入6700万元用于春节、“八一”期间走访慰问，积极为驻津部队解决营房建设、随军随调家属就业、子女入学入托等实际困难，广泛开展国防教育进机关、进学校、进企业、进社区、进部队活动，不断巩固军政军民团结基础。按照政策规定，及时做好优抚对象身份认定、伤残人员评定及新增人员医疗保障工作，出台《关于建立低保低收入家庭中的残疾军人生活用水、电、燃气补贴制度的通知》《关于为视力、听力、言语残疾军人发放通讯信息消费补贴的通知》《关于给部分在乡老复员军人遗孀发放生活补助的通知》，完成2018年度优抚对象抚恤补助和一至四级残疾军人护理费调标，指导各区认真做好定期抚恤金、定期补助金、“三属”一次性抚恤金、义务兵家庭优待金等专项资金发放工作，确保各类优抚资金及时足额发放到位。

八、褒扬纪念和军休服务管理工作

大力弘扬英烈精神，组织社会各界开展烈士纪念日祭扫活动，共接待祭扫人员27万人次。不断提高军休服务管理水平，将全市17个军队离休退休干部休养所中的8个由正科级调整为副处级，全年审定通过符合在天津市安置的军休干部和退休士官200多人，接收军休干部180余人、退休士官4人，完成中央下拨专项经费测算和分配。分批组织2800余名军休人员疗养，开展象棋、台球、门球3项赛事，不断丰富军队离休退休干部文化生活。在河西区军队离休退休干部休养所组织召开全市军休系统信息化建设现场推进会，积极构建“互联网+军休人员服务”模式。

河北省

一、机构建设情况

认真落实党的十九大关于“组建退役军人管理保障机构”的要求，按照中央和省委、省政府的统一部署，扎实推进退役军人事务机构和服务保障体系建设。河北省退役军人事务厅于2018年11月1日正式挂牌，内设机构和人员配备按计划有序推进；市、县两级退役军人事务局全部挂牌。

在全国率先建立省、市、县、乡、村5级服务保障体系，即省、市、县3级设立退役军人管理服务中心，乡、村两级设立退役军人管理服务站。1月28日，河北省退役军人管理服务中心正式挂牌成立，省委书记、省长为中心揭牌，并召开退役军人代表座谈会，当面听取服务对象的意见和建议。省委书记对“两站三中心”提出“六有、四化、五过硬”要求，即：机构建设要有机构、有编制、有人员、有经费、有场所、有保障；工作运转要实现标准化、规范化、制度化、信息化；工作队伍要做到信念过硬、政治过硬、责任过硬、能力过硬、作风过硬。到2018年年底，河北省“两站三中心”全部组建完成，配备专兼职工作人员，努力在信息采集、走访挂牌、干部包联、政策宣传等工作中发挥积极作用，真正形成了纵向到底、横向到边、覆盖全员的管理服务网络。

2018年6月30日至7月1日，全国退役军人工作经验交流会在河北召开，会议总结交流了河北等地经验做法，与会代表对河北退役军人服务管理工作进行了实地考察，为各地进一步做好退役军人工作提供了有益借鉴。

二、体制机制创新

围绕进一步做好新时代退役军人工作，以省委、省政府名义出台一系列意见、办法，建立信息采集、干部包联、优待抚恤、评选表彰和送立功喜报、悬挂光荣牌等各项工作制度，不断增强工作针对性和实效性。联合接收单位对符合政府安排工作条件的退役士兵情况进行摸底，通过全面排查，反复甄别，多渠道收集信息，率先形成退役军人综合性信息台账，建档立卡退役军人和其他优抚对象数量位居全国前列。积极搭建省、市、县、乡、村5级信息和视频一体化平台，试点地区实现了5级贯通，退役军人足不出村就可以咨询政策、反映诉求、解决问题。

三、安置就业工作

着眼部队、军转干部、用人单位三方满意，推行安置政策、分配办法、安置计划、考试考核成绩、安置结果“五公开”，圆满完成了2018

年度军队转业干部安置任务。规范退役士兵安置工作，将安置政策、安置对象、安置计划及量化评分、选岗过程、安置结果主动向社会公开，接受群众监督；坚持公开、公平、公正原则，推行“积分排序、按序选岗”的办法，确保服役时间长、贡献大的退役士兵得到优先安置。全力帮扶退役军人就业创业，免费培训1.4万多名自主就业退役军人。成功举办“2018年度春季京津冀退役军人就业招聘会”，155家用人单位参会，提供就业岗位1.08万个，吸引9600多名退役军人应聘，6500多人达成就业意向。建立特殊职业技能退役军人数据库，实行分类管理，有针对性地向用人单位推荐，成功率明显提升。

认真做好退役士兵相关信息核查工作，对报考2018年度河北省专接本考试的约150名大学生退役士兵，以及报考2018年度高校申请优惠加分退役士兵考生信息进行了核查。根据《河北省招生委员会等10部门关于做好河北省普通高校招生优惠加分考生资格审查和公示工作的通知》精神，对2017年度参加普通高考的烈士子女考生、自主就业退役士兵考生和在服役期间荣立二等功（含）以上或被大军区（含）以上单位授予荣誉称号的约300名自主就业退役士兵报考高校申请优惠加分考生进行资格审查，并予以公示。

四、帮扶解困工作

省委书记、省长带头，各级领导干部跟进，对全省退役军人逐一进行包联。工作中，包联干部充分发挥服务员、宣传员、信息员、联络员和管理员的作用，认真听取退役军人意见、建议，及时开展精准帮扶、精细管理、精心服务，帮助包联对象维护合法权益、解决实际问题。将退役军人和其他优抚对象纳入党委、政府例行走访慰问范畴，广泛开展“大走访、大慰问”活动。2018年春节、“八一”期间，全省共走访慰问驻冀部队1170个，走访退役军人和其他优抚对象452万多人次。对特殊困难退役军人实行“一对一”帮扶，将生活困难退役军人纳入低保范围，及时实施各类临时救助和医疗救助，让他们切身感受到党委、政府的关怀和温暖。

五、服务保障工作

出台《关于调整部分优抚对象等人员抚恤和生活补助标准的通知》，进一步提高重点优抚对象抚恤补助标准。积极协调财政部门下拨2018年度优抚对象抚恤和医疗补助，确保他们医疗和生活待遇落实。为152所光荣院发放冬季取暖补贴1520万元。指导各地认真落实义务兵家庭优待金政策，确保河北省大学生义务兵（包括符合条件的高校往届毕业生、应届毕业生、大学在校生和刚被录取的新生）家庭优待金为全省年平均最低工资标准的150%，进藏和到新疆艰苦地区服役的大学生义务兵家庭优待金为全省年平均最低工资标准的200%。规范优抚事业单位建设项目申报和资金使用，优先用于改善基础设施，硬件水平得到提高。探索做好新形势下退役军人党员教育管理工作，逐一梳理组织关系归属，确保全部纳入基层党组织管理服务范畴。

六、荣誉激励体系建设工作

贯彻落实《河北省为立功受奖现役军人家庭送喜报工作实施办法》，为现役立功受奖军人家庭敲锣打鼓送喜报，对获得荣誉称号和立功受奖的，参照《公务员奖励办法》给予一次性奖励，增强了军人军属的荣誉感、自豪感。按照《河北省为烈属、军属、退役军人等家庭悬挂光荣牌工作实施办法》要求，深入开展悬挂光荣牌工作。率先出台《河北省退役军人公共服务优待办法（试行）》，为符合条件的退役军人发放优待证，在全省 1.94 万个公共服务场所设置“军人、退役军人优先”标识、通道和服务窗口，233 个政府投资的旅游景区全部落实门票免费政策。坚持把表彰奖励作为尊崇关爱退役军人的重要导向和内容，组织开展“河北省百名最美退役军人”选树宣传活动，培树了一批以优秀退役军人吕建江和全国“最美退役军人”吴洪甫、沈汝波为代表的先进典型，营造了尊崇退役军人的社会氛围。

七、军休服务管理工作

按照“随交随审、随审随接”的原则，全年共审定军队退休干部和退休士官 500 余人，实际接收安置 480 多人。周密部署 2018 年度军休干部夏季疗养活动，从 7 月 1 日至 8 月 30 日，分 10 个批次，在省厅军休四所（北戴河）安排各市共计 1800 人次军休干部疗养。从省直各所和石家庄市、保定市择优筛选 16 名军休工作优秀骨干，参加 7 月 4—9 日在北京市举办的京津冀三地军休系统科级干部能力提升培训班和社会工作人才交流培训班。组织全省军休干部准备书画和摄影作品，择优参加“京津冀军休干部书画摄影作品大赛”，共有 31 幅作品获奖并被展出。积极协调下拨各类军休资金，确保全省军休干部“两个待遇”全面落实。

八、权益维护工作

针对退役军人权益维护问题，多次召开座谈会、推进会，分析原因、查找短板、健全举措。建立“日批办、周研判、月通报”制度，积极争取各方面支持，努力壮大工作合力。省市退役军人事务部门领导班子成员主动接访、下访、约访，充分发挥新机构的职能作用，努力把问题化解在基层和萌芽状态。大力落实优抚安置政策，积极开展“回头看”，对应安置未安置和安置后非个人原因未上岗的退役军人重新安置上岗，对安置后下岗失业再就业困难的退役军人通过公益性岗位帮助再就业，为政策“欠账”的退役军人补发了生活费、补缴了养老保险和医疗保险。成立帮带督导组，深入县（市、区）督导退役军人工作，挂账督办发现的问题，提升全系统的整体工作水平。充分发挥“两站三中心”作用，全力化解突出矛盾和问题，切实维护退役军人合法权益。

山西省

一、机构建设情况

全省机构改革动员大会后，山西省退役军人事务厅加紧落实省委关于党政机构改革的决策部署，从有关单位挑选出16名精兵强将，分设综合组、人事组、财务组、业务组4个工作组，全力推进各项筹建工作。2018年10月29日，山西省退役军人事务厅正式挂牌组建。截至2018年年底，省退役军人事务厅机关10个内设机构正常工作，办公条件基本满足工作需要，机构改革18项任务圆满完成，为各项工作开展奠定了坚实基础。

二、移交安置工作

军转干部安置方面，2018年国家下达山西省的军转干部安置任务为约1200名，其中计划分配700多名，自主择业400多名，另有随调随迁配偶子女300多名。按照档案移交、考核赋分、培训教育、组织考试、制订计划、部署任务、积分选岗、接收安置的安置流程，科学有序推进军转干部安置工作，全面完成师职干部2人（省委组织部负责安置）、团职干部71人、营职干部269人、连排职干部234人、专业技术干部166人的安置任务，计划安置的退役军官党政机关和参公事业单位比例约为93%。

退役士兵安置方面，2018年，符合政府安排工作条件的有900多人，通过开展“阳光安置”，组织各市对退役士兵档案进行量化评分，及时公示分数和岗位信息，邀请纪检监察、新闻媒体、社会公众全程进行监督，从档案评分到选岗安置各环节全部透明操作，创造公平公正安置环境。截至2018年年底，900多人全部参加了“阳光安置”选岗，协调工作岗位1300多个，平均每名退役士兵有1.5个岗位可供选择。

军休人员安置方面，军队退休干部退休士官安置去向审定和接收安置工作全面完成，共审定符合移交我省安置条件的军队退休干部101人、病退士官32人；接收安置军队退休干部退休士官144人，其中退休干部119人、病退士官25人。按照退役军人事务部要求，对系统内现有军休人员信息数据进行全面审核清理，为信息系统“五级联网”奠定了准确的数据基础。

三、走访慰问工作

按照山西省委、省政府决策部署，全省开展退役军人走访慰问活动，压实各级领导主体责任，11个市党政主要领导带头走访慰问退役军人56名，各县（市、区）委书记、县长普遍亲自上手研究解决退役军人重点疑难复杂矛盾问题1000余人次。按照“把功夫下在源头上，下在解决问题上”的标准要求，对4411名退役军人诉求进行分类，做到在政策范围内的，问题诉求解决到位；不符合政策的，思想教育转化到位；特殊困难群体，救助帮扶落实到位。

同步开展“最美退役军人”学习宣讲、法规宣传、思想教育、帮扶救困等工作，积极推动落实相关政策，解决应安置未安置、安置后未上岗、单位拒收等遗留问题1104例，为2177名退役士兵发放待安置期间生活补助2442.3万元。在春节来临之际，山西省退役军人事务厅领导班子成员赴各市县及直属单位，广泛开展回访和慰问退役军人、军队离退休干部活动；成立由33名医务人员组成的专业医疗队伍，开展“情系荣军、关爱功臣”和“情系革命老区、关爱伤残老兵”活动，走访慰问活动深入扎实开展。

四、权益维护工作

山西省退役军人事务厅成立伊始，把退役军人权益维护工作作为一项重要任务抓紧、抓细、抓实，规范接访流程、优化接访环境，抽调专业力量组建医务组全时值守、应急待命，确保来访退役军人的安全。在接访大厅显示屏滚动播出“最美退役军人”系列报道，组织部分新入职军转干部与来访人员开展“拉家常”式谈心交心，引导来访人员依法合理表达诉求。

广泛开展政策法规和思想政治教育，依托电视台、报纸、互联网等媒体做好舆论宣传，教育广大退役军人依法维护自身合法权益。

五、双拥工作

山西省新一届省级双拥模范城（县）创建工作按照动员部署、自查自荐、初审把关、考核验收4个阶段工作任务，有力有序有效稳步推进，2018年年底前圆满完成评选考核任务。组织各地深入开展创建国防教育示范学校、示范村镇（社区）活动，全省建成113所国防教育示范学校、105个国防教育示范村镇（社区），新命名了第三批46个国防教育基地。

大力开展军营开放活动，全省党政军领导和各界群众共1.5万余人走进军营。组织军地文艺汇演、双拥晚会、慰问演出等共70余场。山西省双拥办联合省红十字会、省军区政治工作局组织救护专家举办10余场应急救护培训进军营活动。驻晋部队先后出动兵力5.8万余人次，机械车辆2000多台次，奋勇参加急难险重和维稳处突等任务，展示了敢打硬拼的良好形象。

省、市、县3级认真落实军地协调会议制度，各级共收集双拥热点、难点问题100余件，召开协调会93次，年底前办结率达90%以上。中央军委政治工作部交办的11个部队困难问题，山西省在全国首家全部解决完成。落实《山西省军人子女教育优待办法实施细则》，实施军人子女中考、高考加分等政策，500余名军人后代享受教育优待。53名现役军官随军家属安置任务全部完成，随军未就业家属全部发放困难生活补助，累计发放2776人次，共计1166.7万元。

六、信息采集工作

成立由山西省退役军人事务厅厅长任组长，

副厅长任副组长的信息采集工作领导组，从全厅抽调精干人员，组成综合、业务、宣传、督导4个工作组，强力推进信息采集工作。

全省各级共投入专项资金1113.6万元，举办培训班54场次，培训业务骨干2400多人，配置专项采集设备2320台，设立固定信息采集点1929个，抽调聘用精干力量3562人，为信息采集工作提供了有力保障。全省各级共印制发放宣传海报、公告42万份，各级电视广播滚动播出时长1000多小时，对点推送公告短信2846万条，争取每名采集对象都能通过一种渠道得到信息采集通知。在乡镇街道、社区设立固定采集点，在人员相对集中的单位、企业增设采集点，方便对象采集，针对年老体弱、疾病伤残行动不便的对象，主动上门服务，做到应采尽采。投入100万元进行网络提速、用户扩容和设备升级，有效保证信息采集工作的顺利开展。

抽调30名工作人员组建厅直属信息采集突击队，深入机关、企事业单位、大型厂矿社区开展流动巡回采集。从2018年11月22日至12月29日，共深入87家单位上门服务。定期收集各地反馈的问题，对200余个信息采集的共性问题，整理编印问答提纲分发各地指导工作，确保专项工作人员熟悉业务、应知尽会。

七、服务保障工作

2018年，山西省下达自主就业退役士兵一次性经济补助经费2.18亿元。2—3月，组织开展退役士兵就业推荐活动，遴选212家优质企业，组织各市、县（市、区）退役士兵挑选，成功推荐就业950人。组织各市对有参训意愿的5190名自主就业退役士兵进行了职业教育和技能培训，已毕业的4450名退役士兵中，4066人获取“双证”，获证率91.4%。2926人已成功推荐就业，推荐就业率达71.9%。

内蒙古自治区

一、机构建设情况

内蒙古自治区退役军人事务厅于2018年11月10日正式挂牌成立。新机构组建后，认真学习贯彻习近平总书记关于退役军人工作重要论述和重要指示批示精神，贯彻落实退役军人事务部和自治区党委、政府的工作部署，严格履行职能职责，边组建机构、边加强党的建设、边推进业务，边落实当前任务、边谋划长远发展，各方面工作有序推进、有效落实。

自治区退役军人事务厅设置办公室、思想政治和权益维护、规划财务、移交安置管理、就业创业、拥军优抚和褒扬纪念、机关党委（人事处）7个内设机构。

从2018年11月10日正式挂牌到11月30日，在20天内完成机关和事业单位全部人员转隶工作。转隶事业单位有自治区军队离退休干部休养所、军队离退休干部服务管理中心、荣誉军人康复医院、退伍军人职业技术培训服务中心、自主择业军队转业干部服务管理中心5个，在职人员共146人，离退休人员73人。

二、军转安置工作

2018年，内蒙古自治区接受军队转业干部1300多人，其中计划安置500多人，自主择业安置800多人。自治区本级于11月27日完成计划安置军转干部选岗。各盟市认真按照相应职级，为团级转业干部安排了相应的领导、非领导职务，计划安置任务全部完成，安置质量有了新的提升，除2名根据本人意愿安置到国有企业外，其他均安置到行政、事业单位。自主择业军转干部安置全部完成．及时发放自主择业军转干部退役金。

三、退役士兵安置工作

2018年，全区接收符合政府安排工作条件退役士兵近800人。安置任务全部完成，其中，退役士兵安置到事业单位的达95%以上，安置质量有了较大提升。接收自主就业退役士兵近8000名，及时发放退役士兵地方经济补助金。

四、信息采集工作

按照退役军人事务部要求，下发《关于做好退役军人和其他优抚对象信息采集工作的通知》，加强业务培训和技术指导，并通过新闻发布、媒体报道等形式对信息采集工作进行广泛的宣传，努力实现应采尽采。2018年年底，完成信息采集量的90%以上。

五、营造尊军崇军氛围

落实优待抚恤政策。在中央财政补助的基础上，从 2018 年 8 月 1 日起再次提高全区优抚对象抚恤补助标准。加强军休所、光荣院、优抚医院、军供站等优抚事业单位管理建设，年内投入 5479 万元对优抚事业单位和烈士纪念设施进行维修改造，提高服务保障能力，确保安全运营。深入开展军地走访慰问活动，推动解决了一批驻地部队大事、难事。认真抓好为烈属、军属和退役军人等家庭悬挂光荣牌工作，完成第一批光荣牌制作采购招标工作。

六、信访接待工作

积极应对退役军人对机构组建的新期待，认真做好信访接待工作。为进一步维护退役军人合法权益，做好退役军人信访工作，研究制定了《关于进一步做好新形势下退役军人信访工作的实施意见（试行）》、退役军人信访事项办理配套制度和办理流程，明确退役军人信访事项首办负责、转办交办、会商处置、排查化解、信息通报等工作机制，着力推动问题化解。

辽宁省

一、机构建设情况

根据党中央、国务院批准的辽宁省机构改革方案，辽宁省退役军人事务厅作为省政府组成部门，于2018年11月11日正式挂牌运行。按中央有关改革部署，省委、省政府具体改革安排，新组建的退役军人事务厅将原省民政厅的退役军人优抚安置职责、原省人社厅的军官转业安置职责，以及军队有关职责等整合。辽宁省退役军人事务服务中心作为厅直属事业单位，规格县（处）级，于2018年12月17日完成组建、挂牌运行。

二、移交安置工作

（一）军转干部安置工作

2018年是深化军改的关键一年，国家下达辽宁省年度安置计划为4700多人，其中计划分配2000多人，接收总量占全国5.8%，计划分配安置数量连续多年高位运行。面对新形势、新压力和新矛盾，省退役军人工作系统迎难而上、主动作为，突出重点、精准发力，圆满完成了年度安置工作任务。

一是科学编制安置计划。在摸清军转干部和接收单位“两个底数”基础上，积极协调组织、编制部门，一次性精准下达指令性计划，突破了省直安置计划下达困难的瓶颈。同时，普遍走访中直驻辽单位，宣讲安置政策，协商下达安置计划。今年省（中）直单位接收军转干部202名，创近年来新高。

二是进一步完善安置机制。建立健全军地档案联审机制。与省军区转业办联合印发了《2018年辽宁省军队转业干部档案审查工作实施方案》，编印《辽宁省军队转业干部档案审查资料汇编》，制定《2018年辽宁省军队转业干部档案审查情况登记表》，同步采集安置有关数据，建立年度军转干部花名册和安置信息台账，档案移交较以往压缩了两个月。创新完善安置工作机制，进一步优化安置流程；创新军转考试补录新模式，省直首次采取军转干部与用人单位现场对接，依据综合成绩由高到低依次补录方式。“阳光安置”得到军地一致好评。

三是强化措施抓落实。军地、省市安置部门谋划、部署、运行、进度“四同步”，建立了通报、约谈、军地联合督导工作机制，确保政策落地，措施到位。省退役军人事务厅筹备组成立后，坚持每周听取军转干部安置工作情况汇报；挂牌组建后，主要领导亲自协调解决安置工作遇到的重点、难点问题，有力保证军转安置工作顺利开展。183名师团职干部和功臣模范在安置去向上得到了照顾。全省安置到公务员岗位的比例达93.5%，比2017年提高了3.5个百分点。安置数量、安置质量、安置进度、师团职安置比例等综合指标，辽宁省均位居全国前列。

（二）退役士兵安置工作

2018年全省共接收符合政府安排工作条件退役士兵1400多人。下发《关于做好2018年由政府安排工作退役士兵接收安置工作的通知》等文件，对全省退役士兵安置工作进行安排部署。协调落实国家下达辽宁省508个中央企业接收安置退役士兵计划，配合做好中央企业自主招聘工作。各地采取“阳光安置”办法，组织“双考”（退役士兵服役贡献量化考核、基础文化课考试）和公开选岗，妥善安置退役士兵。考试考核期间，纪检部门全程监督，确保安置工作公开、公平、公正。

（三）军休服务管理工作

一是做好军休干部（士官）接收安置工作。实行军休干部接收安置“即退即审、即交即接”工作机制，全面完成年度安置任务。二是军休干部待遇及时足额落实。对国家下拨的军休服务管理机构用房项目经费、军队离退休人员经费、军休服务管理机构经费提出分配方案并协调省财政厅及时足额下拨到位。三是完成军休干部基础信息比对校核工作。2018年9月，集中对全省军休干部信息逐人逐项校核，补充修正了10 000余条相关信息数据。四是配合军方开展调研工作。两次配合陆军部及各部队大单位开展军休干部接收安置工作调研。五是指导各市组织开展军休干部文体活动和改革开放40周年庆祝活动。

三、双拥优抚和褒扬纪念工作

（一）优待抚恤工作

按照国家要求，与辽宁省财政厅联合下发了《关于调整部分优抚对象等人员抚恤和生活补助标准的通知》，优抚对象等人员抚恤和生活补助标准平均提幅10%左右，全省20余万名优抚对象受益，生活质量进一步改善。伤残评定工作稳步推进。加强优抚事业单位建设，协调投入2000余万元用于优抚事业单位维修补助。

（二）烈士褒扬工作

圆满完成了第五批在韩志愿军烈士遗骸迎接安葬任务。严格开展烈士评定工作，并对部分烈属进行走访慰问，切实让烈士遗属体会到党和政府的温暖。积极推进烈士纪念设施维修改造工作，安排省本级福彩公益金1550万元用于烈士陵园维修改造。扎实开展“勿忘九一八”撞钟鸣警仪式和“9·30”向烈士敬献花篮仪式等纪念活动。与省教育厅沟通协调，实现了不同类型烈士子女高考同加20分的公平待遇。

（三）退役军人和其他优抚对象信息采集工作

2018年8月末，辽宁省全面启动退役军人和其他优抚对象信息采集工作，印发了《辽宁省退役军人和其他优抚对象信息采集工作方案》，组织召开了辽宁省信息采集业务培训动员会，在省、市、县3级建立了信息采集联络工作机制，启动了周报制度，通过开展试点、个别指导和现场解答等方式，全面推进信息采集工作。省退役军人事务厅组建后，继续深入推进信息采集工作进入常态化阶段，下发了《关于进一步做好退役军人和其他优抚对象信息采集工作的通知》。完成集中采集工作总结，摸清了全省退役军人和其他优抚对象底数，为决策分析、悬挂光荣牌等工作奠定了基础。

（四）双拥工作

2018 年，辽宁省各级共走访慰问部队 2730 次，走访慰问群众 25 万余人，共赠送慰问金 1.74 亿元，其中优抚对象 6.6 万余人，赠送慰问金（品）3000 万余元；召开军政座谈会 1069 场，组织联欢会、文艺演出 1018 场次；春节期间，向驻辽官兵、优抚对象、双拥模范赠送慰问信 35.66 万封。配合省军区政治工作局对各地“三送三挂三帮三助”活动进行了督导检查，以省双拥工作领导小组名义组织召开了推进会。辽宁省各地共发放优待金 4.77 亿元，走访帮助困难军人家庭 11 160 户，解决随军家属就业 462 人、军人子女入学 1854 名，用心解决军人军属的生活难题。推进第九轮双拥模范城中期考评工作。

四、培训教育和就业创业工作

（一）军转干部进高校培训试点工作

积极与财政、公安等部门沟通，将 2017 年全省安置到公安系统的 600 余名军转干部集中到辽宁警察学院，开展全封闭式的进高校专项培训。指导大连市将 390 名军转干部送进大连理工大学、东北财经大学、大连海事大学和辽宁师范大学进行培训。至此，全省参训军转干部达 1180 人，作为全国 7 个试点省份之一，辽宁省军转干部进高校专项培训已初具规模。同时，经过与接收单位、军转干部和试点学校多方充分论证，确立了“辽宁 1+1 培训模式”和“双导师培训机制”。

（二）自主择业军转干部管理服务工作

做好自主择业工作信息平台的信息采集工作，实现了平台专网开通率 100%、基本信息录入率 100%。扎实开展自主择业军转干部适应性培训、个性化培训和网络培训，重点抓好帮扶引导、培育典型、搭建平台等各项工作，全省自主择业军转干部就业率保持在 75% 以上，2018 年新增实名制就业 1200 余人。规范日常管理服务，在春节及“八一”建军节期间，为 100 余名自主择业干部及家庭发放慰问金近 10 万元。

（三）退役士兵培训和推荐就业工作

从转变退役士兵就业创业观念入手，市、县（区）两级安置部门积极了解退役士兵就业意愿，通过开展问卷调查，召开座谈会和进村入户走访等方式，加大就业创业政策宣传力度，调整就业心态和就业观念。把握市场就业动向。各级安置部门会同各承训机构走进企业、车间，深入了解就业工作条件、生活环境、薪酬福利，洽谈用工岗位，做到个人意愿与市场需求挂钩衔接，提升参与市场竞争能力。按照“个人自愿、自选专业、免费参加”的原则，积极组织开展退役士兵技能培训，定期抽查、考评，确保退役士兵技能培训的“双证”（毕业证书、职业资格证书）考取率不低于 85%。2018 年组织培训退役士兵 2700 余人。

（四）搭建推荐就业平台

通过举办退役士兵就业招聘会，为退役士兵

提供合适的就业单位、岗位。2018年，省、市共组织举办退役士兵推荐招聘会19场，邀请招聘企业1946家，主要涉及互联网技术、机械制造、建筑房产、餐饮服务、金融保险、速递物流等行业，提供用工岗位3.9万个，组织退役士兵参加应聘1.69万人次，当场达成就业意向4700余人。

五、思想政治和权益维护工作

（一）退役军人权益维护工作

注重信访工作的有序性和规范性，围绕做好退役军人权益维护工作，制定了《来访接待规范》《信访案件办理规则》《领导干部接访制度》等一系列工作规章制度，从制度上明确了信访事项办理的规范性，从职权上指明了信访事项办理的原则和目的，进一步推动了全省退役军人信访秩序逐步走向良性循环。成立了辽宁省退役军人事务厅信访案件办理领导小组，厅长任组长，副厅长任副组长，各业务处室负责人为成员，有力推动了信访案件的化解，解决了一批退役军人优抚安置等历史遗留问题。

（二）开展“最美退役军人”评选活动

辽宁省原沈阳军区后勤史馆馆长徐文涛、沈阳黎明航空发动机（集团）有限责任公司高级技师李志强被评选为全国“最美退役军人”。分别在沈阳、锦州举办“最美退役军人先进事迹报告会”，集中展现了当代退役军人群体立足本职、蓬勃向上、心怀家国、积极投身改革开放时代大潮的良好精神风貌。

沈阳市

一、机构建设情况

按照《沈阳市机构改革方案》要求和市委、市政府统一部署，2018 年 12 月 30 日，沈阳市退役军人事务局正式挂牌成立。在机构组建过程中，沈阳市委、市政府深入坚持以习近平新时代中国特色社会主义思想为指导，深入贯彻习近平总书记关于退役军人工作的重要论述和指示批示精神。按照国家和省的相关要求，切实提升政治站位，认真落实机构组建任务。新组建的沈阳市退役军人事务局，按人随业务走的机构改革要求，从相关部门整建制划入人员和职能，保证了退役军人工作的连续性。

二、移交安置工作

（一）军转干部安置工作

全年接收军转干部 1600 余名，其中，计划分配干部近 700 人，自主择业 930 余人。全市计划分配军转干部近 500 人，安置到行政机关的占安置总数的 97% 以上；安置到参公单位的约占安置总数的 0.6%；安置到事业单位的约占安置总数的 2.0%。组织近三年计划安置军转干部 31 人，进入辽宁大学、沈阳工业大学等高校进行为期一年的脱产专业理论培训。

（二）退役士兵安置工作

2018 年，全市接收审核部队移交的复员士官档案 700 余人，接收审核转业士官档案 250 多人，共接收自主就业退役士兵 3000 余人。以市政府名义下达《沈阳市人民政府关于做好 2018 年度退役士兵接收安置工作的通知》，近 300 名符合政府安排工作条件的退役士兵顺利就业。通过政府组织、购买服务等多种方式，统筹组织开展了退役士兵技能培训，最大限度地满足退役士兵接受各类职业教育和技能培训的需求。全市 1600 余名退役士兵参加了市、区县（市）两级安置部门和用人单位组织的职业教育和技能培训，107 名退役士兵参加了订单式技能培训。举办了沈阳市 2018 年度退役士兵大型就业洽谈会，参加洽谈会企业 197 家，提供就业岗位 6000 多个，参会退役士兵 4100 余人，现场达成就业意向 2000 余人。市区两级安置部门现场为退役士兵进行了政策咨询和培训、就业指导服务，建立了推荐就业常态机制，定期发布就业信息，随时受理退役士兵求职需求登记。通过微信、短信平台，共为退役士兵发布培训、就业岗位信息 5000 余条。将符合政府安排工作的退役士兵待安排工作期间生活补助、自谋职业一次性经济补助、自主就业退役士兵经济补助全部列入财政预算，全市符合享受经济补助政策的自主就业退役士兵3000余人，共发放自主就业经济补助11 070万元，共有近300名符合安排工作条件的退役士兵符合享受待安排工作期间生活补助，共发放补助金107.44万元。

三、就业创业工作

（一）“三引三回”工作

全年收集整理高质量在外“战友人才”信息2000余条，收集“战友人才”回沈投资合作项目322个，其中有90个项目签约落地，总投资额109亿元。

1. 走出去宣讲“三引三回”系列活动

先后赴济南、北京、武汉、上海、深圳、成都、杭州、厦门、南京、长沙、郑州、西安、广州召开“三引三回”新闻发布会，并主办了“三引三回”武汉站宣传活动。

2. 召开沈阳市“三引三回”项目洽谈对接会

2月12日，邀请全国各地100余位战友回沈进行项目洽谈对接活动，共对62个投资项目进行对接洽谈，现场签约合作项目8个，总投资额30余亿元。

3. 赴各区县（市）及企业进行项目推介和对接洽谈10余次

先后赴浑南、沈河、苏家屯、皇姑、法库、沈北推介战友人才项目，邀请市发展改革委、市卫生健康委、市科技局、市外经贸委等相关单位与企业开展座谈，协调企业落户问题。

4. 组织“三引三回”工作座谈研讨会

3月10日，邀请省国防教育基金会理事长李淑芳女士及优秀自主择业军转干部代表召开了“引战友回驻地”工作座谈研讨会，总结2017年“引战友回驻地”工作，部署2018年工作任务。

5. 举办沈阳市“三引三回”项目推介洽谈会（长春站）活动

5月24日，组织各区、县（市）人社局、招商局、经济园区管委会负责同志到长春转业军人创业基地，为200余位长春战友推介沈阳投资新政策、新环境，对61个项目进行洽谈，20余个项目达成初步合作意向。

6. 组织自主择业军转干部创业者高峰论坛

7月20—22日，组织全国部分自主择业军转干部（沈阳）创业者高峰论坛，邀请全国自主择业军转干部创业导师来沈交流其创业经验，并就导师及企业家带来的30余个项目进行推介洽谈。

7. 着力开发合作项目

通过与部分国内高校合作，征集了专利发明、军民融合、合作开发等项目2000余项，经业内专家筛选出103项合作项目，向各区、县（市）企业及有投资意愿的战友进行推送。

（二）自主择业管理服务工作

2月，市人社局与市人才办、市财政局联合印发了《沈阳市军民融合高层次人才引进奖励和项目资助办法（试行）的通知》，对自主择业在沈创新创业的高层次军事科研人才，综合其职称与科研能力，按照A类、B类、C类标准分别给予50万元、30万元、15万元奖励补贴，对高层次军事科研人才创业团队项目，给予100万元资金资助。按照文件规定的程序，共有4人通过初审及专家评审，经公示和市政府通过后，市级承担拨款部分已转入奖励人所在区人社局账户。分别于5月和10月举办自主择业军转干部春季、秋季专场招聘会，共计入场企业145家，入场自主择业干部3516人，初步达成就业意向449人。做好全市5484名自主择业军队转业干部的服务管理等日常工作，完成了2018年度940名自主择业军转干部档案审核、适应性培训、报到、退役金核定等工作，全年按照工作计划共开展自主择业军转干部各类培训80余期。在春节、建军节等重要节日走访慰问生活困难的沈阳市自主择业军转干部及遗属、自主择业就业创业先进典型人物及弘扬社会正能量的优秀自主择业干部，送去了节日慰问金。

四、拥军优抚工作

（一）拥军优属

1. 重大节日拥军优属活动

春节、“八一”期间，市委、市政府和各级民政部门组织开展了走访慰问部队和优抚对象活动。全市各级走访慰问部队323个，走访慰问优抚对象、困难群众8107户；召开军政座谈会174次，举办联欢会、文艺演出107场（次）；发送慰问信26 550件、楹联年画8000件。全市两大节日赠送慰问金、慰问品共计787.97万元。“八一”期间，下发了《市民政局关于“八一”期间对特殊退役军人群体进行走访慰问的通知》，市委、市人大、市政府、市政协领导分别带队走访慰问了驻沈部队和部分退役军人。

2. 军人子女教育优待工作

在妥善安排军人子女入学方面，尽力满足军人子女就学需求，在中招录取中按照相关政策给予照顾。积极鼓励、支持部队开办幼儿园，以满足军人子女入读部队幼儿园需求。2018年，优先安排军人子女入学，中考享受政策124人，小学初中入学114人。

3. 随军未就业家属的帮扶

下发了《关于调整随军未就业家属生活补助标准的通知》，全面提高随军未就业家属生活补助标准，城市9区提高至每人每月520元，农村4个区、县（市）提高至每人每月250元。结合随军家属就业的需要，在进行充分调研的基础上，于9月4日在沈阳技师学院举办了驻沈部队随军未就业家属技能培训班，培训历时40天，有146名随军家属参加电子商务、会计、烹饪、学前教育、美术书法、社区工作6个专业的培训。

（二）军民共建

1. 完成了辽宁省第九轮双拥模范城中期考评工作

对沈阳市创建省双拥模范城72项中期考评指标进行归纳总结和汇编成册，精心安排实地考察、查看资料和考评汇报工作，考评组对沈阳市创建工作给予了高度评价。

2. 开展“三送三挂三帮三助”活动

通过丰富活动内容、创新活动形式，开展活动督查等方式，积极推动“三送三挂三帮三助”活动广泛深入开展，全市送入伍通知书3017份、送立功喜报229份、发放义务兵优待金1.2亿元；悬挂光荣军属牌3017个、光荣烈属牌200个、光荣榜109人；投入44万元为130户家庭解决了实际困难，安置随军家属 20 人，安排军人子女入学 580 人；驻沈部队投入资金 3000 余万元帮扶贫困村及贫困户；投入资金 100 多万元助力地方办学兴教项目 17 个；参与生态建设活动 1600 多人次，植树造林 6740 株，清理淤泥和生活垃圾 50 余吨。

3. 组织“最美退役军人”选树和宣传工作

积极参加中央宣传部、退役军人事务部组织的全国“最美退役军人”推荐活动，沈阳黎明航空发动机有限责任公司发动机装配厂“李志强班”班长李志强、军休常德休养所军休干部徐文涛 2 名同志被评为全国“最美退役军人”。

4. 举办“相约金秋・牵手情缘”军地青年联谊会

联谊会由市民政局、沈阳警备区和市妇联联合主办，380 多名军地青年参加了联谊活动。

（三）支持部队建设

1. 加大资金投入，为部队重点项目建设提供支持

先后投入 2.02 亿元资金，支持武警沈阳市支队、沈阳警备区、沈阳边防检查站、沈阳市警卫处等单位的重点项目建设保障。

2. 满足部队需求，为基础设施建设提供后勤保障

积极推进建设军队燃气工程，完成了辽宁省军区、北部战区空军参谋部、沈阳军区总医院、武警辽宁省总队驻沈公寓房等 32 项军民共建工程，满足了军队需求。市农委组织全市 4 家军粮供应站为确保部队吃上“放心粮”，从军粮供应源头上入手，严把质量关，365 天全天候为部队提供快捷便利的供粮服务。

（四）优抚工作

1. 数据采集工作

通过开展培训、层层部署等措施，积极开展全市退役军人及其他优抚对象数据采集工作，按照退役军人事务部和省民政厅要求，于 2018 年 12 月 15 日前完成了全市采集工作。

2. 优抚对象审核审批

认真按照政策规定，依据资格、条件、标准严格审核认定优抚对象，特别是在参战参试、铀矿开采、烈士子女等人员的身份认定上，确保了上级政策的权威性和审批程序的规范性。积极推行“阳光评残”，严把审核关，于 6 月和 12 月分两批次，对 186 名部队移交地方残疾军人、超过 60 岁因战因公调整等级伤残人员和带病回乡退伍军人进行了残疾等级鉴定及病情检查。

3. 落实各项优抚政策

认真制定了各类优抚对象抚恤补助调整标准，协调市财政部门及时划拨经费，督促各区、县（市）业务部门按时将抚恤补助落实到位。全年共为全市 5075 名优抚对象发放“两节”救助金每人 600 元，共计 304.5 万元，走访部分优抚对象发放慰问金共计 89.6 万元。“八一”建军节前夕为部分优抚对象和光荣院送去慰问金，共计 70 万元；广泛开展为优抚对象服务活动，组织 60 名优抚对象参加健康疗养活动，开展了为老复员军人、“两参”人员和烈士遗属医疗巡诊活动，免费发放药品价值近 7 万元。

五、军休服务管理工作

（一）军休干部政治待遇

指导部分休养所有计划、有步骤地完成了

基层党组织的换届工作。为使军休干部及时了解国家大事，掌握相关政策文件精神，各中心开展了上党课、订阅报刊、开展组织生活等多种形式的学教活动。组织军休干部积极参加社会政治活动，部分军休干部先后受邀出席了"九一八"事变爆发87周年纪念、向烈士纪念碑敬献花篮仪式等活动。

（二）军休干部生活待遇

全年为9200余名军休干部、340名遗属发放工资、津补贴、遗属补助费达13亿元；发放离休干部荣誉金、国务院特殊津贴、降温费、取暖费、军粮差价及住院伙补等各项补助，总计达3900多万元；向152名去世军休干部家属发放丧葬费1640余万元；完成53名军休干部护理费和44名遗属生活补贴报批工作；按照上级有关通知精神，完成了全市8894名军休干部和士官、327名遗属的取暖费补贴发放工作，落实补贴款2200余万元。

（三）军休干部医疗保健待遇

享受干诊看病的军休干部，由原有的6家定点医院扩展到30多家，3200名军休干部看病的问题得到改善；全年组织军休干部体检10 254人，审核报销医疗费1200万元，发放医疗补贴365万元。

（四）军休环境建设

全年新购、改建、维修资金投入4390多万元，新购活动用房2400多平方米，维修改造活动用房6600多平方米，维修改造军休干部居住用房公共部位3125平方米，维修改造军休干部居住活动庭院3300多平方米，对136处军休干部居住楼房的电路、上下水等设施进行维修，解决了其中的安全隐患。

（五）开展文体活动

全年以休养所为单位，组织了春秋两季一日游、钓鱼比赛等活动。积极挖掘军休干部潜能，丰富和活跃军休干部精神生活，充分展现军休干部风采，推进军休文化建设。军休中心建立了书画、摄影、球类、歌咏等各类协会12个，组织开展各类文化娱乐活动百余场次。在民政部组织的全国军休系统比赛中，沈阳军休合唱团荣获二等奖、军休指弹球队荣获锦标赛亚军，在国家体育总局小球比赛中，军休指弹球队获得了全体第四、混双第六、女单第四的好成绩；在辽宁省体育局、省武术家协会举办的全国"五女山杯"太极拳邀请赛中，军休太极拳队获金牌5枚、银牌19枚、铜牌2枚，共计26块奖牌的殊荣；北陵休养所舞蹈队经过刻苦训练登上了辽视春晚的舞台，受到了好评。

六、褒扬纪念工作

（一）第五批在韩烈士遗骸的交接和安葬仪式工作

2018年3月28日，第五批23具在韩志愿军烈士遗骸由空军专机护送回国开展了遗骸交接检收工作。3月29日上午，第五批在韩志愿军烈士遗骸安葬仪式在沈阳抗美援朝烈士陵园举行，300余人出席了安葬仪式。

（二）勿忘“九一八”撞钟鸣警仪式保障任务

省市主要领导、北部战区有关负责同志、在辽参加过抗美援朝的老战士代表、抗战烈属代表、各界群众代表约 1000 人参加仪式。

（三）“9·30”烈士纪念日活动的承办工作

2018 年 9 月 30 日，辽宁省暨沈阳市在抗美援朝烈士陵园举行了向烈士纪念碑敬献花篮仪式，省市领导和各界群众共计 800 余人参加仪式。在仪式的前期筹划、方案设计、组织保障和现场保障等各个环节，周密安排、精心组织，确保了活动仪式的圆满完成。

七、权益维护工作

认真贯彻中央及省退役士兵安置政策落实和权益保障工作会议精神，按照中央及省、市领导指示批示要求，积极做好走访慰问、帮扶解困等相关工作。先后多次召开专题会议。市委、市政府主要领导亲自接访、亲自听取退役军人意见建议，研究部署推进解决生活待遇相关问题。建立诉求信息排查台账，积极推进安置遗留问题解决，起草完成了《关于做好符合安排工作条件退役士兵安置政策落实和权益保障实施方案》。通过开门接访、上门家访、市区配合、电话解答等形式，维护退役军人合法权益。

大连市

一、移交安置工作

（一）计划分配军转干部安置工作

深入驻连部队当中，进行军转安置形势及政策的宣讲和咨询解答，引导他们合理调整安置预期、理性选择安置方式。采取市县、军地联合的方式，对军转干部档案进行审查。协调编制及公务员管理部门，落实市属机关、事业单位的空编和职数情况。组织136家单位开展军转干部需求情况调查。组织召开全市军转安置工作小组会议，审议通过2018年军转干部安置工作意见和安置计划。组织驻连部队旅以上单位政治部门召开军转安置工作会议，共同研究安置计划，军地协同做好军转安置工作。

（二）退役士兵安置工作

2018年，大连市继续实行“阳光”安置，采取文化考试、档案考核与公开选岗相结合的退役士兵安置办法，做到安置对象、安置岗位、安置程序、考试考核成绩、安置结果“五公开”。严格按照相关规定，评定档案考核得分，保障服役时间长、贡献大的退役士兵优先选岗，确保安置环境公开、公平、公正。加大退役士兵安置指标征集力度，增加事业单位岗位数量，需要安置人数与提供安置岗位比例达1 ：2.5，符合政府安排工作条件的退役士兵全部得到妥善安置。

（三）计划分配军转干部进高校专项培训试点工作

专项培训试点工作坚持“由选派变指派、由自愿变服从”的原则，大连理工大学、东北财经大学、辽宁师范大学3所高校共承训学员390名，全市公安系统273名军转干部参加了辽宁警察学院培训，2018年全市共有663人参加军转干部进高校专项培训，学员数量居全国前列。启动仪式分别在新华网、民主与法制网、大连电视台等新闻媒体进行了报道。

（四）自主择业军转干部就业创业服务工作

为盘活自主择业军转干部人才资源，主动联系公共职业介绍、创业服务等部门和企业，加大自主择业军转干部就业创业扶持力度，对新安置的自主择业军转干部进行就业创业培训，举办大连市自主择业军队转业干部就业推介会，40家企业提供854个技术类和管理类岗位，吸引1200余名军转干部参加。利用网站、微信群等平台发布有关招聘信息，拓展自主择业军转干部就业空间。

二、双拥工作

（一）专题例会形式

2018 年 2 月 12 日，召开全市双拥共建恳谈会，四大班子领导同驻军代表共叙军政军民友谊，共商双拥共建工作大计，市委书记作了讲话。8 月 24 日，召开全市退役军人座谈会，退役军人代表作交流发言，有力地推动了退役军人服务管理工作。

（二）双拥共建

支持驻连部队安居工程建设，对某部经济适用房建设给予政策支持。组织对市内机场、火车站、汽车站、码头及医院等优待军人政策执行情况进行抽查，有力促进了公共场所拥军工作落实。动员全市各级党政机关、企事业单位、学校和驻军部队，广泛开展双拥共建活动。春节和“八一”建军节期间，市四大班子主要领导分别走访慰问驻连部队官兵和离退休老首长，赠送慰问金 100 余万元。

三、军休服务管理工作

（一）接收安置工作

贯彻落实国家、省关于军队离退休干部移交安置政策，建立了工作协调动员会、军地联席会、到部队现场办公会等制度，优化确立了“审核档案、审核经费、三见面”的接收安置工作流程，会同公安部门进行现场办公，第一时间为军休干部和无军籍职工办理落户手续，完成年度移交安置任务。

（二）落实政治待遇和生活待遇

重视和加强军队离退休干部的思想政治建设。做好军队离退休干部各项资金的发放、看病就医、健康体检、节日走访慰问等工作，关注和解决他们的实际困难和需求。组织开展好军休机构出租（借）房屋清退、附属用房改造、住房货币补差遗留问题梳理等工作。加强军休干部艺术文化建设，定期组织开展丰富多彩的文体交流活动。

（三）信息数据完善工作

组织对“全国军休安置服务管理信息系统”中大连市军休干部基本资料信息和住房数据信息进行逐一核查，累计补录、修改军休干部信息数据 1 万余人次，做好“全国军休安置服务管理信息系统”五级联网的前期准备工作，以信息化手段推进军休安置服务的精细化管理，确保军休干部待遇有效落实。

四、抚恤优待工作

（一）优抚对象抚恤补助

自 2018 年 8 月 1 日起，提高部分优抚对象等人员抚恤和生活补助标准。其中，残疾军人残疾抚恤金执行国家标准。既是残疾军人又是在乡复员军人的享受双重待遇。烈士遗属抚恤金标准由每年 24 072 元提高至 26 388 元；在乡复员军人生活补助标准最高标准由每年 20 340 元提高至 21 540 元，最低标准由每年 18 504 元提高至 19 704 元；带病回乡退伍军人生活补助标准由每年 6660 元提高至 7260 元；部分老军烈士子女生活补助标准由每年5160元提高至5760元。截至2018年年末，大连市享受国家和省抚恤补助待遇的各类优抚对象等人员30 241人，全年支出抚恤补助优待资金4.86亿元。

（二）“关爱功臣”活动

广泛开展走访慰问，全年市区两级走访慰问优抚对象和其他退役军人18 750人，发放慰问金1140余万元。组织优抚对象到市光荣院进行为期2周的康复疗养。协调大连何氏眼科医院为农村优抚对象进行眼睛健康普查，对部分患有白内障且符合手术条件的优抚对象进行了免费医疗。

（三）信息采集工作

2018年9月30日，召开全市信息采集工作动员部署会，民政、公安、人社、财政等相关部门和各区（市、县）主要领导参加会议，会后，各区（市、县）均结合实际情况制定当地信息采集工作实施方案，全市退役军人和其他优抚对象信息采集工作顺利推进。

五、褒扬纪念工作

（一）向烈士纪念碑敬献花篮仪式

2018年9月30日，大连市向烈士纪念碑敬献花篮仪式在市烈士陵园隆重举行。市委常委、市人大、市政协主要领导，市政府分管领导，大连军分区和驻连部队主要领导，相关市直单位主要领导，高新区领导，驻连部队官兵代表，烈士遗属代表，机关干部代表，各界群众代表，以及学生代表1000余人参加公祭活动。

（二）烈士褒扬工作

2018年，大连市烈士陵园接待200余家机关企事业团体及零散个人参观，累计接待社会各界参观群众5万余人次，免费讲解300余场。本着“任何时间不拒绝任何团体参观”的原则，除正常开馆时间外，根据不同单位需求，适当调整纪念馆开馆时间，其中周末及节假日参观人数1万余人。清明期间，梳理出版大连市烈士陵园《清明专刊》，连续2天租用大巴车免费组织200余名烈士家属祭扫烈士墓。

（三）烈士申报工作

2018年8月27日，新闻媒体报道了中船重工第七六〇研究所黄群等三名同志为保护国家重点试验平台壮烈牺牲。按照中央领导同志有关重要指示要求，立即指导中山区民政局与中船重工第七六〇研究所取得联系，详细掌握情况，并指导该单位依据《烈士褒扬条例》规定，以最短时间为三位同志上报评定烈士的申报材料。9月7日，省政府印发《关于评定黄群、宋月才、姜开斌三名同志为烈士的批复》。三位烈士中，宋月才烈士户籍在大连市甘井子区，系市军休八中心的军休干部。2018年8月30日，宋月才同志追悼会在市殡仪馆郑重举行，市委、市政府主要领导敬献了花篮和花圈。评定烈士后立即送达《革命烈士证书》和烈士褒扬金、一次性抚恤金。

吉林省

一、机构建设情况

按照吉林省委、省政府关于机构改革的统一部署，2018 年 10 月 16 日组建吉林省退役军人事务厅，11 月 30 日正式挂牌。吉林省退役军人事务厅内设 11 个处（室）：办公室、政策法规处、思想政治处、规划财务处、移交安置处、就业创业处、军休服务管理处、拥军优抚处、褒扬纪念处、信访接待处、机关党委（人事处）。另设有省纪委驻厅纪检组，副厅级干部 1 名（厅党组成员）、正处级干部 1 名、副处级干部 1 名。

吉林省退役军人事务厅直属事业单位有 6 个，编制 565 人，均由吉林省民政厅和吉林省人社厅直接划转。6 个事业单位分别为吉林省军转干部培训中心、吉林省退伍军人就业指导中心、吉林省军队离退休干部服务管理站、吉林省军队离退休干部疗养中心、吉林省荣军一院、吉林省荣军二院。

二、移交安置工作

圆满完成 2018 年军转干部安置任务。面对机构改革期间安置工作的各种难题，采取考试考核、考核选调、双向选择和指令性安置相结合的办法，努力推进人岗相适，各得其所，在规定时限内高质量地完成了任务，军转干部安置进入行政机关（含参公单位）比例达 95% 以上，副师职以上干部全部安排实职副厅级以上领导岗位，退役士兵全部安置在事业单位或国有企业。通过落实编制、开发岗位等方式为应安置未安置、安置后未上岗退役士兵落实工作岗位。指导全省各地对往年安置在公益性岗位的退役士兵待遇进行调整，实现了与所在单位工勤人员同等待遇的目标。

三、政策法规工作

一是调整待遇。全省各地对往年安置于公益性岗位的退役士兵待遇进行调整，实现了与所在单位工勤人员同等待遇的目标。其中，松原地区调整 2000 多人，投入资金近 1.2 亿元。二是发放生活补贴。部分地区为生活困难的下岗转业志愿兵每月发放 900 元生活补贴，并为每个家庭提供一个公益性岗位，本人不能上岗的，其家属、子女和其他亲属可以代替上岗。三是开发再就业岗位。截至 2018 年 10 月底，四平、公主岭、长春、双阳、德惠、吉林、永吉等地已落实下岗失业退役士兵再就业岗位 830 个，其中，四平市落实公安协警岗位近 400 个。四是开展走访慰问和帮扶解困工作。“八一”期间，全省共慰问退役军人 1.2

万名，投入慰问金550万元。全省共有3940名退役军人纳入低保，临时救助1485人，其他救助523人。五是开展技能培训。全省各地共培训退役军人9032人。六是开展就业创业服务。长春市创新开展了退役军人就业创业孵化工作，二道区建立了孵化基地，共有22家合作单位入驻，孵化企业14个。全省各地共举办退役军人专场招聘会110次，有9000多名退役军人应聘。

四、拥军优抚工作

一是全面开展退役军人和其他优抚对象信息采集工作。按照《国务院办公厅关于做好退役军人和其他优抚对象信息采集工作的通知》要求，2018年11月10日，召开全省信息采集工作推进会议，举办全省退役军人和其他优抚对象信息采集培训班。坚持从厅机关和事业单位抽调工作人员，组成3个工作组，分赴采集对象比较集中的40余个省直机关部门，上门采集信息。11月下旬，成立了5个检查组赴各地检查和指导信息采集工作。二是联合吉林省军区、武警吉林省总队和吉林省公务员局，开展双拥模范城（县）常态化考评工作，对检查结果进行评分。三是联合吉林省军区建立解决部队官兵“后路、后院、后代”问题联动保障机制，加大解决部队官兵复转安置、家属就业、子女入学等问题，进一步提高拥军优抚工作水平。四是认真做好褒扬纪念工作。2018年9月30日，连续第5年在长春烈士陵园举行“吉林省暨长春市向烈士敬献花篮仪式”，在社会上引起广泛反响。指导各市（州）以党委、政府名义组织开展了公祭烈士活动。全省党政机关、企事业单位、社会团体等共20余万人、烈士遗属2000余人、退役军人8万余人参加祭扫活动。

五、创新工作

创新抓好5项工作：一是创建退役军人党建新模式。会同党委组织部门，探索依托村（社区）退役军人服务站建立退役军人基层党支部，吸收优秀退役军人加入党组织，实现退役军人党员思想政治组织领导、行为表现组织监督、生活困难组织关心。二是建立义务监督员制度。省、市（州）、县（市、区）三级退役军人事务部门成立退役军人事务工作监督委员会，聘请退役军人和现役军人担任义务监督员，对退役军人事务部门工作进行全方位监督，同时协助退役军人事务部门做好政策解答、矛盾化解和退役军人经常性思想工作。三是建立困难退役军人军属关爱基金。根据困难程度给予临时性、应急性帮扶援助，传递党委、政府和社会各界的关怀温暖。四是建立关爱退役军人协会。结合机构改革，由省、市（州）、县（市、区）退役军人事务部门作为业务主管单位建立三级关爱退役军人协会，为党委、政府做好退役军人工作当好参谋助手。五是创新提供法律服务。省、市（州）、县（市、区）三级退役军人事务部门政策法规机构为退役军人提供法律咨询，通过政府购买服务方式与律师事务所合作，为退役军人提供相关法律服务。

六、权益维护工作

吉林省退役军人工作系统怀着对退役军人的深厚感情和责任，认真调研摸清全省退役军人矛盾化解问题，统筹协调、全面安排、周密部署，积极做好退役军人权益维护工作，努力创造和谐安定的社会环境和政治环境。一是切实加强退役军人权益维护工作。吉林省退役军人事务厅以进一步做好退役军人安置就业和帮扶救助为抓手，认真调研、制定政策、限期完成，全力推动问题解决，进一步从源头上化解矛盾。二是高度重视信访接待工作。吉林省退役军人工作系统站在讲政治的高度重视退役军人信访接待工作，全力推动矛盾问题的化解。2018 年 8 月 20—30 日，省委政法委、省民政厅、省人社厅、省信访局组成 5 个检查组，对全省 9 个市（州）、长白山管委会及 21 个县市落实全省退役军人服务管理工作推进会情况进行实地检查，推动各地政策落实。此外，对退役军人事务部转办的信访事项和到省里信访的事项，逐件逐人向当地下达信访事项督办单，明确责任人，限期调查核实，研究解决。三是不断改进和夯实信访基础工作。吉林省退役军人事务厅成立信访接待小组，集中接待退役军人来访。工作中，一方面做好现有政策的解释说明工作；另一方面积极协调各级党委、政府推动有关问题的解决，努力把退役军人事务厅建成“退役军人之家”。

七、军休服务管理工作

一是认真落实军休人员“两个待遇”。会同吉林省财政厅及时下拨军休经费，确保军休人员各项待遇得到较好落实。

二是较好完成年度接收安置任务。2018 年，国家下达吉林省军队离退休干部、退休士官安置计划 148 人，实际接收 207 人，超额完成年度接收安置任务。

三是完成了全国军休安置服务管理信息系统五级联网工作，实现了军休数据的精细化管理，提高了工作效率。

长春市

一、移交安置工作

2018年，在市委、市政府的正确领导下，全市相关部门认真贯彻落实习近平总书记关于退役军人安置工作的重要指示精神，强化政治责任，加强组织领导，采取有效措施，狠抓工作落实，圆满地完成了军转干部、退役士兵和随军随调家属安置任务。

（一）军转干部安置工作

2018年，长春市计划分配军转干部安置近300人，实际自愿选择到长春市安置的共200多人。积极拓宽安置渠道，严格规范安置程序，坚持公平公开公正原则，大力推行“阳光安置”，采取考试择优、考核选调、合理调剂等方式，安置到党政群机关和参公单位的约占安置总数的99%以上。

强化对自主择业干部的服务管理。2018年，长春市接收自主择业军转干部200多人。在做好日常管理服务的同时，组织自主择业军转干部开展创业培训，加强创业指导服务，依托转业军人创业孵化基地和自主择业军转干部功能型党支部两个平台，大力扶持军转干部自主创业，引导军转干部积极投身于经济建设新战场。

（二）退役士兵安置工作

士兵安置“五公开”。深入贯彻《关于进一步加强由政府安排工作退役士兵就业安置工作的意见》精神，召开公开选岗大会，由退役士兵根据服役表现量化评分排名顺序现场选岗，并邀请纪检人员全程监督和公证部门现场公证。2018年，长春市接收符合政府安排工作条件的退役士兵170余人，除15名退役士兵自主联系接收单位外，共有160余名退役士兵通过“公开选岗”全部安置到事业单位和国有企业，此举得到了高度认可和广泛好评。《中国社会报》2018年1月5日头版第二条刊发了长春市“公开选岗，阳光安置”的经验做法。

做好服务保障工作。2018年，长春市接收复员军队干部16人、自主就业退役士兵1500多人，及时办理了报到、登记、落户等相关手续，指导办理社会保险关系。为退役士兵发放自主就业经济补助金、自谋职业补助金和待安置期间生活费共计1305万元，确保相关待遇落实到位。

（三）随军家属安置

创建了“军地联合、三维联动”的随军家属就业安置模式。在申报环节采取上下联动方式，建立师（旅）以上部队党委统一申报、长春警备区把关汇总的申报受理方式，确保安置计划公开透明，申报流程规范运行；在审核环节采取军地联动方式，推出“先初审、后联审、再通报”的“三步工作法”，有效解决了假配偶、假随军、假身份问题；在安置环节采取市区联动方式，按照专业对口、就地就近的原则，随军家属安置因人而异、人岗相适。2018 年，共有 40 名随军随调家属安置到市、区所属事业单位，切实解决了军队干部的后顾之忧。

二、拥军优抚工作

（一）双拥创建工作

完成资料整理。为圆满完成吉林省双拥工作年度常态化考核任务，参照省考评内容，对照 26 项标准，共装订 2016 年和 2017 年迎检材料 154 册，充分反映了 2016 年、2017 年两年的双拥创建工作。

在全省介绍经验。2018 年 4 月 16 日，吉林省考评组对长春市 2016 年和 2017 年双拥模范城创建工作情况进行了实地检查考评；7 月 24 日，长春市领导在省双拥工作领导小组会议上介绍了长春市双拥工作的经验做法。

参加全国双拥座谈会。2018 年 7 月 31 日，长春市作为全国 8 个受邀城市之一，赴京参加了全国双拥模范代表座谈会和建军 91 周年招待会，常务副市长代表市委、市政府出席会议，并介绍了长春市双拥创建工作开展情况。

（二）双拥工作制度体系

不断加强对双拥工作的组织领导。长春市委、市政府于 2018 年 5 月 9 日组织召开了双拥工作领导小组第 32 次会议，总结了 2017 年全市双拥工作，部署了 2018 年各项工作任务，积极协调媒体，吉林省《双拥简报》《长春日报》等刊发了小组会议情况，促进了小组会议精神落实；经市委常委会研究决定，将双拥工作纳入全市绩效指标考评体系，进一步完善了双拥工作制度，促进各级抓好落实。

（三）双拥宣传氛围

完善宣传内容。采取多种方式深入开展国防教育和双拥宣传，不断完善更新机场、火车站、高速路口和城市主要街路永久双拥宣传牌的内容，引导全市上下和群众把关心国防、支持军队、尊崇军人作为一种自觉行动。

开展“老兵采写”活动。以解放长春 70 周年为契机，联合《长春日报》组织开展“老兵采写”活动，对 10 名生活在长春参加过解放战争的老兵们进行了专访，并连续在《长春日报》进行刊发，进一步激发了社会各界崇尚英雄、关爱老兵、爱国拥军的意识。

多家新闻媒体报道。国家、省、市主要媒体，对长春市双拥工作累计宣传报道 150 余篇（次），为长春市双拥工作进一步推向全国发挥了重要作用。

（四）特色拥军工作

“科技拥军”老字号。2018 年，共投入科技拥军经费 200 多万元，为部队基层连队搭建科普信息学习平台 20 个，为驻军赠送微机 300 余台，笔记本电脑 100 余台，支持 15 家部队信息化建设，支持 52 名部队官兵免费学历升级教育，同时，继续将部队优秀科技人才纳入地方奖励范畴，享受政府特殊津贴。

“社区拥军”新亮点。不断巩固社区拥军在全国领先的经验成果，在打造精品拥军社区的基础上，2018年各城区、开发区不断加大力度，继续加大软硬件投入，南关区结合旧城改造建设双拥小区，汽开区新立社区、二道区英俊社区、宽城区拥军大院社区等一批拥军服务整体领先的社区脱颖而出，社区拥军服务质量效益进一步提升。2018年以来，各社区为驻军官兵和优抚对象解决各类生活难题3000余件。

“文化拥军”新内涵。持续组织理论宣讲进军营、法律维权进军营、科普知识进军营、技能培训进军营“四进”活动，努力提高驻军官兵的文化素养。依托长春市委党校成立理论学习宣讲团，邀请长春市委党校专家走进部队进行理论宣讲；开展送培训、送电脑、送器材、送文艺“四送”活动，联合市文联，在春节、“八一”期间组织长春市20余名知名艺术家到吉林省军区和陆军装甲兵学院士官学校，为广大官兵现场创作书画作品200余幅；支持部队建设，为吉林陆军预备役炮兵师、长春警备区、长春预备役高炮旅、长春审计中心等部队赠送价值100余万元的体育器材，进一步丰富了部队官兵的业余文化生活。

“社会组织拥军”新途径。按照吉林省社会组织拥军服务工作试点要求，长春市统一下发了《做好社会组织拥军试点工作的通知》，在全市上下发起社会组织拥军服务的热潮，社会组织拥军服务工作取得突破性进展。南关区与吉林大药房共同发起了社会化拥军服务活动，吉林大药房成为长春市首家拥军门店；二道区成立了军民融合创业创新协会，促进社会组织和驻区部队共同发展；绿园区成立了以民企拥军协会为主，各社会组织为成员的社会组织拥军协会，对随军家属和军人子女优先接收安置；汽开区成立了“双拥大联盟”，高力汽贸城企业拥军协会主动接收并妥善安置退伍士兵和军属到汽贸城工作。

（五）为部队排忧解难

做好走访慰问活动。春节、“八一”期间，按照民政部和省安排部署，长春市领导带队对25家驻长部队和部分优抚对象进行了走访慰问，共赠送慰问金260余万元。同时，通过购置慰问品、转播贺信和拜年视频等方式对海军“长春”舰官兵进行了慰问。各县（市）区、开发区按照全市统一部署，组织对辖区内驻军部队和优抚对象进行了普遍走访慰问，营造了浓厚的军民鱼水情深氛围。

服务驻地官兵。连续6年开展“情系驻长官兵、关爱革命功臣”主题拥军活动，明确为部队办好20个方面42件具体实事，让驻军部队通过一件件实事感受到党委政府的支持和关心。针对部队大龄官兵多的实际情况，积极协调长春市总工会和市妇联，两次组织“缘在工会，情动夏日”和“幸福长春，情定军营”军地联谊活动，驻长部队近200名官兵参加了活动。全面落实吉林省《关于建立解决部队官兵“三后”问题联动保障机制的通知》要求，积极为广大官兵解决后顾之忧，为94名军人子女落实中考、高考加分政策，为80名军人子女落实了择校政策，协调35家小微企业进驻退役军人创业孵化基地，为50名困难官兵家属赠送慰问金。协调长春火车站、吉林银行等公共场所，设立了单独的军人售票窗口和军人优先区域。

支持驻军建设。投入经费100多万元，用于支持93175部队历史荣誉馆、长春警备区大顶山基地、62041部队军营文化等建设。积极协调长春新区投入98万元，为95926部队营门“双支路”进行维修保养并安装路灯。积极协调解决了吉林陆军预备役炮兵师供水供暖难题。配合长春警备区，针对年度市委常委议军会涉及的部队建设发展难题，先后与公用局、财政局等相关部门协调，研究解决办法，为市委常委议军会顺利召开奠定了基础。围绕空军航空开放活动中明确的市领导邀请、现场保障等工作任务，积极与市委市政府办公厅沟通，协调市领导出席活动，并圆满完成了活动现场的协调组织和各项保障任务。

（六）优待抚恤

“五送两带一帮”活动。各地共为各类优抚对象组织“五送”服务6000余人（次），收集意见建议100余条，帮助解决困难170余个。

制发《长春市评残流程的补充通知》。为进一步规范和加强长春市伤残抚恤工作，根据《军人抚恤优待条例》《吉林省伤残抚恤管理办法实施细则》等相关文件要求，制定下发了《长春市评残流程的补充通知》（共4个方面48条内容）。在规范上报材料审核时，又细化了8类人员的上报材料，目录共计85项。同时，补充了伤残鉴定专家库成员，使副主任以上医师由36名增加到68名。

英烈宣传报道。下发了长春市《关于在清明节期间开展“铭记·2018清明祭英烈”宣传教育活动的通知》。据统计，清明节期间各县（市、区）、开发区在各类媒体共宣传英烈报道160余篇（次）。

（七）军供保障工作

长春军供保障工作始于1951年抗美援朝时期，多年来，本着“为国防建设服务，为部队服务”的理念，军供站为过往长春的部队官兵提供饮食饮水和住宿服务，是双拥工作的重要组成部分。

推进新型军供保障模式。推进“现代化供应”的新型军供保障模式，先后多次和军代处人员共同研究军供保障模式，提升保障水平，并不定期组织人员到社会化保障供餐单位进行实地检查，确保食品卫生安全，研究制定了适合不同地域官兵需求的菜谱及餐标，以鲁菜、川菜、粤菜菜系为主，另设了少数民族餐和病号餐，餐标有12～30元5个价位可供选择，另有“爱心矿泉水、解暑绿豆汤、鲜美紫菜汤、营养鸡蛋”赠送，实现了“由吃饱向吃好＋科学营养”的转变。

完成保障任务。在保障2018年新老兵运输军供任务中，全体干部职工以打造一流全国重点军供站为己任，只要部队有需要，立即奔赴保障第一线，为部队提供最好的饮食和饮水保障，全年共完成军供任务21批，保障部队官兵5000余人次。

（八）烈士陵园管理服务工作

完成好日常祭祀参观活动的接待工作。按照国家级烈士陵园的服务标准，强化陵园处全体工作人员的服务意识、服务水平、服务质量，制定各个工作岗位的服务流程、工作细则、服务规范、服务标准等。不断完善和提高相关硬件设施，完善陵园内各种指示标志，印制和发放相关宣传资料。高标准完成第5个国家烈士纪念日公祭活动接待保障工作。

烈士事迹宣讲工作。积极主动深入机关、学校、部队、厂矿企业和社区宣讲各个时期长春英烈事迹，为长春市两个文明建设服务，全年宣讲30场次。

三、军休服务管理工作

按照“心系国防、服务军队”的工作思路，以落实“两个待遇”、实现“六个老有”为目标，开创军休工作“温馨、和谐、健康、有序”的工作格局。2018年接收移交政府安置的军队退休干部（士官）142人，其中退休干部108人，病退干部18人，伤残干部12人，病退士官4人。至2018年累计接收军休干部3962人。在为军休干部落实政治待遇和生活待遇的过程中提炼出“有为有乐”的军休文化，举办门球赛、歌咏大会、书画展、文艺汇演等丰富多彩的文体活动，大力宣传了刘柏林等军休干部中的先进典型。

（一）走访慰问工作

军休系统走访慰问。8个军休所开展了春节走访慰问活动，举办了精彩纷呈的新春团拜会。

市领导走访慰问。2018年2月9日，市领导走访慰问部分军休干部，送去了党和政府的关怀和节日问候。

（二）党组织建设

2018年，长春市军休干部党建工作纳入属地化管理。2018年4月18日，长春市委老干部局组织召开军休干部党建工作座谈会，会议确定军休干部党建工作（如培训、评选等工作）纳入全市老干部党支部建设体系，成为长春市离退休干部党建工作的重要组成部分。

参加长春市老干部局表彰、培训活动。2018年5月15日，军休系统组织军休干部参加市老干部局“好书记、好支部、好党员”表彰暨支部书记培训活动，军休系统共12名军休干部受到表彰。5月15—18日，军休系统36名休干支部书记参加市老干部局组织全市党支部书记培训活动。

（三）服务管理信息化

军休安置服务管理信息系统五级联网工作。2018年5月22日，军休中心组织8个军休所工作人员参加吉林省民政厅安置处举办的关于全省军休安置服务管理信息系统五级联网相关工作培训班，长春市军休系统正式启动军休安置服务管理信息系统五级联网工作。9月30日，长春军休系统按照省民政厅要求时限，全面完成长春市军休干部五级联网数据修改及相关工作。并以此为契机，对军休干部档案信息进行全面普查和逐一编号，实现电子检索功能，提高了信息的准确性，为今后军休服务管理工作打下坚实基础。

（四）开展活动

军休杯门球赛。2018年5月29—31日，由军休中心主办、柳影路军休所承办的2018年度军休杯门球赛开赛。8个军休所的8支军休干部代表队、军休中心及军休所9支职工代表队参加本次比赛。

庆“八一”活动。以多种形式开展庆“八一”活动，组织了走访慰问、团拜会活动。

军休干部疗养任务。2018年6月25日至7月20日，军休系统组织军休干部分四期到吉林省军队离退休干部疗养中心疗养。8个军休所共743人参加。

庆改革开放40周年系列活动。教育引导军休干部过好组织生活，全年共组织报告会、培训会、辅导讲座10余场次，以“改革开放40周年”为背景，组织军休干部开展各项参观、观影、讲座、征文、各类赛事等文体活动50余次。

四、军转干部服务工作

坚持“精准服务、优质服务、创新服务”的服务宗旨，以倾心服务自主择业军转干部为根本，充分发挥了长春市转业军人创业孵化基地的创业保障作用。

（一）常态化管理服务保障能力

基本管理服务工作平稳有序开展。全年累计完成核定、发放、调整和统计自主择业军转干部退役金2.5亿元。完成2019年自主择业军转干部档案接收工作，为2459名自主择业干部进行电子档案录制，并依据档案出具相关证明材料859份；完成了全国自主择业信息平台2366名自主择业军转干部的信息采集工作。完成207名新自主择业干部的接收工作。

通过举办专场招聘会、发布就业信息等形式，为自主择业军转干部推荐就业岗位741个，成功推荐100余人。

通过公益培训、单位自行组织培训、联合培训、委托培训等方式，共组织开展各类培训15期，培训转业干部1361人，其中，自主择业军转干部796人，计划分配军转干部565人。

（二）转业军人创业基地

基地入驻企业增至109家，累计毕业企业28家，新申请待审企业15家。入驻的企业主要涉及商贸流通、工程施工承包及咨询服务业、文化创意与现代服务和具有军民融合应用前景的信息技术应用研发4类领域。2018年新加入的企业大多为创新类科技型企业。

设置创客咖啡厅与公共服务云平台、中介机构服务室、功能报告厅，可容纳300人举办会议，为入驻企业孵化工作提供了强有力的硬件支持。

引入管理服务机构。“军转之翼”军创信息服务平台与唐华创夏企业服务发展平台，整合各方资源，为入驻企业提供企业或产品推广、项目路演、项目申报、法律咨询、校园招聘、电子课堂、商务交流、员工联谊及协助办理企业工商注册登记、工商年检、基础财务咨询等服务。在国投集团的运营管理下，入驻企业发展速度不断加快，2018年基地企业总产值达1.09亿元，缴纳税金约492.28万元，带动社会就业1500余人，退役军人就业200余人，初步实现了入驻企业从量向质的发展变化。

黑龙江省

一、机构建设情况

2018年10月25日，黑龙江省退役军人事务厅挂牌成立，完成干部转隶和事业单位划转接收。12月20日前，市、县退役军人事务局全部挂牌成立。推进“两站三中心”服务保障体系建设，即省、市（地）、县（市、区）三级建立退役军人服务中心和乡镇（街道）、村（社区）两级建立退役军人服务站，初步形成全省上下贯通、横向到边、纵向到底、覆盖全员的退役军人服务管理保障体系。

二、移交安置工作

2018年计划分配军队转业干部安置率达100%；完成现役干部转改文职人员落户工作；顺利接收2018年度自主择业军队转业干部并完成退役金核定工作，安置进度连续两年同期排在全国前列。圆满完成了自主就业退役士兵、符合政府安排工作条件退役士兵安置、军休干部、军队复员干部接收安置工作。

三、权益维护工作

坚持带着感情、带着责任，指导市县退役军人事务部门全力做好信访接待工作。组织开展信访大排查，建立台账，力求底数清、情况明。建立月通报和督办约谈等制度，压实属地属事责任，切实维护退役军人合法权益。

四、就业创业工作

2018年，黑龙江省自主择业军队转业干部整体就业创业率达43.6%，同比增长5.0%。举办黑龙江省第八、第九届退役士兵推荐就业专场招聘会，采取政府主导、部门协作、社会参与的方式，为退役士兵搭建供需见面双向选择服务平台，其中，第八届专场招聘会邀请省内外大中型企业150家，提供就业岗位近6000个，有3200名退役士兵参加招聘会，现场签订就业协议629人；第九届专场招聘会邀请230多家省内外知名企业，提供了互联网、生产制造、金融等8个行业10 000多个就业岗位，有4341名退役士兵参加招聘，现场签订就业协议753人。指导各地举办退役士兵就业创业现场招聘活动56场，现场签订意向性就业协议1134人。

五、教育培训工作

2018年，黑龙江省共培训退役士兵195批次7009人，投入教育培训经费5922.76万元。

组织开展为期两个月的计划分配军队转业干部适应性培训，248 人参加培训；选送 18 名计划分配军队转业干部进黑龙江大学、大庆石油学院等 4 所高校开展为期一年融入式的带薪脱产培训。举办黑龙江省首期自主择业军队转业干部创业培训，402 人参加培训。以全国开展就业创业“2018 年春风行动”为契机，下发了《关于组织退役士兵参加“春风行动”工作的通知》，指导各地认真贯彻落实退役军人事务部等 12 部门《关于促进新时代退役军人就业创业工作的意见》，积极开展退役士兵教育培训和就业创业服务活动。

六、军休服务管理工作

协调黑龙江省财政厅落实全省军休服务管理信息系统五级联网建设经费 50 万元，同时组织开展全省 5155 名军休干部、2046 名无军籍退休职工相关数据的清查核对工作，为全省安置管理信息化建设奠定了基础。积极协调黑龙江省财政厅，以年初预拨、专项保障形式下拨军休经费 7.47 亿元，保障了全省军休人员政治、生活待遇落实。

七、褒扬纪念工作

（一）加强英雄烈士保护，弘扬英烈精神

加强普法宣传，提升社会尊崇英烈意识。以黑龙江省委办公厅、黑龙江省政府办公厅名义印发了《关于进一步加强英雄烈士纪念保护工作的意见》，为全面加强全省烈士纪念保护工作奠定了坚实的政策制度基础。2018 年 8 月 8 日，黑龙江省暨哈尔滨市在防洪纪念塔前举行《英雄烈士保护法》普法宣传仪式。黑龙江省各地部分机关、烈属、驻军官兵、公安干警和社区群众代表近 500 人参加，现场举行了著名烈士事迹图片展，吸引近 3000 名游客和群众参观学习。

缅怀纪念，传承弘扬英烈精神。清明节期间，全省同步开展了“铭记 · 2018 清明祭英烈”活动，2500 多个单位、110 多万人次赴各烈士纪念设施祭奠烈士，开展入团入党宣誓、重温入党誓词等活动，近 51 万名团员青年、学生参加网上祭英烈活动。9 月 30 日，黑龙江省暨哈尔滨市举行烈士纪念日向英雄烈士敬献花篮仪式，黑龙江省及哈尔滨市领导、党政军群、老同志、老战士、烈属亲属、学生、工人代表等 1200 人参加活动。

（二）悬挂光荣牌工作

2018 年 7 月 29 日，国务院办公厅印发《为烈属、军属和退役军人等家庭悬挂光荣牌工作实施办法》，要求结合信息采集为烈士遗属、因公牺牲军人遗属、病故军人遗属家庭和现役军人家庭、退役军人家属悬挂“光荣之家”牌匾，并明确了设计和技术标准。黑龙江省民政厅、人社厅、公安厅、财政厅、军区政治工作局和军区动员局印发《关于切实做好为烈属、军属和退役军人等家庭悬挂光荣牌工作的通知》，明确了政策界限、仪式要求，特别是明确“属地化”、所需经费由所在地财政负担的原则。各地积极按照国务院和省民政厅等六厅（局）通知要求，积极筹措资金，截至 2018 年年底，70% 的市、县（市）履行了集中采购手续，为春节期间集中悬挂光荣牌工作奠定了基础。

八、优抚工作

黑龙江省委、省政府、省军区联合印发《关于加强新形势下优抚安置工作的实施意见》，为做好新形势下全省优抚工作奠定了坚实的政策基础。

全面落实优抚对象抚恤补助提标政策。从2018年8月1日起，伤残人员（残疾军人、伤残人民警察、伤残国家机关工作人员、伤残民兵民工）残疾抚恤金标准、“三属”（烈士遗属、因公牺牲军人遗属、病故军人遗属）定期抚恤金标准、“三红”（在乡退伍红军老战士、在乡西路军红军老战士、红军失散人员）生活补助标准，在现行基础上提高10%。

做好优抚对象帮扶解困和走访慰问工作。春节、“八一”期间，全省开展重点走访慰问优抚对象和解困工作，据统计，共走访慰问和帮扶优抚对象近3.3万人次，折合款物1800多万元，安排黑龙江省在乡老复员军人等优抚对象600多人次赴黑龙江省荣军医院短期疗养。

九、信息采集工作

根据统一部署，2018年下半年开展信息采集工作，在哈尔滨市举办全省信息采集业务培训班，邀请国家信息平台开发技术人员授课，市、县级业务骨干600多人参加。协调黑龙江省财政投入65万元升级改造了省级信息采集平台。市、县级购置信息采集设备终端1500多套，设置街道、乡镇信息采集点1280个，抽调1500多名工作人员开展信息采集工作。

哈尔滨市

一、机构建设情况

哈尔滨市退役军人事务局于2018年12月18日正式挂牌。

二、移交安置工作

（一）军转干部安置

计划分配军转干部安置工作。按照省直单位先安置、市后安置的统一部署完成了中央下达的军转安置任务。在工作中，坚持遵循统筹监管、合理编配、注重德才、注重实效的安置原则，采取按照考试考核成绩排名顺序公开选岗、指令性分配等安置办法，把团职军转干部作为安置重点，制定了2018年度安置方案和安置计划，并报请市政府37次常务会议审议通过，有计划地将159名计划分配转业干部分散安置到全市各级党政机关和参公事业单位，确保全市参公和行政编制安置率始终在90%以上，圆满完成省军转办下达的安置任务。此外，配合各驻哈部队，完成了62名现役军官转为非现役文职干部的落户等工作。

随军随调家属安置工作。按照“部队驻地就近和行业专业基本对口”的原则，分别与编制部门和安置单位进行协调沟通。2018年，共安置随调家属6人，随军家属16名。同时，按照全市（主城区）1680元的最低工资标准，为31家驻哈部队的709名随军未就业家属发放生活补贴共计460余万元。上述人员经部队政治部门审核上报后，由哈尔滨退役军人事务局对其医疗、失业、劳动合同情况再次进行比对无误后，录入哈尔滨市就业网络管理系统。

自主择业军转干部管理服务工作。全市接收自主择业军转干部361人，全年为军转干部发放保障经费共6318万元。积极推进创业就业工程，针对实际需求，组织开展培训招聘，积极组织自主择业军转干部参加清华大学网络课堂学习，“八一”建军节期间，组织企业公司现场招聘，提供就业岗位51个。

（二）退役士兵安置

2018年，进一步推进落实有关文件精神，结合哈尔滨市退役士兵安置工作实际，加大与省安置部门及市编办、市人社局、市财政局协调力度，在鼓励士兵自主就业、挖掘岗位资源、妥善解决遗留问题方面，抓好落实，按照《哈尔滨市人民政府关于进一步加强退役士兵安置工作的意见》和《哈尔滨市人民政府关于扶持和鼓励退役士兵自主就业创业的实施意见》，制订退役士兵年度安置计划，并在哈尔滨市安置工作中实行了

“阳光安置”，确保服役时间长、贡献大的退役士兵得到优先安置。

2018 年，为退役士兵组织专场就业创业服务现场招聘会 4 次，组织 500 余家企业进场招聘，共提供 1.3 万个工作岗位，累计 7000 余名退役士兵参会。通过微信公众号发布舆论引导、招聘求职和各类通知 100 余条，为退役士兵提供了政策咨询、业务办理、扶持就业等多项服务。目前，微信公众平台关注人数已突破 1.5 万人。

三、拥军优抚工作

（一）抚恤优待

落实各项抚恤优抚政策。自 2018 年 8 月 1 日起，提高部分优抚对象人员抚恤和生活补助标准。抚恤补助全部足额兑现。

为优抚对象送光荣牌、立功喜报、慰问信、对联“四送”活动。各区、县（市）民政、街道、武装部联合将立功喜报送到官兵家中，“四送”活动得到了广大优抚对象的广泛好评。春节、“八一”期间，哈尔滨市还对重点优抚对象进行走访慰问，全市共走访慰问重点优抚对象 7183 户，发慰问金（含慰问品）200 余万元。

（二）双拥工作

哈尔滨市委、市政府、哈尔滨警备区印发了《关于进一步增强军人荣誉感的实施意见（试行）》，在丰富拥军仪式活动、拓展抚恤优待措施、提高安置服务质量、完善社会公共服务、加强红色资源利用 5 个方面出台 22 项拥军政策，使军人优先优待有了制度性保障。市双拥办在全市开展了双拥共建“十个千”活动，掀起双拥工作新高潮。军人优先优待成效显著。现役军人、军队文职人员、军队离休干部、伤残军人凭证，在市行政区域内，免费乘坐城市公共汽车、地铁等公共交通工具得到全面落实。“八一”当天，中央电视台《新闻联播》予以报道。上述人员，免费参观游览市辖区内利用公共资源建设的公园、博物馆、国有企业经营的景区景点，免费或半价参观非利用公共资源建设旅游参观点得到较好落实。与此同时，机场、公路客运站、银行、医院、政务等公共服务机构设置军人优先窗口，军人依法优先在全市蔚然成风。“双看双学”活动成效显著。“八一”建军节前夕，市双拥办邀请 500 名驻哈官兵及家属代表参观哈尔滨。国防教育日，驻哈部队开放军营，邀请 500 名大中小学生、市双拥工作领导小组成员单位联络员参观军营，体验军旅生活，市民和军人在看中学，在学中看，进一步拉近了军民关系。随着“十个千”活动深入开展，在全市形成尊崇军人、关心军属、热爱军队、支持国防的良好氛围。

走访慰问活动。春节期间，以市委、市政府名义在新闻媒体上发布了慰问信。组成 3 个慰问团，走访慰问了驻哈 7 支副师级以上部队，赠送慰问金 40 万元。组织区、县（市）走访慰问 67 支部队，赠送慰问金（含慰问品）254 万元。“八一”建军节期间，组成 3 个慰问团，走访慰问了驻哈 9 支部队，赠送慰问金 80 万元，组织区、县（市）走访慰问 74 支部队，赠送慰问金（含慰问品）294 万元。

四、褒扬纪念工作

贯彻落实《英雄烈士保护法》。一是组织全优抚系统一部认真学习《英雄烈士保护法》内容，以哈尔滨烈士陵园为阵地，对《英雄烈士保护法》进行了全面宣传。二是在 2018 年 8 月 8 日承办了黑龙江省暨哈尔滨市《英雄烈士保护法》普法宣传活动仪式。三是承办了黑龙江省暨哈尔滨市烈士纪念日向英雄烈士敬献花篮仪式。

清明期间，专门下发了《关于做好清明节期间烈士褒扬活动和祭扫服务工作的通知》，对全市清明节期间祭扫服务接待工作提出明确要求，共接待社会团体 875 家，烈士家属 2500 余人，社会群众 20 万人次。高质量完成了“文明服务　安全祭扫”的各项任务目标。

五、军休服务管理工作

2018 年，按照民政部军休干部服务管理信息系统五级联网的要求，完成移交安置的军休干部信息采集、校对、订正、录入、上报工作。

组织军休干部开展门球、台球、钓鱼等活动；组织军休干部开展“一日游”活动，参观该市经济社会建设取得的成就，激发他们热爱家乡，为家乡贡献力量的政治热情。

组织安全教育和检查，做好全市军休机构安全稳定工作。安置处组织军休所（中心）领导召开安全工作会议，学习落实局党组有关安全工作的要求，对市直 7 家军休机构的安全工作情况进行了检查。

六、军供保障工作

2018 年，军供站牢记“为国防建设服务、为部队服务”的宗旨，着眼于军民深度融合发展，全年完成应急保障和常规保障任务 35 批次、5917 人次。开展跨区域机动保障综合实战演练，开创了省内两家军供站综合协调保障的先河。加强军供保障现代化建设，军供任务指挥中心竣工并投入使用。

上海市

一、机构建设情况

按照中共中央、国务院要求，根据《上海市机构改革方案》，成立筹备组，下设4个工作组，扎实推进各项工作，完成人员转隶并上报“三定”方案，于2018年11月28日正式组建上海市退役军人事务局。

二、政策机制创新工作

（一）探索优抚安置社会化服务体系

按照“党政主导、整合资源、统一平台、分类实施、立足基层、服务为先”的原则，搭建了“市级统筹安排、区级组织协调、街道乡镇具体实施、社会力量积极参与”的组织架构，建立了“入户探访、定期活动、督导评估、资金管理”4项工作制度，制定了“6+6”服务项目（日常联络关怀、节日慰问、政策宣传、特殊对象走访慰问、立功授奖激励、专题座谈等6项基本内容；医疗服务、生活服务、助老服务、开展庆生祝寿活动、集中组织参观活动、英烈宣讲活动等6项拓展服务）。全市共有117家社会组织，256名专业优抚社工，3316名志愿者、联络员为优抚对象提供个性化、精细化服务。同时，组建由专家、社工、志愿者、联络员组成的上海市“关爱功臣”督导团队，对上海市双拥（优抚）之家建设进行专项督导。按照双拥（优抚）之家“十个一”建设内容，在全市建成302个双拥（优抚）之家，覆盖全市所有街镇。“关爱功臣”微信公众号注重加大舆论宣传，总结先进经验，培育先进典型，引领社会各界主动参与“关爱功臣”项目。

（二）建立社区“退役军人事务顾问”制度

2018年“八一”建军节来临之际，上海市首个“退役军人事务顾问”点在杨浦区延吉街道挂牌，市领导为首批社区“退役军人事务顾问”颁发证书。下发《关于开展“退役军人事务顾问”服务工作的通知》，积极推进在上海市各街道、乡镇的社区事务受理服务中心、各示范类双拥（优抚）之家内全部设立“退役军人事务顾问”点，为退役军人和其他优抚对象提供退役军人事务咨询、服务资源介绍等便利服务。

（三）推出思想政治工作务实举措

在龙华烈士陵园举行上海“红色护照”首发仪式，“红色护照”纳入烈士纪念设施、全国爱国主义教育基地、国家级抗战纪念设施（遗址）及见证上海城市发展历史的22家场馆，配合部队开展“传承红色基因、担当强军重任”主题教育，结合上海“开天辟地——党的诞生地发掘宣传工程”，在全国率先推出创新举措。2018 年全年共印制 9.6 万本《上海红色护照》，通过各种渠道陆续发放到驻沪各部队官兵手中。同时，还制作了各场馆的纪念图章，供参观的部队官兵盖章留念。

三、移交安置工作

（一）军转干部安置工作

大力推行阳光安置，加大政策落实力度，主动将移防进沪的军转干部均视作照顾对象给予进沪条件优待，对功臣模范等重点安置对象在安置各个环节给予照顾，创新安置方式，积极推进“直通车”安置。2018 年，上海接收军转安置任务近 2000 名，比去年增加 11%。安置总人数在去年已大幅增长的基础上继续增加，为近 30 年来最多。上海市各地区、各部门迎难而上，切实提高政治站位，强化问题导向和服务意识，完善工作机制，全力以赴推动工作，计划分配军转干部、自主择业军转干部和随调家属报到通知按国家时间节点全部发放。计划分配军转干部安置在公务员岗位（含参公单位）的占 85%、安置在事业单位的占 11%、安置在企业的占 4%。

（二）退役士兵安置工作

2018 年，结合大调研和日常信访中了解到的退役士兵对安置及相关政策了解不充分、不准确等现象，围绕加强政策宣传解读和职业技能培训，以促进安置和就业为主题，创新开展退役士兵教育培训工作。上海市退役军人工作系统举办 2018 年由政府安排工作退役士兵综合培训班，向各区发布《上海市退役士兵安置政策问答》（2018 年版），供宣传安置政策使用；制定出台《上海市民政局关于加强新时代退役士兵综合培训工作的实施意见》，对各区安置部门开展的退役士兵综合培训工作给予规范和指导，做到对象全覆盖、实施全过程、内容有规范，并拓展了短期职业技能培训。

2018 年，全年接收符合政府安排工作条件退役士兵 160 人左右，安置率达 100%。

（三）军转干部进高校专项培训工作

围绕“时间更灵活、方式更多样、内容更务实”3 个重点方向着力改进，充分考虑培训中存在的工学矛盾、人员紧张、需求不同等问题，积极优化完善培训模式，极大地促进了单位和个人的参训积极性。一是时间更灵活，经与高校及全员送训单位商议，在开训时间上进行了更多的改进，培训时间根据培训内容结合社会热点，可以随时调整原上课时间安排。二是方式更多样，将培训模式中的个性化培训进一步优化为“全脱产随班就读、集中授课 + 随班就读、MBA/MPA 高端研修、研究型”4 种；同时，根据实际情况及送训单位需求，将联合办学扩大到了多方联合办学，送训单位可以根据自身需要选择一项或几项混合。三是内容更务实，将培训过程优化为能力养成过程，通过培训让每个学员掌握如何获取知识、如何开展研究、如何融入地方、如何利用信息化技能办公等。

四、就业创业工作

（一）落实就业创业政策

2018年，对自主就业（自谋职业）退役军人，着力推进教育培训，积极搭建平台，通过组织职业介绍、就业推荐、专场招聘会等方式，为其提供就业创业指导和服务，大力扶持其就业创业，赢得退役军人广泛认可。

（二）搭建就业服务平台

举办2018年自主就业退役士兵专场招聘活动，来自中国银行、中国移动、振华重工和隧道工程、申通地铁、上勤集团等70余家在沪央企、市（区）属国企和其他单位提供了近300个岗位，供参会的500多名退役士兵进行选择，为退役士兵搭建就业平台，提供就业服务。同时，各区也先后举办区级退役军人专场招聘会。

五、思想政治工作

（一）转接退役军人党组织关系

根据中央有关文件要求，专门制定出台做好退役军人党组织关系转接工作文件，规定对“退役军人党员实行先转接党组织关系，后办理领取经济补助、退役金的工作程序”。引导退役军人党员及时落实组织关系，有效纳入组织管理。其中，计划分配军转干部，转接至接收单位党组织；自主择业军转干部，转接至其所在街（镇）党组织；自主就业的退役士兵，党组织关系先由户口所在地的街（镇）接收管理，待工作单位落实后再将党组织关系按规定转接到所在单位党组织；安排工作的退役士兵，在待安排工作期间的党组织关系先转接到户口所在地的街（镇）党组织，待工作单位落实后再将党组织关系按规定转接到所在单位党组织；高校大学生退役士兵的党组织关系由原就读高校党组织接收管理。

（二）宣传退役军人典型

在广播、电视、报刊设立专栏专题，并借助新媒体扩大覆盖面和影响力，使正面典型宣传经常化。在8月1日建军节及4月23日人民海军成立纪念日、11月11日人民空军成立纪念日等重要纪念日，在全市广泛开展“共筑强国强军梦，同心奋进新时代”宣传教育活动，先后制作了《拥军优属，军民同心》《军民同心，建设一支强大的人民海军》《军民同心，建设一支强大的人民空军》等一系列公益宣传片，在移动媒体平台、各大商圈及车站、地铁、机场的户外大屏幕、广告牌，采取影音、图文的形式，对人民军队的精神风采进行全方位展示，营造了浓厚氛围。同时，上海进一步发挥“关爱功臣”微信公众号的作用，注重加大舆论宣传，总结经验，培育退役军人和烈属、军属先进典型，引领社会各界主动参与“关爱功臣”项目。

（三）开展烈士褒扬工作

认真组织好清明、冬至祭扫和烈士纪念日活动。开展“六个一”主题活动，即办一出诗歌会、听一场红色讲座、写一首英雄诗词、做一次志愿服务、拍一张红色照片和开一次烈士褒扬研讨会。在烈士纪念日期间，确保所有烈士纪念设施前都摆放鲜花。深入开展烈士事迹“进军营、进学校、进社区”活动，在全社会掀起学习烈士精神的新高潮。认真做好烈士纪念设施的普查工作。截至 2018 年 8 月底，全市 16 个区通过调查上报了 88 处烈士纪念设施。在各区申报基础上，分管局领导亲自挂帅调研工作组，分三路到上述烈士纪念设施开展实地调研。经核实审查，最终确定了 74 处烈士纪念设施。

六、拥军优抚工作

（一）信息采集工作

建立了退役军人和其他优抚对象信息采集工作联席会议制度，下设办公室，全面负责统筹全市信息采集工作。上海市政府召开了全市退役军人和其他优抚对象信息采集工作专题推进会，根据国务院和市委、市政府要求，结合上海实际，本着便民利民的原则，充分利用现有档案和数据资料，以单位内部核查为主的方式进行采集。对各区和市级机关、企事业单位等信息采集人员进行了专门培训。对各部门、各系统、各单位上报的相关数据进行了汇总比对，并及时录入国家的数据信息库。

（二）落实优抚政策

从 2018 年 8 月 1 日起，上海在国家规定的基础上，结合本市经济社会发展实际，提高了部分优抚对象抚恤补助标准。各项抚恤、补助、优待金均按规定予以及时、足额发放。依法依规办结伤残人员评定、调整伤残等级、部队退役和外地迁入伤残人员换证等各类抚恤审批（审核）事项共 278 件。在全市按规定发放了烈士、因公牺牲军人、病故军人的一次性抚恤金，在职（含离退休）烈属定期抚慰金，以及相关人员去世后的丧葬补助；对烈属、残疾军人等重点优抚对象在医疗机构给予享受挂号、就诊、化验、付费、取药、住院等“六优先”待遇；对异地祭扫烈士的烈属给予了交通、食宿的便利及补助；落实了烈属、残疾军人、现役军人、军队离休退休干部等对象在交通、住房、旅游、文娱等方面的优先优惠待遇；落实残疾军人享受社会残疾人相应待遇，按规定为其配置康复辅助器械。

（三）帮扶援助困难退役军人军属

对超过退休年龄且收入水平低于相应定期抚恤补助标准的“三属”、复员军人、带病回乡退伍军人给予差额补助；向享受抚恤补助的烈属、军属、残疾军人、复员军人、带病回乡退伍军人、“两参”退役人员中，自付医疗费用给予了较大的优抚医疗费用补助；对遇到意外灾害、患重大疾病等特殊困难的优抚对象发放了临时困难补助；对有关优抚对象给予优先优惠享受法律援助和服务；落实烈士子女等优抚对象和退役军人在教育方面享受相应加分录取、优先入学、学费减免、助学帮困等待遇； 落实优抚对象优先申请保障性住房和农村危房改造、减免公有住房租金和相关房产登记管理规费等待遇；对烈士遗属、残疾军人等对象落实了优先就业（含再就业），以及职业指导、职业介绍、职业培训等方面的优先照顾和帮扶措施。

七、军休服务管理工作

2018 年，按照国家有关军休工作政策规定，较好地完成了军休工作各项任务。一是严格执行军休审定和接收安置政策规定，圆满完成了年度军休干部审定和接收安置任务。其中，审定通过进沪安置数为447人，接收安置军休干部360人；接收军队无军籍退休职工4人。二是根据中央下达的军休人员经费，按时分配下达至各区军休机构，落实军休干部生活待遇。三是根据《军队离休退休干部服务管理办法》等，全面做好军休干部服务管理工作。2018年重点做好军休服务标准化建设，以标准化促进服务管理规范化建设。其中，长宁干休所等6家军休服务管理机构已经完成标准化试点示范验收工作，对全市军休服务管理机构具有示范引领作用。徐汇干休所等5家军休服务管理机构申请了标准化示范试点，并已经正式启动相关工作。印发《关于全面推进军休服务标准化建设工作的通知》，对全市各军休服务管理机构标准化建设进行分层指导，以点带面，推动全市军休服务管理机构整体服务水平的提升。此外，成功组织开展军休系统纪念改革开放40周年系列活动，丰富军休干部的业余文化生活。四是根据退役军人事务部要求，圆满完成了全国军休信息系统数据核查和修改数据申请上报工作。

八、权益维护工作

按规定期限办理退役军人事务部重点信访督办事项。开展定期走访慰问，耐心做好思想矛盾化解工作，并给予关爱帮扶，做到诉求合理的问题解决到位、诉求无理的思想教育到位、生活困难的帮扶救助到位。高度重视退役军人来信来访工作，严格按照政策规定答复信访人员，做到件件有答复、事事有回应。

江苏省

一、机构建设情况

根据中央统一部署和江苏省委机构改革要求，2018 年 11 月 17 日，江苏省退役军人事务厅完成转隶组建并正式挂牌运行，13 个设区市均成立了筹备组，对原来分散在民政、人社和军队有关部门的退役军人移交安置、就业扶持、困难帮扶、优待抚恤、权益维护、褒扬纪念和拥军优属等职能进行了整合，实现了统一集中办公，县（市、区）级转隶组建工作加快推进。

二、政策法规工作

加强政策创制，先后出台了《为烈属、军属和退役军人等家庭悬挂“光荣之家”匾牌工作实施细则》《关于积极开发专门岗位确保下岗、失业转业志愿兵（士官）就业工作的通知》《贯彻落实〈关于促进新时代退役军人就业创业工作的意见〉实施细则》《贯彻落实〈关于进一步加强由政府安排工作退役士兵就业安置工作的意见〉实施办法》等配套文件，为进一步做好退役军人工作提供了政策保障。

三、移交安置工作

2018 年，国家下达江苏省接收安置干部计划近 6000 名，其中计划分配 5200 余名。组织上岗前适应性培训，将计划分配军转干部教育培训纳入各地各部门公务员教育培训和人才资源开发整体规划，更加突出针对性和实用性。选送近 900 名计划分配军转干部在全省 17 所承训高校进行为期一年的专项培训，全省进高校培训军转干部的参训人数、涉及的承训学校数在全国名列前茅。2018 年，全省接收退役士兵 28 000 多名，其中符合政府安排工作条件的退役士兵 1200 余名。“积分选岗，阳光安置”政策得到全面推行。全省累计提供 2000 多个安置岗位，其中省级下达 1000 多个年安置计划指标数，其中事业编制指标占 32%。

四、权益维护工作

认真梳理优抚安置政策落实情况，下大力气解决应安置未安置、安置后非个人原因未上岗等问题，先后帮助 3000 多名下岗、失业转业志愿兵（士官）实现再就业，帮扶 3 万多名退役军人实现脱贫解困，有效增强了退役军人的获得感。认真做好来信来访办理工作，加强信访事项转办督办。扎实开展关心关爱，组织走访慰问，对生活困难退役军人给予帮扶，解决他们的实际困难。

五、信息采集工作

积极做好退役军人和其他优抚对象信息采集工作，江苏省政府办公厅下发《关于切实做好退役军人和其他优抚对象信息采集工作的通知》，明确信息采集工作以县（市、区）为单位组织开展，由退役军人事务部门（前期由民政、人社部门）牵头负责，乡镇（街道）具体实施。职能部门及时组织召开了信息采集任务部署会暨业务培训会，印发了省信息采集工作方案和实施细则。全省各地按照统一宣传口径，通过广播、电视、报纸、网络等大众传媒多渠道发布信息采集公告，充分运用横幅、标语、宣传栏、海报等形式广泛宣传发动，准确宣传解释信息采集相关政策和要求，确保所有符合条件的采集对象都了解信息采集的目的、意义和基本要求，营造浓厚的工作氛围。省级狠抓督促检查，高效推进工作开展，省政府分管领导深入信息采集一线检查指导工作，召开推进会，就加快工作进度、提高工作质量提出要求。全省共组织抽调约 1.5 万名工作人员，设立 6100 多个信息采集点，购置信息采集设备近 5300 台，投入经费约 6500 万元。对年老体弱、身体残疾等不方便到集中采集点申报登记的人员，采取上门服务的方式，为采集对象提供便利，充分体现人文关怀。积极主动与采集对象相对集中的单位和居住区协调对接，安排工作人员上门采集，有效提高信息采集率。

六、优待抚恤工作

2018 年，江苏省享受国家抚恤补助的优抚对象均享受了以下优待：减免或补贴家庭有线电视费、网络宽带费和生活用水、电、气等，平均每人每月补贴不低于 50 元；每人每年免费体检一次，体检标准不低于 300 元；免费乘坐市内公共交通工具；免费参观游览省内国有单位经营的公园、博物馆、名胜古迹等旅游景点。与此同时，综合考虑已领取企业职工基本养老保险金或城乡居民养老保险金但未享受到国家抚恤补助金的“两参”退役人员面临的实际困难，全省统一规定在每年建军节、春节对这些人员发放专项慰问金。此外，全省继续开展重点优抚对象短期疗养和医疗巡诊活动，全年共安排 7000 名重点优抚对象参加了短期疗养，组织 7800 名重点优抚对象参加了医疗巡诊。

2018 年 7 月 27 日，退役军人事务部、财政部联合发出通知，再次提高部分退役军人和其他优抚对象等人员抚恤和生活补助标准。江苏省及时贯彻退役军人事务部、财政部的通知精神，结合本省动态调整机制规定，进一步明确了各类重点优抚对象抚恤补助标准，在确保不低于国家标准的前提下，以所在设区市上年度在岗职工（或城镇非私营单位在岗职工）平均工资为参照基数，按照省定比例计发。

七、光荣牌悬挂工作

江苏省是全国最早为军人家庭等悬挂光荣牌的省份之一。2017 年，省政府办公厅下发《关于切实做好优抚安置有关工作的通知》，要求按全省统一制式，向优抚安置对象家庭发放光荣牌，截至 2017 年年底，共发放 200 多万块。2018 年 7 月，国务院办公厅印发《为烈属、军属和退役军人等家庭悬挂光荣牌工作实施办法》（以下简称《实施办法》）以后，全省退役军人工作系统深入贯彻落实《实施办法》等文件要求，结合江苏省实施情况，扎实推进光荣牌换发工作。印发《为烈属、军属和退役军人等家庭悬挂“光荣之家”匾牌工作实施细则》，全省各级举行形式多样的换发仪式，全年共为163万个家庭换发了新式光荣牌。通过传统媒体和微信、微博等新媒体平台广泛发布关于悬挂光荣牌的信息，并在所有村（社区）张贴告示，讲明光荣牌发放对象和悬挂程序，确保符合条件的人员应知尽知。对发放对象全部建档立卡，建立电子台账，与信息采集数据进行比对核实。及时对漏发家庭进行核实补发，确保不漏一户、不错一户。

八、双拥工作

积极适应改革强军新形势，继续支持部队做好体制编制调整、军事人力资源政策完善、新型作战力量建设等工作。进一步完善和出台特殊政策和倾斜措施，帮助部队解决随军家属安置、子女入学入托、训练场建设使用、军事设施建设保护等方面遇到的18项重大问题。军地合力推进军队后勤保障社会化等跨军地改革，支持驻苏部队停止有偿服务项目7000多个。开展“走边（海）防看亲人”“第二故乡送温暖”“城市与舰队”等走访慰问活动300余次，向基层官兵传递家乡党委、政府的关心。2018年7月30日，江苏省委、省政府、省军区在南京隆重召开江苏省第十一届双拥模范城命名表彰大会，86个县（市、区）被命名为“江苏省双拥模范城”，45个单位被表彰为“江苏省双拥模范单位”，63人被授予“江苏省双拥先进个人”称号。

九、军休服务管理工作

2018年，全省共接收安置军队离休干部、退休士官1.8万人；接收无军籍退休退职职工0.8万人。现设有129个军休服务管理机构（军休中心、军休所），编配1086名事业编制工作人员，负责军休干部服务保障工作。

南京市

一、军转安置工作

按照退役军人事务部等8部门《关于做好2018年军队转业干部安置工作的通知》，以及省军转安置工作领导小组（扩大）会议和全市军转安置工作小组会议精神，扎实推进完成年度军转安置各项工作，接收1300余名计划分配军转干部和15名随调家属，较好地完成了国家、省下达南京市的军转安置任务。

（一）强化组织领导，研究制订计划

9月3日，经市委、市政府同意，组织召开了全市军队转业干部安置工作小组（扩大）会议，对做好2018年的军转安置工作提出要求。统筹考虑各单位编制与接收军转干部的情况，根据关于做好深化国防和军队改革期间军队转业干部安置工作有关通知要求，畅通军队转业干部进入法治专门队伍的通道，军转干部安置到公安等政法系统占比达30%以上；计划安排向基层和发展一线倾斜；统筹考虑单位在各接收年度间和转业干部结构上的平衡。以市委办公厅、市政府办公厅的名义印发了《关于开展2018年军队转业干部安置工作的通知》，要求各区、各部门、各单位制订工作计划，严格按照时间节点抓好工作落实。

（二）省市联动，周密组织，开好双选会

提前组织召开双选工作部署会，向全市各单位通报今年军转安置工作的总体安排。9月18日，南京地区军队转业干部双向选择洽谈会在南京新庄国展中心举行，229家接收单位，以及计划分配军转干部及家属共计3000余人参会。

（三）重视培训工作，确保培训实效

注重因人施教、精准施教，通过科学设计培训课程，优选培训师资，帮助军转干部更新专业知识，更好地熟悉南京市情，提高岗位适应能力。积极实施2018年军转干部进高校专项培训，选送近300名军转干部进行为期1年的融入式带薪脱产专业培训。

（四）政策执行到位，确保总体稳定

有效落实各项解困政策，及时足额发放企业军转干部地方性补贴；着力强化思想政治工作，搭建多层次沟通交流平台，开展迎“八一”面对面座谈交流活动。在春节、“八一”等节日期间，走访功臣模范、因战因公致残、大病重病的企业军转干部。

二、自主择业军转干部管理服务工作

（一）紧抓管理主线，全面提升自主择业军转干部工作规范化水平

一是圆满完成2018年自主择业军转干部档案审查和接收安置工作。二是认真做好退役金核定及2019年增资普调工作。高度重视退役金首次核定工作，在档案审查过程中，对影响退役金的各项因素严格把关，反复核对，确保退役金足额发放到新增自主择业军转干部手中。

（二）举办自主择业军转干部招聘会

为提高招聘会的质量与效果，通过调查问卷，了解自主择业军转干部的就业需求。8月30日，在南京人才市场举办自主择业转业干部招聘会，提供了医生、教师、财务、党务、行政等300余个岗位，共有300多名自主择业转业干部参加应聘，有30余人现场与招聘单位达成初步意向。

（三）积极创建“江苏省自主择业军转干部创业示范基地”

在南京市符合条件的企业中广泛开展省级自主择业军转干部创业示范基地的创建申报活动。经过自主择业军转干部自主申报、各安置区人社部门推荐审核、市级现场考察等环节，共遴选出4家企业作为南京市参加全省就业创业示范基地创建单位。

（四）细致做好待遇保障服务，增强自主择业军转干部认同感

医疗保险方面，在城镇职工医保的基础上参加公务员的补充医疗保险，对参加养老保险的自主择业军转干部则继续保留原医疗保险待遇，确保其医保待遇不降低。健康体检方面，经与市相关部门和各区多方协调，从2018年起在全市自主择业军转干部中全面开展干部健康体检工作，并督促各区落实。

三、优抚安置工作

（一）做好优抚安置专项资金核拨工作

2018年度核拨全市优抚安置各类资金总额20亿元，其中军休类人员、机构专项资金17.1亿元，优抚类专项资金2.3亿元，退役士兵类专项资金0.6亿元。督促各区及时调整优抚安置对象人员变动情况，加强经费使用政策业务指导，要求专项资金专款专用、合法合规。

（二）提升优抚保障水平

2018年，南京市按省定比例调整了优抚对象抚恤补助标准，全面形成南京市重点优抚对象抚恤补助标准动态调整机制，构建了更加合理的抚恤补助梯度结构，提高了南京市无工作（收入）残疾军人的残疾抚恤金，“三属”人员定期抚恤金，在乡复员军人、带病回乡退伍军人、参战参试退役军人定期定量补助标准，惠及重点优抚对象7917人，平均涨幅达12%。

（三）服务抚恤优待对象

一是配合市医保中心完成金保二期“一站式”结算平台系统支付优抚对象医疗补助，为994名企业残疾军人发放补助医疗费175.45万元。二是规范优抚日常工作。全年组织医学专家小组

进行伤病残鉴定共计193人，办理军队退役换证87人，评定伤残18人，调整伤残等级13人，旧伤复发死亡医学认定2人，带病回乡18人，落实新牺牲烈士家属待遇6人，复核军地因公牺牲性质3人。统一组织参试人员进行职业病检查，同时启动残情鉴定工作。全面开展优抚对象数据核查工作。三是开展了3批共412名重点优抚对象短期疗养活动，安排461名重点优抚对象参加医疗巡诊。

（四）完成各项安置工作任务

一是进一步完善退役士兵安置政策、数据采集和待遇落实工作。配合南京警备区、市人社部门开展事业单位定向招聘退役大学生士兵工作，拓展大学生退伍士兵安置新形式。继续完善1978年以来符合政府安排工作条件的转业志愿兵、士官和义务兵相关数据采集工作。二是不断提高退役士兵安置质量，加强职业教育和技能培训，多渠道、大范围筹集安置岗位。全面落实自主就业退役士兵相关政策规定，2423名自主就业退役士兵兑现了安置政策。抓好退役士兵教育培训工作。全市参训退役士兵1448名，应训率100%。严格落实自主就业退役士兵扶持就业服务工作。召开退役士兵专场推荐就业会，为退役士兵就业创造条件。

（五）做好军休服务管理工作，全面落实好政治和生活待遇

面对南京市军休人员交接工作受计划、时间限制，审核形式单一的问题和差距，对军改期间军休人员接收安置工作实现了“四改进”：第一，以“安置去向审定表”为依据，先行接收，后补计划；第二，不再受时间、节点限制，只要部队交得出，南京市100%予以接收，实现部队、地方、个人“三满意”；第三，采取单独和集中相结合的方式进行审档，遇到相对集中、移交人数较多的部队，主动上门，集中审档，提高军地交接工作效率，真正做到服务部队，服务军改；第四，认真执行文件规定，严格规范交接程序。2018年，接收安置军队离退休干部、退休士官286人，接收军队复员干部、相关伤病残义务兵和初级士官22人。在规定时限内，将新接收安置的军休人员个人基础信息数据全部录入完毕，完成民政部、省厅部署的无军籍职工数据核查和接收安置工作。

（六）启动全市复退军人数据库建设

根据国家、省的统一部署，自9月17日起，组织开展南京市退役军人和其他优抚对象信息采集工作。共采购采集设备440台，召开信息采集培训会106场，印制张贴宣传画报50 000余张（含电子公告牌），悬挂横幅标语3643条，制作发放信息采集员证1622张。

四、双拥共建工作

（一）抓制度落实

2018年年初，根据人员调整健全完善了市双拥工作领导小组，定期组织召开双拥成员会议，组织双拥成员单位开展双拥活动，组织部队和基层双拥联络员培训，定期开展工作交流，组织驻宁部队代表参观改革开放40周年图片展和城市建设。春节和“八一”期间，组织开展双拥系列活动，营造双拥氛围，协调组织市级慰问驻宁部

队36次。连续5年在媒体刊登《南京籍官兵立功光荣榜》，进一步完善现役军人免费乘坐公交地铁举措，持续开展“南京军中好人评选”，进行正能量的典型宣传，增强军人荣誉感、获得感，双拥工作受到中央媒体的转载好评。

（二）抓制度创新

按“双拥在基层”的工作要求，全市各街镇普遍建立了双拥工作站或拥军优属工作站，积极为军属和优抚对象服务。继续完善“慈善拥军基金”筹措发放，全年共筹集资金310.8万元，分两次为776人发放资助金273.55万元。

（三）抓打牢基础

以双拥共建为抓手，推动各区双拥工作开展，按照省双拥现场会要求，着力在街镇社区打造拥军优属平台，进一步提升双拥工作，7月，在省委、省政府和省军区举行的双拥模范表彰会上，11个区被表彰为“双拥模范区”，首次取得双拥模范区“满堂红”。

浙江省

一、机构建设情况

按照浙江省委机构改革部署，2018 年 10 月 24 日，省退役军人事务厅正式挂牌成立。核定内设机构“7+1”，即办公室（挂政策法规处牌子）、思想政治和权益维护处、规划财务处、移交安置处、就业创业处、军休服务管理处、拥军优抚处（挂褒扬纪念处牌子），机关党委另设。同时增设省退役军人服务中心，核定事业编制 20 名。各市、县全部成立退役军人事务机构筹备组，明确分管领导、筹备组负责人和机构框架，全省横向到边、纵向到底、覆盖全员的筹备工作体系初步建立。

二、移交安置工作

2018 年，浙江省接收军队转业干部 3200 多名。其中各级机关（含参照《公务员法》管理事业单位）安置约 2700 名、事业单位安置 200 多名、企业安置 8 名，自主择业近 300 名；随调家属 70 名，随迁人员 375 名。全省实际接收符合政府安排工作条件退役士兵 1000 余名。

（一）军转干部安置

2018 年，浙江省计划分配安置的师团职干部约 500 人中，各级机关（含参照《公务员法》管理事业单位）安置比例达 93% 以上。荣立二等功以上和长期在边远艰苦地区、特殊岗位工作的 400 多名军队转业干部机关（含参照《公务员法》管理事业单位）安置比例达 94% 以上。

（二）军转干部教育培训

2018 年 7 月，省军转安置工作领导小组会同杭州市和各部队转业办组织开展进杭安置军转干部前移培训。12 月，省退役军人事务厅组织开展省直军转干部岗前培训，204 名军转干部参加培训。培训为期 40 天，分为理论学习、党风廉政、互动课堂、素质提升和网络培训 5 个模块。

（三）军队转改文职干部人员落户

2018 年，省退役军人事务厅首次担负军队转改文职干部人员落户工作。6 月，省军转安置工作领导小组集中组织军队转改文职干部人员落户材料审核移交；10—11 月，与省公安厅、省军区政治工作局沟通协调，简化军队转改文职干部人员办理落户流程，规范办理落户程序，完成军队转改文职干部人员落户 120 名。

（四）退役士兵安置

2018 年 7 月，召开全省退役军人工作推进会，部署年度工作任务，明确具体工作要求。全省坚持“阳光”精准安置，各地坚持“公开、公平、公正”的原则，实行“阳光”安置，公示安置流程、量化评分、考试成绩和岗位性质，采取考试和考核相结合的办法，综合考试成绩、服役表现等情况进行，安置在国有企业和事业单位的约占总安置人数的99%以上。

（五）随军家属就业安置

2018年，先后印发《关于切实做好2018年驻浙部队随军家属就业安置工作的通知》《关于加快推进2018年随军家属就业安置工作的通知》，适应新时代和军队调整改革的新形势，突出符合立功受奖及艰苦地区岗位军人随军家属优先安置条件、往年积累未安置、基层作战部队及新换防或调整组建作战部队随军家属重点。驻浙部队有950多名有就业需求的随军家属，其中660多人得到妥善安置。

三、就业创业工作

2018年，浙江省全面落实党中央、国务院和省委、省政府关于就业创业工作的决策部署，坚持政策优先、狠抓末端落实，坚持市场主导、强化政府推动，坚持自愿选择、引导合理预期，构建形成“以实现高质量充分就业为牵引，教育培训、服务管理同向发力”的工作格局，确保退役军人在享受普惠性政策和公共服务基础上给予特殊优待，开创全省退役军人就业创业工作新局面。10月，省退役军人事务厅出台《关于做好退役军人就业创业工作的实施意见》，重点对强化就业扶持、创业融资优惠等方面进行充实和细化，积极为全省退役军人就业创业提供最优服务保障。明确小微企业招用退役军人，最高可享受300万元的担保贷款，享受3年全额贴息，给予3年社保补贴；初次创业的退役军人，可申请最高30万元的3年全额贴息贷款；带动就业的，可享受3年最高每年2万元的补贴；等等。搭建退役军人就业创业服务信息平台，全年全省组织专场活动300多场次，服务退役军人及优抚对象10万余人次。

（一）自主择业军转干部和复员干部服务管理

2018年，省退役军人事务厅联合省委组织部、省财政厅等5部门出台《关于加强浙江省自主择业军队转业干部管理服务工作的通知》，从接收报到、退役金审核、党组织关系转接、党员教育管理、就业创业等方面进行规范和服务提升。联合省委组织部印发有关通知，并配合组织部门开展党组织关系转接情况检查和处理工作。加大自主择业政策宣传，制作《浙江省自主择业工作服务手册》，开展“送政策进军营”活动，合理引导军转干部理性选择自主择业安置方式。加大典型宣传力度，“八一”建军节前，协同省委宣传部在《浙江日报》、浙江卫视等省级主流媒体对3名自主择业干部就业创业典型事迹进行集中宣传，鼓励引导军队干部自主择业。截至2018年年末，全省实际接收自主择业干部约300名、复员干部80多名。完成自主择业的干部年度增至1000多名，核定300多名新增人员退役金并发放退役金1.23亿元。

（二）自主就业退役士兵服务保障

2018年，全省接收自主就业退役士兵1.59

万名，1.04万名参加了职业教育和技能培训，其中，1年内技能培训7756名、1～2年技能培训65名、中等学历教育318名、高职教育331名、3年以上高等教育1948名，提高了他们的就业能力。审核退役士兵参加全国高考并加分16名。

（三）军转干部进高校专项培训

2018年，根据《关于探索开展军队转业干部进高等学校专项培训的实施意见》，在杭州、宁波、温州、金华、台州等市和公安系统积极探索开展军队转业干部进高校专项培训工作。全年全省选送92名军转干部（其中，党政机关和参公事业单位85名，事业单位7名）分别在宁波大学、浙江师范大学、杭州师范大学、浙江警察学院、温州大学、温州医学院等进行为期1年的带薪脱产培训。

四、拥军优抚工作

2018年，省退役军人事务厅开展新一轮省级双拥模范城（县）创建，巩固提升全国双拥模范城（县）创建命名成果，推进双拥基层规范化建设、社会化拥军、拥军优属工作，支持部队建设和国防改革发展，军爱民、民拥军氛围浓厚。落实各项优抚法规政策，优抚对象生活、医疗等待遇得到有效保障，共享浙江经济社会发展成果，退役军人和其他优抚对象信息采集、因公牺牲军人遗属和其他优抚对象家庭悬挂光荣牌工作有序开展，社会优待体系建设，英烈褒扬纪念和保护稳步推进，形成尊崇英雄、学习英雄、捍卫英雄和关爱英雄的良好风尚，优抚事业单位建设不断加强，服务保障能力得到提升。

（一）双拥模范城（县）创建

2018年，全省贯彻全国双拥模范城（县）命名表彰大会精神，启动新一届省级双拥模范城（县）创建，修订新一届省级双拥模范城（县）创建命名管理办法和考核评比细则，加强双拥领导组织机构体系建设，探索省级双拥模范城（县）动态管理机制，掀起全省创建热潮。

（二）支持部队建设与拥军优属工作

地方党委、政府从规划、政策、土地、经费等方面，支持部队训练场建设、演习驻训、移防换防、全面停偿、文职人员转改、官兵生活条件改善等工作，协调解决驻浙部队20多个拥军支前项目。坚持统筹推进经济建设和国防建设，积极推动军民融合深度发展，争创军民融合创新示范区热情高、举措实，在港口、码头、公路、桥梁等重大基础设施建设中自觉贯彻军事需求。各地积极适应新时代双拥工作新要求，深度挖掘社会拥军潜力，引导社会力量积极参与双拥优抚工作，探索打造“基层服务网络、购买社会力量服务、志愿公益服务”等服务模式，初步形成“政府搭台、部门联动、社会唱戏”的工作格局。

（三）优抚对象保障

2018年，全省各级抚恤事业费投入超过38亿元。健全完善优抚对象医疗补助制度，规范建立以各类优抚对象享受城乡居民基本医疗保险、优抚医疗补助、政府医疗救助、医疗优惠减免和一站式结算的五位一体式的优抚医疗保障体系，各类享受抚恤补助待遇的优抚对象医疗保障水平基本达到城镇职工基本医疗保险水平。全年全省各级投入优抚医疗补助资金超过 2 亿元。

（四）退役军人和其他优抚对象优待

推动省委、省政府制定出台《浙江省退役军人服务管理工作暂行办法》，从地方性法规、政府规章和党内法规性质的规范性文件等层级明确优抚对象的荣誉优待、生活优待、住房优待、医疗优待、教育优待、就业创业优待、文化交通优待和其他社会优待内容。各地各部门充分认识军人军属、退役军人和其他优抚对象优待体系建设的重要性，健全工作机制，将优待体系建设纳入全国和省级双拥模范城（县）创建考评内容及地方党委政府退役军人工作重要内容，形成党委领导、政府牵头、退役军人工作部门负责、相关部门配合、社会共同参与的工作格局。截至 2018 年年末，全省现有享受抚恤补助待遇的优抚对象 32 万余人。

（五）优待对象证件发放

2018 年，省退役军人事务厅发放 1 万余本《浙江省烈士遗属优待证》《浙江省因公牺牲军人遗属优待证》《浙江省病故军人遗属优待证》和 15 万余本《浙江省抚恤优待证》，对其他退役军人和优抚对象根据信息采集、悬挂光荣牌台账资料进行身份标识，分门别类地纳入法规政策明确的优待体系，按照现役与退役衔接、精神与物质结合、优待与贡献匹配、待遇与表现挂钩的原则，享受相关优待内容，让尊崇优待军人军属、退役军人和其他优抚对象，成为全社会共识和自觉行动。

（六）烈士褒扬

2018 年，全省各地贯彻落实习近平总书记关于“我们要铭记一切为中华民族和中国人民作出贡献的英雄们，崇尚英雄、捍卫英雄、学习英雄、关爱英雄”的重要指示精神，积极开展纪念缅怀英烈活动，弘扬传承英烈精神，推进保护英烈名誉荣誉，保障烈士遗属相关待遇。截至 2018 年年末，全省各地开展烈士纪念活动 7440 次，参加人数 168.86 万人次，其中烈士遗属 1.34 万人次，投入褒扬纪念和英烈保护工作经费 5064.15 万元。

（七）优抚事业单位建设工作

全省优抚事业单位建设坚持“全心全意为优抚对象服务”和支持军队与国防改革建设的根本宗旨，科学谋划、规范管理，工作取得成效。至 2018 年年末，全省有 3 个优抚医院和 5 个光荣院，分别是浙江省荣军医院、浙江省复员退伍军人精神病疗养院、浙江康复医院和平阳县光荣院、苍南县光荣院、文成县光荣院、诸暨市光荣院、景宁县光荣院，除浙江康复医院部分职能涉及服务优抚对象隶属省民政厅外，其余均转隶省退役军人事务厅或当地退役军人事务部门。

五、军休服务管理工作

2018 年，省退役军人事务厅接收安置军休干部（退休士官）203 人，审定安置去向及住房保障方式 220 人。全面完成全省军休数据统计上报和全国军休信息系统历史数据修改工作。完成军休干部、无军籍职工自然减员核减工作、人员信息录入等工作。

（一）落实军休人员“两个待遇”

2018 年，省退役军人事务厅印发离休干部医疗待遇调整等4个文件，预拨军休人员及军休干部服务管理机构经费4.65亿元。完成全省军休干部的调资核算、兑付工作，并全部发放到位。印发《关于提高移交政府安置的军队离休干部医疗待遇对象名单的通知》，针对不同职级、不同年份离休干部进行医疗标准细分，确保待遇精准落实。

（二）军休信息系统建设

2018年5月，省民政厅在金华举办全省军休信息系统“五级联网”培训班。7月末，完成全省军休信息系统数据修改报送工作。9月，认真梳理军休人员医疗政策落实的规范工作，有效对接“最多跑一次”改革，推动军休信息系统建设走在前列。

（三）军供服务保障

2018年，全力完成全省军供保障任务。在未设站的湖州市建立第2个军供保障社会化协作基地，将全省军供保障的覆盖面拓展20%。

杭州市

一、移交安置工作

（一）杭州退役军人基本情况

杭州市是驻军大市、兵员大市和安置大市，驻军部队多，双拥氛围浓，连续 7 次荣获“全国双拥模范城”称号，素有拥军优属的历史传承。截至 2018 年年底，全市在册登记的退役军人及其他优抚对象共 25 万人，其中退役士兵占 81.2%，军队转业干部占 6.4%，现役军人家属占 6.1%，残疾军人、病故军人遗属、烈士遗属、因公牺牲军人遗属等其他优抚对象占 6.3%。1978 年至今，全市共安置符合政府安置工作条件退役军人 6.1 万余人，其中退役士兵 4.3 万余人、军转干部 1.8 万余人。

（二）军转干部安置工作

为高质量完成安置任务，在军地双方的共同努力下，精心组织、稳步推进，尤其是大力推行“阳光安置”，确保公正、公开、公平。全年共完成 800 多名军转干部和 12 名随调家属的安置工作，安置人员同比增加近 50%。在编制职数十分紧张的情况下，89.1% 的军转干部安置到了党政机关和参公事业单位，实现当年接收、当年安置、当年培训的目标。同时，按照有关政策，为 100 多名自主择业军转干部做好退役金审核发放、健康体检、军地医保对接等服务工作。

（三）退役士兵安置工作

做好转业士官身份核实、基本信息登记、安置政策宣讲、落户申报等工作，协调市编办、市国资委和有关部门落实安置岗位。2018 年全市共接收退役士兵 2700 余人。待安置期间生活补助费、自谋职业补助金、自主就业退役士兵一次性补助金 100% 发放到位。

（四）随军家属安置工作

为确保随军家属就业安置工作落地见效，强化协调对接，科学制定相关计划。严格执行申请审核、资格公示制度，确保军人随军家属就业安置工作公开、透明、阳光，全年共完成 300 多名随军家属安置工作，其中，22 名随军家属通过考试被录取为社工，举办随军家属专场招聘会，促成 103 人次就业意向。同步抓好货币化安置工作的资金确认手续，确保按时发放到位。

二、双拥工作

（一）营造浓厚拥军氛围

开展走访慰问，春节、“八一”期间，市、

区（县、市）党政领导参加走访慰问共计357人次，入户走访退役军人家庭共计31 620户，向退役军人赠送慰问金、慰问品共计937万余元，召开专题座谈会265次，4978名退役军人参与。加大舆论宣传，采取新闻通气会、媒体集中报道、双拥宣传进社区、专题短片滚动播放等形式，扩大正面宣传覆盖面和社会影响。开展寻找身边“最美退役军人”活动，挖掘一批先进人物和典型事迹，树立退役军人良好形象。

（二）落实军属优待政策

研究2018年度随军家属就业安置工作有关事项，明确将有关部队随军家属、2018年首批现役干部转改文职人员的随军家属纳入安置计划，同时做好随军未就业家属生活补助的发放工作。完成75名军人子女中考加分审核工作。举办第六届启扬教育拥军活动，向驻杭部队官兵子女发放价值180万元的拥军培训卡，可免费参加优质课外教育培训和夏令营活动。扎实推进“慈善拥军情”活动，会同市慈善总会做好2018年救助对象申报资料审核和救助金发放工作。

（三）提升军供保障能力

全年完成各项军供保障任务153批次、2.39万人次，实现杭州市新老兵运输保障工作连续39年优质安全。做好参加演习训练部队在杭州过境转运有关保障工作，累计保障官兵早、中、晚餐22批次、2539人次。杭州军供站迁建工程有序推进，截至2018年年底，完成项目投资4100余万元，形象进度提前实现。

三、褒扬纪念工作

（一）优抚工作改革创新

以“最多跑一次”改革为契机，所有优抚审批项目均实现“最多跑一次”和“网上办”五星级标准，其中19项实现“一证通”办理，极大方便了优抚对象。积极与市医保局、市财政局等部门协调沟通，实现萧山区、余杭区、富阳区参加城镇居民医疗保险的优抚对象医疗补助一站式结算，相关报销费用可直接打入优抚对象银行账户，让“数据跑腿”代替优抚对象跑腿。

（二）落实信息采集工作

9月启动退役军人及其他优抚对象信息采集工作，通过集中采集、上门采集相结合，顺利推进采集工作。截至2018年年底，全市完成纸质数据填报工作，通过信息采集，摸清工作底数，为下一步提升退役军人服务管理工作奠定扎实基础。

（三）推进褒扬纪念工作

积极落实《为烈属、军属和退役军人等家庭悬挂光荣牌工作实施办法》，第一批制作了26万余块“光荣之家”牌匾，截至2018年年底，全市悬挂光荣牌15万块，挂牌率近70%。组织开展多项主题突出、内容丰富的烈士纪念宣传教育活动，在清明节、“9·30”烈士纪念日，全市开展了形式多样的纪念祭扫活动，社会各界30余万名群众参与。杭州革命烈士陵园投入40余万元，按照文物修复的标准保护性修复风化破损的烈士墓碑。通过悬挂光荣牌、开展烈士褒扬活动、修缮纪念设施等举措，进一步营造爱兵崇军氛围，激发广大干部群众的爱国热情。

（四）提高抚恤补助标准

从1月1日起，提高市区享受定期抚恤的“三属”，享受定期补助的在乡复员军人、带病回乡退伍军人，无工作单位残疾军人的抚恤（补助）标准及伤残人员护理费标准，各项抚恤补助标准提高了8%～11%。调整义务兵家庭年优待金标准，同比增加7%。从8月1日起，提高在职残疾军人残疾抚恤金、享受待遇的参战参试人员的生活补助标准。同时严格把关抚恤待遇审批，全年新认定残疾军人26人，提高残疾等级5人，补办残疾军人证19人，变更伤残军人证35人，批准认定带病回乡军人89人。

四、权益维护工作

（一）深化退役军人帮扶工作

坚决贯彻落实中央和省市企业军转干部解困帮扶政策，积极研究个性化帮扶办法，指导各区、县（市）继续拓展帮扶渠道，做到“出现一人帮扶一人”。督促各地做好安置遗留问题化解工作“回头看”。组织783名符合条件且有帮扶意愿的转业士官签约上岗，签约率达100%。

（二）退役军人规范化服务

出台加强杭州市退役士兵管理服务机构建设工作的意见，明确在党群服务中心加挂退役军人服务管理机构标牌，对服务机构的管理运营、服务保障、活动开展等方面作出具体要求。全市挂牌成立退役军人服务管理中心17家，在乡（镇）、村（社）党群服务中心挂牌成立退役军人服务管理站3384家。组织全市退役士兵政策培训班，为基层工作人员提供退役军人事务政策培训，提升基层工作人员业务水平。

（三）职业技能教育培训

将主城区职业技能教育培训承训单位统一由市本级招投标落实的方式，调整为由各区分别落实，进一步盘活区级教育培训资源，拓宽培训方向，增加退役士兵回乡就业选择。退役士兵到安置部门报到时，及时宣讲国家、省、市退役士兵职业技能教育培训政策，职业资格证、毕业证（结业证）“双证”获取率均高于95%。

五、军休服务管理工作

（一）提升服务水平

积极配合移交部队做好军休干部接收安置工作，接收军队退休干部（士官）115人。有序开展疗休养、健康体检、医保报销、走访慰问等服务工作。多举措丰富文化生活，组织摄影、书法、绘画、门球、红色教育、重阳敬老等活动270余次，8000余人次参与。杭州市老年大学军休分校积极开拓老年课程，开设了10门课程15个教学班级，为军休干部老有所学、老有所乐搭建教育平台。

（二）推进规范管理

修订《杭州市军队离休退休干部服务管理细则》《杭州市军休服务管理机构内部管理细则》，扎实推进杭州军休三中心全省创建规范化建设试点工作，助力全市军休标准化、规范化、制度化建设。

宁波市

一、机构建设情况

2018年11月22日，宁波市在省内率先成立市级退役军人事务机构工作筹备组，市筹备组按照边筹建边工作、不破不立、有序高效的原则，主动加强对接协调，积极推进争取人员编制、选址办公场所、配合专项行动、浓厚崇军氛围等各项工作，筹备工作平稳有序。

二、优抚褒扬工作

宁波市下拨2018年“爱在优抚”项目经费300万元，组织开展各类“爱在优抚　情暖老兵”系统活动1437次，累计服务各类优抚对象2万余人次。“八一”建军节期间全市各级党政领导走访慰问重点优抚对象和退役军人6745人次、发放慰问金955.87万元，其中上门走访慰问重点涉军群体740人次、发放慰问金31.49万元。各级召开军地座谈会、退役军人座谈会160场，通过电视、报纸、电台、网络等媒体宣传退役军人先进事迹282人次。多地还通过举办军民联谊会、退役军人专场招聘会、社会组织公益服务等多种形式，为广大退役军人提供多样化服务，大力营造拥军优属、尊崇军人的社会氛围。

根据上级调整抚恤优待标准的文件要求，依据统计部门公布的数据，从2018年7月1日起调整宁波市各类优抚对象抚恤补助标准，同比增长5.8%～8.6%。宁波各级财政共计支出抚恤补助和医疗补助资金32 140万元，其中抚恤补助资金30 647万元、医疗补助资金1493万元。及时调整市区义务兵优待金标准为28 649元，共计为4697个义务兵家庭发放优待金15 321万元，及时兑现入伍优待政策。

2018年9月，宁波市、县两级完成会议部署、人员培训等退役军人信息采集工作的前期工作，2018年10月底下发了《关于进一步加强退役军人和其他优抚对象信息采集工作的通知》。

宁波市依托浙江省优抚服务应用管理平台，指导区、县（市）做好各类优抚办事事项网上审批工作，基本形成优抚业务线上、线下同步审批机制。截至2018年年底，共计办理优抚业务网上审批4664件。

2018年清明节期间，宁波全市各地烈士纪念设施共计接待社会各界各类团体970余批次，接待祭扫群众18.35万余人次。2018年9月30日（烈士纪念日）组织协调宁波市四套班子、驻甬部队及社会各界代表等550余人，在宁波市樟村四明山烈士陵园举行向烈士敬献花篮仪式。

三、移交安置工作

（一）军转干部安置

领导重视、成效明显。宁波市委、市政府高度重视军转安置工作，每年都进行专题研究和部署，主要领导亲自关心和过问。退役军人事务部组建后，《中国退役军人》杂志以“计划安置的宁波样本”为标题，对宁波市军转安置工作进行了深入报道。2018 年 10 月 22 日，退役军人事务部专门召开全国军队转业干部安置工作推进会，宁波市作为唯一的副省级城市代表，在会上介绍了经验做法。

重点突出、保证质量。一是坚持把师团职和功臣模范转业干部作为安置重点，实行先进后出、增加非领导职数、给予考核评分优待等办法；二是把机关单位作为安置的主渠道，并优先考虑团职干部计划，安置在事业单位的，尽量考虑全额拨款单位，确保安置质量。

规范有序、人岗相适。继续推行“阳光安置”，做到安置办法、接收指标、计分标准、考核分数、笔试面试成绩和分配录取结果“六公开”，全程接受军地各界监督。采集基础信息制成不同的军转干部数据库，再广泛征求接收单位专业能力方面的需求，合理编制安置计划。对接收单位有特殊需求的专业，实行专业限报或“直通车”录取。

军地联动、协同配合。高度重视与驻甬部队的沟通、协调和配合。每年通报安置工作情况，分析形势任务。每次调整政策和办法前，都广泛征求驻甬部队意见建议。在具体安置过程中，军地双方共同做好档案审核、考核打分、前移培训等各项工作，形成了良好的互动机制，推进了军转安置工作的顺利开展。

（二）退役士兵安置

2018 年，全市共接收 2017 年退役士兵 2300 余人。

制定下发了《关于公布 2018 年度宁波市自主就业退役士兵一次性经济补助标准的通知》，自然增调 2018 年经济补助标准，宁波全市共计发放一次性经济补助金、立功奖励等相关安置经费 1.3 亿元。

2018 年全市共接收符合政府安排工作条件退役士官 77 名（其中市本级 28 名）。2018 年 10 月底，完成转业士官双考分数公示等前期工作，2018 年 11 月底前完成转业士官安置选岗工作。

宁波市共 1600 多名 2017 年秋季退役士兵报名参加退役士兵职业技能教育培训，累计支出培训经费 1200 多万元。2018 年 5 月，宁波市民政局会同宁波市人社局、宁波市教育局等部门开展 2018 年度市本级承训机构检查，加强绩效考评工作，促进提高办学质量，督查后新增 1 家退役士兵参训机构。

四、军休服务管理工作

截至 2018 年 10 月底，全市审核军休干部档案 36 份，接收军休干部 10 人（市本级 21 人），26 名军休干部接收移交工作有序推进。

（一）落实“两个待遇”

一是及时足额下拨军休经费，宁波市下拨军休人员、管理机构用房、机构管理等经费和离退休干部遗属生活补助共计 20 809 万元。二是安全顺利组织 918 名军休干部进行体检，335 名离休干部参加疗养。三是及时组织军休干部传达重要文件精神和开展政治理论学习 103 次、2382 人次，参加市委情况通报会和读书报告会 339 人次。

（二）服务保障工作

各军休单位大力开展亲情服务、真情服务、上门服务，全年共上门走访慰问重病、空巢、独居军休干部 1081 人次，创造和谐军休的良好氛围。召开了 2018 年度宁波市师以上军队离退休干部迎春座谈会，及时听取意见建议，不断改进服务质量。

（三）丰富精神文化生活

科学制订 2018 年度军休文体活动计划，组织开展纪念马克思诞辰 200 周年读书会、庆祝建军节文艺汇演等活动，全年共 1679 人次军休干部参加。组织参加浙江省军休干部门球比赛，并在宁波市委老干部局的大力支持和指导下，加快宁波老年大学军休干部分校建设，全年开课 40 次，共有 200 余名军休干部参加各种课程学习。

五、双拥工作

（一）组织领导

宁波市各级党委政府高度重视双拥工作，始终站在国家安全和发展战略全局的高度，把双拥工作纳入当地经济社会发展总体规划，统筹谋划，强势推进。2018 年春节、“八一”期间，宁波市委领导分别带队慰问了省军区、东部战区海军航空兵等部队和优抚对象退役士兵等。

（二）双拥宣传

结合重大节日和双拥模范城（县）创建活动，宁波市各地各部队充分运用报纸、杂志、电视、广播、网络等媒体，多渠道、多层次宣传新时代涌现的双拥先进典型和模范事迹，进一步营造爱国拥军、爱民奉献的双拥氛围。驻甬部队通过军营（舰艇）开放日等时机，组织驻地群众和学生等参观学习 108 次。宁波市双拥工作先后在《中国社会报》《宁波日报》等报刊上发表有关文章 371 篇。

（三）拥军优属

一是认真做好官兵关心关切的“三后”问题。2018 年有 59 名现役军人子女中考优惠加分，协调解决 240 多名军人子女入学入托问题。截至 2018 年 10 月，已完成 132 名随军家属安置，安置完成率为 85%。宁波市鄞州区针对部队实际情况，委托第三方机构，在暑假期间为驻鄞部队子女开展短期免费艺术培训，2018 年有 94 名部队子女参加了培训，共计投入学费 9.7 万余元。

二是大力开展法律拥军工作。2018 年宁波市共开展涉军法治宣传活动 11 场次，涉军活动现场接受法律咨询 400 余人次，共办理涉军维权法律援助案件 39 件。同时，各法律援助机构实现对涉军法援案件 100% 回访。宁波市奉化区建立了宁波地区唯一一个“老兵法律援助工作站”，主要为各类退役士兵提供法律和政策咨询解答、受理法律援助案件、调解矛盾纠纷、代拟法律文书等方面服务。

三是助力部队建设发展。各区（县、

市）积极为部队的建设发展提供力所能及的支持。宁波市鄞州区双拥办和区慈善会联合推出的“爱心固长城”爱军拥军实事工程，大幅提高救助项目的救助标准，2018 年共发放救助资金 20 万元，惠及 43 名有困难的官兵家庭。全市投入资金 2000 余万元，帮助部队修建道路、购置改备等。积极开展科技拥军，赠送部队图书 3.47 万册，培养两用人才 126 人。

安徽省

一、机构建设情况

2018年11月28日，安徽省退役军人事务厅正式挂牌成立，内设办公室、政策法规处、思想政治和权益维护处、规划财务处、移交安置处、就业创业处、军休服务管理处、拥军褒扬处、优待抚恤处和机关党委（人事处）10个处室，下属6个事业单位。市、县机构组建工作按计划有序推进。

2018年8月7日，安徽省退役军人服务管理中心正式挂牌成立。截至2018年12月31日，按照“有机构、有编制、有人员、有经费、有保障”的标准，共建立省、市两级退役军人服务管理中心17个、县级中心105个、乡镇（街道）站1488个、村（社区）站16 232个，基本实现了省、市、县、乡、村5级退役军人服务管理中心（站）全覆盖。

二、信息采集工作

（一）工作保障

安徽省人民政府办公厅印发《安徽省退役军人和其他优抚对象信息采集工作方案》，明确时间节点和工作要求。2018年9月6日，印发《安徽省退役军人和其他优抚对象信息采集第一阶段工作实施细则》，细化方法步骤、工作举措。2018年9月19日，印发《关于组建省退役军人和其他优抚对象信息采集工作领导小组的通知》，健全组织架构，成立综合协调组、政策指导组、信息宣传组和技术指导组，作为领导小组执行机构，明确职责分工和工作要求。2018年9月20日，印发《关于全省退役军人和其他优抚对象信息采集工作时序安排的通知》，进一步明确信息采集各阶段工作时限。为更好完成信息采集工作，建立信息采集联络员制度、工作进展通报制度和信息报送制度，充分发挥领导小组牵头抓总、组织协调和推动落实的作用。市、县退役军人事务局均对标成立领导小组，统一部署、全力推进信息采集工作。

（二）组织培训

2018年9月4—6日，分南、北两片举办退役军人和其他优抚对象信息采集工作业务培训班，全省500余人参加了培训。市、县两级结合自身实际，对乡镇（街道）、村（社区）进行再培训，有效提升了基层工作人员的业务水平。2018年12月28日，安徽省退役军人事务厅召开全省退役军人和其他优抚对象信息采集工作推进会，对下一阶段信息采集工作进行部署，就信息采集工作中的问题数据、采集对象类别界定等政策法规进行培训，要求各地确保采集全覆盖、常态化，扎实推进信息采集工作。编写印发《信息采集问题数据清理培训教案》《信息采集常见问答》等，切实提升数据采集质量。

（三）宣传动员

着力打造“广播有声、电视有影、报纸有字、网络有言”的立体宣传网络，不断提高退役军人和其他优抚对象政策知晓率和参与度。2018 年 9 月 21 日，《安徽日报》、安徽广播电视台、中安在线、人民网等媒体统一发布《安徽省退役军人和其他优抚对象信息采集工作公告》。设计制作的专题宣传短片《寻找光荣的您》，在安徽经视、安徽公共频道滚动播出，并向中安在线、人民网安徽频道及全省各级民政厅、人社厅的网站、微博、微信推送。印制宣传海报和手册 30 万余份，在各机关、企事业单位和村居公共场所张贴发放，向省直和中央驻皖单位、驻皖解放军和武警部队师以上单位寄送。在官方网站开设专栏发布信息采集工作动态，解读相关政策，多渠道宣传动员。

截至 2018 年 12 月 31 日，安徽省采集覆盖率和数据质量均居全国前列。

三、移交安置工作

（一）安置任务

圆满完成中央下达的 1200 余名计划安置军转干部、500 余名自主择业军转干部安置任务，计划安置人数创历史新高。妥善安置 900 余名符合政府安排工作条件的退役士兵，安置完成率达 100%。着力解决好退役军人“后路、后院、后代”问题，同步编制军转干部随调家属安置计划，省直单位接收安置军转干部随调配偶实现了全覆盖。成功举办 2017 年度、2018 年度计划安置军转干部专业性培训，参训学员 552 人；成功举办 2018 年度计划安置军转干部适应性培训，帮助 539 名计划安置军转干部完成角色转变。

（二）安置方式

突出安置重点，开展师职干部积分选岗，依据服役年限、立功受奖情况进行赋分，按得分高低依次选岗；指令性安置军转干部，实行“本人填报志愿，组织酌情安排”的办法。明确规定以县（市、区）为单位，确保省、市、县各级安排的岗位计划不低于本辖区内符合政府安排工作条件退役士兵总人数的 110%，并要求各市、县（市、区）提供机关事业单位岗位的，须在编制内安排。

（三）安置质量

计划安置军转干部中，安置到党政机关和参公管理事业单位的达 93%。在由政府安排工作的退役士兵中，安置在事业单位的约占总人数的 61%；安置在国有企业的约占总人数的 32%；自谋职业的约占总人数的 6%，安置质量进一步提升。功臣模范得到照顾安置，对服役期间立功受奖或长期在艰苦边远地区及从事飞行、舰艇等特殊岗位工作的退役军人，给予从优安置。

四、就业创业工作

认真贯彻落实退役军人事务部等军地 12 个部门联合印发的《关于促进新时代退役军人就业创业工作的意见》，积极引导退役军人就业创业。2018 年，组织实施“就业起航，促进退役士兵就业创业”主题招聘月活动，共举办专场招聘会143场，参会企业2735家，面向退役军人提供就业岗位84 986个。18 042人参加退役士兵技能培训民生工程，超额完成年度目标任务。

五、军休服务管理工作

（一）接收安置

圆满完成数百名军休干部接收安置工作。形成“即退即审、即交即接”工作机制，实现安置去向审定全年常态化。优先安置伤病残退休干部和士官。坚持“只要部队交得出，地方就要接得下”的原则，放宽移交期限，克服困难，积极与部队、军休干部进行沟通、协商，办理交接手续，稳妥解决其医疗和住房保障等实际问题。采取上门开展宣传服务、为军休干部解难释疑、帮助军休干部解决实际困难等办法，协助部队做好军休干部交接工作。

（二）标准化建设

深入落实《关于加快推进全省军队离休退休干部服务管理标准化建设工作的意见》，全面提升军休干部服务管理科学化水平。2018年12月29日，《移交政府安置军队离退休干部服务管理规范》经安徽省市场监督管理局审核发布，成为安徽省地方标准。组织各地积极申报2018年地方标准立项，推动各地开展军休标准化建设。

六、拥军褒扬纪念工作

（一）双拥工作

2018年，启动新一轮“安徽省双拥模范城（县）”创建命名工作，全省69个市、县申报创建，申报数量创历史新高。2018年3月30日，安徽省委、省政府、省军区在合肥召开全省双拥模范城（县）命名暨双拥模范单位和个人表彰大会，命名了67个安徽省双拥模范城（县），表彰了100个双拥模范单位、50名双拥模范个人。投入18亿元用于支持部队建设，无偿划拨军事建设用地580多亩。全省军供站共接待保障502批次共59 521名官兵，淮北市、宿州市、安庆市和绩溪县4个军供站和合肥市军供站站长王宏等6名先进个人受到东部战区通报表彰。

（二）评选优秀退役军人

“八一”前夕，经过广泛发动、层层推荐，姚立祥等148名退役军人荣获安徽省首届“全省优秀退役军人”称号。铜陵籍退役军人胡晨因其感人事迹荣获全国“最美退役军人”称号，并当选“2018年度感动安徽十大新闻人物”。

（三）弘扬英烈精神

广泛开展“烈士纪念日”“铭记·2018清明祭英烈”等纪念活动，编纂出版《江淮英烈传（改革开放篇）》，41名安徽籍英烈入选国家捍卫英烈形象主题宣传人选名单。评定烈士6名。加强烈士纪念设施保护管理，37所烈士陵园入选第五批安徽省爱国主义教育基地。

七、优待抚恤工作

（一）优待抚恤标准

2018年，累计拨付优待抚恤资金约26.5亿元，较上年度提高9.5%。享受国家抚恤补助待遇的优抚对象抚恤补助标准总体比上年提高约10%。义务兵优待水平显著提高，完成4.8万户义务兵优待家庭登记造册，全面落实各项奖励优待政策，兑现优待金总额6.9亿元，较上年度提高17%。

（二）开展优抚对象精神抚慰

积极培树全省百名优抚安置对象先进典型，遴选其中的15名向安徽省委宣传部典型库推荐，在“八一”期间进行集中宣传。拍摄制作了《致敬最可爱的人》先进典型宣传片。开展“爱心献功臣”活动，全省共为老年优抚对象等购买居家养老、家政等服务4.6万余人次，组织社工和志愿者25万余人次，走访慰问重点优抚对象10万余户。

（三）优抚服务保障

2018年，全省46所光荣院共集中供养和短期疗养优抚对象6000余人次。开展部分重点优抚对象短期疗养和医疗巡诊活动，全年共举办10期短期疗养活动，全省范围内优抚医疗巡诊、体检2000余人次。安徽省荣军医院、安徽省荣军康复医院加快推进基础建设，积极参与“医联体”建设，突出学科特色发展，病员收治能力和康复疗养水平大幅提高。其中，安徽省荣军医院设立了蚌埠医学院临床学院，安徽省荣军康复医院的康复医学中心、精神卫生中心、智慧养老中心全面建成启用。

（四）光荣牌悬挂工作

自2018年9月起，安徽省在全国率先统一组织开展光荣牌悬挂工作，创新形式开展“六个一”活动，即一封慰问信、一张明白卡、一次座谈会、一个小仪式、一份慰问品、一张“全家福”。

八、帮扶解困工作

（一）实地调研

安徽省退役军人事务厅成立3个工作组，深入16个市、2个省直管县广泛开展大调研、大走访、大排查活动，就政策落实、机构建设、困难帮扶、就业扶持等情况开展实地调研，督导各地加大对生活困难退役军人的关心关爱和帮扶援助力度。

（二）走访慰问

广泛开展针对重点优抚对象、军休干部等不同类型退役军人的走访慰问活动，主动关心军人军属，帮助解决生活实际困难，走访慰问退役军人49.6万人，送去慰问款物1亿余元。为4.5万名符合条件的困难优抚对象增发优待金2.2亿元。将7万余名优抚对象纳入城乡低保，为2万余名优抚对象办理城乡医疗救助，在危房改造、灾后重建、租住公租房上给予适当补助或租金减免，共为约1500名优抚对象争取农村危房改造资金近1000万元。

（三）权益维护

深入落实国家和省有关政策规定，积极化解历史遗留矛盾问题。2018年，累计开发20 598个专项岗位，帮助11 475名安置后下岗（失业）和自谋职业中再就业困难的退役士兵就业。累计接续养老保险1.7万人次、接续医疗保险1.75万人次，帮扶救助困难退役军人4.7万人，切实维护了退役军人合法权益。

福建省

一、机构建设情况

2018 年 11 月 7 日，福建省退役军人事务厅挂牌，将省民政厅的退役军人优抚安置和拥军优属职责，省人社厅的军官转业安置职责，以及军队等相关职责整合，组建省退役军人事务厅。福建省退役军人事务厅加挂省双拥共建工作领导小组办公室牌子。将省人社厅所属的省转业军官管理服务中心及省民政厅所属的省军队离退休干部管理中心、省荣誉军人康复医院、省武夷山军队离退休干部休养所、省军用饮食供应站划转省退役军人事务厅。

省退役军人事务厅成立后，组织编印《退役军人事务机构组建参阅材料汇编》，积极指导推动市、县两级机构组建，2018 年年底前省、市、县 3 级退役军人机构基本挂牌。

二、移交安置工作

聚焦军改安置工作任务，积极探索和改进安置办法，增强退役人员、部队和地方接收单位满意度，圆满完成 2800 余名军转干部、1.3 万余名退役士兵接收安置任务。

（一）“阳光安置”办法

注重政策导向。全面推行军转干部功绩量化计分为主的“阳光安置”办法，把安置结果同在部队的贡献、德才条件挂钩，提高安置工作透明度、公信力和激励导向作用。规范安置流程。规范军转干部双向选择、竞争上岗、依序择岗、指令性安置等工作流程。

（二）落实相关政策

突出师团职安置重点，想方设法重点安排好师团职军转干部的职务。对荣立二等功或战时三等功、获全国表彰以上奖励的给予优先择岗，对长期在艰苦边远地区和特殊岗位工作的，给予加分照顾安置，树立正确的安置导向。严格执行军改期间“四个放宽”的要求，对“撤并降改移”的计划分配军转干部，从县城照顾到地级城市安置。

（三）拓宽安置渠道

发挥党政机关接收军转干部的主渠道作用，军转干部安置到公务员和参公岗位比例连续多年保持较高水平。落实中央关于加强政法部门接收安置军转干部意见。鼓励和支持中央垂直管理系统优先选用军转干部。主动与近百家中央和省属国有企业对接，争取中央驻闽和省属国企 690 个（央企 404 个，省企 286 个）安置岗位。在省直单位和部分地市采取“直通车”式安置办法，实现军转干部人岗相适、人尽其才。

（四）维护安置计划严肃性

强调军转安置计划是指令性的政治任务，任何地区、部门和单位都必须严肃认真、无条件地落实。建立健全军转安置工作领导责任制，把军转安置工作纳入目标管理，作为考核领导班子、领导干部政绩的重要内容和评选双拥模范城（县）、精神文明单位的重要条件。相关单位均认真完成接收任务，较好地维护了安置政策和计划的严肃性。

（五）就业培训

坚持为军转干部顺利转岗服务，紧贴军转干部特点和需求，创新工作方法，提高服务质量。一是组织送政策进军营活动，为军队干部宣讲安置政策，提高军转干部的政策知晓率。二是在福州、厦门、漳州、泉州、莆田同步推广军转干部进高校专项培训试点工作，军转干部履职能力得到有效提升。三是组织 1.6 万余名退役士兵参加职业教育和技能培训。四是对自主择业军转干部严格落实年度登记制度，做到不漏一人，退役金按时、足额、安全发放，各项优惠政策、服务措施得到落实。五是搭建省级自主择业军转干部网络培训平台，积极开展军转干部转岗前培训、适应性培训和专业类培训，有效提升适应地方的能力和素质。

三、优抚褒扬工作

（一）优抚政策

2018 年走访慰问 9.48 万人次，发放慰问金近 1.4 亿元，发放年画 80 余万张，上门送立功喜报近 3000 人次。建立优抚对象数据核查规范化、常态化工作机制。通过对优抚对象入户核查，更新完善二代身份证、社保、医保、年度照片等档案信息，确保优抚对象信息数据完整性和准确性，2018 年度共入户核查 53 731 人，入户核查比例达全年任务的 160%。贯彻落实《福建省实施〈军人抚恤优待条例〉办法》，按时足额兑现优抚对象抚恤补助和医疗待遇。全面落实抚恤补助标准自然增长机制，各地保持不低于 3% 的增长幅度，其标准均高于部颁标准。全省共有优抚对象 193 000 人，全年共下达抚恤补助经费 88 415 万元，医疗补助经费 6879 万元。执行《伤残抚恤管理办法》及《福建省伤残人员等级评定工作规范（试行）》有关规定，全省共评定 54 名伤残人员，完成 284 名部队退役人员换证和抚恤关系转移。

（二）褒扬纪念

及时下拨补助资金。下拨 500 万元用于支持县级以上烈士公祭活动场所维修改造，下达 79 万元用于保障全省光荣院集中供养的孤老优抚对象伙食费。

开展 2017 年专项支出绩效检查工作。对 2017 年度下达的烈士纪念设施维修改造和光荣院伙食补助经费进行检查，并上报专项经费支出绩效评价情况报告。

指导各地开展“铭记 · 2018 清明祭英烈”宣传教育活动和“9 · 30”烈士纪念日公祭活动，指导全省各地积极开展相关宣传教育活动，共 73 场约 2.1 万人次参加，在全社会营造良好氛围。

（三）信息采集和悬挂光荣牌筹备

2018 年 9 月起，全省信息采集工作按照“配强力量、综合施策、精准全面、安全保密、稳步推进”思路全面展开实施，先后召开两次推进会，组织两期省、市、县三级培训，以省政府办公厅名义转发《国务院办公厅关于做好退役军人和其他优抚对象信息采集工作的通知》，会同省人社厅下发《退役军人和其他优抚对象采集工作实施细则》。

积极筹划为烈属、军属、退役军人等家庭悬挂光荣牌工作。会同省财政厅向省政府申请悬挂光荣牌专项经费3000万元，11月按照政府采购招投标程序开始光荣牌制作工作。

（四）军休服务管理

2018年接收安置军休干部169人、退休士官15人。组织10批次共602名军休干部到省武夷山军休所疗养。福州市洪山军休所军休干部林上斗同志被中央宣传部、退役军人事务部表彰为全国“最美退役军人”。

四、双拥工作

（一）军地“共学十九大、双拥新作为”活动

军地各级按照2017年12月7日省双拥共建工作领导小组“学习贯彻党的十九大、创造福建双拥新辉煌”座谈会精神，深入开展“共学十九大、双拥新作为”活动，紧密联系实际，切实在学懂、弄通、做实上下功夫见成效。指导福州市开展新时代“三共”（军民共学党的十九大精神、共建新时代有福之州、共同发扬和践行社会主义核心价值观）活动、厦门市印发《关于开展军地党组织联学共建活动的实施意见》、龙岩市召开“创造闽西双拥新辉煌”座谈会、宁德市召开“紧跟新时代、争创五冠”座谈会、其他设区市召开双拥领导小组专题会议等，以创新举措推动全省双拥工作创新发展。

（二）双拥宣传和国防教育

2018年，军地各级在中国双拥网、《中国双拥》等新闻媒体，开设专题专栏，大力宣传福建双拥工作和先进典型事迹。据统计，全省媒体平台累计报道5000多条信息。《福建日报》、省电视台专题宣传全国“最美退役军人”林上斗及省6名优秀退役军人典型。古田会议会址被中央军委政治工作部设立为“传承红色基因、担当强军重任”教育基地。

（三）拥军支前服务保障工作

全力支持备战训练平台等设施建设。成立军队某训练场土地置换整合军地联合办公室，军地领导多次召开座谈推进会，现地勘察10余次，合力推动出台土地置换整合实施协议。

全力支持新组建部队生活保障。为武警某部协调解决200套临时周转用房，开设拥军公交专线，解决随军家属、子女的落户和就业就学等实际问题。

全力提升支前服务保障能力。充分发挥各级支前部门的作用，依托经济动员中心、装备动员中心、支前物资供应站和装备、科技、信息等支前保障基地，完成年度演训保障任务。

全力加大拥军支前专项经费保障力度。省级财政安排2000万元拥军支前专项经费，其中1000万元支持驻闽部队科技文化项目建设，1000万元支持驻闽部队旅以上单位“两中心、一基地”（培训中心、生活服务中心、农副业生

产基地）、“六个好”（一个好食堂、一个好菜地、一个好饮水、一个好猪圈、一个好澡堂、一个好干衣间）项目建设。

全力做好专项任务保障。投入5000多万元支持国际“海上登陆”军事项目比赛，省政府多次召开专题协调会议，合力解决12类58个具体问题，圆满完成赛事保障任务。

全力解决官兵后顾之忧。针对官兵“后路、后院、后代”问题，2018年11月23日，省人大常委会通过《福建省拥军优属条例》修正案，在促进军民融合深度发展、提升军人荣誉、完善抚恤优待措施、扩展军人优待范围等方面作出新规定。全年办理286名随军家属随调，举办130场“助力随军家属、退役军人就业专场招聘会”，办理4600名军人子女入学、转学。

五、服务保障工作

（一）组织领导

2018年6月30日，全国退役军人服务管理工作推进会在河北省召开，福建省作书面经验交流。会后，省里成立以省委书记为组长，省长为第一副组长的退役军人服务管理工作领导小组，各地市及时参照成立退役军人服务管理工作领导小组，统筹抓好退役军人工作，从健全组织领导机制、督促政策落实，完善安置工作机制、提高服务水平，深化真情关爱机制、解决困难矛盾，建立研判联动机制、化解风险隐患4个方面着手，切实维护退役军人的合法权益。

（二）信访接待工作

福建省退役军人事务厅挂牌当天即开门接访，提供热情周到服务；厅成立一个半月，厅官网和网上信访系统同时开通上线并向社会公布，实现让数据多跑路，让退役军人少跑腿；会同相关部门对现有政策进行梳理，编印《退役军人相关政策宣传手册》2万册，下发各级退役军人服务管理工作领导小组成员单位，有效提升政策解读能力和宣传实效。

（三）工作机制

与信访部门建立沟通协调机制，及时感知广大退役军人的操心事、烦心事、揪心事，主动开展走访慰问，面对面交流，做好政策解读、思想疏导，及时化解矛盾。对家庭困难的重点优抚对象、帮扶人员，采取结对子、交朋友方式，开展精细化、亲情服务，切实为退役军人解难题办实事。对遭遇突发性、临时性生活困难的退役军人家庭，在政策范围内加大慰问力度，切实帮助他们渡过生活难关。

厦门市

一、机构建设情况

2018年11月21日，市委组织部、市委编办联合印发《关于建立厦门市退役军人事务专项工作小组的通知》，成立了市退役军人事务专项工作小组，专项工作小组设在市民政局，组长1人、副组长3人，下设6个工作组（综合协调组、转业军官工作组、优抚工作组、复员退伍军人工作组、军队离退休干部工作组、双拥共建工作组），在机构改革前，负责牵头做好退役军人事务统筹协调和承接工作。

二、移交安置工作

坚持公开透明原则，对团职及以下军转干部采用“阳光安置”方式，团职以功绩量化分高低依序择岗、营职以下军转干部采取功绩量化加笔试分后的总分高低依序择岗，使军转干部“不用跑、不用找，凭能力、凭贡献”自主选择安置单位。2018年，全市计划安置的军转干部92%进机关（含参照公务员法管理的事业单位），其中，师团职军转干部100%进机关（含参照公务员法管理的事业单位），正团职安排调研员职务达61.5%；营职以下军转干部90%进机关（含省部属机关单位及市区属参照公务员法管理的事业单位），10%进事业单位。

（一）军转干部安置

全年接收进厦安置军转干部约1000名。其中，计划安置850余名，自主择业约110名。

（二）退役士兵安置

全年接收退役士兵730余名。符合政府安排工作条件退役士兵100%安排工作。完成全市700余名自主就业退役士兵地方经济补助发放工作，共计发放4300余万元。

（三）军休干部安置

全年接收安置军队退休干部（士官）54名（含伤病残军人14名），认真落实军休人员“两个待遇”，进一步完善军休安置服务管理信息系统，完成近800名军休干部的数据核对工作，共申请修改400多名军休干部信息。

三、双拥工作

（一）军地“联学共建”

军地各级党组织“联学共建”是厦门市开展双拥工作的一项重要创新举措，军地各级党组织通过联合学习、资源共享，以促进军地文化交流。

2018年，厦门市开展以军地共同宣传学习和贯彻落实习近平新时代中国特色社会主义思想为主题的军地各级党组织联学共建活动，确定市、区、镇（街）36个党委（党组）、38个村居党组织与辖区驻军部队结对开展联学共建。

2018年8月，时任市委书记走访慰问第73集团军，提出“军地共同探索新时期双拥工作新方式”，与集团军主要领导就深化军地共同学习习近平新时代中国特色社会主义思想情况进行交流，提出深化军地联学共建活动的思路与方法。按照市委与第73集团军党委主要领导的指示精神，进一步加强军地党委理论学习中心组联学共建，出台《关于深入推进新时代双拥共建工作的意见》《厦门市双拥工作领导小组关于开展军地党组织联学共建活动的实施意见》。

（二）解决部队官兵“三后”问题

畅通官兵“后路”。2018年，驻厦部队中凡属中央军委政治工作部确认为撤销、合并、降格、改编、移防的计划分配军队转业干部，其配偶随军取得厦门常住户口的，军转干部转业进厦不受家属随军落户年限的限制，特殊情况进行个案研究。稳固官兵“后院”。着力为随军家属就业择业提供制度保障，军改期间按照每年递增10%的名额予以集中安排随军家属就业。2018年按计划安置96名随军家属就业，安排700余万元未就业随军家属基本生活保障金。关爱官兵“后代”。贯彻落实军人子女教育优待政策法规，确保学杂费减免、国家助学金领取、同等条件优先录取及中考加分等优待政策落到实处，协调军人子女入（转）学100余名。

（三）支持部队改革与建设

军地协同打好部队全面停止有偿服务攻坚战，完成停偿项目1234个，完成率为93.1%。发放驻厦部队官兵生活补贴1500多万元、为部队办实事和“六个一好”项目资金500多万元，持续推进拥军“四项工程”建设，为驻厦部队官兵申购保障性住房提供便利和优惠。全力做好部队演训活动支前保障工作，全年接待过往部队52批次共13 976人次。

（四）提升双拥工作成效

持续深化“双拥在基层”活动，形成社会化拥军良好氛围，不断提升科技文化拥军水平，建立司法拥军常态化机制。注重创新军民共建形式与内容，驻厦部队积极融入全国文明城市、全国双拥模范城、平安厦门等各项创建活动，构建“六大爱民工程”，坚持开展支持地方经济社会建设的“十项工程”。

四、优抚褒扬工作

（一）完善优待政策

认真落实部分优抚对象定期抚恤金和补助金自然增长机制，抚恤补助金标准提高9.0%。出台《优抚对象生活困难临时补助办法》，对生活困难的优抚对象给予临时补助。部分优抚对象除享受职工医疗保险和城乡居民医疗保险外，纳入医疗救助范围。

（二）做好帮扶解困工作

2018 年，全市共有各类优抚对象 6302 人、重点优抚对象 2814 人，全年发放抚恤补助金 6120 万元、慰问金 1153 万元、医疗补助金 215.8 万元。全市各级安排 2981 余万元用于走访慰问和为部队官兵、优抚对象办实事。安排革命老区扶持建设项目 6 个，投入约 671 万元。

（三）加强褒扬纪念

组织中小学生轮流在市烈士陵园开展“启航明天、争当新时代好少年”活动共 13 场次，顺利完成全市党政军和社会各界代表参加全市烈士公祭活动。清明节期间，组织退役人员代表陪同烈属前往广西为牺牲烈士扫墓，弘扬优良传统，继承革命先烈精神。

江西省

一、机构建设情况

2018年11月9日，江西省退役军人事务厅正式挂牌成立，作为省政府组成部门，将省民政厅的退役军人优抚安置职责，省人社厅的军队转业干部安置职责，以及军队有关职责等整合，按中央有关改革部署实施，实现了军队退役军人出口及地方相关涉军事务的统一归口管理。市、县机构组建工作全面铺开。职责清晰、上下贯通的工作体系陆续有序建立，并成立了省退役军人服务中心。

二、移交安置工作

高质量完成退役士兵安置和军转工作任务。2018年，全省各地及时接收安置退役士兵17 000余人，其中，符合由政府安排工作条件的退役士兵全部得到有效安置，岗位落实率达到100%，其中安置到机关事业单位的达90%以上；近100名符合条件的退役士兵安置到电力、金融、铁路等系统就业，实现历史性突破。继续推行考试考核与积分选岗相结合的阳光安置办法，2018年全省共接收安置军转干部近1400名，其中自主择业约300名，计划安置军转干部1100余名，比2017年增长14.3%，是近10年安置人数最多的一年，继续保持党政机关和参公单位接收安置军转干部的比例不低于往年，保持师团职军转干部安置质量不低于往年。

健全完善安置改革配套政策。积极完善制订安置配套政策，省政府、省军区印发了《关于做好2018年度退役士兵接收安置工作的通知》，明确任务，提出要求，为完成年度安置任务提供政策保障。省民政厅、省编办、省发展改革委、省人社厅、省国资委共同制定下发了《关于下达我省2018年度退役士兵安置计划的通知》，把任务和责任分解落实到市、县、单位和行业系统。省退役军人事务厅等10部门联合印发了《关于进一步加强由政府安排工作退役士兵就业安置工作的实施意见》，进一步规范了安置程序，提高了政策刚性和执行力。2018年10月22日，在全国军队转业干部安置工作推进会上，江西军转安置工作经验在会议上做了经验交流。

三、优抚工作

2018年，全年共下拨抚恤补助资金22.15亿元，持续提高优抚对象抚恤补助标准，平均提标幅度超过10%，优抚对象抚恤补助标准提标工作全部落实到位；扎实开展优抚对象数据审定工作，组织开展走访慰问优抚对象近30万人，发放慰问金1.5亿元，发放优抚对象优待证近30万本，优抚对象凭证享受相应的医疗、交通和旅游观光等优待。

（一）抚恤优待政策

印发《关于切实做好退役军人和其他优抚对象信息采集工作的通知》《关于切实做好为烈属、军属和退役军人等家庭悬挂光荣牌工作的通知》，会同省人社厅制定《江西省退役军人和其他优抚对象信息采集工作实施方案》，部署全省退役军人和其他优抚对象信息采集工作，为全省配发信息采集设备372台；落实优抚对象“三免四减半”医疗优待政策；指导督促各地做好春节、“八一”期间优抚和走访慰问工作。

（二）优抚数据管理和服务

完成优抚数据系统升级、数据更新和服务器迁移，扎实做好信息系统安全保密管理；派出工作组赴九江市、景德镇市进行入户核查，全省共核查133 572人，优抚对象二代身份证扫描率达97.07%；分批次组织省荣军医院专家赴7个设区市20个县（市、区）为优抚对象开展医疗巡诊服务，累计服务优抚对象1500余人次；安排1400名优抚对象到庐山、井冈山、武夷山等地进行短期休养；开展“优抚之家”创建试点工作，全省已建设完成优抚之家206个。

（三）优抚机构建设和管理

协调省财政厅下达中央和省级优抚事业单位补助资金4441万元，支持全省53处优抚事业单位维修改造项目；2018年4月，省荣誉军人康复医院南昌院区正式开业运营，收治南昌市、景德镇市优抚对象50余人；督促各地开展光荣院、烈士纪念设施安全管理和隐患整改工作，派出工作组对光荣院服务管理情况进行现场督查，提升管理服务水平，实现有序管理、安全运行。

四、褒扬纪念工作

开展“铭记·2018清明祭英烈”宣传教育活动。先后在民政部官方网站刊发相关稿件160余篇，被央视等中央媒体系列报道10余次，全省参与人员近400万人次；组织完成清明期间烈属和群众的烈士祭扫服务和接待工作。

开展烈士纪念日纪念活动。2018年9月30日，省本级在省革命烈士纪念堂隆重举行向烈士敬献花篮仪式，省领导，省直各部门、单位主要负责人，解放军、中小学生代表及社会各界群众共计700余人参加活动。烈士纪念日期间，全省各级党委、政府在当地烈士纪念馆、烈士纪念碑、烈士墓等烈士纪念场所共举办公祭活动107场，现场参加公祭活动人数达26万余人，各地群众通过各种方式参与烈士纪念活动近200万人次；报请省政府评定匡美建、邓旭、程扶摇、曾鹏、刘慧、饶付贤等6名同志为烈士，全省换发烈士证书100余份。

加强烈士纪念设施建设管理。完成《江西省革命烈士纪念建筑物管理办法》修订立法工作，指导各地认真做好《江西省英雄烈士纪念设施保护管理办法》的学习宣传教育和贯彻实施；编印《江西省英雄烈士纪念设施保护管理办法》《江西省英雄模范褒奖办法》，积极宣传英雄烈士纪念设施保护管理相关政策法规。

发挥纪念设施功能。完成全省中小学生研学

实践教育基地推荐工作，向省教育厅推荐江西省革命烈士纪念堂、南昌市方志敏烈士陵园、瑞金市革命烈士纪念馆、兴国县革命烈士纪念馆、上饶市茅家岭烈士陵园5个国家级烈士纪念设施为全省中小学生研学实践教育基地；配合省委宣传部完成全省民政部门管理的107个爱国主义教育基地旅游踏查排查工作；完成36个烈士纪念设施改陈布展调查摸底工作。

五、双拥工作

持续开展“爱心献功臣”“双拥在基层”“寻找身边的军魂”等活动，在机场、车站等公共场所标设“军人依法优先”醒目标志，在旅游景点、公园、文保单位制作悬挂“军人免费参观游览”标牌，在城区入口、主要街道和部队驻地设立了一批大型双拥宣传广告牌。全省主要媒体统一开设专题专栏，采访、报道、总结双拥先进单位和个人事迹。

服务助推国防和军队建设。大力支持军队深化改革，做好部队转隶、人员分流安置、军事设施保护、部队移防工作。2018年，全省各级用于驻赣部队资金4.9亿元，无偿划拨土地825亩，修建专用道路16.9千米；建立和完善了拥军支前工作体系，下发《中共江西省委、江西省人民政府、江西省军区关于全面加强新时代拥军支前工作聚力服务备战打仗的意见》，对拥军工作谁来抓、抓什么、怎么抓等作出制度规范。这是江西省针对改革调整后双拥工作出现的新情况，出台的第6部政策法规。积极做好部队遂行任务期间场地征用、安全警戒、配合兵力投送、军供服务保障等工作。

驻赣部队支持地方建设。省军区协调战区五省一市9个百强市（区）人武部对口帮扶井冈山市9个乡镇，援建资金1.1亿元；陆军步兵学院投入50万元、省武警部队投入912.6万元用于帮扶挂点村脱贫项目建设，火箭军机关不断加大投入对12个贫困县挂点帮扶。驻赣部队积极开展军民共建，为驻地进行支教、医疗救助，全年在抢险救灾、重大活动安保、创建平安江西等任务中，驻赣部队投入大量兵力和装备，为全力保护人民财产安全和维护社会稳定作出巨大贡献。

军民融合深度发展。按照“统一领导、军地协调、需求对接、资源共享”的方针，积极推进南昌航空工业城、赣州北斗产业园、景德镇直升机产业基地、江西铀矿大基地、九江船舶制造及配套基地、景德镇和九江昌河汽车基地建设，打造全国重要的军民融合装备制造基地、中部地区军民科技协同创新先行区；统筹推进交通、空间、信息、人防等基础设施建设，力求经济建设和国防建设综合效益最大化，打造一条具有时代特征、体现江西特色的军民融合深度发展新路子，全力推动军民融合向纵深发展。

六、就业创业工作

落实经济补偿资金。在全面落实退役士兵就业服务、小额贷款、税费减免等政策的基础上，及时足额向自主就业退役士兵发放一次性经济补助资金，全年共发放就业退役士兵一次性经济补助资金2.23亿元，下达教育培训经费补助和管理保障资金5000余万元，组织11 000余名退役士兵报名参加职业教育和技能培训，参训人员合格率达96%。

广泛开展退役士兵职业教育和技能培训。各地广泛开展“六个一”（即送上一封信、编印一本培训指南、拨打一次电话、发送一条短信、召开一次推介会、举办一场招聘会）政策宣传活动，编印分发《退役士兵免费教育培训指南》《退役士兵安置政策100问》等政策宣传材料3万余份，着力提高退役士兵政策知晓率和参训率。以促进就业创业为出发点和落脚点，创新工作机制，改进培训方式，大力推行“订单式”“定向式”“定岗式”培训，不断提高教育培训质量，促进退役士兵就业创业。

细致周到为兵服务。全年补充完善退役士兵个人退役资料、开具接收报到和返乡落户等材料2万余份，全面细致为17 000余名退役士兵建立工作台账，细致测算自主就业退役士兵一次性经济补助资金，下达安置保障资金2.77亿元。

七、军供保障和军休服务管理工作

规范军供应急保障。全面落实习近平强军思想，指导各军供站创新保障模式，完善保障预案，开展军供演练，完善基础设施，切实提升军供应急保障能力；制定下发《关于进一步加强和改进军供保障工作的通知》；组织编印《江西省军供保障典型案例汇编》，总结推广各军供保障好经验、好做法。各级军供站共受领军供保障任务1100余批次，保障过往部队16.5万余人次，优质高效完成各项军供保障任务。

创新发展军休服务管理工作。全省军休工作以落实军休干部“两个待遇”为重点，围绕服务国家和军队建设，创新工作理念，大力推进军休服务管理规范化建设，积极探索军休服务管理新模式。丰富军休人员文体活动氛围，建立“江西省军休干部陶艺创作基地”，设立专门陈列展馆，开展第十三届军休干部“老区行”义诊活动，成立军休干部“八一之声”合唱团，成功举办全省第八届军休干部“健康杯”运动会，军休服务管理水平明显提高，受到军休人员广泛称赞。

八、权益维护工作

认真接待受理来省上访退役军人和信访群众，妥善办理退役军人事务部转交办信访事项。提请省委、省政府印发做好退役军人信访工作的相关文件。2018年12月，江西省退役军人事务厅成立了6个工作组，对全省11个设区市贯彻落实退役军人政策情况进行督导调研，有力维护了广大退役军人的合法权益。同时，积极做好退役军人先进典型推荐工作，报送的退役军人士兵陈垄源被评选为全国“最美退役军人”，并在全国进行宣传报道，弘扬了新时代退役军人正能量。

山东省

一、机构建设情况

2018 年 10 月 17 日，山东省委宣布省退役军人事务厅领导班子组建。当天，山东省退役军人事务厅党组成立机构改革领导小组，积极稳妥推进机构建设；19 日，省政府确定山东省退役军人事务厅办公地点；29 日，山东省退役军人事务厅实现集中办公；30 日，召开厅机关全体人员会议。2018 年 11 月 19 日，山东省退役军人事务厅正式挂牌对外办公。同时，加快山东省退役军人服务中心挂牌运行。全省 16 个市和 137 个县（市、区）机构组建工作基本完成，上下贯通、相互衔接、同步推进的工作格局初步形成。

二、移交安置工作

山东省委、省政府高度重视退役军人安置工作。“八一”建军节前夕，省委、省政府专门召开退役军人代表座谈会，对做好军转安置工作提出要求，明确了全省军转安置工作原则、安置办法和总体部署。各级各部门把军转安置工作列入“一把手工程”，主要领导亲自抓，分管领导靠上抓，组织、人社、退役军人事务等部门，严格政策规定，敢于较真碰硬，合力推动全省军转安置工作顺利完成。

在安置过程中，规范工作流程，注重政务公开，提高安置透明度。实行“阳光安置”，重要环节实施“四公开”，及时公开“考试成绩、考核赋分、安置计划、安置结果”。严把“四关”：把好考试关，实行全省统一时间、统一内容考试；把好考核关，军地双方以档案材料为依据，准确进行军转干部量化赋分；把好选岗关，依据考试考核分数排名，集中依次选择接收单位；把好监督关，邀请纪检监察机关和部队监督，接受社会监督，确保工作透明度。促进“人岗相适”，合理配置军转人才资源，109 名具有计算机、财会、法律等专业特长的军转干部，安排到专业对口的工作岗位。在档案审查接收、确定安置去向、考试考核、选择单位、定岗定职、报到手续办理等重要环节，主动征求部队意见建议，认真听取部队和军转干部的想法，力争把工作做细、做精、做扎实，真正把军转干部接收好、安置好、使用好。

2018 年，山东省共接收安置军转干部 6100 多人。其中，计划分配的军转干部约 3500 人；自主择业的军转干部 2700 多人。共接收由政府安排工作退役士兵 5000 多人。400 多名军休干部、100 多名复员干部，全部按时间进度完成接收安置。

三、教育培训工作

编印《山东省自主择业军队转业干部创业就业政策指南》，以政策解读形式详细解释，发挥其就业创业政策说明书的作用。大力开展教育培训，2018 年全省共培训退役士兵 2 万人、自主择业军转干部 71 批共 3300 人，全省自主择业军转干部就业率超过 80%，创办企业年纳税超过 4 亿元，带动近 3 万人就业。

强化示范引领，充分利用广播电视、网络等媒体，对退役军人就业创业先进典型进行广泛宣传，扩大社会影响，激励和引导更多的退役军人投身就业创业，使“军创”品牌的认知度和影响力得到进一步提升。在全省范围内推选 21 名扎根基层、艰苦创业、自主择业军转干部典型，并从中选拔出 9 名作为优秀退役军人候选人，涵盖了扎根农村带领农民发财致富、艰苦创业、热心公益、潜心科研等多个方面，全方位展示了新时代退役军人创业风采。2018 年 10 月，《大众日报》对自主择业军转干部的创业事迹进行了专题报道。

加强退役军人党员教育管理。规范接转程序，实行先接转党员组织关系、后到军转部门办理报到手续的工作程序，配合组织部门积极做好退役军人党员组织关系接转工作，为退役军人党员接转组织关系、纳入组织管理提供精准服务。加强退役军人党员思想政治教育，各级党组织将退役军人党员教育管理纳入总体工作规划，严格落实“三会一课”“党员活动日”等制度，确保退役军人党员在党组织的关怀下成长进步。各级将退役军人党员教育管理与基层党组织建设结合起来，发挥退役军人党员政治性强、阅历丰富的优势，从中选派政治素质好、奉献精神强、善于做群众工作的退役军人党员到“软弱涣散”村（居）和扶贫攻坚重点村任职，取得良好成效。

四、优抚工作

山东省多措并举、创新推进，大力提高退役军人和其他优抚对象优待抚恤质量水平。制定出台《山东省优抚政务公开办法》，就优抚法规政策、优抚对象待遇标准等政务公开进行了制度化安排。根据优抚对象的现实需求，开展失能半失能、孤老优抚对象保障服务两项试点工作。积极探索用“互联网 +”、社会养老机构托养、政府购买服务等方式，为高龄及孤老优抚对象提供日间照料、养老护理、家政等服务。选择 20 个县（市、区），深化优抚精细化服务，总结提升“文登模式”（“线上”“线下”结合，抚恤抚慰并重）、“平阴模式”（精细织网、精细施策、精细服务）、“青岛市南模式”（提升服务内容、供给模式、技术手段、工作效能、网络架构、品牌塑造）、“莱州模式”（构建“3+1”网络服务体系、创新阶梯式医疗补助制度）等在全省推广。按照“放管服”“一次办好”要求，对优抚审批权限进行了系统梳理，减少证明材料 30 多种，缩短了审批时间，简化了审批程序。对全省优抚对象轮流休养作出科学部署、有序安排，为 11 000 多名优抚对象提供短期休养服务。指导各地组织开展了清明祭英烈和烈士纪念日活动，有序组织 1200 余万人次瞻仰烈士、祭扫烈士墓。

及时精准发放资金，山东省抚恤补助标准连

续10年提高，年增幅10%以上，2018年，拨发医疗补助金2.35亿元，为7.51万户义务兵家庭发放优待金13亿元。把2.8万户生活困难家庭纳入低保或给予临时救助，为2.2万户住房困难家庭落实住房保障待遇。

五、信息采集工作

山东省成立由省委、省政府统筹，省退役军人事务厅牵头，有关部门参与的信息采集工作机制，成立省信息采集工作专班，对外公布咨询服务电话。全省各市、县（市、区）成立160多个工作专班，实行集中办公。全省1800多个乡镇（街道）普遍设立集中采集点，全省工作专班、采集队伍人数总计1.26万人。加快建设全省退役军人数据库，为采集信息的退役军人和其他优抚对象建档立卡，提高服务质量水平。严把招标关和质量关，加快制作光荣牌，对光荣牌的硬度、色泽度、牢固度等都提出技术要求，加快启动悬挂。

六、双拥工作

调整山东省双拥工作领导小组，领导小组办公室设在省退役军人事务厅。2018年11月12日，召开第一次全体会议，研究工作措施，增强军地协调联动、互促互进，持续巩固发展军政军民团结。2018年，全省军地基层单位共结成军民共建对子5400多个，建成军民共建党支部3600多个、军民共建文明社区（村）4600多个，组织开展各类拥军活动9800多次，向部队赠送物资折款6000多万元，建成社区双拥工作站3万多个，建立拥军志愿者队伍2万余支。

大力支持国防和军队改革，主动参与北部战区拥军支前军地协调机制调研、省军区军人荣誉体系建设试点及以山东省地名舰艇命名、现役干部转改文职、部队停止有偿服务等涉及地方事务，在推进后勤保障社会化、解决全面停止有偿服务、提升部队综合保障能力等方面主动承接任务、对接项目、抓好落实，确保了各项改革政策顺利推进。

着力解决部队重点难点问题。青岛、烟台、威海等沿海城市采取措施解决驻岛官兵出行难问题，落实景区和市内公交免费等优待举措。山东歌舞剧院等文艺团体组成“齐鲁文艺轻骑兵”两个小分队，赴驻鲁边海防一线部队巡回演出，历时20余天，辗转13个县（市、区），行程4000余千米，完成了21场慰问演出，受到边海防一线官兵的热烈欢迎。

深入开展双拥宣传。在山东全省广泛开展“共筑强国强军梦，同心奋进新时代”宣传教育活动，采取辅导宣讲、文艺创演、军营开放活动、“社会一日”等形式，持续在企业、农村、机关、校园、社区、连队兴起学习贯彻热潮，将党的十九大精神全面贯彻落实到双拥工作的各个环节、各个方面。集中开展“双拥法规宣传月”活动，广泛宣传宪法和《国防法》《军事设施保护法》《征兵工作条例》等法律法规，增强了全省广大军民的宪法意识、国防意识和双拥法治意识。

常态化开展走访慰问。“八一”前夕，省委召开全省退役军人代表座谈会，交流思想感情，倾听呼声建议。

七、思想政治工作

山东省加大对退役军人先进典型的宣传力

度，在全省推出50名优秀退役军人，涵盖各行各业、各条战线各类退役军人，在省级媒体广泛宣传，发挥正向激励作用，引导广大退役军人退役不退志、退伍不褪色。开展退役士兵就业创业先进典型评选活动，评选表扬退役士兵30名，讲好励志故事。在《大众日报》开辟“齐鲁英烈谱”专栏，展示退役军人时代风采，推动形成关心国防、尊崇军人的浓厚氛围。

八、褒扬纪念工作

大力弘扬英烈精神。创新搜集形式，深入挖掘、搜集烈士事迹、图片等资料，认真筛选、整理编辑，编纂出版《光照千秋——山东抗战英烈（续四）》，收入烈士事迹30篇，配文图片40余幅，共23万余字。对山东英烈网进行升级改版，增设了英烈文化板块“铭记”专题。创建红色旅游板块，对全省红色旅游景区景点情况进行摸底排查，部署完成英烈网站红色旅游工作规划，为打造红色旅游特色品牌网站奠定基础。创新服务方式方法，热情帮助社会公众及烈士亲属查找烈士安葬地及烈士信息查询、修改和回复等工作，共受理查找烈士安葬地、烈士信息查询、修改和回复等相关请示113件次，办理新增、更改烈士信息6件次，审核烈士祭奠留言100余条，回复群众邮件9件。

九、军休服务管理工作

扎实做好军休人员接收安置。会同军队各大单位做好2018年度军休干部（含退休士官）安置去向审定工作，下达年度军休干部接收安置计划434人。建立军休干部接收安置工作军地会商机制，对军改期间滞留部队伤病残退役军人移交安置难题进行座谈协商，圆满完成年度接收安置任务。

强化军休服务保障。下达退役安置补助资金及军休干部医疗费、荣誉金和退休干部定期增资经费26亿元，组织全省军休干部纪念改革开放40周年征文和征集老照片活动，开展军休工作“十百千”（调研10个军休机构、走访100名军休干部、发放1000份调查问卷）调研和星级军休服务管理机构复查工作，圆满完成全省军休安置信息系统“五级联网”和数据清理核查工作。

加强军供站标准化建设。召开2次全省军供站建设与运行规范化座谈会，加强军用饮食供应食品安全监管，圆满完成近百批次军供保障任务。

济南市

一、机构建设情况

2018年11月26日，济南市委召开专题会议，组建济南市退役军人事务局。12月14日，济南市退役军人事务局正式挂牌。圆满完成13个事业单位、200多名干部职工的转隶任务，确保各条战线干劲不减、工作不断。开展遗留问题大排查，将信访遗留问题进行梳理汇总，逐一分析研判、甄别分类、明确责任，累计为822名退役士兵解决了安置上岗、办理自谋职业手续等问题。元旦前，走访慰问退役军人2000余名，印发政策宣传资料、人员登记表、联系卡6000余份，逐一听取诉求，相互交流沟通，将党委政府关心关爱传递到位。联合《中国退役军人》《大众日报》《济南日报》等媒体，宣传推介张保国、谢清森、赵秀梅等先进典型事迹。张保国被中央宣传部、退役军人事务部表彰为“最美退役军人”，并参加全国巡讲。

二、移交安置工作

2018年，济南市共接收军队转业干部1000余名，其中，计划分配500余名、自主择业500余名。接收退役士兵3100余名，其中，符合政府安排工作的退役士兵近400名、自主就业退役士兵2700余名。

（一）军转干部安置

采取“四公开一监督”阳光安置模式，对军转干部考试成绩、量化赋分、综合排名、安置计划在部队一定范围进行公示，并在网上进行公开，接受监督。组织岗位选择会，由军转干部自主选择安置岗位，公务员和参公岗位比例达80%。联合山东大学，精心组织军转干部集中培训，协调动员专业不对口、有培训需求的军转干部进高校参加专项培训，共148名军转干部进山东大学、山东警察学院等院校进行专项培训。

（二）自主择业军转干部安置

严格按政策落实自主择业军转干部相关待遇，完成2200余名自主择业军转干部年度登记工作，组织市区2001名自主择业军转干部健康体检，对60名因病致贫和就业创业典型进行走访慰问，体现了市委、市政府的关心关怀。开展适应性培训，组织2017年度自主择业军转干部参加网络培训，为271人申请办理网络培训。创新开展个性化培训，83人完成学习并取得相应资格证书。成功举办3期适应性培训班，积极开展就业创业培训，达成30多项就业创业意向，得到自主择业军转干部普遍好评。

（三）退役士兵安置

科学合理编制下达退役士兵安置计划，符合政府安排工作条件的退役士兵安排到机关、事业单位的不低于40%，其他安置到国有企业。继续推行档案考核、量化评分、排序选岗的办法，公开安置政策、公开考试考核成绩、公开安置岗位、公开选岗，接受社会监督。全市解决退役士兵住房困难家庭7000余户，为6000余名困难退役士兵发放救助金3700万元，组织再就业技能培训1.8万人，确保了各项政策落实落地、到户到人。积极促进自主就业退役士兵就业创业，做好退役士兵职业技能培训的牵头协调、资格审核、监督管理等工作，帮助退役士兵尽快掌握就业创业基本技能，提高就业创业能力。

三、军休服务管理工作

建立军休人员即退即交机制，2018年接收安置军休干部187人。为军休干部发放党的十九大精神学习资料，开展政治学习。开展纪念济南解放70周年系列活动，走访慰问参加济南战役的老战士。举办军休干部代表座谈会，倾听军休干部建议和诉求。利用军休安置服务管理信息系统五级联网和“智慧军休”管理系统开展工作，提高工作信息化、科学化、规范化水平。开展春节走访慰问活动；向警备区提交军休干部特别抚恤资料；为符合条件的军休干部办理护理费审批手续；协调相关部门，做好军休干部医保账户金拨付工作；及时探望重病住院的军休干部。规范军休文体活动模式，组织开展“新时代·军休情”迎新春文艺汇演、“迎元宵猜灯谜”、全市军休干部第九届象棋比赛和第27届门球赛等一系列文体活动，不断满足军休干部求知、求乐、求健的美好愿望。

四、优抚褒扬工作

（一）生活保障水平持续提高

全面贯彻《军人抚恤优待条例》《山东省军人抚恤优待办法》精神，严格落实抚恤优待金社会化发放制度。会同市委组织部、市财政局下发文件及时上调抚恤补助金标准，惠及全市4.3万名优抚对象。依据2017年农村居民人均可支配收入，联合市财政部门提高2018年度义务兵家庭优待金标准，对进藏、进疆义务兵家庭优待金增发1倍，实现“六连涨”。2018年发放各类抚恤金近3亿元。

（二）医疗、住房政策贯彻有力

全面推动优抚对象医疗待遇和报销“一站式结算”政策的落实，在全市继续推行优抚对象门诊补助社会化发放。为全市一至六级伤残军人及城区其他优抚对象缴纳年度参保费；为10 834名农村籍优抚对象免费办理城镇居民医疗保险年度参保手续，全年共帮助优抚对象缴纳参保、发放门诊补助1622.29万元、住院补助696.05万元，给予大病救助162.35万元。组织市优抚医院成立巡诊医疗队，两次分赴全市各区县开展巡诊及家庭康复指导，免费发放各类药品33种，共计10余万元，累计巡诊1176人次。在《济南市军民融合深度发展十三五规划》中将抚恤定补优抚对象统一纳入符合地方住房保障范围优先予以保障；配合市有关部门制定出台了《济南市政府建设公共租赁住房申请分配程序》，将重点优抚对象集中纳入优待照顾范围，为57名抚恤定补优抚对象办理优先申请公租房手续。

（三）轮流休养工作进展顺利

创建“功臣之家”服务品牌，充分发挥市、县（区）和镇三级休养平台的作用，继续打造优抚对象轮流休养“济南模式”。合理制定年度轮流休养计划，对“三老”和有需求的优抚对象重点优先安排，2018年共安排优抚对象轮流休养3230人。

（四）烈士纪念工作安全有序开展

以济南解放70周年为契机，贯彻“文明祭扫、平安清明”的主题，科学制定《2018年清明节工作方案》，全市7所烈士陵园共接待社会各界团体887个，祭扫群众约26.5万人次。在全市范围内组织开展了“铭记·2018清明祭英烈”活动，营造了崇尚英雄、捍卫英雄、学习英雄、关爱英雄的浓厚氛围。认真做好“9·30”公祭烈士活动保障工作，受到了各级领导高度肯定。

（五）烈士纪念设施改造加快推进

争取中央和省级财政烈士纪念设施建设补助资金350万元，重点用于全市部分烈士纪念设施的改造提升工作。济南战役纪念馆改陈布展工作如期完成，展陈面积由原来的2008平方米增加到2699平方米，展线长度由256米延长至485米，展陈文物由原来的298件增加至374件，先后接待近20万名群众参观学习。历城区烈士陵园投入57万元提升改造634名有名烈士墓，投资4万元更换无名烈士纪念碑，投资3.5万元建成烈士陵园网站；长清区共投入200余万元用于革命教育纪念馆建设。

（六）信息采集工作有序开展

成立工作专班，制定《退役军人和其他优抚对象信息采集工作方案》，按照全面规范、严谨细致、高度负责的原则，做好信息采集、审核工作，掌握全市退役军人和其他优抚对象综合信息，为加强退役军人服务保障体系和工作运行体系建设奠定基础。

五、双拥共建工作

（一）顺利完成双拥模范城（县）年度考评工作

深入学习贯彻全国、全省双拥模范城（县）命名表彰大会精神，坚持早谋划、早部署、早启动，扎实开展双拥创城工作。召开动员部署会，制定双拥创城工作实施意见，制作双拥专题片和双拥画册，积极对接驻地部队，完善资料、查漏补缺、营造氛围。省检查考评组对长清区、章丘区、济阳区、平阴县、商河县的双拥模范城（县）创建工作进行了检查考评，认为5个区县双拥氛围浓厚、群众基础广泛、工作全面扎实、特色亮点突出、创新成果显著，对济南市双拥工作给予充分肯定。

（二）大力开展国防双拥宣传教育

结合全面贯彻党的十九大精神、纪念济南战役胜利70周年、国家公祭日等重要节点，加大国防双拥宣传教育力度，进一步营造双拥工作浓厚氛围。持续推动全民国防教育深入开展，举办驻济高校大学生“寻访身边红与绿”主题实践活动和“爱我国防”主题演讲比赛。利用各类媒体，对济南市与“济南舰”开展城舰融合发展工作进行集中报道。开展“双拥法规宣传月”活动，集中宣传《宪法》《国防法》《军事设施保护法》《征兵工作条例》等涉军法律法规，强化广大军民宪法意识、国防意识和双拥法治意识。编写《济南民政探索与实践》《济南民政改革开放四十年巡礼·双拥篇》；大力推进双拥品牌创建工作，在全市着力打造了一批富有济南特色、反映时代要求，有时代感的双拥品牌，展示了全市双拥工作成就和风采。各县区积极发挥政府门户网站、微信公众号、双拥宣传牌等的作用，拓展宣传渠道、宣传先进事迹、打造特色品牌，实现了双拥宣传多层次、多渠道、全覆盖。

（三）扎实开展节日走访和支前慰问

2018年春节期间，市领导带队，走访慰问了驻济部队师团级单位和英模连队。全市各级通过召开军属座谈会、表彰会、送达喜报等形式，对全市立功受奖军人家庭进行走访慰问。“八一”前夕，市几套班子主要领导分别带队走访慰问了驻济部队领导机关，以及济南警备区、武警济南市支队、武警济南市消防支队、武警济南市警卫处、济南边检站等部队单位。出台《济南市助力随军家属就业工程实施方案》，联合相关部门举办了“拥军优属　春风行动”2018年济南市驻济部队随军家属专场招聘会，70余家省市企业提供岗位近5000个，500余名军属参加，332名军属达成就业意向，20余家媒体跟进报道，部队官兵和社会各界反响强烈；对驻济部队未就业随军家属生活补助金发放工作实现了每年递增。2018年，共安置50名随军家属到机关事业单位工作，在全省双拥工作领导小组会议上作典型发言；为143名驻济部队军人子女落实了中考加分政策。积极推动各类涉军地事宜的协调工作，最大限度地为部队办实事、解难题，得到了军地双方的一致好评。

（四）广泛开展社会化拥军活动

广泛动员社会力量参与拥军工作，积极开展科技、法律、医疗、文化进军营等社会化拥军活动。举办了“服务人民有你　尊崇军人有我”济南市军地学雷锋主题活动、“双拥助力乡村振兴”文化下乡活动、“书香进军营　助力强军梦”军地共建书香军营、“初心永不忘　爱心献功臣”巡回慰问军休干部、“弘扬济南战役精神　传承革命优良传统”纪念济南解放70周年等系列活动。

青岛市

一、机构建设情况

青岛市退役军人事务局于 2018 年 11 月 23 日正式组建，按照习近平总书记关于退役军人工作的重要论述，根据中央部署和山东省委、省政府的要求，青岛市旗帜鲜明讲政治，边筹建边工作边完善，扎实推动组织领导、机构建设、工作推进、基础保障“四个到位”，率先全面建成市、区（市）、镇（街道）、村（社区）四级“五有全覆盖”退役军人服务管理机构。截至 2018 年年底，青岛市退役军人信息采集和光荣牌悬挂工作顺利部署启动，权益维护、移交安置、就业创业、军休管理、优抚褒扬、双拥共建等工作进展顺利，实现良好开局。

二、组织建设

调整完善市双拥工作领导小组，形成了“四级书记”带头抓退役军人工作的良好局面。突出强化理论武装，完善落实党建工作制度，深入推进党风廉政建设，制定印发了局党组工作规则等 12 项党建制度，全面加强局党组班子自身建设。成立了市、区（市）两级退役军人事务局，做好事业单位转隶和建设工作，实现了退役军人工作平稳过渡，有序衔接。

三、思想政治和权益维护工作

一是困难救助和信访工作。临时救助退役军人和其他优抚对象 1714 人，发放救助金 498.4 万元。二是退役军人有关补助经费发放工作。严格政策标准、严格审查把关，按时组织发放了青岛企业军转干部生活补助 1390 余万元，并为 600 余名政府不安排就业退役士兵发放教育培训补助 150 余万元。

四、移交安置工作

一是退役军人的安置工作。军转干部安置方面，青岛共接收安置军转干部 1500 余人，其中，通过双选和公开选岗安置计划分配军转干部近 800 名，安置到行政机关及参公岗位比例达到青岛市历史最高水平。退役士兵安置方面，青岛共接收符合政府安排工作条件的退役士兵 400 余人，其中通过公开选岗安置到事业单位 200 余人，占 42.8%；其余人员全部安置到国有企业，达到青岛市退役士兵安置历史最高水平。二是退役人员各项补助资金发放。完成市内三区退役士兵一次性经济补助申请和发放工作。涉及退役士兵 480 余人，共发放资金 2368 万元。三是 2018 年冬季退役士兵报到工作。2018 年接收冬季退役士兵预到150余人，接收退役士兵档案90余份。

五、就业创业工作

2018年，青岛接收安置自主择业军转干部770余人，全年及时足额发放市本级退役金近4亿元，缴纳医保费4700余万元。举办了自主择业军转干部适应性培训班2期4个班次，245人参加培训。举办了“迎八一”军转人才专项招聘大会，150多家用人单位提供1612个岗位，现场390多名自主择业军转干部参加活动，岗位推介成功率达30%。

六、军休服务管理工作

出台军休服务中心业务考核办法，为维护军休干部合法权益、落实军休干部“两个待遇”奠定坚实的组织保障。建立完善了军休干部服务管理机制，为进一步提升青岛军休服务规范化水平打下基础。在全市军休服务机构广泛开展“星级军休服务岗”“和谐军休家园”创建评比活动，进一步强化军休管理服务人员的服务意识和责任意识，不断提升工作人员标准化服务能力。对5600余名军休干部居住地址、共同生活家庭情况、联系方式等基本情况及军休中心管理的住房、公车等固定资产情况进行拉网式摸排，进一步提升了军休服务管理电子信息台账的真实性、准确性和有效性。

2018年，青岛市级财政共补助各军休中心经费7199万元，其中，军休干部人员经费3716万元，机构经费3483万元，有效保障了军休干部政治待遇和生活待遇的落实。投入近2亿元资金，新建一处军休干部活动中心，占地面积2.5万平方米，建筑面积3.2万余平方米，集合文化体育活动、学习活动等各种功能。

七、优抚褒扬工作

截至2018年12月底，青岛市共有享受抚恤补助的优抚对象4.3万余人，其中伤残人员6800余人、“三属”1100余人、在乡老复员军人3300余人、带病回乡退伍军人3400余人、农村老年义务兵2.1万人、老年烈士子女1700余人。

一是优抚对象优待服务。2018年8月4日，会同青岛市财政局下发了《关于调整部分优抚对象等人员抚恤和生活补助标准的通知》，从2018年8月1日起再次提高青岛8类优抚对象抚恤补助标准，有4.3万余名重点优抚对象得到更有效的生活保障。2018年9月30日，下发了青岛市民政局、青岛市财政局印发的《关于做好优抚对象养老优待工作的实施意见》的通知，通过政府购买服务的形式，保障符合条件优抚对象的养老需求。对集中供养的，按照当地普惠性养老机构平均收费标准的80%给予养老机构补助；居家养老的，对不能自理的给予每人每月90小时、半自理的给予每人每月60小时的服务时间。

二是信息采集工作。2018年，组织开展全市范围内的信息采集工作。印发《青岛市人民政府办公厅关于做好退役军人和其他优抚对象信息采集工作的通知》，建立了由市政府统筹负责、市直相关职能部门参与的信息采集工作机制，成立了信息采集工作专班，同时，利用青岛电视台、《青岛日报》等媒体，在全市范围内，掀起信息采集工作宣传发动的热潮。

三是拥军优属工作。2018 年，青岛义务兵家庭优待金平均为 19 923 元，共为 6800 余户义务兵家庭发放义务兵优待金 1.67 亿元，于 8 月 1 日前全部发放完毕。清明节期间和烈士纪念日，青岛 869 个机关、团体、部队和企事业单位共 28 万余人参加纪念烈士活动。组织部分烈属分别赴福建、广西、云南等省（区、市）17 个烈士陵园祭扫 24 位青岛籍烈士。2018 年 9 月 12 日开始，依托青岛优抚医院组织 32 名抚恤定补优抚对象开展轮流休养，开展“感受光荣岁月，传承红色精神”座谈等。同时，青岛 2900 余名孤老残障优抚对象享受社会化供养服务。组织走访慰问驻青部队基层先进连队、优抚对象及青岛籍现役军人立功受奖家庭。走访慰问了驻青部队 8 个基层连队和 10 户优抚对象家庭。

八、双拥共建工作

2018 年，紧紧围绕全年重点工作目标和市委、市政府领导指示要求，圆满完成了各项工作任务。

一是双拥模范城创建考评工作。印发了青岛市 2018 年双拥工作要点，就做好山东省年度考评迎检和全国模范城创建中期考评抽检准备等工作提出明确要求。4 月，组织召开了青岛双拥办主任会，各区市汇报了年度重点工作，特别是创城迎检准备工作进展情况，对存在的困难和问题进行了研究。6—9 月，先后对李沧区、城阳区、胶州市、平度市、莱西市创城迎检工作情况进行了实地督导。9 月 14—19 日，山东省考评组对创城迎检工作进行了全面检查，在检查情况反馈会上，对青岛市双拥工作给予高度赞扬和充分肯定。

二是军地联席会议协调推进军地重大项目建设。3 月 30 日，组织召开了青岛市 2018 年度军地联席办公会议，确定军地互办实事事项五大类 21 件。会同市政府办公厅下发了责任分解通知，并联合进行了工作调度。加快推进全军统建安置住房项目建设、经济适用房建设等项目；牵头成立潜艇学院山东路院区综合整治军地联合办公室，对院区进行全面综合整治。协调北部战区海军、北航等部队支持滨海木栈道建设。按照全军统一部署，协调军地做好军队全面停止有偿服务工作。

三是协调解决军人“三后”问题。联合市编委办、财政局、国资委、青岛警备区政治工作处等部门印发了《青岛市助力随军家属就业活动方案》。“八一”前夕，协调市直 23 家国有企业举办了助力随军家属就业专场招聘会，提供岗位 267 个，38 名随军家属被正式录用。行政事业编制随军家属定向安置数量连续 4 年提高，2018 年达到了 70 名。协调做好军人子女入学入托工作，协调市教育局集中研究办理北部战区海军 74 名军人子女入学入托事宜。出台了现役军人免费乘坐市内公共交通工具政策，受到部队首长和官兵的高度赞誉。坚持走访慰问执行远航任务的官兵家庭，坚持开展评选“岛城十佳好军嫂、十佳兵妈妈”活动，坚持把部队官兵纳入“感动青岛”年度道德模范评选表彰范围，真正让军人军属受尊崇、得实惠。

四是“美丽青岛行动”和上合组织青岛峰会保障任务。全程参与“美丽青岛行动”涉军区域环境提升工作，牵头负责美丽营房专班工作。协调部队拆除违建600余处近24万平方米，清运建筑垃圾2000余车约20万吨，平整绿化地面近8万平方米。协调驻青部队出动兵力近10 000人，参与上合组织青岛峰会警卫执勤、交通运输、应急救援等工作任务。

河南省

一、机构建设情况

2018年11月26日，河南省退役军人事务厅挂牌。由于“三定”方案没有出台，厅机关设置综合组、常规一组、常规二组、人事党务组、财务组、来信来访组、走访慰问组、慰问组、双拥组9个工作组，负责日常工作开展。

2018年11月28日，18个省辖市退役军人事务局全部挂牌成立。截至2018年12月底，全省157个县（市、区）退役军人事务局全部挂牌成立。各级退役军人事务部门开始办公场所调整、人员转隶等工作，并启动所属事业单位、光荣院、优抚医院、军休服务机构转隶工作。同时，全省上下边组建、边工作，走访慰问、信息采集、悬挂光荣牌等事务性工作有序推进。

二、军转干部服务工作

（一）军转干部安置

开展“安置服务进军营”活动，军地联合审档，实行安置工作进度“周报告”制度，实施以公开公平公正为核心的“对口分类、公开计划、量化评价、依分排序、自主选择、指令分配”阳光安置，2018年计划分配军转干部全部妥善安置，安置在党政机关、参公事业单位和政法部门的占85%以上。省军转安置工作领导小组出台《关于探索军队转业干部进高等学校专项培训的实施意见》，开展军转培训工作，完善各项措施，明确工作责任，将培训对象由省直扩大到郑州、洛阳、开封、济源4个省辖市，承训高校扩大到郑州大学、河南农业大学、河南财经政法大学、河南警察学院、河南大学、河南科技大学6所高校的30多个专业，帮助军转干部迅速适应新岗位。

（二）自主择业军转干部就业创业

在部队官兵转业季，举办全省自主择业军转干部就业创业项目展示观摩会，召开经验交流会，引导自主择业军转干部迈好“角色转换”这一步。用足用活优惠政策，引导和鼓励各地建立自主择业军转干部创业孵化基地，在税收减免、费用补贴、小额担保贷款等方面提供优惠政策。截至2018年12月底，全省自主择业军转干部就业创业率稳定在80%以上。

（三）解决企业军转干部实际困难

全省各级军转部门狠抓政策落实，对符合条件的企业军转干部发放个案补助近7亿元，经常性深入到企业军转干部中间，采取上门走访、座谈等面对面交流形式，积极做好解释宣传和思想引导工作。“八一”期间，全省共筹集解困资金1500余万元，集中对2000多户特困家庭进行个案帮扶和重点救助，传递党和政府的特殊关爱。

三、退役士兵服务保障工作

（一）完成年度安置任务

各地退役士兵安置部门主动向党委政府领导汇报，加大安置计划协调力度，积极协调编办、人社、国资委等部门，把安置计划做实。建立了以服役贡献和服役时间为依据，公开公平公正的“阳光安置”机制。全省2017年秋冬季符合政府安排工作条件的退役士兵安置率达100%。开展退役士兵安置和权益保障“回头看”活动，认真梳理退役士兵安置遗留问题，积极推动问题解决。

（二）教育培训

各级退役士兵安置部门继续把推进退役士兵职业教育和技能培训，作为落实安置改革政策，提高退役士兵就业能力的一项重要举措来抓，着力在提高政策知晓率、参训率、合格率、就业率上下功夫。运用新闻媒体广覆盖、全方位宣传，以市场需求为导向，以退役士兵个人需求为基点，科学设置培训专业，精选承训学校和机构，为退役士兵开通“绿色通道”，建立完善校企合作培训机制，大力开展“定向式”“订单式”“订岗式”教育培训。全省培训退役士兵27 128人，有意愿培训的参训率达90.2%，培训合格率100%，培训后就业率100%，完成年度2.5万人的目标任务。

（三）就业创业

各地认真做好退役士兵就业咨询、就业指导、就业推荐工作，拓宽退役士兵自主就业创业渠道。依托各类就业服务机构，通过举办专场招聘会等多种形式，搭建退役士兵与用人单位双向选择平台，成功举办河南省第六届退役大学生士兵就业专场“双选会”，76家企业提供1269个就业岗位，优先推荐退役士兵学员就业，并加强落实各项退役士兵就业优惠政策。

（四）伤病残退役士兵安置

各级政府和退役士兵安置部门站在伤病残士兵的角度看问题、想事情、做服务，重视他们的诉求和需要，不折不扣落实政策，尽可能给予关怀和照顾。建立伤病残退役士兵接收安置责任制，符合条件的伤病残退役士兵全部接收。

（五）复员干部接收

按照国家下达的2018年军队复员干部安置计划，做好档案审核、审批、移交工作。全面提升军供保障能力建设水平。加大对各军供站工作指导力度，各军供站围绕任务需求和军队改革需要，加强正规化建设，完善应急保障预案，落实工作制度，抓好安全防事故工作，军供综合保障能力得到明显提升。

四、优抚工作

（一）提高优抚对象保障水平

2018年8月1日，再次提高全省优抚对象的抚恤补助标准，配合省财政提前下达2018年优抚对象抚恤补助资金39.2亿元。督促各地及时足额将抚恤补助资金发放到优抚对象手中。按照严格依法、严谨细致、高效负责的原则，做好伤残评定、烈士材料审理、因公牺牲人民警察复核和优抚对象待遇落实等工作。

（二）“三访三送三网”建设

出台了《中共河南省委　河南省人民政府　河南省军区关于加强新形势下优抚安置工作的实施意见》，对深入开展“三访三送三网”建设，进一步明确要求加强县、乡、村三级服务网络规范化建设，加强联络员队伍建设，以政府购买服务的方式认真落实优抚对象联络员工作补助，政府购买服务所需经费列入县级财政预算予以保障。充分发挥三级服务网络作用，深入开展“三访”（走访慰问优抚对象、走访慰问现役军人家庭、日常接访走访制度）、“三送”（送政策、送温暖、送帮扶）活动，认真落实各项优抚政策，帮助优抚对象解决生产生活方面存在的实际困难，通过送年画、送慰问金（品）、悬挂光荣牌等形式增强优抚对象荣誉感、自豪感。全年全省共走访慰问优抚对象68.8万余人次，发放慰问金（品）1.1亿余元，解决5.5万余名优抚对象的生活难、医疗难等问题，为4522名优抚对象提供了公益性就业岗位。

（三）开展优抚对象短期集中疗养

依托省军休中心，全年共组织10期共1200余名重点优抚对象进行短期疗养。河南省荣军医院和河南省洛阳荣康医院按计划开展为优抚对象医疗巡诊工作。其中，河南省荣军医院采取集中收治和零散收治相结合，以在乡复员军人、带病回乡退伍军人、在乡七级以下残疾军人中的慢性病患者为对象，开展为期2个月的治疗休养。

（四）优抚数据信息化

开展优抚对象入户核查工作，及时完成省级数据抽查任务，指导各地按照核查规范要求完成入户核查工作。做好退役军人和其他优抚对象信息采集工作，针对全省信息采集工作任务量大、时间紧迫、情况复杂等问题，以提高工作效率和方便采集对象为出发点，科学制订采集计划，采取集中采集和主动上门采集相结合、线下采集与线上采集相结合、本地采集与异地采集相结合，排号预约、延长工作时间，加班加点推进采集工作有序开展。

（五）弘扬英烈精神

对全省县级以上烈士纪念设施进行调查摸底，利用2018年省级福彩公益金1426万元，用于优抚事业单位软硬件建设。配合省委组织部开展“不忘初心，逐梦中原”系列宣传教育活动，遴选了100名为新中国成立作出突出贡献的英雄模范和新中国成立以来涌现出的先进典型，联合省委宣传部认真筛选了69名英烈，进行了宣传。组织开展了“铭记·2018清明祭英烈”主题宣传教育活动，通过线上线下相结合的方式，增强舆论宣传效果。据不完全统计，清明节期间，全省共举办各种形式的爱国主义教育报告会百余场，各地近200万人次到烈士纪念设施或场所进行了祭扫。9月30日烈士公祭日，省领导同省会各界代表等共约3000人一起在郑州烈士陵园举行2018年烈士纪念日向烈士纪念碑敬献花篮仪式，缅怀革命先烈，追思英雄业绩，弘扬崇高精神。当日，全省共开展公祭活动120余场，15万余人参加，营造了铭记历史、褒扬英烈的浓厚氛围。

五、军休服务管理工作

配合军队改革，严格执行军休安置去向审定和军休安置政策。完成了军休服务管理信息系统五级联网的布置、设备购置安装、调试、端口分配工作，举办了“全省军休服务管理信息系统五级联网”业务培训班，并指导对全省军休人员的信息进行了核对修改。完成2017年度军休人员定期增资经费、武警各部队的年度定期增资经费的分配任务和2018年定期增资经费的协调划拨工作；配合省财政厅完成2018年度军休经费的分配划拨工作；完成2018年度军休预拨经费、结算经费的分配下达工作；配合省财政厅完成2019年预拨军休经费的下达任务。完成9个军休服务管理机构的升级改造（2014—2018年已完成57个军休机构的升级改造），为接收安置无军籍退休退职职工较多的10个县（区）的管理机构配备专用电脑工作，利用年度省级福彩公益金为全省服务管理机构配备健身保健设备的招投标及配送任务。落实军休干部政治、生活、医疗待遇，创新政府购买服务方式，为军休干部和遗属提供人性化、专业化、亲情化服务。

六、双拥工作

（一）健全完善领导机制

根据工作和人员职务变动，及时调整双拥工作领导机构，省长担任省双拥工作领导小组组长，增加省国防科工局为领导小组成员单位。“深入开展双拥共建，巩固军政军民团结”被列入2018年河南省政府工作报告，并被列入年度督查主要内容。协调指导郑州、开封、洛阳等7个地方完成省辖市命名海军舰艇工作，军地积极互动互联，共同探索新形势下拥军支前工作。

（二）开展宣传教育

中共河南省委宣传部、省人社厅、省民政厅、省军区政治部等单位举办了河南省第八届优秀复转军人评选表彰活动。候选人由各省辖市、省直相关单位推荐，经过活动组委会综合评选并公示，共评出1个团体特别奖、10位年度人物、10位优秀复转军人年度人物提名奖。2018年7月30日晚，举办“永远的兵——河南省第八届优秀复转军人年度人物颁奖盛典”，来自驻豫陆军、空军、战略支援部队、武警部队的官兵代表，郑州抗美援朝老战士之家的老兵代表，以及省直单位干部职工一起，共同感受并见证了优秀复转军人的人格魅力和人生风采。各地按照“突出重点、做成品牌”的思路精心挖掘培养典型，充分利用报纸、广播、电视、网络等传媒开展学习宣传典型，全年在省级以上媒体刊发双拥宣传稿件359篇。双拥宣传典型突出，推荐的段村乡四龙庙村党支部书记张东堂，被中央宣传部、退役军人事务部评定为全国“最美退役军人”。南阳市南召县退伍军人服务中心的经验做法，被新华社、《解放军报》广泛报道。全年全省开展群众性双拥文化活动200余场，参与人员达20余万人次，新开辟军人优先窗口（通道）4300个（条），进一步提升军人的荣誉感。

（三）帮助军队解决难题

全省 15 个省辖市、56 个县出台了落实随军家属安置措施，组织召开了随军家属就业专场招聘会 20 多场，300 多名随军家属重新走上了工作岗位。多次召开协调会和现场督导进行强力推进，协调解决军转干部、退役士兵、伤病残士兵退役移交安置、随军家属就业、子女入学等问题。

（四）组织开展走访慰问

联合省军区政治工作局下发了《关于做好2018 年新年春节期间拥军优属拥政爱民工作的通知》《关于开展春节期间走访慰问河南籍现役官兵家庭和军烈属家庭活动的通知》《关于做好"八一"期间拥军优属拥政爱民工作的通知》，对走访慰问等工作提出具体要求。2018 年春节和"八一"期间，省委、省政府主要领导亲自带队到驻豫部队慰问基层官兵。全省共走访慰问部队官兵 49 320 人次；走访慰问优抚对象约 74 万人次、现役军人家庭 16 万户，赠送各种慰问品、慰问金合计 7982 万余元，向优抚对象、双拥模范和现役军属印发慰问信 400 余万份，现场办公解决实际困难，维护了优抚对象合法权益。

湖北省

一、机构建设情况

2018年11月23日，湖北省退役军人事务厅正式挂牌。截至2018年11月30日，湖北省、市、县三级退役军人事务厅（局）全部挂牌成立。

二、制度建设工作

加强退役军人工作制度建设。中共湖北省委、湖北省人民政府、湖北省军区联合印发了《加强新形势下优抚安置工作实施意见》；中共湖北省委、湖北省人民政府出台了《进一步加强退役军人服务管理工作的意见》；湖北省人民政府印发了《关于进一步落实退役士兵安置和权益保障相关政策的通知》；中共湖北省委办公厅、湖北省人民政府办公厅联合印发了《进一步做好退役军人政策落实和解困帮扶工作的通知》等系列政策性文件。

三、移交安置工作

完成年度退役士兵接收安置工作。全面推进依法安置、“阳光安置”，各地落实《符合政府安排工作条件退役士兵服役表现量化评分暂行办法》建立健全公开公平公正的退役士兵“阳光安置”工作机制，通过量化退役士兵服役表现，公开安置对象、安置岗位、安置程序、安置结果，保障在艰苦地区、特殊岗位服役和服役时间长、贡献大的退役士兵得到优先优质安置，2018年12月底湖北省符合政府安排工作条件退役士兵全部安置到位。省级预算安排自主就业一次性经济补助金1.3亿元，湖北省共发放退役士兵一次性经济补助3.1亿元，补助资金全部采取社会化发放方式通过银行直达个人账户。加强退役士兵职业教育和技能培训，通过广播电台、电视台、报纸加大宣传力度，确保退役士兵教育培训政策知晓率、有培训意愿退役士兵参训率达到100%，积极推广了“学历＋技能＋就业”三位一体的培训模式。圆满完成军转干部安置任务。健全“公开公平、人岗相适”的“阳光安置”机制，发挥党政机关接收主渠道作用，高质量完成军转干部安置任务。开展安置政策进部队活动，安置前4次深入部队开展形势宣讲、政策咨询，培训军转干部2000余人，分片区开展5场适应性培训和专业性培训，委托2所在武汉大专院校首次开展湖北省（行业系统）军转干部进高校脱产一年专项培训，培训学员389人，促进军队人才向地方经济建设人才转型。

四、拥军优抚工作

精心组织双拥慰问活动。“八一”前夕，

中共湖北省委、湖北省人民政府、湖北省军区走访慰问驻鄂部队军级以上单位和军队离退休老首长，慰问湖北省内驻军 20 个基层单位。组织召开纪念建军 91 周年军地座谈会和迎新春军地座谈会。2018 年元旦、春节、“八一”期间，湖北省共投入资金 1.5 亿元，走访慰问退役军人 27 万余人次。元旦、春节期间以中共湖北省委、湖北省人民政府、湖北省军区名义为全省退役军人和其他优抚对象发放慰问年画 170 万份。积极推动政策措施创新，主持研制的《烈士纪念设施保护单位服务管理规范》省级标准，已进行专家评审程序。推动市、州出台助力随军家属就业、落实军人子女教育优待的具体措施，将落实情况纳入双拥模范城（县）中期考核内容。按照国家统一部署，持续提高抚恤补助标准，2018 年 8 月 1 日起第 25 次提高残疾军人抚恤标准，第 28 次提高“三属”和“三红”人员抚恤补助标准。推进优抚数据标准化建设，优抚对象二代身份证采集认证比例达到 99.99%，实现优抚对象常态化、制度化动态管理，为精准落实优抚政策奠定了基础。严格按照政策规范做好评残、评烈、转移抚恤关系、假肢配备审核审批工作，审批退役军人补评残 833 件，办理退出现役残疾军人变更、遗失补办 968 件，审核评烈 5 件，转移抚恤关系 35 件，残疾军人假肢配备 576 件。2018 年 9 月 30 日，在武汉二七纪念馆举行烈士纪念日纪念活动，省委、省人大常委会、省政府、省政协、省军区、驻鄂部队军以上单位负责同志和各界群众 1000 余人参加。根据国务院统一部署和退役军人事务部工作要求，2018 年 9 月启动湖北省退役军人和其他优抚对象信息采集工作，组建专班集中办公，以湖北省政府名义召开全省退役军人和其他优抚对象信息采集工作电视电话会议进行动员部署，分两期培训全省信息采集工作人员 700 余人，信息采集工作扎实有序推进，得到退役军人事务部高度肯定。会同湖北省政府采购中心完成“光荣之家”牌的集中采购工作。

五、权益维护工作

加强退役军人先进典型培育宣传，湖北省麻城市殡仪馆火化工徐申权被中央宣传部和退役军人事务部评选为全国“最美退役军人”，全省掀起学习最美、争做最美的浓厚氛围。认真做好退役军人来信来访接待工作，着力化解矛盾问题，维护退役军人合法权益。在全省开展以解决退役军人“生活难、医疗难、住房难、就业难”为主要内容的解“四难”工作，逐步形成综合施策、持续发力、切实管用的退役军人常态化解困工作机制。2018 年湖北省累计投入 2.6 亿元帮助 2.4 万名退役军人。

六、军休服务管理工作

推进军休工作标准化建设，发布《湖北省军队离退休干部服务管理机构服务和管理规范》《军队离休退休干部服务管理机构等级划分与评定》《军队离休退休干部接收安置规范》《军队离休退休干部档案整理规则》4 项地方军休工作标准。全面完成军队退休干部安置任务。全年下拨军休人员经费 15.76 亿元。完成新建、改建军休服务管理机构建设项目 7 个，新建面积 8500 平方米、改建面积 6600 平方米。举办全省军休政策业务、社工培训班，培训 280 人次。

湖北各市（州）通过系统培训、短期轮训、以会代训、参观见学等途径培训1088人次。持续组织引导老有所为工作发展，开展老有所为活动727次、参加人员3468人次、投入资金256万元。充分发挥“一网一刊”服务功能。

七、事业单位建设工作

加强事业单位基础设施建设，争取中央和省级安排资金5731万元，支持4家优抚医院、12家光荣院、14家烈士陵园、8家军供站进行了维修改造。圆满完成各项军供应急保障任务，区域应急保障作用发挥明显。《军供保障服务管理规范》通过湖北省地方标准专家评审。湖北省荣军医院立足服务荣军的办院宗旨，全面落实国家集中供养优抚对象的生活和医疗待遇，分8期共组织461名优抚对象来院短期疗养，得到了广大优抚对象的认可和称赞。强化重点专科建设，努力创建康复医学科、老年病科等优势学科群。坚持优抚、公益属性，以袁晓燕为代表的护理组持续深入开展无陪护优质护理。2018年2月袁晓燕同志荣获“2017年度最美医生”称号，医院老年病科医护团队受邀参加中央电视台寻找“2017年度最美医生”颁奖典礼。2018年11月，袁晓燕同志经湖北省红十字会推荐为第47届南丁格尔奖章湖北省候选人。

武汉市

一、机构建设情况

2018年11月26日，武汉市退役军人事务局正式挂牌，原市民政局双拥优抚、烈士褒扬、退役士兵安置，市人社局军队转业干部安置等职能和16名机关行政编制人员一并划转。

二、移交安置工作

（一）军转干部安置

2018年，接收计划分配军转干部及随调家属近800名，约85%都安置在党政机关、事业单位，安置效果整体优于2017年。为帮助转业干部尽快适应地方工作，实现角色转变，组织开展了安置前适应性培训和上岗前专业培训。专业培训设置公安、检察、法院、税务等分系统培训班，以及市直单位、各区属单位的团职干部培训班、营以下干部培训班。

充分磋商，合理制订安置计划。在多次听取部队、军转干部和接收安置单位意见的基础上，积极与市委组织部、市编办、市人社局等职能部门反复磋商，综合全市机关事业单位现有编制余缺、机关事业单位即将展开的机构改革、承担全市重要战略任务部门的力量配备、部队和军转干部的安置期望等各方面情况，合理拟制安置计划方案；将初步拟定的安置计划书面通知到市直、各区有关部门，要求提前做好接收安置准备，及时反馈修改、细化意见。最后，将平衡各方意见后的接收安置计划报市委常委会审议通过。

反复沟通、协商，使编制部门及各接收单位更加了解军转安置政策及国家、省、市的安置要求，积极支持安置工作，自觉接受安置任务，同时也使军转安置部门更准确地了解各接收单位的实际情况，使安置计划更合理，为后期顺利落实安置计划创造了良好的条件。

优化办法，全面实施阳光操作。坚持公开、公平、公正原则，坚持考试考核、积分选岗的安置办法。优化选岗流程，将原来“自然流向为新城区的军转干部可提前选择对应的新城区岗位”的规则，调整为“可提前选择包括公安、税务在内的新城区岗位”。扩大新城区的选岗范围，进一步鼓励军转干部往新城区分流，有效地促进了安置选岗工作的顺利进行。

紧扣目标，牢牢把握时间节点。在安置工作中，每项工作都立足于早准备、早谋划、早实施，尽量往前赶。整个安置工作紧凑、连贯，环环相扣，在移交名单及档案均较晚且安置数量较大的情况下，仍按上级要求的时间节点完成年度安置工作任务。

加强督办，及时处理疑难问题。一是明确时间要求。在向各接收单位下达安置任务、移交档案时，明确要求20日内上报定岗定位结果。二是及时跟踪指导。对安置数量多、任务重、按时完成任务有困难的单位，提前了解情况，随时解决问题，确保安置任务如期完成。三是积极督促检查。对未在规定时间内上报安置结果的单位，首先由工作人员进行联系，问清情况，督促上报。一般工作人员联系无果的，再由领导出面催促、督办；电话督办无效的，领导带队上门督办，说明安置政策，传达中央、省、市安置要求，明确安置纪律。及时、有力地跟踪、督办，确保了安置工作的顺利推进、按时完成。

（二）退役士兵安置

坚持改革创新，强化政策落实，推进精细化管理，接收安置退役士兵3200余人，处置退役士兵安置遗留问题67件，教育培训费、待安置期间生活补助及自主就业、自谋职业一次性补助全部兑现到位，退役士兵安置工作成效明显。

全面推行“阳光安置”，落实安置各项政策待遇。按照国防义务均衡负担和属地管理原则，建立健全“阳光安置”机制，市、区按1∶1提供岗位。及时召开全市退役士兵安置工作会议，总结部署安置工作，下达市级2018年退役士兵安排任务工作计划，指导各区严格量化打分排序，分解细化市属计划，对符合安排工作条件的近200名退役士兵进行岗位安置。会同财政及时核拨各类补助资金，督导各区安排专项经费，及时、足额发放自主就业、自谋职业、待安排工作期间生活、教育培训等保障资金。

强化退役士兵教育培训，搭建就业创业新平台。以推荐就业为目标，选择优质培训院校，搭建就业推荐平台，保证退役士兵及其家属100%知晓政策，有意愿的退役士兵100%参加教育培训，参训退役士兵考试鉴定合格率达95%，就业推荐率达100%。全市共举办退役士兵职业技能培训52期2383人次，召开就业推介会、双选会46次，推荐就业2426人次，参训人员100%推荐就业。

妥善解决安置遗留问题，维护涉军群体安全稳定。按照“发现一例、申请一例、核审一例、解决一例”的工作思路，各区指定专人负责，加强与退役士兵联系沟通，对历史遗留问题实行销号式管理。共发现和解决新增遗留问题67例，对于符合政策的及时进行解决，属政策之外的耐心进行解释，全年共受理电话咨询1500余件，接待来访退役士兵820余人次，办理档案查询230余件，易地落户手续75件。

三、双拥工作

坚持打造武汉双拥特色品牌，扎实推进双拥模范城创建工作。认真抓好《武汉市争创全国双拥模范城“七连冠”工作方案》落地落实。大力推进为驻军办实事工作，争取资金3360余万元，共为驻军办实事7项20余件，其中解决官兵生活难问题5件，协调解决军人子女入学、入托650余人，落实军人子女教育优待94人。开展重大节日慰问驻汉部队、专题调研等系列走访活动，春节、“八一”期间大力开展“双拥活动月”活动，推动“双拥在基层”落地生根，慰问了12家驻汉部队机关、11家驻汉基层连队、960名住院的军队伤病员及军队离退休老干部，走访慰问了部队立功受勋者，系列活动共赠送慰问金950万元、价值166.5万元的慰问品，进一步巩固了军政军民团结的大好局面。结合筹备世界军运会，协助有关部门积极谋划开展“关爱军营、助力军运”“与军运同行”等系列国防教育活动，取得良好宣传效应。

四、优抚工作

全年下达抚恤补助 2.8 亿元，发放义务兵优待金 2.6 亿元，各类重点优抚对象的待遇增幅均超 8%，全市 29 992 名重点优抚对象和 6852 户义务兵家庭的政策待遇和基本生活得到有效保障。投入 1067 万元用于开展复退军人“解三难”活动，解决优抚对象生活难、医疗难、住房难问题 9845 人次。春节、“八一”期间投入 4700 余万元开展走访慰问活动，覆盖退役军人和其他优抚对象近 3 万人。召开评残鉴定会 9 次，及时办结评残审核事项 366 件。大力开展退役军人和其他优抚对象信息采集工作。借《英雄烈士保护法》实施契机进一步加大烈士纪念设施保护力度，成功举办“铭记 · 2018 清明祭英烈”和武汉市烈士纪念活动，在全社会大力弘扬烈士精神。

五、军休服务管理工作

（一）加强军休机构建设

8 个军休服务中心陆续成立党委，并按《武汉市机构编制委员会关于市民政局所属事业单位机构编制的批复》要求，分别设立了综合科、服务管理科、宣传教育科和医务科等内设机构；完成了法人变更、岗位设置、人员上下编、银行账户销户、社保养老、税务划转合并等手续。从方便军休干部出发，在原军休所和其他分点挂牌设立服务管理处，并按照就近安置、方便服务管理、军休干部自愿的原则，对 1006 名军休干部进行转点调整，做好所有转点军休干部的供给关系、医疗关系、人事档案转移工作，保证了两个待遇落实的无缝衔接。

（二）完成重点工作

落实安置任务和军休干部待遇。2018 年，共接收安置军休干部、士官 337 人，完成年度接收安置任务。按时发放军休干部工资、津贴、医疗费等，为 4 名军休干部遗属办理了生活补助费申请，为 85 名军休干部审核落实了丧葬费待遇，为 17 名军休干部落实了护理费待遇，为 31 名军休干部落实了政府津贴待遇。

改善军休干部休养环境。2018 年，军休系统共核定 17 个基建维修项目，预算经费共计 42.7 万元，目前基本都已通过竣工验收及决算审核。着力推进军休四中心综合服务大楼建设工作，5 月 24 日，东湖高新管委会通过了该项目的论证报告，出具项目选址意见函，开始做可行性研究报告。军休五中心对服务大厅进行了改造，方便对军休干部实行一站式服务。军休六中心积极争取社会资源，推进宜居社区建设，探索军休干部居家养老新方式，建设军休干部幸福食堂，宜居社区建设项目于 10 月开工，进入施工阶段。

加强医疗保障管理。成立了医疗审核小组，对大额医疗费用患者进行住院病案审查，规范医疗行为，杜绝过度医疗。规范医疗联单领取，追踪监控费用发生，堵塞漏洞，遏制了医疗经费过快增长。全年共审核报销军休干部及无经济收入家属医疗费约 1.49 亿元，为军休干部办理各种转诊手续 571 人次。

湖南省

一、机构建设情况

2018年11月2日，湖南省退役军人事务厅正式挂牌成立。抽调人员成立了综合组、政工组、后勤保障组、信访接待组4个工作组，负责机构改革期间相关日常工作。同时督促指导市、县两级加快组建退役军人事务机构，全省14个市州均成立退役军人事务局或筹备组。协调成立退役军人服务保障体系建设工作专班，报请成立省退役军人服务中心，加快建立贯通上下的省、市、县、乡、村五级退役军人服务保障体系。

二、安置就业工作

推行“阳光安置”，充分利用“湖南军转”微信公众号平台，及时公布安置政策程序、接收计划条件、考试大纲和成绩、安置措施和结果等相关信息。顺利完成5000余名军转干部和符合政府安排工作条件的退役士兵年度移交安置任务，进一步畅通了安置渠道，安置质量稳步提升。计划安置军转干部岗前培训、军转干部进高校专项培训、自主择业军转干部适应性培训和自主就业退役士兵教育培训工作顺利完成。自主择业军转干部就业率达53%。联合省人社局举办退役士兵促就业系列公益活动，提供5000多个就业岗位。积极协调财政部门，及时下达退役安置、教育培训和自主择业军转干部退役金等资金。

三、优抚褒扬工作

各类优抚对象抚恤补助及时足额发放，补助标准比去年提高10%，全部达到或部分超过国家政策规定标准。城乡义务兵家庭优待金统一调整为不低于12 000元/年。广泛开展关爱活动，投入6900万元对优抚医院、光荣院（间）提质改造，提升优抚事业单位的服务管理水平。依托各级优抚医院和光荣院为7396人次的优抚对象开展短期疗养，医疗巡诊和送医送药活动惠及近3万人。圆满完成新兵入伍和老兵退役期间等各项军供保障任务。加强烈士褒扬，春节期间为健在的烈士父母赠送温暖礼包1238份，在清明节和烈士纪念日，各地广泛开展烈士祭扫活动和公祭仪式，参与人数达100多万人次。

四、权益维护工作

突出“三清”，全面掌握情况。积极清理政策，全面梳理汇总历年退役军人相关政策，编印成册，组织全系统干部职工认真学习。认真清理底数，扎实开展退役军人和其他优抚对象信息采集工作，召开全省电视电话会议安排部署，组织市、县两级500余名工作人员参加业务培训，采集进度位居全国前列。全面清理诉求，分类梳理全省退役军人信访基本情况，重点核查处理退役军人事务部交办的信访督办件147件。积极化解矛盾。认真接访，省退役军人事务厅领导带头接待来信来访，自机构挂牌至12月29日，全厅共接访3000余人次。广泛走访，召开全省退役军人走访慰问工作电视电话会议，专题部署元旦、春节、“八一”等节日期间退役军人和其他优抚对象走访慰问工作，组织发动各级各部门开展“大走访”活动，“八一”期间，全省各级党委、政府走访慰问优抚对象61.3万人次，社会反响良好。落实“三帮”，维护合法权益。帮助化解思想问题，充分发挥各级党组织作用，加强对退役军人党员的教育管理。定期组织召开座谈会、恳谈会、茶话会、团拜会等，与退役军人面对面沟通交流，心贴心答疑解惑，扎实做好政策解释和思想疏导工作，有针对性地解决思想问题。深入推进“双带双促”活动。评选表彰21名“优秀退伍军人”、24名“优秀军嫂”。成立宣传工作专班，配合省委宣传部制定宣传引导工作方案，召开退役军人工作新闻通气会，成功搭建常态化宣传平台。举办“铁血忠诚——湖南省庆祝中国人民解放军建军91周年”文艺晚会，推出退役军人之歌《整装再出发》。联合举办全省大学生红色经典诵读活动。帮助解决实际困难，企业军转干部解困标准逐年提高，生活困难问题得到较大程度缓解。解决全省3.2万名困难优抚对象“生活难、医疗难、住房难”问题。探索设立省退役军人和其他优抚对象特殊困难援助资金。帮助落实相关政策，加强督查督办，推动优抚安置等政策在全省落实落地。

五、军休服务管理工作

全年共接收安置军休干部（士官）248人。中央和军队共拨付军休经费11亿多元，按时足额发放了军休干部工资津贴。军休干部按规定阅读文件、参加党组织生活、定期走访慰问、担任荣誉职务等政治待遇基本落实。结合实际制定并实施湖南省地方标准《军休工作规范》，加快各军休所（站、中心）基础设施建设，在军休服务管理中植入标准实施、精准服务、文化引领等元素，深化和拓展了军休服务管理内涵，形成了湖南军休特色。紧扣军休干部“两高期”（高龄期、高发病期）比例较高、居住范围越来越广等实际，积极提升军休服务管理信息化、社会化水平，为军休干部提供多层次、全方位服务。继续推动军休文化建设向着多元化和有深度的方向推进，以“纪念改革开放40周年”为主题，在全省范围内开展了系列活动，并成功举办全省首次军休功臣疗养活动。积极鼓励军休干部发挥余热，为党和人民的事业增添正能量，涌现出一批“老有所为”典型。

广东省

一、机构建设情况

2018年11月9日，广东省退役军人事务厅正式挂牌。之后，在较短时间内做到“机构清、领导职数清、实有人员清”，并建立相关名册台账，实现动态管理，为做好转隶工作奠定基础。同时，准确理解把握新时代退役军人工作的职能定位，吃透机构改革文件精神，务实提出符合广东省退役军人工作实际情况的组建方案，较好地实现了机构设置优化、职能配置协同。

二、移交安置工作

落实广东省委议军会议精神，制定出台广东省军转安置政策办法，对军转干部进高校专项培训、政治部门接收安置军转干部、自主择业军转干部服务管理及师职军转干部家属随调安置工作进行了完善和规范。改进广东省安置机制办法，圆满完成2018年度5100余名军转干部安置任务，其中，计划分配军转干部4600余人，自主择业军转干部500多人，安置到公务员和参公岗位的约占91%；由政府安排工作退役士兵800多名。安置进度进一步加快，安置质量有效提升，部队和军转干部比较满意。完成2017年度军转干部培训工作，在2017年广东省直、广州、汕头、湛江、佛山试点军转干部进高校培训工作的基础上，全省铺开进高校专项培训工作。共144名2017年军转干部选派到10所高校参加专项培训。全省累计发放退役金6.6亿元，据统计，2018年度全省各级财政为落实差额补贴、住房补贴、医疗保障、独生子女费等，共支出配套资金约1.59亿元。

三、优抚工作

2018年，广东省退役军人事务厅全面落实政策，提高抚恤补助标准。一是继续加大资金投入，提高重点优抚对象优抚待遇。2018年，中央和省财政投入抚恤补助资金22.3亿元，惠及约42.8万名重点优抚对象；投入医疗补助资金1.2亿元，用于帮助符合条件的优抚对象参加基本医疗保险，并按不同人员属别给予医疗补助。全年办理残疾等级评定979人，抚恤关系转移1076人，配置残疾辅助器具70人。二是率先创新构建了退役军人服务体系，推动市、县、镇、村四级退役军人服务体系普遍建立，不断提升服务水平，全省建立了21个市级退役军人服务中心，122个县级退役军人服务中心，约1600个镇级退役军人服务工作站，约26 000个村级退役军人服务工作联络点。通过服务组织广泛开展走访慰问、宣讲政策、听取意见、帮扶解困、优先优待、表彰先进、送医送药等常态化的服务工作，营造关心、关爱退役军人的浓厚氛围，受到退役军人的普遍欢迎。认真贯彻国务院有关退役军人和其他优抚对象信息采集工作要求，在各大媒体广泛开展宣传，圆满完成了退役军人和其他优抚对象信息采集工作。

四、就业创业工作

结合广东省退役军人工作实际，推动出台了《广东省人民政府关于做好我省 2017 年退役士兵安置工作的通知》《加强自主择业军转干部管理服务工作的实施意见》等相关文件，进一步明确符合条件的退役军人可按规定享受有关就业创业优惠政策。各地结合实际落实扶持政策，将退役军人纳入再就业专项资金扶持范围，优先推荐符合条件人员入驻创业孵化基地，在金融税收政策上予以倾斜等，鼓励和吸引退役军人创业。建立健全了以促进就业为目的，以市场需求为导向，以中等职业教育和技能培训为主体，以高等职业教育、成人教育和普通高等教育为补充的退役士兵职业教育和培训制度体系。2018 年，按时拨付广东省财政退役士兵职业技能培训补助资金 11 319.5 万元，9000 余名 2016 年、2017 年退役士兵参加了 2018 年免费教育职业技能培训。2018 年广东省共有 619 名自主择业军转干部报名参加清华继续教育学院网络培训，参训率达 82%（去年接收安置 756 人），位居全国前列；遴选 19 名有发展潜力的自主择业军转干部初创经营者，参加广东省初创经营者素质提升培训中山大学研修班（军转班）；广州、湛江等安置自主择业军转干部较多的市，依托当地教育资源和专业教育培训机构，开办国家职业资格认证的健康管理师、公共营养师、心理咨询师和金融投资理财等个性化培训班，全年共开办 3 个批次约 120 人参加培训。通过广东省自主择业工作信息平台和各地公共就业服务机构搭建自主择业军转干部人才信息网络，结合现场招聘、座谈会等形式，为退役军人和企业牵线搭桥，促进就业、推动创业。

五、双拥工作

全力支持部队练兵备战、能打胜仗。各地各部门着力加强军人荣誉体系建设，让军人成为全社会尊崇的职业成为一种共识和行动自觉。广东省主要领导带头走访慰问部队，发挥双拥工作优势，帮助部队解决实际问题。深化与东部战区建立拥军支前军地协调机制的探索研究，召开粤东方向拥军支前工作会议，配合南部战区建立拥军支前军地协调机制，全力保障过境演习演训部队，圆满完成各项军供服务保障任务，应急保障了超强台风“山竹”登陆期间滞留官兵的食宿，确保新兵运输工作安全有序。驻粤部队积极参加地方经济社会建设，支援实施重点工程项目，广泛参加平安创建、和谐创建、军训学生、国防宣讲等活动。勇于承担急难险重任务，在防御超强台风“山竹”过程中发挥了重要作用，深度参与精准脱贫攻坚工作，投入建设光伏发电、农业合作社等扶贫帮扶项目，开展定点帮扶、送医送药活动，进一步深化军民鱼水情谊。各地各部队紧贴国防和军队改革进程，广泛开展以爱国主义为核心的国防教育和以爱国拥军、爱民奉献为主要内容的双拥宣传教育。首次在《南方日报》等媒体刊发“赓续优良传统，绽放双拥之花”专版，举办以“传承红色基因，汇聚强军力量”为主题的第六届“南粤长城杯”演讲比赛，吸引全省大中学、技校、军队超过 100 万人参加，举办学生军事训练营和舰艇开放日等活动。

六、军休服务管理工作

2018 年，全省审定军休干部安置去向 417 人，中央下达军休干部年度接收安置计划 202 人，接收军休干部（含退休士官）266 人，军休职工 3 人，超额完成 33.2%。认真落实军休人员“两个待遇”，提升服务保障和管理水平。财政按中央补助标准安排 2000 余万元对经济欠发达地区军休人员医疗费实施补助。各级军休服务管理机构严格执行军休干部和无军籍职工政策，军休人员“两个待遇”落实到位。持续抓好军休服务管理机构星级考评成果推广应用，促进军休服务管理机构“五化”建设；举办广东省军休安置服务管理信息系统五级联网培训班，举办广东省军休干部门球比赛活动，不断满足军休干部的生活需求。

七、权益维护工作

创新服务方式方法，积极主动做好退役军人信访工作。进一步畅通信访沟通渠道，创新开展上门接访、带案下访、主动约访、部门联合接访和省、市、县三级联合接访，及时回应退役军人诉求。加大政策落实监督检查力度，切实维护退役军人合法权益。督促全面落实优抚政策，按时足额兑现各项优抚待遇。督促落实政府安排工作的退役士兵和军转干部安置政策，着力提高安置质量。落实企业军转干部解困政策。建立健全走访慰问长效机制，坚持普遍走访与重点慰问相结合，把党和政府的关怀送到退役军人心坎上。

广州市

一、组织领导工作

市委、市政府高度重视退役军人工作，作为深入学习贯彻习近平新时代中国特色社会主义思想的重要内容，不断强化组织领导，扎实推进退役军人工作创新发展。2018年春节、“八一”期间，市、区四套班子主要领导率队走访慰问驻穗部队和烈军属。建立健全上下贯通、军地双联、职责明确的组织领导体系，理顺工作关系。落实双拥办、军转办、国防动员委员会军地合署办公工作制度，共享、和谐、协同工作机制顺畅高效，退役军人工作中的重点难点问题得到及时沟通、有效解决。全市社区、学校、医院、社会组织各界积极开展文化、教育、智力、科技、健康、服务系列活动，为现役官兵、烈军属和优抚对象提供贴心服务。

二、宣传教育工作

以纪念建军91周年为契机，各级各部门把深入学习贯彻习近平新时代中国特色社会主义思想作为做好退役军人工作的首要任务。通过原文研读、要点导读、疑难解读等方式，重点领会习近平总书记关于退役军人工作重要论述的基本内涵，深刻理解党的十九大报告“让军人成为全社会尊崇的职业”的主旨要义，准确把握退役军人工作的本质属性和地位作用，始终把退役军人工作作为政治工程。组织广东省广州市“9·30”国家公祭烈士活动，缅怀革命先烈，激发报国热情。市国防教育讲师团8名专家组成征兵教育宣讲团，赴全市11个区、57所高中和大中专院校进行了69场次征兵专题宣传教育，受众3.8万余人次。推介运用“羊城国防”公众号，举办以“传承红色基因，汇聚强军力量”为主题的第六届“南粤长城杯”演讲比赛，陶冶国防情怀。“八一”期间，《南方日报》、《广州日报》、广州广播电视台等媒体用重点版面、重要时段，紧扣国防主题进行广泛宣传，关注国防、关爱退役军人和其他优抚对象的氛围浓厚。深入宣传“八一”勋章获得者、全国战斗英雄麦贤得，“为民献身的忠诚卫士”郑益龙，“见义勇为好班长”邱兴和等英雄模范，持续开展学习活动。举行“广州榜样”发布会、选树“身边好人”，大力宣传优秀退役军人、爱国拥军模范事迹。

三、移交安置工作

坚决执行深化国防和军队改革期间军转干部安置工作的决策部署和政策规定，安置军转干部1500余人，计划分配军转干部安置到公务员（含参公）岗位比例达97%，团职军转干部平级安排比例上升到18%。全年接收安置170余名军休干部、2500余名退役士兵，符合政府安排工作的90余名中级以上士官由市、区两级政府安排到位。全年安置就业随军家属260余名，开展随军家属推荐就业“送岗位、送培训、送服务”系列就业帮扶活动，积极拓宽就业安置渠道，丰富就业扶持手段。创新开展引进驻穗部队优秀退役士兵入户工作，2018年引进50余名驻穗部队优秀退役士兵入户广州，深受驻穗部队官兵好评。

四、优抚工作

稳步推进退役军人和其他优抚对象信息采集工作，采集绝对数据全省第一，采集进度全省领先。走访参战复退人员、特困优抚对象和部分军队退役人员，对照现行规定，摸排核查优抚对象抚恤补助、医疗服务、住房保障、社会优待等待遇落实情况。组织开展“关爱老兵·扶贫帮困”专项行动，关心特殊困难的老兵，调整提升企业军转干部相关待遇。对已安置又下岗失业和因遭遇自然灾害、重大疾病等变故存在特殊困难的军队退役人员，依托社会保障和救助体系开辟绿色通道改善生活条件。加强岗位申报、经费落实管理，积极做好参战复退就业困难人员的帮扶工作，大力推进参战复退军人公益性岗位推荐工作。

五、拥军优属工作

各级党委、政府把解决退役军人、部队官兵和优抚安置对象实际困难作为重点，满腔热情维护切身利益，服务保障水平处于全省前列。围绕驻穗部队需要地方支持解决的实事，广州市第一时间成立专项工作领导小组，研究拟制专项工作方案，召开专项工作对接会、协调会、推进会，面对面督导推进落实。加快推进驻穗部队住房项目建设，通过备案项目纳入广州市重点项目绿色通道办理。调动多方力量，有效配合部队全面停止有偿服务工作顺利完成。积极协调涉及部队代管房屋使用问题，按政策给予免租使用处理。服务行业通过设立现役军人、退役军人优先窗口，开辟绿色通道，实施信贷优惠，努力营造了爱护军队、尊崇现役军人和退役军人的社会环境。一批企业坚持把拥军工作作为社会责任，在开展国防教育、接收退役军人和随军家属等方面主动作为，带动了社会化拥军在广州生根开花。同时，坚持在驻地拥军的基础上开展跨地域拥军活动。

六、军民共建工作

2018年，广州市军民共建活动内涵丰富、形式新颖，不断向社会扩展，向基层延伸，形成了多层次、多形式、多领域的军民共建崭新格局。坚持把军民共建与建设幸福广州、创建幸福社区相结合，军地在社区环境、社区秩序、社区风尚、社区服务、社区卫生等方面开展多元共建、同心共治、资源共享，营造共建共治共享社区治理格局。实施军警民联防联治维护社会稳定，共同开展普法教育，互通社情民情警情，健全联防联治方案，维护广州市安全稳定。广州警备区组织驻穗部队召开扫黑除恶驻军委员会会议，实现了全市扫黑除恶专项斗争整体发力、纵深推进。军地各级把军民共建活动与创建文明城市、文明行业活动相结合，全面推进军民共建走向社区、学校、企事业单位和基层连队，促进了基层精神文明建设。广州市交通技师学院与南部战区空军开展军民融合战略合作项目，首期培养30余名军队交通运输技能人才。

深圳市

一、机构建设情况

按照中央有关部署和《深圳市机构改革方案》，深圳市退役军人事务局于2018年11月29日筹备组建，内设5个处室。直属事业单位4个（深圳市退役军人服务中心、深圳市军休服务管理中心、深圳市军供站和深圳革命烈士陵园管理所，其中正处级单位3个，正科级单位1个），核定事业编制62个。

二、移交安置工作

（一）退役士兵安置

2018年9月7日，收到深圳市政府办公厅转发的《广东省人民政府关于做好我省2017年退役士兵安置工作的通知》后，立即着手起草安置工作方案，同时协调市国资委和驻深央企提供国企岗位约300个。市安置部门按照会议精神，多次修改完善安置方案。市、区两级相关部门坚决贯彻执行市领导指示，狠抓落实。12月26日上午，按照市政府办公厅通知要求，召开了安置工作部署会，传达了市领导批示精神，下发了《深圳市民政局关于印发2018年由政府安排工作退役士兵安置工作方案的通知》，将驻深央企和市属国企岗位分配给各区，并要求于12月28日前完成安置工作。会后，各区立即着手开展安置工作。2018年12月29日，20多名符合政府安排工作条件退役士兵的安置工作结束，确保按时完成了安置任务。

（二）军休服务管理工作

2018年，落实国家军队离退休干部地方安置政策，支持国防建设和军队改革，维护发展稳定大局，全年安置军队离退休干部40名。

（三）军转安置工作

2018年安置军转干部700多名（同比增加13%），随调配偶4名。坚持公开、公平、公正的阳光安置办法，提前统筹谋划，广泛动员着力解决编制紧缺难题，将计划分配军转干部安置到公务员岗位比例保持在85%，并提供一定比例的领导岗位用以安排师团职领导干部，切实提高军转干部安置质量，圆满完成安置任务。

（四）自主择业军转干部服务管理工作

2001—2017年，共接收安置自主择业军转干部近500名。严格按照中央、广东省相关文件规定发放退役金、差额补贴等各项待遇，2018年共发放各类待遇7807万元，并妥善做好自主择业军转干部医疗保险、档案管理等日常服务。

三、优待抚恤工作

2018年春节及“八一”建军节至年底期间，深圳市、区、街道各级政府积极组织开展走访慰问活动，全年各级民政部门共发放优抚对象慰问金1000余万元。同时，梳理深圳市各类退役军人困难家庭，共计365户，发放慰问金234万元。

在落实中央、省、市政策待遇的前提下，对存在困难的优抚对象给予临时救助。对存在特殊困难的，按“政策聚焦、个案帮扶”的原则加大帮扶力度，如帮助解决子女上学学费，优先安排本人和子女就业，优先纳入低保、低收入救助等社会救助体系。对患重病和家庭发生重大事故致贫的，发动爱心企业和社会组织对特困对象家庭进行“一帮一”结对帮扶。

2018年12月上半月期间，深圳市分别提高了各类抚恤补助优抚对象的抚恤金标准、生活补助金标准，各类对象标准平均增长9%。

为了更好地做好深圳市优抚对象医疗保障工作，2018年11月期间，举行2018年度“关爱功臣”送医送药活动，为深圳市烈士遗属、年老烈士子女、在乡复员军人、五老人员、60周岁以上农村籍退役士兵等251名优抚对象进行了送医送药。

2018年5月7日，深圳市民政局联合市财政委员会、市警备区下发《关于调整完善兵役政策的通知》。从提高义务兵优待标准、加大大学生入伍激励力度、逐步放开非本省籍常住人口征集入伍、建立完善军人军属荣誉制度4个方面，深入贯彻党的十九大精神，有效破解征兵难题，进一步增强军人军属的荣誉感、获得感，切实让军人成为全社会尊崇的职业。

四、烈士褒扬工作

清明节期间，开展“铭记·2018清明祭英烈”宣传教育活动。积极安排部署清明节纪念活动相关事宜，制定活动方案，以“铭记·2018清明祭英烈”为主题，以弘扬英烈精神、宣传英烈事迹、开展各种纪念活动、组织祭扫及网上祭扫为主要内容和形式。清明节期间，深圳革命烈士陵园管理所、各区民政局、各区烈士纪念设施保护单位组织、接待社会各类团体和个人祭扫共30 000人次左右，其中团体祭扫纪念活动超过350场。在深圳英烈网和各区英烈网开设“铭记·2018清明祭英烈”主题宣传教育专栏，通过线上和线下相结合的方式增强宣传教育效果，清明节期间在网上祭扫人数达20 000人次。

2018年9月30日，组织开展党政机关烈士纪念日向烈士纪念碑敬献花篮仪式活动，市党、政、军等主要领导及社会各界人士代表600余人参与。烈士纪念日期间，向全市烈属发放慰问金，每人2000元。

五、信息采集工作

为贯彻落实党中央、国务院、退役军人事务部的有关部署，进一步做好退役军人服务保障工作，根据国务院办公厅、退役军人事务部、广东省民政厅、广东省人社厅等通知要求，全面做好深圳市退役军人和其他优抚对象信息采集工作。10月16日，制定并下发了《深圳市民政局　深圳市人力资源和社会保障局印发〈关于做好退役军人和其他优抚对象信息采集工作实施方案〉的通知》和《深圳市民政局　深圳市人力资源和社会保障局关于印发〈信息采集工作第一阶段市本级运行工作小组名单及任务分工方案〉的通知》。

六、双拥工作

不断健全完善“党政主导、军地互动、社会支持、全民参与”的社会化拥军模式，充分发挥深圳市拥军优属基金会、深圳市浪陀拥军基金会、深圳市退役士兵就业创业服务促进会等20余家市级拥军社会组织作用，不断壮大社会化拥军队伍。上半年，各类拥军社会组织募集社会拥军资金约400万元，开展各类拥军活动120多场次。

借助深圳双拥杂志、网站和微信的宣传窗口作用，广泛宣传拥军企业家和社会组织的先进事迹，总结推广社会化拥军工作经验，极大地鼓舞了全体市民和企业组织参与社会化拥军的热情。

开展退役军人及随军家属专场招聘等系列活动，分别于2018年8月20日、8月28日、9月2日、10月29日、11月18日、11月28日、11月30日，举办退役士兵、士官及随军家属招聘会7场，组织386家大中型企业提供岗位6400多个，2700余名驻深部队退役士兵、士官及随军家属参加招聘，700多人签订就业意向，活动受到部队的欢迎和好评。

七、创业就业工作

组织汇编《2018年退役士兵服务手册》，内容包括报到流程、政策指南、自主就业典范等，指导退役士兵进行报到、培训、就业创业。2018年共接收自主就业退役士兵904人，发放一次性经济补助金约1.1亿元。积极扶持退役士兵就业创业工作，宣传退役士兵就业创业优惠政策，帮助退役士兵申请创业补贴、贴息贷款，协助企业享受聘用退役士兵的优惠政策。大力开展免费职业教育和技能培训工作。组织深圳职业技术学院、深圳技师学院、深圳信息职业技术学院等多所院校提供了数百个培训专业和工种。共83名退役士兵报考了高等职业技术院校，170名退役士兵参加了职业技能培训，190名退役士兵参加了学历教育培训，共享受政府补贴培训资金约260万元。

八、军供保障工作

2018年，深圳市军供站以提升优质服务为重点，狠抓军供保障服务质量，全年共完成133批次22 017人次的军供保障任务。

九、随军家属就业工作

严格审核随军资格，2018年共审批随军家属282人，同比增加83.12%。积极促进随军家属就业安置，将符合2018年首次就业安置条件的120名（比去年增加150%）随军家属促进就业任务分配下达各区。核发企业安置随军家属的就业补贴和奖励450余万元。

广西壮族自治区

一、机构建设情况

2018年11月20日，广西壮族自治区退役军人事务厅正式挂牌。按照综合协调、优抚褒扬、军休退伍、军转安置、权益维护、党务人事和后勤保障7个工作小组分别组建分工，迅速开展各项工作。

二、湘江战役红军遗骸收殓保护工作

作为收殓保护组牵头单位，组织草拟了《湘江战役红军遗骸收殓保护工作方案》和红军烈士遗骸发掘、鉴定、迁（安）葬、档案资料收集归档4个工作流程指南文件上报自治区湘江战役红军遗骸收殓保护工作领导小组审定。12月24日，在桂林市兴安县举办湘江战役红军遗骸收殓保护工作培训班进行具体指导培训。桂北五县对红军遗骸安葬点和集中点进行全面摸底排查，并组织力量搜寻发掘红军遗骸。

三、边境烈士祭扫组织接待工作

协助退役军人事务部筹划组织在南宁召开2019年清明期间边境烈士祭扫组织接待工作专题部署会。对烈士祭扫和纪念设施维修工作进行督导，组织召开协调会，研究部署相关工作，并起草了《关于做好对越自卫反击战40周年烈士祭扫组织和接待工作的通知》送自治区政府审定。

四、信息采集工作

在挂牌成立后第2天，就召开了全区退役军人和其他优抚对象信息采集工作推进会，明确将信息采集工作纳入双拥模范城（县）考评范围。

五、移交安置工作

与广西军区转业办举办档案审核业务培训及集中移交会，会同部队联合审核1300余名军转干部档案并顺利移交各市。充分发挥各级党政机关接收安置军转干部的主渠道作用，接收军转干部安置到行政机关和参公单位在90%以上。全区安置任务于11月全部完成，比往年提前了一个多月。精心组织军转干部适应性培训和专业性培训，对全区接收安置的军转干部1300余人进行培训。组织选派65名计划分配军人转业干部进行高等院校专项培训。退役士兵接收安置取得新突破，出台了《广西壮族自治区退役士兵安置办法》《广西壮族自治区退役士兵职业教育和技能培训办法》，协调区直单位岗位50多个、国有企业岗位274个接收安置退役士兵。建立自主就业退役士兵经济补助自然增长机制，下拨一次性经济补助资金11 850万元。2018年全区符合政府安排工作条件的700多名退役士兵（含14名按老办法安置的退役士兵）已100%落实安置，其中，安置进机关行政事业单位退役士兵比例占95%。33名复员干部已全部接收完毕。退役士兵安置政策体系化建设有序推进，制定下发了自治区《关于促进新时代退役军人就业创业工作的实施意见》《关于进一步加强由政府安排工作退役士兵就业安置工作的实施意见》。

六、优抚褒扬和双拥工作

全区有4000多名退役军人纳入最低生活保障范围，为近1万名退役军人发放临时困难生活救助。向退役军人事务部就参战民兵和支前民工有关事宜进行专项请示，争取政策支持。评残追烈工作进一步规范。组织开展的全国首创寻访“新时代八桂最美国防人”活动得到自治区党委、政府主要领导的肯定，那坡县烈士陵园原园长王启荣在中央宣传部、退役军人事务部联合开展的“最美退役军人”学习宣传活动中，被评为“最美退役军人”。加大烈士纪念设施管理保护力度，共投入2230万元，对部分县级以上烈士纪念设施进行维修改造。依托广西革命纪念馆，联合武警广西总队机动支队、自治区文明办等单位举办各类活动，活动覆盖人群超1.2万人次，举办庆祝改革开放40周年暨广西壮族自治区成立60周年图片展，并送入学校、党政军机关等8家单位。

七、军休服务管理工作

完成2000多名军休干部及部分无军籍职工信息更新录入工作，提高军休干部数据信息的准确性。审核批复享受护理费军休人员12名、军休干部遗属享受定期生活补助29人。全年审定军队离退休干部、士官安置去向170人，下达安置计划166人。下达军队离退休有关人员2017年度、2018年度定期增资经费1100余万元、1800余万元，调整离休干部荣誉金经费23万元。争取专项补助资金1200万元，重点改造军供基础设施建设和军供设施设备。圆满完成军供保障任务，共完成军供保障任务700余批共11万余人次，无晚供、错供、误供、漏供、拒供现象和食物安全事件。截至12月31日，全区综合军供站设施设备维修改造项目开工率达90%以上。

海南省

一、机构建设情况

2018年9月29日，海南省退役军人事务厅在全国率先成立。内设办公室、规划财务处、思想政治和权益维护处、移交安置处、就业创业培训处、拥军优抚褒扬处和机关党委等处级机构。2018年10月10日，海南省退役军人事务厅建立微信公众号，及时发布最新工作动态。

二、思想政治和权益维护工作

设立了退役军人来访接待室，开通了海南信访信息系统，接待来访人员，答复12345服务热线咨询，办理来信来访事项，依法依规维护退役军人合法权益。成功协调帮助因农场漏报军龄，导致多年无法办理退休手续的琼中退伍老兵范家财办理退休手续等多个案件，获退役军人事务部通报表扬。

三、移交安置和军休服务管理工作

2018年10月8日，海南省军转干部安置工作电视电话会议在省政协大礼堂召开，对2018年军转安置工作进行全面部署。截至2018年12月31日，按要求高标准完成上级下达的接收安置退役军人任务。

四、就业创业工作

完成2018年自主择业军转干部注册登记，为已登记的自主择业军转干部每月发放退役金。2018年12月3日，组织全省自主择业军转干部适应性和个性化培训班。12月7日，举行海南省2018年退役军人专场招聘会，共280多家企业参加招聘，提供岗位2500多个，岗位涉及旅游、电子商务、金融管理、物流、保险、安保等多个行业，吸引了2300多名退役军人到场应聘，现场初步达成就业意向500多人。组织2017年秋冬季退役士兵参加技能培训，其中，维修电工、中式面点和汽车维修等专业培训100人，驾驶培训1800余人。

五、双拥工作

印发《2018年海南省双拥工作要点》，部署年度双拥工作任务，调整省双拥工作领导小组，健全双拥工作议事协调机构。举办2018年海南省双拥工作业务培训班，传达贯彻全国双拥工作领导小组会议精神，交流双拥工作经验做法，研讨双拥模范城创建工作中重难点问题。开展第十届海南省双拥模范城（县、区）创建考评。

全年共完成140人（次）驻琼现役军人子女

参加普通高考资格和优先录取审查工作。

六、优抚工作

完成2018年度各类优抚对象抚恤补助资金下拨工作，下达市县优抚对象抚恤补助资金和老党员生活补助资金近2亿元、医疗补助资金1900余万元、省财政预算安排的残疾军人康复辅助器具配置经费15万元。

完成2018年优抚对象数据审定工作。完成军队退役残疾军人关系转移、伤残等级调整及带病回乡退伍军人的复检鉴定工作，全年共组织99人到省人民医院进行了残情复查鉴定和带病回乡认定工作，及时办理退役残疾军人抚恤关系接收和抚恤金发放。

2018年10月15日，海南省全面启动退役军人和其他优抚对象信息采集第一阶段工作，采取定点采集和上门入户采集等方式，组织召开全省退役军人和其他优抚对象信息采集工作推进会，摸清了海南籍退役军人和其他优抚对象底数。

七、褒扬纪念工作

组织开展了以“铭记·2018清明祭英烈”为主题的宣传教育活动。通过多种媒体和宣传形式，组织开展各类纪念活动，营造崇尚英雄、学习英雄的浓厚氛围。于2018年9月30日国家第五个烈士纪念日当天，组织开展烈士纪念日公祭烈士活动。省委、省政府、省军区及社会各界向烈士敬献花篮仪式，组织指导全省各级党委、政府、驻军部队开展了烈士公祭活动。全省共举行了46场次共12 000人次参加的公祭烈士仪式。

重庆市

一、机构建设情况

2018 年 11 月 6 日，重庆市退役军人事务局挂牌成立，完成 4 个处室、20 名公务员转隶，抽调借调部分同志协助局机关工作，保障机关基本运转。17 个区县退役军人事务局已经成立，其余区县均按要求成立了筹备组。全市退役军人事务机构框架初步形成，职能职责不断清晰、人员转隶逐步到位，逐步实现了把家建起来、把心聚起来、把事干起来的目标。

二、优抚工作

一是及时调整抚恤补助标准。调整部分优抚对象抚恤和生活补助标准，较上年度增幅达 10%；调整一至四级残疾军人护理费标准，较上年度增幅达 8.7%，较好地保障了优抚对象的基本生活、医疗。

二是及时认定人员身份。坚持实事求是、依法依规原则，在规定程序、时限要求内，第一时间完善审批备案手续，认定申请享受抚恤补助符合条件人员的身份，确保对象切身利益不受损。

三是及时更新优抚对象数据信息。加强优抚数据动态管理，2018 年重庆市享受国家定期抚恤补助优抚对象 21.5 万人，较上一年同期减少约 3 万人。

四是推进社会优待落地生根。会同住建、财政等部门出台文件，为租住公共租赁住房优抚对象家庭每户每月发放租金补助。积极协调相关部门切实落实残疾军人凭证享受相关优待和在公共场所设置“优抚对象优先”“现役军人依法优先”标识。

五是完善义务兵优待政策。建立义务兵家庭优待金与重庆市城镇居民可支配收入挂钩的动态调整机制，2018 年义务兵家庭优待金达 9600 多元，较上年度增长 20.7%；建立大学生参军入伍和进藏进疆服役义务兵的激励机制。

三、褒扬纪念工作

一是加大对烈士遗属关心关爱力度。按照国家烈士遗属定期抚恤金增长比例同步调整地方优待金，进一步提高烈属抚恤待遇保障标准。

二是推进烈士纪念设施建设。核查全市烈士纪念设施相关情况，到涪陵、梁平、酉阳、秀山等地实地调研革命烈士纪念设施保护管理工作，重点指导黔江烈士陵园改扩建，督促梁平烈士陵园整改。

三是开展英烈悼念主题活动。发挥烈士纪念设施主导功能，指导各区县有计划、有组织地开展“铭记·2018清明祭英烈”主题宣传教育活动和“9·30”“11·27”等烈士纪念活动，引导社会各界缅怀英烈功绩，弘扬英烈精神。全市共组织170场次纪念活动，20万余人次参与，取得良好社会效果。

四、信息采集工作

一是认真制定方案细则。拟制了《重庆市人民政府办公厅关于做好退役军人和其他优抚对象信息采集工作的通知》《重庆市退役军人和其他优抚对象信息采集工作方案》《重庆市退役军人和其他优抚对象信息采集工作实施细则》。

二是扎实开展业务培训。9月10—12日，组织全市各区县民政局、人社局分管领导、优安科长、业务骨干和部分乡镇（街道）、社区工作人员约260人，集中学习了市领导关于信息采集工作的批示指示和市政府办公厅通知精神，解读了信息采集工作方案和实施细则、信息系统操作技术和流程，解答了采集过程中可能遇到的重点疑难问题。

三是开展宣传动员。按照退役军人事务部的工作要求，向各区县下发了宣传海报样本、宣传提纲和公告文本，积极宣传信息采集和悬挂光荣牌工作的目的意义、对象范围、方式方法和工作要求。

四是加强工作指导。利用采集工作微信群线上指导，点对点解答基层信息采集工作推进中的疑惑疑虑，利用调研时机加强现场指导，及时发现纠正问题。针对存在的普遍性问题，统一规范解决办法，下发《退役军人和其他优抚对象信息采集工作问答》，确保全市信息采集工作一盘棋，不走样。

五是加强数据审核。按照“录入信息准确，无敏感涉密信息”的总体原则，从身份证扫描件、基本信息、安置信息、相应证件证明材料和敏感涉密信息等方面，对各区县数据审核进行明确规范，要求各区县逐条审核采集信息。市级层面对敏感涉密信息方面进行重点抽查，确保采集信息准确率，消除失泄密隐患。

六是推进光荣牌悬挂工作。与市财政局协商保障光荣牌的制作经费，基本完成为所有优抚对象家庭的悬挂工作。

五、权益维护工作

一是认真办理信访事项。对上级交办的一般信访案件，以及群众反映涉及面广、反映强烈的疑难信访事项，按照业务范围，由分管局领导牵头包案化解。2018年，信访事项全部按期办结。

二是压实区县责任。致函各区县政府，要求其认真履行“属地属事”责任，积极化解信访突出矛盾问题。针对信访问题突出的区县，主动约谈相关部门，层层压实信访工作责任。

三是加大关心关爱力度。推进建立各级领导干部与退役军人联系机制和“一对一”“一帮一”工作机制，真心实意地帮助退役军人和其他优抚对象解决生活、工作、医疗、住房等方面的实际困难；认真组织开展“八一”走访慰问，走访慰问退役军人和其他优抚对象，首次基本实现了重点优抚对象和困难退役军人全覆盖。同时，将享受国家定期抚恤补助的重点优抚对象（伤残人民警察、伤残国家机关工作人员除外）全部纳入“惠民济困保”商业保险范围。

四是积极加强优抚政策宣传解释。

六、双拥工作

围绕军地改革，调整完善双拥工作组织领导机构，规范军地联席会议等制度机制。积极配合西部战区拥军支前军地协调机制建设，推动全市拥军支前、军地协调融入战区联合作战指挥链。资助部队科研院所科研项目129个，举办专家学者进军营科技讲座20多场次，向驻渝部队赠送科技书籍8000余册。创设“官兵驿站，温馨家园”，采取全区域联合保障，市军供站圆满完成军供保障任务。

七、移交安置工作

2018年，重庆市军队转业干部安置任务达到近10年的最高峰，在时间紧、任务重的情况下，多渠道促进“阳光安置”，有关区县、市级有关部门和单位对实际接收计划中分配军转干部、自主择业军转干部、随调家属进行了妥善安置，军转干部教育培训任务全面完成，基本实现了部队、军转干部和接收单位“三满意”；退役士兵接收安置任务圆满完成，建立自主就业退役士兵一次性经济补助自然增长机制，一次性经济补助金按时足额发放到位。

八、就业创业工作

积极开展退役士兵教育培训的宣传动员和报名组织工作，加强承训机构监管和教学管理，对有培训意愿的自主就业退役士兵集中进行技能培训。组织计划分配军转干部和自主择业军转干部开展适应性培训和创业培训、进高校培训。通过集中讲解、面对面辅导、发放政策宣传口袋书等，创新政策宣传形式，推动政策宣传落地落实；采取举办专场招聘会、开展定向推荐、组织企业家进军营等多种方式，推荐自主就业的退役士兵到各类企业工作，积极落实退役军人创业扶持政策。

九、服务管理工作

认真落实军休干部政治待遇和生活待遇，改善军休活动场所设施设备，引入专业社工服务，提升服务质量。组织军休干部开展纪念改革开放40周年演讲比赛、文艺汇演、门球比赛等文体活动，丰富文化生活。以“重大节日慰问、健康体检、年度报到制度”为基础，扎实开展自主择业军转干部日常管理服务，走访慰问自主择业军转干部，调研军转干部创办的企业。

十、荣誉激励工作

印发了《关于进一步改进工作方式加强军人荣誉激励的通知》，完善了“八一”军民座谈会、烈士公祭仪式等重大活动常态化机制。首次建立了义务兵家庭优待金动态调整机制、大学生参军入伍和进藏进疆服役士兵的激励机制。建立节日走访慰问机制，广泛开展大走访送温暖活动，收到了“走访慰问一人、温暖幸福一家、辐射带动一片”的良好效果。

十一、思想政治工作

以“最美退役军人”学习宣传活动为载体，在中央、市、区县媒体宣传退役军人先进典型。

在市级主要媒体发布“巴渝子弟兵八一光荣榜”，宣传荣立三等功以上重庆籍官兵的先进事迹。坚持为全市 100 多万名优抚对象赠送“光荣之家”年画，向烈士遗属家庭、义务兵家庭颁发光荣牌匾，向双拥模范和优抚对象公开发送慰问信，倡导崇尚军人、关爱英雄的良好风尚。

四川省

一、机构建设情况

2018 年 11 月 21 日，四川省退役军人事务厅正式挂牌，11 月 30 日完成人员转隶和“三定”规定（草案）上报，12 月 6 日完成 5 个直属单位划转，并启动四川省退役军人管理服务中心和四川省退役军人事务数据中心筹建工作。21 个市（州）相继成立了机构改革筹备组，全面启动机构和体系组建工作。

二、军转安置工作

（一）军转干部安置

2018 年，中央下达四川省军队转业干部接收安置计划 4300 余人，其中，计划分配军转干部 3000 余人，自主择业军转干部近 1300 人，接收安置量达近 10 年来最高水平。截至 2018 年 12 月 31 日，全省发出报到通知 4370 份，安置计划完成率为 100%。从接收安置情况看，全省实际接收军转干部约 4300 人，其中，计划分配 3000 余名，自主择业近 1300 人；从职务安排情况看，全省计划分配军转干部安置到行政机关（含参公单位）的比例达 97%，与军改前两年基本保持一致。

（二）自主择业军转干部管理服务工作

截至 2018 年年底，四川省在册管理的自主择业军转干部达 13 000 余人，分布在 21 个市（州）、183 个县（区、市）。基本待遇落实方面，全年累计发放退役金约 13.8 亿元，月均发放 1.15 亿元，做到了发放准确、月结月清；各地认真落实自主择业军转干部基本医疗待遇保障，并比照安置地县（市、区）公务员标准落实医疗补助。日常管理服务方面，自主择业军转干部党组织关系转接率由 2016 年的 90% 提高到 2018 年的 99%；推进全国自主择业军转干部信息工作平台建设，人员信息采集、登记入库率达 96.3%。扶持就业创业方面，结合“双创”活动，全省分级举办不同类型的就业招聘会、人才推荐会、小型见面会等活动 30 余场；抽样调查显示，全省自主择业军转干部就业率在 70% 左右。在推动区域内异地管理服务协作试点方面，联合云、贵、藏、渝西部四省（区、市）开展自主择业军转干部异地管理服务协作试点探索，管理服务工作质量和层次不断提升。

（三）军转干部教育培训工作

推动培训前移，分 11 批次完成 2018 年度军队转业干部安置前适应性培训，人员参训率达97%。抓好自主择业军转干部个性化培训和网络培训，对全省44家个性化培训教育点培训资质进行了年度审核，同步启动个性化培训和网络培训报名工作，网络培训报名率达86%。推进高校专项培训，制定出台《关于探索开展军队转业干部进高等学校专项培训的实施办法》，全年分两批次完成392名计划分配军转干部的送训工作。

三、退役士兵安置工作

（一）退役士兵接收安置

全年接收符合政府安排工作条件退役士兵3200余人，全部安置到位。接收自主就业退役士兵近3万人，全部按标准发放一次性地方经济补助10亿元，及时下达伤病残退役士兵安置计划。

（二）教育培训工作

严格执行国发〔2010〕42号、民发〔2014〕11号和四川省人民政府、四川省军区《关于加强退役士兵职业教育和技能培训工作的意见》等文件精神，全省共培训有培训需求的退役士兵近1万人。积极收集、审核参加普通高校招生考试退役士兵人员材料，为15名符合高考录取照顾的退役士兵落实相关加分优待政策。

（三）制定出台相关文件

先后下发《关于进一步做好当前复退军人相关工作的通知》《关于转发民政部关于广泛开展春节期间走访慰问退役士兵活动的通知》《关于转发省委省政府领导同志批示的通知》《四川省人民政府办公厅关于做好退役军人服务管理工作的通知》等文件，着力解决当前安置工作中存在的问题和困难，切实推动安置工作创新发展。

四、信息采集工作

严格按照国务院、退役军人事务部和省政府统一部署，协调省财政安排200万元专项资金，用于退役军人和其他优抚对象信息数据采集工作。通过成立专门机构、组建工作专班、落实人员配备，以省政府办公厅名义制发《关于开展全省退役军人和其他优抚对象信息采集工作的通知》等文件，省、市、县三级组织开展7000余人次的业务培训，利用电视台、政府网站、网络平台等广泛开展舆论宣传。

五、光荣牌悬挂工作

省政府办公厅于9月14日发出通知，对全省光荣牌悬挂工作作出具体安排，要求于2018年12月底完成制作任务并分发到各地，2019年春节前完成悬挂光荣牌任务。省政府安排光荣牌制作经费8000万元，省财政厅10月下旬下达《关于2018年光荣牌制作经费的通知》。10月底，各市（州）初步统计上报光荣牌需求。11月6日，四川省产品质量监督检验检测院提供《关于四川省"光荣牌"产品质量要求的建议》，从专业技术角度确定了四川省光荣牌制作技术要求。11月13日，四川省退役军人事务厅成立专项工作组，严格招投标相关程序，确保招标过程廉洁公正、公开透明。12月底前，加快推动前期3.35万余块光荣牌制作和大批量采购招投标程序，确保全省2019年春节前首次集中悬挂到位。

六、褒扬纪念工作

弘扬英烈精神传播社会正能量。清明节期间开展了“铭记·2018清明祭英烈”活动，各地围绕爱国主义教育和英雄主义教育，以弘扬英烈精神、宣传英烈事迹、开展纪念活动、组织祭扫及网上祭扫活动为主要内容。活动得到社会各界的积极响应和广泛参与，全省到烈士陵园敬献花圈5800余个、花篮近10万个、鲜花200万余支；广播、电视、网络、报纸、杂志等媒体发表烈士纪念活动专题报道116余期（次、篇），制作宣传图片、标语、橱窗2200余幅（个），召开座谈会、报告会、纪念会、演讲会320余场（次）。

加强成昆铁路沿线烈士陵园（墓）保护管理。制定成昆铁路（四川段）沿线烈士陵园保护管理方案，按每座烈士墓1万元、每个烈士陵园40万元的标准拨付了专项资金。各级退役军人主管部门精心拟制抢救保护方案，并通过地方报刊、政府网站等渠道发布迁移保护公告，于12月底按计划完成烈士墓的搬迁和烈士陵园保护管理工作。

开展高规格的烈士公祭活动。2018年烈士公祭活动得到省领导的高度重视，省委书记亲自审定方案，省委、省人大、省政府、省政协副秘书长以上所有领导参加，同时邀请陆军第77集团军主要领导参加，总人数达到1300人，四川省电视台对公祭活动进行了全程直播。

规范完善烈士评定程序。认真落实《烈士褒扬条例》，推动全省烈士评定工作细节更加完善、态度更加严谨、把关更加严格。全年省政府评定烈士2人，正在申报1人。

七、双拥工作

推动第十一届省级双拥模范城创建命名工作。经过深入调研，四川省双拥工作领导小组印发《四川省双拥模范（先进）城（县、区）创建命名管理办法实施细则》文件，各市（州）纷纷启动新一届省级双拥模范城（县、区）创建命名工作；结合工作与人事调整需要，进一步调整完善双拥工作组织领导机构。

做好重要时间节点的慰问工作。2018年春节前，省双拥办下发《关于做好新年春节期间拥军优属拥政爱民工作的通知》；“八一”前夕，省双拥工作领导小组下发《关于2018年“八一”期间走访慰问退役军人、优抚对象和部队官兵的通知》，推动全省各级党委、政府、各部门普遍走访慰问退役军人、优抚对象和基层部队，帮助困难退役军人等解决实际问题，省委省政府拥军优属慰问团走访慰问26家驻川部队和优抚医院等，向全省一至四级残疾军人发放慰问金，共下拨慰问经费754.9万元。

帮助部队协调解决实际问题。根据中央军委政治工作部相关要求，省双拥办聚焦部队改革后面临的实际问题，积极对接军地有关部门，推动解决训练场（阵地）建设使用、军用土地确权等6个方面12项问题需求，行动迅速，态度坚决，效果显著，受到部队有关方面的充分肯定。

八、优抚工作

按照规定拨付优抚资金。全年共下拨各类资金55.99亿元，做到优抚政务公开和抚恤补助资金社会化发放，确保重点优抚对象抚恤补助按时足额发放。下拨襄渝铁路伤残民兵民工生活救济和体检费 19 303 万元。

完善残疾抚恤认定程序。进一步规范材料报送并优化评定程序，切实做好政策解释和困难帮扶工作。截至 2018 年 12 月 31 日，共审查、接收部队转移伤残抚恤关系 831 人；受理评（调）残材料 840 件（含参试评残人员），审核批准 421 人；作出不予评定（调整）残疾等级决定 25 件；补换发伤残证件 1165 份。

及时提高抚恤补助标准。对伤残军人、老复员军人等 10 类优抚对象人员抚恤和生活补助标准进行调整提高，提标幅度达 10%。高度重视原国民党抗战老兵生活困难救助工作，通过多种途径对符合条件的原国民党抗战老兵参照回乡务农抗战老战士的生活补助标准每人每月给予生活困难救助。

九、军休服务管理工作

军休接收安置。根据中央军休干部“即退即审、即交即接”工作机制，下达 344 名军休干部的接收安置计划。认真开展军队离休退休人员数据审核工作，按照一人一表和人员、档案、现状三统一的要求，对全省 1.2 万名军休人员数据逐一核实，做到真实准确。

机构服务管理。认真贯彻落实《军队离休退休干部服务管理办法》《军队离休退休干部服务管理机构工作指引》，出台《四川省军队离休退休干部服务管理办法》，督促各地贯彻执行。

军休文化建设。各级退役军人主管部门积极组织军休干部开展多种形式的文体活动，丰富军休干部的休养生活。省级层面分别在成都、宜宾和广安组织开展了全省军休门球片区赛；分两期在乐山峨眉组织了全省 300 多名军休干部疗养活动。

十、事业单位建设工作

开展优质服务。认真贯彻《优抚医院管理办法》和《光荣院管理办法》，完善工作规范和服务标准，推动优抚医院、光荣院标准化、规范化、科学化建设，按照“大专科、小综合”的原则，加强优抚医院专科建设，重点打造精神专科、老年病科。探索“军地共建”模式提高医疗服务水平。四川省革命伤残军人休养院与中国人民解放军总医院、四川大学华西医院、成都军区总医院建立协作关系，通过远程会诊、开辟急诊绿色通道为残疾军人提供高质量的医疗服务。健全政府购买服务机制，引导社会组织在优抚医院、光荣院为优抚对象提供心理疏导、法律援助、精神抚慰、人文关怀等专业服务。全省优抚医院、光荣院积极发挥保障服务阵地作用，切实为优抚对象开展义务医疗巡诊和轮流休养服务。

服务退役军人助力脱贫攻坚。以“为民爱民一条心、拥军优属一片情”为主题，整合全省 16 家优抚医院资源，组成 3 支优抚巡回医疗队赴凉山州昭觉县、美姑县、雷波县和阿坝州松潘县、汶川县，为 1098 名优抚对象提供检查诊疗，发放价值 13.5 万元药品和健康教育宣传资料 5200 余份，为 998 名优抚对象建立健康档案。设立政策咨询点，宣传解释各类优抚政策，把党和政府的温暖送到优抚对象身边。

十一、军供保障工作

现代化建设。全省军供站圆满完成过往部队接待任务，做到了安全、正点、保密。对部分军供站实施维修改造，军供保障现代化手段持续推进。

应急演练。按照“巩固、发展、提高、创新”的工作思路，各军供站修订完善军供应急保障预案、工作机制，强化应急保障体系建设。健全完善事故应急处置制度，完善值班值守、信息报告、处置决策、协调联动、现场指挥等应急管理制度。组织开展各专项应急预案保障演练，提升应对突发事故的应急处置和抢险保障能力。

十二、权益维护工作

建立健全信访咨询工作机制。四川省退役军人事务厅与挂牌同步投入使用268平方米的临时咨询服务大厅，设置10个类别的工作岗位，健全工作机制和制度。对接访问题坚持分类解决，督促市（州）加强政策落实情况梳理；对符合政策法规而未落实的，督促落实、压实责任；对没有政策法规依据又合情合理的，深入研究分析，提出意见建议，完善政策措施。

开展走访慰问活动。全省各级退役军人事务部门在重要节假日走访慰问优抚安置对象4.5万余人次，发送慰问信39万余封，发放慰问金1287万余元。通过开展“送温暖”活动，对当地重点优抚对象进行走访慰问，把党和政府的温暖送到他们的心坎上。

成都市

一、机构建设情况

2018 年 12 月 7 日，中共成都市委第十三届常务委员会第 72 次会议确定成立成都市退役军人事务机构筹备组，明确组长 1 名，副组长 3 名。筹备组成立后，随即开展人员抽调、办公场地选址、机构编制研究、职能职责优化及人员转隶等筹备工作。从市民政局、市人社局抽调 12 名工作人员，按照全市机构改革工作要求，形成深化机构改革工作小组及组织实施等工作方案，做好人员转隶与“三定”规定起草等前期准备工作。

二、军队转业干部安置工作

2018 年，四川省军转安置工作小组下达成都市接收安置军转干部及随调家属安置任务共 2200 多名。其中计划分配军转干部 1500 多名，自主择业军转干部 600 多名，随调家属 20 名。计划分配军转干部中，安置在行政机关 1300 多名，约占 84%；参公单位 200 多名，约占 13%；事业单位 30 多名，约占 2%。主要做法有以下几个方面。

（一）计划分配军转干部安置工作

一是适度放宽接收安置条件。除严格执行中央“四个放宽”政策外，适当放宽了驻成都地区撤并降改移单位转业进入成都市辖区安置的军转干部配偶户口限制。二是广泛开展政策宣讲。向各区（市）县、市级各部门宣传深化国防和军队改革期间做好军转安置工作的重要性，传达国家和省有关军转安置的工作要求；广泛开展“送政策进军营”活动，全市军转系统深入驻蓉部队，宣传成都市军转安置政策、程序、办法，帮助部队干部了解军转安置形势，准确定位，合理选择安置方式和安置去向。三是努力拓宽安置渠道。充分发挥党政机关、参公单位安置主渠道作用，畅通军队转业干部进入政法部门通道。积极与市委编办协商，根据国家下一步增编情况和年度任务，合理拟定安置计划。四是突出安置工作重点。重点做好团职军转干部安置工作，坚持安置与贡献挂钩的原则，突出一等功奖励人员重点照顾安置，单独下达 2 名一等功奖励人员安置计划。对 65 名未双选到单位的获二等功奖励、艰苦边远地区及在特殊岗位工作 10 年以上的军转干部，在指令性安置时尽量满足其个人意愿。五是严肃军转安置工作纪律。继续将军转安置工作列入市委、市政府工作目标，要求各级各部门严格按照中央“三个决不允许”要求，无条件完成军转安置任务。全市军转安置部门按照“五不准”要求，严格遵守军转安置工作纪律。坚持安置政策、安置办法、安置程序、安置计划和安置结果“五公开”。

（二）自主择业军转干部服务管理工作

一是加强服务管理，确保待遇保障落实到位。严格按照国家政策，及时做好自主择业军转干部接收安置及安置后的退役金管理、医疗保障、住房补贴、教育培训、就业扶持等相关工作，确保自主择业军转干部退役后的各项政策性保障待遇落实到位。二是积极引导就业，充分开发人才资源。建立用人单位库、单位需求库、个人求职意愿库等数据库，进一步为自主择业军转干部就业之路牵线搭桥。结合2018年度自主择业干部集中报到，提供政策咨询、办理入户、专场招聘“一站式服务”。三是探索“成都创业模式”，打造自主择业军转干部“人才品牌”，提出“中心+基地+联盟”的“成都就业创业模式”工作思路，自主择业军转干部创新创业孵化基地于2018年8月挂牌运行。

（三）军转干部培训工作

一是配合四川省军转安置部门做好计划分配军队转业干部适应性培训工作。二是做好自主择业军转干部适应性培训和个性化培训工作。三是做好计划分配军队转业干部上岗前专业培训工作，积极探索岗前培训工作进高校。2017年度552名计划分配军转干部岗前专业培训分片在四川大学、西南交通大学、成都理工大学3所高校开展。四是积极开展计划分配军转干部进高校专项培训工作。与四川大学、西南财经大学、西南交通大学等驻蓉高校加强联系，推进计划分配军转干部进高校专项培训工作，2017年度送训人员已顺利结业。

三、拥军优抚工作

（一）提高补助标准

根据四川省民政厅、财政厅印发的《关于调整优抚对象抚恤和生活补助的通知》，及时调整兑现优待抚恤新标准。成都市民政局会同市财政局印发《关于调整部分优抚对象等人员抚恤和生活补助标准的通知》，提高优抚对象抚恤补助标准。根据《军人抚恤优待条例》的规定，依据成都市统计局公布的上年成都市城镇非私营单位在岗人员年平均工资，成都市人社局、成都市财政局印发《关于调整一至四级残疾军人护理费标准的通知》，调整提高一至四级残疾军人护理费标准。

（二）落实待遇和经费

会同市财政局落实下拨中共中央、省、市抚恤、生活、医疗等补助资金，下拨中央经费3次，合计63 134.38万元，省级经费2次，合计1751.45万元，市级经费1次，合计2932万元。落实2018年春节给困难群众和优抚对象发放一次性生活补贴、给一至四级残疾军人发放慰问金和救助原国民党抗战老兵补助金等事宜。各区（市）县民政局将新的标准在乡镇、街道办事处统一张贴，公开公布，公开率达100%。及时统计困难优抚对象情况，支持通过“成都市退役军人关爱援助专项基金”进行生活、医疗、教育等方面的援助。

（三）医疗参保和医疗补助政策

指导区（市）县完善优抚对象医疗保障机制，

重点优抚对象参加医疗保险率达100%。“一站式”医疗费用结算服务工作不断完善，及时落实优抚对象医疗补助和救助政策。

（四）抚恤优待政策

制定在全市建立优抚对象服务体系的实施办法，指导各区（市）县民政部门做好登记、建档、制定相关制度规定，以及各类服务等工作。规范重点优抚对象自然增长机制，统一增长标准。依据四川省民政厅关于做好“两参”人员身份认定工作的要求，指导县级民政部门到部队或相关民政部门做好调查取证和认定身份工作。

（五）信息数据动态管理

梳理优抚工作纳入社区信息平台服务的政策信息和流程标准。启动优抚数据核对工作，对全市2018年优抚对象新增、减员数据进行录入、清库，采集补充缺失信息资料，进一步完善信息管理系统。

（六）烈士纪念设施管理保护

指导区（市）县进一步加强烈士纪念工作，认真贯彻落实中办发〔2013〕8号文件，完善各项管理制度，开展各种形式的纪念烈士活动、清明公祭烈士等活动，全年各烈士纪念设施接待社会各界群众约25万人次。承办2018年四川省暨成都市烈士公祭活动，同时，成都市所辖的14个有烈士陵园的区（市）县也分别举行了公祭烈士和走访慰问烈士遗属活动，共计3万余人参加活动。开展成都市烈士陵园纪念馆附属设施建设论证和前期准备工作，完成邱光华机组雕像的改造施工。

（七）信息采集工作

按照四川省委、省政府关于开展退役军人和其他优抚对象信息采集工作的部署要求，建立9个市级部门和成都警备区为成员的联系机制，全力推进信息采集工作。

四、退役士兵安置工作

2018年，成都市退役士兵安置工作紧紧围绕市委、市政府的中心工作，以巩固国防、强化为兵服务为主线，认真贯彻落实退役士兵接收安置政策，积极推进各项目标任务的完成。全年共接收安置退役士兵6100多人，其中自主就业的退役士兵5400多人，符合政府安排工作条件的退役士兵600多人，按老政策进行安置的退役士兵近30人，组织500多名退役士兵参加了教育培训；退役士兵安置率达100%，符合政府安排工作条件的退役士兵安置率达100%，退役士兵培训政策知晓率、愿培尽培率均达到100%，全面完成年度目标任务。主要做法包括以下几个方面。

（一）退役士兵经济补助工作

根据中共中央、省、市有关退役士兵安置工作的文件精神，及时发放地方一次性经济补助近1.2亿元，确保了退役士兵接收安置工作有力、有序推进。

（二）退役士兵岗位安置工作

指导各区（市）县按照民政厅量化退役士兵服役贡献等要求和标准，对士兵服役期间表现进行量化评分，并作为选岗重要依据，着力为退役士兵营造公开公平公正的安置环境；按照《成都市市级部门统筹安置主城区部分退役士兵的办法》，及时召开相关会议，为市属统筹安置的退役士兵提供了30个市属事业岗位和29个市属国企岗位，有效缓解了成都市部分主城区的安置压力。

（三）教育培训和扶持就业工作

指导区（市）县认真抓好《关于加强退役士兵职业教育和技能培训工作的实施意见》的贯彻落实，积极推进相关工作；坚持每季度对各区（市）县退役士兵参训情况进行统计汇总，跟踪掌握参训士兵学习情况，确保退役士兵不失管失控。2018年，退役士兵培训政策知晓率、愿培尽培率均达到100%，共有555名退役士兵参加了教育培训。指导各区（市）县召开退役军人专场招聘会，扶持退役军人创业就业。

五、军休服务管理及退役军人服务管理工作

（一）接收安置军休干部（含退休士官）

全年计划接收军休干部（含退休士官）362人，实际接收军休干部（含退休士官）330人。主要做法是：一是严格落实军休干部“两个待遇”。认真指导区（市）县开展军休干部、军休职工接收安置工作，及时完成拟制军休经费分配方案和上报遗属医疗补助费、军休干部护理费、特别抚恤金和调资方案等工作，定期组织军休干部学习党的方针政策，组织开展各种慰问、纪念和文体活动，有力确保了军休干部政治、生活待遇得到落实。二是顺利完成了市直军休所的机构改革调整工作。按照成都市民政局下属事业单位机构改革调整方案，认真开展了机构改革调整期间工作人员的思想教育工作，确保了市属军休所机构调整工作的顺利完成。三是深化服务管理规范化建设。按照有关要求，不断完善军休机构岗位职责和工作制度，促进军休服务向“标准化管理、分层次服务”的模式发展。

（二）退役军人服务管理相关工作

按照国家、省有关文件精神和市委、市政府部署安排，认真组织开展了退役军人服务管理相关工作。一是确保市退役军人服务管理工作领导小组运转有序。按照市委、市政府主要领导指示批示精神和职责分工，认真履行办公室和政策工作组职能，2018年以来共下发通知（会议纪要）等文件9份，编发信息专报31期，开展专项督查工作6批次，并定期召开研判会梳理分析退役军人服务管理工作情况，认真完成退役军人服务管理相关工作。二是严格落实优抚安置有关政策。按照市委、市政府关于加强新形势下优抚安置工作的决策部署和“全面落实年”的要求，制定印发了《成都市优抚安置10项具体工作任务考评量化表》，细化明确了考评内容、考评标准和考评方式，进一步确保成都市优抚安置政策落实到位。三是接受中共中央、国务院和退役军人事务部等专项督导组的督导检查。成都市相关工作得到了督察组的肯定。

六、权益维护工作

切实将关爱帮扶工作做深、做细、做实。2018年全年，全市解决企业军转干部“五难”问题近600余人次，支出经费150余万元。春

节、“八一”期间，全市走访慰问军转干部共计8300余人次，发放慰问金（慰问品）共计284余万元。

成立了成都市优抚对象服务中心，成都市优抚对象服务体系从“三级”联动机制升级成为“四级”服务网络，全市共建有优抚对象服务中心23个、服务站483个、服务点4199个；充分用好退役军人关爱援助专项基金，积极帮扶困难退役军人，2018年共完成9个批次567人援助审核审批工作，拨付援助资金634.85万元；认真开展救助帮扶、“八一”全覆盖走访慰问和“大走访”活动，进一步扶持退役军人就业，对复员干部、下岗志愿兵和自谋职业转业士兵等群体，只要有就业意愿的，均落实公益性岗位或推荐优质稳定工作岗位。

贵州省

一、机构建设情况

贵州省退役军人事务厅于 2018 年 11 月 19 日挂牌成立，内设办公室、政策法规处（规划财务处）、思想政治和权益维护处、移交安置处、就业创业处、拥军优抚处、褒扬纪念处、人事（党建）处 8 个处室。

挂牌 1 个月内完成转隶、办公区修缮、办公设备配置、外联通道建立等基础工作，实现基本正常运转，并同步推进贵州省荣誉军人康复医院（编制 65 人）、贵州省转业军官培训中心（编制 10 人）、贵州省退役军人服务中心（编制 17 人）、贵州省军队离休干部服务管理中心（编制 7 人）4 家事业单位转隶、改革。

二、移交安置工作

一是退役士兵接收工作。2018 年共接收退役士兵近 1 万人，由政府安排工作的退役士兵共 960 余人。积极发挥省级安置办的统筹协调作用，组织召开省“双退”安置领导小组办公室主任会议，与省编委办、省人社局和省国资委等部门共同筹集年度省级企事业单位接收安置岗位指标 200 多个，并以省人民政府办公厅名义下发《关于 2018 年度省级接收安置符合政府安排工作条件退役士兵的通知》，督促各地按属地管理原则办理接收安置工作。截至 10 月底，安置率达 99% 以上。下拨自主就业一次性经济补助 1.1 亿余元。

二是军转干部安置工作。2018 年，中央下达到贵州省安置的全军和武警部队军转干部共约 860 名，自主择业军转干部约 400 名。

三是全面落实企业军转干部解困政策。全面落实企业军转干部解困政策。按政策给企业退休军转干部发放生活困难补贴，开展慰问、体检、个案帮扶和特困救助等关爱活动；对收入较低的在岗、下岗（失业）、内退等企业军转干部发放工资补差资金。全省全年共发放解困资金 1.5 亿元。积极协调落实相关政策。继续按解困政策发放企业退休军转干部生活困难补贴，完成部分困难企业在岗、下岗（失业）、内退企业军转干部工资补差工作。全年共发放省属和中央在黔企业军转干部生活困难补贴 8537 万元，工资补差 117 万元。结合养老金水平普调工作，积极协调财政部门共同调整企业退休军转干部 2018 年生活困难补贴标准，确保了国家政策落实到位。积极主动做好解困帮扶工作。督促省属和中央在黔企业落实个案帮扶政策，充分调动基层一线力量，开展形式多样的解困帮扶活动和春节、“八一”期间的走访慰问活动，组织体检活动和特困人员救济。全年发放省属和中央在黔企业个案帮扶、慰问和体检费用等共 1369 万元，及时传递了党和政府的关心与厚爱。

四是军队退休干部（士官）接收安置工作。贵州省共有军休所（站）15 个。近 67% 军休干部的退休生活服务管理及相应保障工作，由贵阳市云岩、南明两城区具体负责。接收军休干部 47 人，其中，伤残 15 人。协助部队审核、审定军队离退休人员的工资、住房、福利等待遇，对符合相关规定且本人无异议的给予接收安置。按规定发放军休人员离退休工资、福利待遇，确保按时、准确、足额发放到每一个军休人员手中，确保符合国家及各地相关政策规定。截至 2018 年年底，贵州省有从部队离退休的干部 1856 人，无军籍职工 713 人，遗属 185 人。全年下拨军休安置经费 3 亿余元。下发《关于开展全省军休干部庆祝改革开放 40 周年系列活动的通知》，指导各地结合改革开放 40 周年，开展形式多样的军休文体活动。军休干部“政治待遇”和“生活待遇”得到全面落实。

三、双拥工作

创新工作体制机制，丰富双拥内容，拓展双拥服务领域，推进社会化拥军氛围。深入分析推动解决双拥创建工作中的突出问题和重点难题，持续开展双拥模范城（县）、模范单位和个人的宣传报道，做好新一轮省级双拥模范城（县）命名表彰相关筹备工作。加强对复退军人就业、创业先进典型的宣传力度，开展“首届最美退役军人”宣传报道活动；贯彻落实南部战区拥军支前军地联席会议第一次会议精神，建立完善贵州省拥军支前军地协调机制。做好复退军人典型事迹、优抚政策宣传。积极协调新华网、人民网、中国网、多彩贵州网、《贵州日报》等中央和省级媒体对思南县残疾军人王明礼等复退军人典型事迹进行宣传，传递正能量。7 月 30 日，中央电视台《新闻联播》播发王明礼自主创业的先进事迹，7 月 27 日，《解放军报》对王明礼的先进事迹进行专题报道，王明礼被中央宣传部、退役军人事务部评选为全国“最美退役军人”。

四、褒扬纪念工作

认真贯彻民政部办公厅《关于在清明节期间开展“铭记・2018 清明祭英烈”宣传教育活动的通知》精神，加大宣传英烈事迹、传承红色基因；做好清明节期间参战退役人员省内外“祭扫”工作。在实地调研的基础上，报请以省人民政府名义公布第四批省级烈士纪念设施，将都匀市烈士陵园、碧江区烈士陵园、石阡县烈士陵园列入省级纪念设施。下发省民政厅办公室《关于在全省开展烈士纪念设施风险排查和烈士褒扬宣传专栏征稿工作的通知》，在全省全面开展烈士纪念设施安全隐患、违法违规问题的风险排查和烈士褒扬宣传专栏征稿工作。认真组织开展 2018 年度贵州省烈士纪念日公祭活动。2018 年 9 月 30 日，贵州省党政军领导同全省各族各界干部群众代表 1000 余人来到贵阳市黔灵山公园解放贵州革命烈士纪念碑广场，隆重举行 2018 年度烈士纪念日公祭烈士活动。

五、优抚工作

认真贯彻落实《军人抚恤优待条例》《贵州

省军人抚恤优待实施办法》《贵州省优抚对象医疗保障实施办法》《贵州省优抚对象住房优待实施办法》《贵州省享受抚恤补助优抚对象住房优待实施方案》《贵州省人民政府办公厅转发省民政厅等部门关于进一步做好复员退伍军人困难帮扶工作的十条意见的通知》等政策，不断健全完善享受抚恤补助优抚对象生活水平随经济社会发展同步自然增长的生活保障机制。2018 年中央和省级共下拨优抚资金 14.97 亿元，比去年同比增长 13%。联合省人社厅、省财政厅下发《关于调整企业老复员军人生活医疗困难补助标准的通知》，按 600 元 / 年的标准进行了提标。联合省民政厅、省财政厅下发《关于调整部分优抚对象等人员抚恤和生活补助标准的通知》，实现享受抚恤补助优抚对象生活水平随经济社会发展同步自然增长。

加强精细化管理，全省享受抚恤补助优抚对象身份证录入率达 99%。对享受抚恤补助的 23 万名优抚对象开展春节、“八一”期间的走访慰问工作，发放慰问金 1.1 亿元，走访慰问 6600 余户，召开优抚对象座谈会 2500 余次。

发挥牵头部门作用，做好复退军人困难帮扶工作，贵州省复退军人困难帮扶工作得到党中央的充分肯定，在全国退役军人工作经验交流会上，作为 5 个发言省份之一作了经验介绍。

六、事业单位建设工作

加强优抚事业单位能力建设，下拨优抚事业单位维修改造资金 4000 余万元，用于光荣院、优抚医院、国家级烈士纪念设施、军供站维修改造和设备购置。全省现有优抚事业单位 203 所。其中，优抚医院 15 所（含省荣康院、遵义荣康院），光荣院 45 所，军供站 9 个（全国重点军供站 6 个、普通军供站 3 个），全省烈士纪念设施共有 134 个［国家级 5 个、省级 12 个、市（州）级 7 个、县（区）级 110 个］。

“关爱功臣”活动深入开展，指导各优抚医院、光荣院为一至六级残疾军人开展巡回医疗 1500 余人次，为在乡老复员军人、“三属”等开展短期疗养 2000 余人次。指导各军供站按照“优质、快速、持续、准确、安全、保密”的要求，抓好新兵运输军供保障任务，共为 60 000 人（次）官兵提供军供保障。

七、信息采集工作

为进一步摸清退役军人和其他优抚对象底数，做好为退役军人等家庭悬挂光荣牌工作。9 月 7 日，经省人民政府同意，省民政厅、省人社厅联合召开全省退役军人和其他优抚对象信息采集工作动员部署暨业务培训会，安排部署贵州省退役军人和其他优抚对象信息采集工作。省人民政府办公厅下发《省政府办公厅关于开展贵州省退役军人和其他优抚对象信息采集工作的通知》《贵州省退役军人和其他优抚对象信息采集工作方案》。为推动各地采集工作顺利开展，确保贵州省数据采集工作按照退役军人事务部的要求在年底前完成，组成两个工作组于 10 月 16 日至 11 月 1 日分赴遵义、铜仁、毕节、黔东南、黔南等地的 12 个县（区）就数据采集等相关工作进行督导。

八、就业创业工作

2018 年，对接收的 6000 余名自主就业退役士兵开展教育培训，取得培训相关证书 4971 人，占参加教育培训人数的 79.74%。2018 年，全省退役军人教育培训共投入经费 4340.77 万元。其中，中央下拨培训经费 2700 余万元，市（州）、县（市、区）两级政府财政部门分别匹配经费 400 余万元和 1100 余万元。举办就业创业专项推荐（招聘）会 49 场次，提供工作岗位 3163 个，参加专项推荐会退役军人约 36 000 人次（包括往年退出现役人员），预计达成就业创业意向近 3000 人次，签约人数近 400 人次。

云南省

一、机构建设情况

按照深化党和国家机构改革部署，稳步推进云南省退役军人事务机构组建。2018 年 11 月 19 日，举行了云南省退役军人事务厅挂牌仪式。根据中央先行启动市、县两级退役军人事务机构的通知要求，州市以下机构组建工作全面展开，全省 16 个州市及下辖县（市、区）退役军人事务局全部组建成立，上下贯通、运转有序的全省退役军人工作体系逐步建立。

二、推动任务落实

深入领会习近平总书记关于退役军人工作的重要论述和中央有关会议精神，认真落实省委、省政府关于退役军人工作的要求，省退役军人事务厅党组班子和广大干部职工勇于担当、主动作为、不等不靠，坚决完成上级赋予的各项任务。结合云南实际，广泛征求意见，多层面、多渠道调研论证，认真研究解决退役军人历史遗留问题，起草《关于进一步做好退役军人服务管理工作意见和实施细则》。高起点、高标准谋划组建转隶工作，倒排时序、压茬推进，协调相关部门，逐项推动解决。有序推进悬挂光荣牌工作；全面开展退役军人和其他优抚对象信息采集工作。

三、完成年度安置任务

坚持把做好退役军人安置工作作为关系国防和军队改革的一件大事、一项政治任务摆在突出位置。2018 年，中央下达云南省 2100 余名军转干部、60 余名随调家属、1900 余名退役士兵和 200 余名军休人员安置任务。提前谋划，积极引导退役军人理性选择安置方式。军地军转部门组织开展“进军营、送政策、畅安置”宣讲活动，集中宣讲 37 场次，参会人数达 3000 余人次，选择到昆明地区安置的计划分配军转干部占比由往年的 70% 左右下降到 55%。扎实开展军转干部适应性培训和进高校专项培训，提升军转干部职业发展综合能力。完成 8200 余条军休人员关键信息修改工作，规范军休干部安置工作流程。坚持走既快又好的安置工作路子，兼顾效率和质量，计划军转干部分配到公务员岗位的人员占 94%，符合安置条件的退役士兵分配到机关、事业单位和国有企业人员占 95%。

四、服务管理工作

春节、“八一”期间，广泛开展退役军人和其他优抚对象走访慰问活动。落实自主择业军转干部、军休干部和企业军转干部各项待遇和重点优抚对象提标工作。接待祭扫烈士人员近 53 万人次。举办自主择业军转干部创业经验交流会，组织近 2 万名退役军人开展教育培训，提升就业创业能力。集中组织随军家属定向招聘活动 10 余场，帮助 203 名随军家属达成就业意愿。维修改造 4 个军供站，提升军供保障能力。组织 778 名优抚对象进行免费体检和健康咨询，提高残疾军人医疗质量和服务水平。积极加强精神激励。组织开展省第十届双拥模范命名表彰工作。举办自主择业军转干部春节慰问晚会和全省军休干部“夕阳红杯”第十届文体大会，创立“省自主择业军转干部思想政治教育基地”，探索并推动“全国自主择业军转干部异地服务管理协作试点”工作。组织勐赛、纳莫 210 名烈士遗骸交接安葬，推进在老挝中国烈士陵园修缮工程。

西藏自治区

一、机构建设情况

按照中央、西藏自治区党委深化党政机构改革部署安排，紧盯机改办和专项组改革路线图和时间表，对照《西藏自治区机构改革方案》《中共西藏自治区委员会办公厅　西藏自治区人民政府印发〈关于西藏自治区机构改革的实施意见〉的通知》，西藏自治区退役军人事务厅积极筹备，稳妥推进，机构改革工作有条不紊。

一是机构组建。报请西藏自治区党委同意，于 2018 年 11 月 22 日挂牌，正式组建成立；按照工作职责，结合退役军人事务部和区外省（市、区）“三定”规定，组建了机构改革专班，起草“三定”规定，呈报审定。

二是办公场所确定和办公设施配备。多方沟通协调，确定原西藏自治区拉萨军供站为办公地点，加快办公场所办公设施的配备。

三是职能和人员转隶。对照《关于西藏自治区机构改革的实施意见》，区党委配备了厅领导班子，原自治区人社厅军转办和原自治区民政厅优抚处相关职能和人员划转区退役军人事务厅，其余人员由区党委组织部门统筹划转。

四是工作运转。公文收发办理、网络建设和门户网站规划建设扎实推进。

二、移交安置工作

全面贯彻落实国家和西藏自治区对军队转业干部安置工作安排部署，切实把军队转业干部安置工作作为重要政治任务，加强军转干部和自主择业军转干部安置，关心、关怀企业军转干部，切实保障了退役军人合法权益。

一是加强计划分配军转干部安置。完成国家下达的计划分配军转干部 80 余人安置计划，落实了接收岗位，公务员和参照公务员法管理事业单位安置率达 85% 以上，区（中）直单位安置率达 75% 以上。

二是加强自主择业军转干部安置。完成国家下达的自主择业军转干部 1600 余人安置任务。

三是加强自主择业军转干部管理服务。强化自主择业军转干部年度审核和退役金发放，协调申请自主择业军转干部地方配套资金。

制定出台《西藏自治区自主择业军转干部管理服务经费使用暂行办法》，规范经费使用。以自主择业军转干部退役金核定、政策咨询和来信来访、医保报销、子女入学等为重点，不断创新服务举措，切实解决自主择业军转干部实际困难，有效满足需求，不断提升自主择业军转干部日常管理服务水平。加强军转干部教育培训。积极拓宽军转干部教育培训渠道，充分利用清华大学军转网络课堂、自治区适应性培训、分配就业专项培训和安置军转干部等平台，开展军转干部培训3091人次，有效提升了军转干部就业能力。以节日为契机，对困难军转干部开展实地走访慰问，发放慰问金，切实增强了军转干部的荣誉感和归属感。印发《关于进一步做好当前及今后一段时间自主择业军转干部管理服务各项工作的通知》，严格落实区地两级“属地管理”“部门管理”责任。

三、拥军优抚工作

认真贯彻落实优抚政策待遇，及时兑现优抚优待补助资金，切实保障优抚对象合法权益。一是加强双拥慰问。组织召开2018年春节、藏历新年团拜会，走访慰问退役士兵，慰问基层群众、困难群众、部队官兵、执勤民警、“三老”人员等，组织开展“9·30”烈士纪念日祭奠慰问活动，进一步巩固和加强军政军民团结。二是加强优抚和抚恤。下拨各类优抚资金共计19 186万元，切实保障了优抚对象待遇和基本生活。积极推进国家机关工作人员牺牲病故后一次性抚恤调标工作，研究起草《关于调整国家机关工作人员及离退休人员牺牲病故后一次性抚恤金发放办法》，待报请自治区人民政府审定。三是加强退役士兵安置工作与军休干部、复员军人接收安置。完成2017年冬季政府安排工作退役士兵50余人，安置率达100%。审定军休人员安置去向97人，已接收83人。四是组织开展退役军人和其他优抚对象信息采集工作。五是加强征兵工作。协助自治区征兵办深入开展兵役宣传，加强兵役登记。

陕西省

一、机构建设情况

（一）概况

根据党中央、国务院批准的《陕西省机构改革方案》，陕西省将省民政厅的退役军人优抚安置职责、省人社厅的军官转业安置职责及军队有关职责整合，组建陕西省退役军人事务厅。

2018 年 11 月 26 日，根据中共陕西省委机构编制委员会办公室《关于省退役军人事务厅职责机构编制和人员转隶通知》，陕西省退役军人事务厅随职责划转陕西省民政厅的优抚处（陕西省双拥工作领导小组办公室）、省复员退伍军人和军队离休干部安置管理办公室；随职责划转省人社厅的军官转业安置处（陕西省军队转业干部安置领导小组办公室）；整建制接收陕西省民政厅所属的陕西省离退休干部服务中心、陕西省荣誉军人康复医院、陕西省荣复军人第一医院和陕西省荣复军人第二医院 4 个事业单位。

（二）内设机构

2018 年 12 月 29 日，中共陕西省委办公厅、陕西省人民政府办公厅印发《关于〈陕西省退役军人事务厅职能配置内设机构和人员编制规定〉的通知》，陕西省退役军人事务厅作为省政府组成部门，为正厅级。下设办公室、政策法规和规划财务处、思想政治和权益保障处、移交安置和军休服务管理处、就业创业处、拥军优抚处、褒扬纪念处、机关党委（人事处）8 个正处级内设机构。

二、移交安置工作

（一）军队转业干部和随调配偶安置工作

全年共接收军转干部 3300 余人，其中，计划安置 2000 余人，自主择业 1200 余人，随调配偶 80 人。其中，省直接收计划安置军转干部近 700 人，随调配偶 16 人，全省 90% 以上的团职安置在行政和参公岗位。在省委、省政府的领导下，通过军地双方的共同努力，各级、各部门讲政治、讲大局、讲感情，上下一盘棋，完善安置办法，拓宽安置渠道，推进阳光安置，加强军转干部教育培训，各项工作圆满完成。

（二）退役士兵移交安置工作

全年共接收退役士兵 1.8 万余人，其中自主就业退役士兵约 1.6 万名，符合政府安排工作条件退役士兵约 2100 名，复员干部 120 多名，残疾士兵 20 多名。

做好由政府安排工作退役士兵安置工作。认真做好档案接收审查和评分排序，提请省政府下发了《陕西省人民政府陕西省军区关于做好 2018 年退役士兵接收安置工作的通知》。积极洽谈筹措退役士兵安置计划，以省政府办公厅名义印发了《陕西省人民政府办公厅关于下达 2017 年退役士兵安排工作计划的通知》，下达年度退役士兵安置计划 3000 余个，其中中央驻陕单位安置计划 500 多个，省属单位安置计划 400 多个，市县安置计划 2000 多个。

做好自主就业退役士兵就业创业工作。共有 8759 名自主就业退役士兵报名参加教育培训，其中 3 个月 1664 名，6 个月 4074 名，1 年 812 名，2 年 2120 人，3 年 89 人。下达教育培训资金 5659 万元，确保有意愿退役士兵参加教育培训达 100%。鼓励承训机构大力开展订单式培训，做好需求、培训和就业的有机衔接，力争实现培训即就业。同时，努力为退役士兵创造就业机会和就业岗位。

（三）军休服务管理工作

对 612 名军休干部移交资料进行审核、数据提交和分配，完成了年度军休干部安置去向审定工作，达到了预期效果。编制下达了军休干部各类补助资金，确保军休人员生活待遇的有效落实。按照要求，积极做好各项准备工作，进行市场调研、设备采购、调试安装，按照要求提前完成了五级联网工作，并着手运行，效果良好。

（四）解决安置遗留问题工作

2018 年 11 月 16 日，陕西省退役军人事务厅召开第二次厅党组会议，研究审议《关于解决退役士兵安置遗留问题攻坚实施方案》，把解决退役士兵安置遗留问题作为陕西省退役军人事务厅开好局起好步的第一要务和攻坚战。12 月 7 日，召开全省解决安置遗留问题推进会，推动各市（区）解决退役士兵安置遗留问题。

三、就业创业工作

（一）教育培训工作

一是根据《参加陕西省第五期自主择业军转干部就业创业（医学管理）高级研修班的通知》，于 6 月 23—26 日在西安交通大学举办了陕西省第五期自主择业军转干部就业创业（医学管理）高级研修班；二是根据《关于举办陕西省 2018 年自主择业军转干部适应性培训的通知》，于 8 月 17—21 日在延安举办陕西省 2018 年自主择业军转干部适应性暨红色基因传承教育培训班；三是 10 月 28 日至 11 月 3 日在浙江大学举办陕西省第六期自主择业军转干部就业创业（“互联网 +”）高级研修班。2018 年组织自主就业退役士兵教育培训 8200 人次。

（二）促进就业扶持创业工作

一是出台了《陕西省人力资源和社会保障厅关于促进新时代退役军人就业创业的若干意见》《关于自主择业军队转业干部安置管理若干问题的意见》；二是印发《关于举办 2018 年陕西省自主择业军转干部网络专场招聘会的通知》，联合西安市人才市场举办 2018 年陕西省自主择业军转干部网络专场招聘会；三是 2018 年新进入省级单位军转干部岗前培训班结业暨退役军人事务厅与有关单位合作签约仪式工作会上，首批聘用了10名退役军人创业导师，并颁发聘书；四是与中铁二十局集团有限公司技工学校签订战略合作框架协议，向滴滴出行退役军人红星车队驾驶员发放钥匙；五是授予西安哈贝卡汽车服务有限公司全省创业示范基地，并奖励100万元。

四、拥军优抚工作

（一）支持部队建设工作

紧贴深化国防和军队改革进程，协调有关地市和相关部门为部队解难题、办实事。对9个驻军部队提出需要地方解决的军事设施保护、营区环境治理、随军家属就业、子女接受教育、基层设施改造等45个问题，认真梳理，明确任务，落实责任，跟踪督导，确保问题解决落地落实。积极配合中部战区建立拥军支前军地协调机制试点工作调研，完成了机构设置、人员配置、工作职责、考核评估和军地联动机制调研课题任务。认真组织开展“助力随军家属就业”活动，全省解决了680名随军家属就业问题，发放生活补助费2160万元，有效解决了官兵“后院”问题。陕西省退役军人事务厅班子成员先后走访驻西安9个军级单位，主动汇报工作，征求意见，受领任务，积极协调有关方面为部队解难事、办实事，受到驻军部队一致好评。

（二）保障合法权益工作

认真落实抚恤补助标准自然增长机制，下拨各类抚恤补助经费27.4亿元；完成了参试退役军人的体检工作，对参试人员评定残疾等级；投入医疗补助经费2260万元，为21 600余名退役军人提供“一站式”医疗结算服务机制。协调省级财政下拨义务兵家庭优待金8.4亿元，2018年大专以上学历占应征集兵员总数的62%，较上年度上升1个百分点，有效激发了高学历青年应征入伍的积极性，兵员素质显著提高。

（三）提升服务水平工作

积极协调省财政3100万元，对全省部分优抚医院和光荣院的医疗康复、休疗体检、荣军养老3个功能服务区进行了维修改造，提升了收治能力和服务水平。安排13 600名退役军人进行休疗，组织开展医疗巡诊、发放药品活动，为部分退役军人提供了多样化服务需求。12月12日，陕西省退役军人事务厅与陕西旅游集团签约，在文化旅游方面为退役军人提供优先优待服务。

（四）有序推进“两项”工作

退役军人和其他优抚对象信息采集及悬挂光荣牌工作开展以来，各地按照省上的部署和要求，建立了以政府统筹，业务部门牵头，各有关部门全面参与的信息采集工作机制。全省12个信息采集组织机构，普遍举办信息采集业务培训班，运用多种形式，广泛开展宣传动员。截至2018年年底，全省投入信息采集专用设备经费2825万元，采购设备3450台，设立固定采集点2125处，巡回采集点168处。采集进度位居当年全国前10位，排查问题数据是全国最少的5个省份之一。退役军人事务厅微信公众号11月21日发布退役军人信息采集工作问答，当月累计阅读量已达10万多次，受到社会各界广泛好评。2018年年底，悬挂光荣牌工作已完成政府采购招标程序。

五、褒扬纪念工作

大力弘扬英烈精神，聚焦《英雄烈士保护法》的施行，组织开展了烈士公祭活动和关爱烈士遗属等主题宣传教育活动；投入经费2000万元，完善了烈士纪念设施主题教育功能；经认真审核上报评烈材料，做好李永顺、李国武、冯浩杰、杨鱼儿、王邦彦、权子厚、吴三兴、杨耀先8位烈士的评定工作，在清明节期间，由厅领导带队，组织部分烈士遗属、参战退役军人赴云南麻栗坡祭扫烈士，赢得了他们的理解信任，并得到了上级部门的充分肯定。

西安市

一、拥军优抚工作

积极践行以人民为中心的理念，努力把执行政策和为优抚对象解决实际困难有机结合，依法行政，不断提高优待抚恤服务能力。

（一）下拨优待抚恤补助资金

2018年全年为各类优抚对象共发放优待抚恤补助资金4.57亿元；与市财政局联合印发文件，提高各类优抚对象优待抚恤补助标准；督促各区县按照新标准，采取社会化方式及时足额发放到位。

（二）信息采集工作

按照统一安排，2018年9月27日，市政府召开会议安排部署退役军人和其他优抚对象信息采集工作。各区县、相关开发区高度重视，迅速投入人力、财力，及时采购设备，开展业务培训，加强宣传发动，科学设立采集点，加班加点开展工作，全市共投入资金508万元，设立了587个信息采集点，购置了366台便携式信息采集设备。

（三）其他优抚工作

联系核工业部417医院组织开展评残体检；组织区县在"八一"之前发放义务兵家庭优待金；组织区县扎实做好退役军人走访慰问工作，深入开展"解三难"，2018年共慰问退役军人8451人次，发放慰问金约1078万元，发放"解三难"资金600余万元。

二、烈士褒扬工作

2018年3月26日，清明节前夕指导西安烈士陵园开展了"铭记历史、缅怀先烈、珍爱和平、开创未来"主题诵读活动；印发了《西安市民政局关于做好清明节期间烈士纪念活动的通知》，组织各区县采取多种形式开展清明节烈士纪念活动；8月，指导西安烈士陵园举办纪念改革开放40周年图片展；9月30日，组织实施了第5次陕西省暨西安市烈士公祭活动；指导相关区县办理了南部战区空军政治工作部批准空二十师飞行训练事故牺牲人员闫阁、魏相超两名烈士骨灰安葬及相应待遇落实工作。

三、移交安置工作

（一）计划分配军转干部安置工作

2018年是裁减军队员额30万的关键之年，西安市共接收安置计划分配军转干部800余名，接收安置随调家属 40 名，接收安置数量占全省安置数量的 40%。按照功绩制分配、双向选择分配和包底分配“三步走”安置分配办法，按程序步骤和时间节点压茬实施、加速推进，相继组织完成了档案审核、全员适应性培训、军转考试、制订安置计划、功绩制排名选岗、网上双向选择、包底分配、定职定位等工作。2018 年 9 月底，将全部军转干部和随调家属定职定位报送至陕西省军转办，按照退役军人事务部提出的速度不减、质量不降的要求，圆满完成军转干部安置任务。

（二）退役士兵安置工作

2018 年，全市共接收 2017 年退役士兵约 3200 人（含西咸新区），发放自主就业退役士兵地方一次性经济补助约 9500 万元，严格按照量化评分排序选岗办法，精心组织开展选岗派遣工作，12 月底之前全面完成本年度安置工作任务。

一是召开专题会议。先后 4 次由市政府主要领导或分管领导主持召开专题会议，印发了《西安市关于做好当前退役军人服务管理工作的实施方案》、转发了《省政府办公厅关于妥善解决退役士兵安置遗留问题的通知》等文件进行安排部署。

二是成立组织机构。市区两级分别成立了市退役军人服务管理工作领导小组，市委主要领导任第一组长，市政府主要领导任组长，市委副书记、常务副市长、分管副市长及西安警备区副司令员任副组长，成员由 22 个市级部门组成。按照“属地管理、分级负责”和“谁主管、谁负责”的原则，明确了各区县、有关开发区及市级有关部门主要负责同志为第一责任人，在重大任务部署、重要事项协调、关键问题解决、重点工作督导上，要亲自过问、靠前指挥。

三是解决遗留问题。对安置遗留问题进行摸底统计，对经过调查核实确属安置遗留问题的进行一一整改。2018 年已利用富余计划派遣往年度安置遗留问题退役士兵 59 人，600 余人补发待安置期间生活补助费约 140 万元，补发待岗期间生活费约 700 万元。

四是抽调相关市级部门人员组成督导检查组，开展多轮督查，督促各区县和相关开发区开展解决安置遗留问题工作。

四、军休服务管理工作

2018 年，军休系统开展深入学习党的十九大精神、习近平新时代中国特色社会主义思想，开展“习近平新时代中国特色社会主义思想诵读活动”，积极通过媒体宣传最新政治动态、军休政策、好人好事等图文并茂的实事新闻。2018 年春节期间，对获得大军区级以上荣誉称号及荣立一等功的功臣，住院、常年卧床不起和有特殊困难的军休人员走访慰问。坚持及时传达工资待遇文件，公布新增工资标准，落实军休干部住院补助、异地住院费报销和无经济收入家（遗）属医疗、生活补助相关待遇，建立“军干所—街道社区—军休人员家庭”三位一体的网络平台管理服务新模式，更好地为军休人员服务。西安市共完成 19 亿元军休人员和机构经费的分解下达工作，确保军休人员生活待遇得到有效落实。注重对高龄、空巢、失能、半失能、居住分散的军休人员提供人性化、个性化服务，建立相关信息，跟踪提供服务。根据军休人员的特点和需求，将中华民族传统文化、军休人员军旅生涯的军营文化、军休人员颐养天年的老龄文化相结合，深入挖掘军休文化内涵，举办“八一”文艺汇演，开展乒乓球、门球、钓鱼、象棋等形式多样的文体活动。

甘肃省

一、机构建设情况

按照省委办公厅、省政府办公厅《印发〈关于省级涉改部门和单位机构人员转隶工作实施方案〉的通知》要求，经省机构改革领导小组办公室批复同意，退役军人事务厅共从省委农办、省民政厅、省人社厅、省文化和旅游厅、省农业农村厅、省市场监督管理局、省广播电视局等 11 个厅（局）接收转隶人员 71 名。截至 2018 年 12 月 11 日，转隶人员全部到位。根据《甘肃省机构改革方案》和《关于省级涉改部门和单位机构人员转隶工作实施方案》相关要求，将原由甘肃省民政厅管理的甘肃省军队离退休干部休养所、甘肃省军队离退休干部第二休养所、甘肃省军队离退休干部第三休养所、甘肃省军队离退休干部管理服务站、甘肃省荣誉军人休养院、甘肃省军休和复退人员管理服务中心 6 家事业单位和原由省人社厅管理的甘肃省转业军官服务中心整建制划转交由甘肃省退役军人事务厅管理。7 家单位均为县处级建制，其中，甘肃省转业军官服务中心为参照公务员法管理事业单位。

二、政策法规工作

针对退役军人工作政策性强的特点，认真梳理涉及退役军人移交安置、优待抚恤、双拥共建、军休管理、褒扬纪念等方面的法律、法规、规章和规范性文件，为各项业务开展奠定坚实基础。

（一）收集法规目录

为做好退役军人事务相关法律法规和规章政策的汇总编印工作，确保各项工作依法依规有序推进，采取网上查找的方式，对涉及退役军人事务的部分法律法规和规章进行梳理汇总，采取发函咨询、专人对接的方式积极到省人社厅、省民政厅查询涉及退役军人事务的部分规范性文件，通过收集汇总，反复征求各工作组意见建议，完善形成了《退役军人事务工作相关法律法规和规章政策部分目录清单》，截至 12 月 31 日，共收集政策法规 586 项，基本涵盖了从改革开放初期到退役军人事务部成立前（1978—2018 年）40 年间、涉及退役军人和其他优抚对象的主要政策法规。

（二）建章立制

为切实推进各项综合保障和业务工作尽快步入正轨，科学规范、有力有序、全面务实履行退役军人事务职责，结合业务工作实际，要求各工作组提供拟制定工作规则或工作规程的清单。截至 12 月 28 日，10 个业务组共提供了拟制定的工作规则和制度规范57件，其中，综合组1件、政策法规组7件、思想政治和权益维护组8件、规划财务组6件、移交安置组3件、就业创业组5件、军休服务管理组1件、拥军优抚组13件、纪念褒扬组6件、人事党委组7件。

三、思想政治和权益维护工作

坚持思想政治引领，坚持以退役军人为中心，坚持把维护退役军人合法权益作为重要任务，用心用情、扎实细致、规范严谨开展工作，有效传递党和政府对广大退役军人的关心关爱，不断增强退役军人的荣誉感、归属感、获得感。

（一）日常管理

认真开展退役军人党员组织关系转接排查工作，指导市、县设立退役军人党员组织关系转接窗口，提供“一站式”服务，将退役军人党员及时纳入基层党组织管理。印发《关于退役军人政策落实情况专项督查通知》，牵头协调组成4个工作组，于2018年12月18—22日，分别对问题和矛盾比较集中的兰州、白银、武威、天水、定西、平凉、庆阳7个市14个县（区）退役军人政策落实情况进行专项督查。走访慰问退役军人及优抚对象120户，召开退役军人代表座谈会14场。

（二）权益维护工作

树牢服务理念，全力做好退役军人工作。完成甘肃省退役军人信访大厅建设，制定来访办理工作规范、来信办理工作规范、“网络信访”办理工作规范、信访办理流程、信访工作办法、退役军人信访工作指导意见等制度。

四、拥军优抚工作

坚持以退役军人为中心，全面落实各项优待抚恤政策，维护退役军人合法权益，真正把习近平总书记“让军人成为全社会尊崇的职业”的重要指示精神落到实处。

（一）落实待遇

督促各地及时将抚恤和生活补助提前足额按月发放到优抚对象手中，确保重点优抚对象生活水平达到当地居民平均生活水平。加强优抚资金监督管理，实行专户管理、专账核算、封闭运行和社会化发放，定期不定期进行资金督查和信息核查，保证资金使用管理严格规范、安全高效。按照“普惠”加“优待”原则，将优抚对象的住房、医疗、养老等优待优惠纳入社会保障和公共服务体系，基本实现了优抚制度与城乡低保、医疗、养老、住房等社会保障制度的有效衔接。

（二）伤残抚恤管理

组织评残体检286人，其中，评残59人、换证186人、补评残21人、调整残疾等级20人，为36名残疾军人安装、更新假肢等辅助器具。重点规范“参试”人员的体检评残工作。

（三）信息采集和光荣牌悬挂

2018年9月，按照国务院、退役军人事务部和省委、省政府关于信息采集工作有关安排部署，举办了全省业务培训班，报请省政府办公厅印发了《关于成立甘肃省退役军人和其他优抚对象信息采集工作领导小组的通知》《甘肃省开展退役军人和其他优抚对象信息采集工作实施方案》，以甘肃省退役士兵安置和权益保障工作领导小组名义及时印发了《关于进一步做好全省退役军人和其他优抚对象信息采集工作的通知》，汇编了《退役军人和其他优抚对象信息采集工作业务培训班学习资料》，及时与省财政厅衔接完成了省级信息采集设备资金安排和政府招标工作，建立了全省信息采集工作信息报送制度，确保信息采集工作顺利进行。2018 年 12 月 21 日，下发了《甘肃省退役军人事务厅关于进一步做好为烈属、军属和退役军人等家庭悬挂光荣牌工作的通知》，督促各市（州）依据通知精神严密组织实施此项工作，并将悬挂光荣牌工作列入全国和省级双拥模范城（县）创建考评内容。

五、移交安置和就业创业工作

扎实做好退役军人移交安置工作，加强军地衔接和部门协作，严密组织退役军人档案移交、工作安置、就业培训、创业指导、军休人员移交和服务管理等工作，广泛开展岗前适应性培训、就业指导性教育、创业技能性训练，圆满完成年度移交安置计划，着力解决好退役军人就业创业的后顾之忧。

（一）完成年度安置计划

在军转干部安置方面，与组织、人社、编制等部门加强协作，突出党政机关接收安置主渠道作用，全面完成了中央下达的 400 多名安置任务，安排了 31 名随调家属的工作；对 200 多名省直机关军转干部进行岗前培训，对 30 名军转干部在高校进行专项培训，帮助实现角色转换。在退役士兵安置方面，对安置进度滞后的市（州）开展专项督查，为符合政府安排工作条件的 1000 多名退役士兵全部落实了工作岗位，及时办理入职手续，较好地落实了退役士兵岗位待遇。

（二）自主就业退役士兵教育培训

2018 年，全省按计划完成了 2017 年秋季、冬季自主就业退役士兵教育培训工作。深入宣传自主就业退役士兵免费教育培训相关政策，大力开展“送政策进军营”活动，共制作发放《致退役士兵的一封信》《退役士兵教育培训指南》《退役士兵自主就业解答》等宣传册（单）5 万余份，制作相关宣传栏 1000 余版、宣传横幅 1200 余幅。各地退役军人主管部门与承训机构签订培训协议，落实“谁培训、谁推荐就业”，继续探索“订单式”“定向式”“定岗式”培训，推进培训精细化、个性化。建立退役士兵教育培训承训机构考核评估机制，市（州）退役军人主管部门对培训机构不定期进行考核，每月报送教育培训进展情况，退役士兵毕业证书、职业资格证书“双证”获取率达 85% 以上。

（三）军休安置工作

根据退役军人事务部关于对军休人员进行安置去向审定的通知，分 3 次对 2018 年 200 多名部队拟移交地方安置的退休干部进行了安置去向审定。对审定合格的近 200 名退休干部下达了移交安置计划，对审定不合格的军休人员及时向部队反馈了情况。全面落实军休人员“两个待遇”，按时传阅各类文件，定期组织政治学习。同时积极协调财政部门下拨 2018 年度各项军休资金，确保军休服务管理机构各项工作正常运转，军休人员“两个待遇”得到全面落实。及时审核把关，并积极协调省保健委员会为67名符合享受医疗保健待遇的师职以上军休干部申报办理了《甘肃省干部医疗保健证》。严密组织师职以上军休干部体检，对1003名持有《甘肃省干部医疗保健证》的师职以上军休干部进行健康体检。注重做好军休人员日常生活中的保健工作。多次协调和组织师职以上军休干部参加省保健委员会举办的医疗专家保健普及专题知识讲座，军休人员自我调剂、自我保养、自发锻炼的氛围逐渐形成。按照退役军人事务部信息修改完善的要求，组织力量对全国军休安置服务管理信息系统中军休干部信息数据进行了逐一核查。

六、褒扬纪念工作

甘肃省具有悠久的革命历史，无数革命先烈在这片红色土地上留下了光辉的足迹，成千上万的烈士长眠于此。甘肃省各级退役军人事务部门认真贯彻习近平总书记在视察中国工农红军西路军纪念馆时的重要指示精神，采取积极有效措施，讲好红色故事，传承红色基因。

（一）开展“网上祭英烈”活动

印发了《关于在清明节期间开展“铭记·2018清明祭英烈”宣传教育活动的通知》，充分利用广播电台、电视、网络、报纸等宣传媒体，广泛宣传“铭记·2018清明祭英烈”的重要意义，各地以消息、综述、通讯、特写和图片等形式，积极报道主题活动开展情况。

（二）烈士纪念设施保护管理

2018年以来，围绕提升优抚事业单位收治收养能力和服务水平，大力开展优抚事业单位设施维修改造和设备更新，积极争取中央财政和省财政资金支持，全力抓好优抚事业单位和烈士陵园维修改造项目。对19个烈士纪念设施维修改造项目进行补助，对5个优抚医院和设备购置与修改造项目进行补助，通过不断加大资金投入力度，从软硬件两方面着手，全面增强了优抚事业单位和烈士纪念设施发展后劲。

（三）宣扬革命英烈先进事迹

广泛开展烈士纪念活动，扎实有效开展“铭记·2018清明祭英烈”主题活动，通过组织社会各界到革命战争纪念地、重大战役发生地或烈士陵园、烈士墓地祭扫、献花和宣誓，加大宣传力度，在全社会积极营造了崇尚英雄、捍卫英雄、学习英雄、关爱英雄的良好氛围。圆满完成2018年烈士纪念日公祭活动，起草了《省市各界2018年烈士纪念日公祭活动实施方案》，与兰州市共同完成烈士公祭相关活动。认真履行烈士评定的审核职责，严格把好烈士评定审核关，共为9名烈士遗属发放烈士褒扬金，落实烈士遗属有关待遇。

青海省

一、机构建设情况

根据中央深化党和国家机构改革部署和青海省机构改革方案，2018 年 11 月 26 日，青海省退役军人事务厅正式挂牌成立。青海省退役军人事务厅整合了省民政厅优抚安置职责和省人社厅军转干部安置职责，为青海省政府组成部门，正厅级，主要承担全省退役军人思想政治、移交安置、教育培训、优待抚恤、权益维护、待遇保障等职能。根据省委编办批复的“三定”方案，厅机关设置 7 个处室，分别是办公室、思想政治和权益维护处、规划财务处、移交安置处（就业创业处）、军休服务管理处、拥军优抚处（褒扬纪念处）、机关党委（机关纪委、人事处）。2018 年年底，完成编制划转、人员转隶有关工作。

二、移交安置工作

健全完善安置措施，加大政策扶持力度，科学合理拟制安置计划，督促落实安置岗位，做好退役军人档案接收审核、评分排名、考试考核，以及组织关系、医疗和养老保险关系办理、接续等有关工作，退役军人安置工作质量不断提高。2018 年，共接收退役军人 2000 余人，其中计划分配军队转业干部和政府安排工作退役士兵全部安置到机关事业单位。为近 1500 名自主就业退役士兵兑现地方一次性经济补助资金 1.03 亿元，为全省自主择业军转干部发放退役金 8.41 亿元，并按规定按时发放取暖费、住房补贴、抚恤金和异地门诊费。首次委托社会培训机构举办了自主择业军转干部适应性培训班 3 期，培训 640 人次。印发《退役士兵安置政策汇编》600 余册，退役士兵知晓率达 100%。组织 1109 名退役士兵参加了免费职业教育和技能培训，参训率达 75%。在退役士兵安置工作会议上，表彰了 40 名模范先进退役士兵和 10 个接收安置退役士兵先进单位，在广大退役士兵中引起强烈反响。在《青海日报》连续刊载优秀退役士兵先进事迹，鼓励退役士兵自主创业，营造关心支持退役士兵就业创业的社会氛围。

三、拥军优抚工作

研究出台了青海省关于加强新形势下优抚安置工作的具体意见措施，完善优抚对象优待措施，加大退役士兵就业创业政策优待力度。根据国家统一部署，从 2018 年 10 月开始，全面开展退役军人和其他优抚对象信息采集工作，彻底摸清退役军人底数和政策落实情况，为创新开展新时代退役军人工作奠定良好基础，完成第一阶段信息采集任务。全年下拨优待抚恤补助资金1.57亿元，保障1.4万名重点优抚对象政策待遇有效落实。从2018年8月1日起，调整提高部分优抚对象抚恤和生活补助标准，提高幅度达10%。新审核评定伤残人员等级57名、带病回乡退伍军人35名，审核接收退役残疾军人86名，及时纳入保障范围，享受优抚待遇，并为全省残疾军人配发了21万元的辅具。根据国家统一部署，在不断加大优抚对象物质保障的同时，加强精神抚慰和荣誉褒扬工作。研究制定青海省《为烈属、军属和退役军人等家庭悬挂光荣牌工作实施方案》，安排资金645万元，购置472套信息采集设备，统一制作21万块光荣牌。组织开展了铭记英烈主题教育活动，在中华英烈网、门户网站开设主题专栏，引导广大群众开展网上祭扫活动，为10名烈士遗属补发了《烈士证明书》。开展优抚对象短期疗养和医疗巡诊活动，为3222名优抚对象建档立卡，免费发放12万元的药品。投入1560万元对7个烈士陵园和3个军供站进行维修改造，同时，对2017年安排的19个烈士陵园维修改造项目进行了督导检查。

四、军休服务管理工作

完成军休干部安置去向审定和接收安置年度任务，及时下达各项军休经费，有效落实军休干部、无军籍职工的政治待遇和生活待遇。在“军休安置服务管理信息系统”中，对青海省接收安置的军休干部数据进行了逐一核查，重新核算军休干部、遗属取暖补贴标准，测算无军籍职工调整基本养老金所需经费。青海省4个军供站为青藏铁路沿线多兵种、多批次过往部队提供食宿保障，全力支持部队赴高原练兵备战。

五、双拥工作

积极协调军地单位深入开展拥军优属和拥政爱民活动，为省委、省政府中心工作和部队现代化建设创造良好的社会环境。组织召开了青海省双拥工作领导小组第二十一次全体会议，贯彻落实党的十九大和全国双拥工作领导小组第二十九次全体会议精神，安排部署双拥工作重点任务，增补了省双拥工作领导小组成员单位。开展春节和建军节期间慰问驻青部队活动，省级层面共走访慰问驻青部队14个，赠送慰问金355万元。参与修改完善《西部战区与七省（区、市）、新疆生产建设兵团建立拥军支前军地协调机制的实施意见（试行）》，加强拥军支前军地协调机制建设。对荣获全国双拥模范城（县）的重点地区进行中期检查，推动双拥创建和军民共建工作健康持续深入开展。

宁夏回族自治区

一、机构建设情况

2018年10月26日，宁夏回族自治区宣布任命宁夏回族自治区退役军人事务厅领导班子成员；2018年11月15日，宁夏回族自治区退役军人事务厅正式挂牌成立。

二、移交安置工作

自治区党委、政府把军转干部安置工作作为一项特殊政治任务摆在突出位置。自治区党委、政府、军区印发《关于做好2018年军队转业干部安置工作的通知》，自治区人民政府办公厅印发《关于做好2018年全区符合政府安排工作条件退役士兵安置工作的通知》，为做好安置工作提供强有力的组织保证、政策保障和制度支撑。

加强与组织、编制、人社、财政等部门通力合作，主动协调解决矛盾问题，形成安置工作合力。扭住安置计划这个中枢，会同编办研究制订安置计划，用好中央行政增编、占编调编、先进后出等措施解决安置编制。健全安置机制，加强组织领导，坚持安置政策、安置程序、安置计划、安置措施等“十公开”，打造“阳光安置”工作机制，圆满完成了2018年度退役军人安置任务，为约300名计划分配军转干部、约100名退役士兵落实安置岗位，接收安置自主择业军转干部200多名、军休干部（退休士官）50多名，安置率达100%。采取发布就业信息、组织创业培训、举办专场招聘会等多种措施，帮扶自主择业干部就业创业。

开展退役士兵职业技能培训，投入培训资金827万元，举办专业职业教育和技能培训班20多个，提升退役士兵就业能力。为2018年选择自主就业退役士兵发放一次性自主就业补助资金3800多万元，为军休人员下达补助经费1.2亿多元，为军休服务机构下达经费补助550多万元，为1400多名自主择业军转干部发放退役金及补助共计1.57亿元。

三、拥军优抚工作

2018年12月19—21日，为认真贯彻落实自治区党委、政府决策部署和自治区领导指示要求，退役军人事务厅党组成员带队赴各市、县（区），对全区退役军人工作有关情况进行了调研。

全面落实优待抚恤政策，为生活困难军转干部发放补助资金46.5万元，为233名退役军人落实廉租房政策，协调解决185名军人子女入学难题，提高1.5万名优抚对象补助标准。

简化重点优抚对象办事流程，新审批认定

各类优抚对象1343人。出台“军人三群体”脱贫攻坚、优抚解困“双二十条”，帮扶491户建档立卡贫困退役军人和军烈属家庭稳定脱贫，将183名困难退役军人家庭纳入低保救助范围，为233名退役军人落实廉租房政策，为1191名困难退役军人提供医疗救助或临时救助。组织100名重点优抚对象免费疗养，2780名军烈士直系亲属、因公牺牲和病故军人父母配偶、参战参试老兵免费体检。

在银川市率先推行公共服务机构优待退役军人试点工作，5.5万名退役军人和其他优抚对象享受“两免四优先”优待服务，即免费乘坐公交车，免除景区首道门票；在航空、铁路、长途客运等交通行业，在银行等金融单位及政务服务中心、市民大厅等公共服务机构和场所设置优先服务窗口、优先通道、优先服务标识，享受优先服务，在公立医院及民营医疗机构优先挂号、就诊、治疗、取药、住院，优先入住公办养老机构。

四、褒扬纪念工作

严格落实烈士褒扬政策，及时下拨中央补助资金，支持烈士陵园维修改造工作，并在清明节、烈士纪念日开展烈士公祭活动，组织干部群众、部队官兵、在校学生等共计20万人次接受爱国主义和国防教育。2018年春节期间，对移交宁夏安置管理的军队离退休人员进行走访慰问，发放慰问经费31.89万元。

根据中央宣传部、退役军人事务部关于开展“最美退役军人”学习活动的通知精神，宁夏回族自治区在前期推选“最美退役军人”的基础上，与自治区党委宣传部联合，依托宁夏电视台、《宁夏日报》开设“退役军人风采”专栏，自2018年12月11日起每周一期，对杨国清等9名优秀退役军人的先进事迹进行集中宣传报道，讲好退役军人故事，激发全区退役军人的自豪感、荣誉感、责任感，营造关心国防、尊崇军人的浓厚氛围。

及时印发《自治区退役军人和其他优抚对象信息采集工作方案》，全区各市、县（区）、乡镇（街道）设立信息采集点270个，每个信息采集点配备信息采集一体机、手持信息采集仪、笔记本电脑各1套。通过新闻媒体发布消息、微信公众号推送信息、社区张贴公告等方式广泛宣传信息采集工作的重要性。自治区退役军人事务厅专门成立了信息采集工作指导组，赴各市、县（区）指导信息采集工作。2017年10月至2018年3月，组织2001—2016年安置到宁夏的自主择业军转干部开展学习党的十九大精神和宣传择业政策教育培训，经验做法被《中国退役军人》杂志转发。

五、权益维护工作

退役军人事务厅挂牌当日设立信访接待场所，成立信访工作领导小组，制定24小时值班、每日“零报告”、领导带班接访、办事督办回访等制度18项，建立统一规范的信访工作流程、服务规范、管理台账，实行“日小结、周分析、月督查”，定期召开信访工作分析会，及时梳理总结、及时分析研判、及时交办转办，确保访有人接、案有人办、事有回音、办有结果，推动解决了一批转业安置信访积案。畅通退役军人诉求表达和解决渠道，全力维护退役军人合法权益，组织退役军人服务机构工作人员常态走访退役军人，“一对一”“面对面”宣讲政策、化解矛盾、帮难解困。

各市、县（区）进一步加强和改进退役军人党员接收和教育管理工作，认真排查和妥善处理退役军人“口袋党员”问题。计划分配军转干部、安置工作的退役士兵实行组织关系、行政关系和工资关系“三大关系”统一办理。宁夏回族自治区接收安置的自主择业军转干部200余名，按照“先接转组织关系，后办理报到手续”的要求，组织关系全部接转。

新疆维吾尔自治区

一、机构建设情况

按照党中央和自治区关于深化机构改革的部署要求，2018 年 11 月 29 日，新疆维吾尔自治区退役军人事务厅正式挂牌成立。在自治区党委的重视关心下，在相关部门的协调配合下，14 个地（州、市）、96 个县（市、区）退役军人事务局已全部挂牌，内设机构和人员配备工作正在进行，贯通上下的工作格局逐步建立，各级退役军人事务部门不等不靠，主动作为，边组建机构，边推进工作，实现无缝对接。

二、思想政治工作

全区退役军人事务系统牢牢聚焦新时代退役军人工作重点任务，坚持以退役军人为中心，把习近平总书记关于退役军人工作的重要论述贯彻落实到各方面，狠抓接收安置、待遇保障、政策落实等，切实维护退役军人的合法权益，解决现役军人后顾之忧。紧紧围绕总目标，打好反恐维稳“组合拳”，组织党员干部发声亮剑、承诺宣誓，旗帜鲜明地反对民族分裂、维护民族团结，坚决与“两面人”“两面派”作斗争，在大是大非面前，敢于斗争、敢于亮剑，唱响主旋律、弘扬正能量。认真做好“访惠聚”、干部支教等工作，深入开展“民族团结一家亲”和民族团结联谊活动，促进各民族交往交流交融。

三、移交安置工作

2018 年，安置退役军人 7000 多人，其中军队转业干部约 2700 人、退役士兵 4000 多人、复员干部约 100 人、军休干部（退休士官）260 多人，一至四级伤残退役士兵 6 人。计划分配军转干部 95% 以上安置在党政机关，由政府安置的退役士兵全部落实岗位，为近 4000 名自主就业退役士兵发放经济补助 1.33 亿元。

一是区级单位采取双向选择与指令性安置相结合，组织推荐与考试考核、择优选择、在岗试用相结合的办法，妥善安置军转干部。2018 年 9 月 5 日，召开自治区计划分配军转干部双向选择会，现场 32 家区级单位签约 41 名军转干部。部分区级单位在选择军转干部时，综合考虑军转干部的职务等级、任职年限、立功受奖、从事专业等情况，在综合评定考核的基础上，合理选择急需人才。部分地（州、市）在指令性安置的基础上，采取了双向选择的安置模式；乌鲁木齐市实行功绩评分、依序选岗的办法安置转业干部。

二是针对家属安置工作中遇到的问题，2017

年以前计划分配乌鲁木齐市随调家属中的工勤人员实行先入册后入编安置，由各区实行编制控制数管理，增人不增编，逐步消化。对2018年计划安置乌鲁木齐市的事业单位合同制工人身份的随调家属，采取就业扶持政策帮助其就业。2018年，自治区首次接收部队转改文职人员落户及随调随迁配偶子女安置，加强军地协调配合，建立沟通渠道，共同研究解决工作中的问题，加强舆论宣传，进一步营造大力支持国防和军队改革、关心关爱军队转业干部的社会氛围。

三是着眼服务国防和军队建设，积极适应退役士兵安置改革，实行扶持就业为主，自主就业、安排工作、退休、供养及继续完成学业等多种方式相结合的退役士兵安置办法，拓展安置渠道，加大编制保障，加强计划统筹，2018年度符合政府安排工作条件的58名退役士兵全部得到妥善安置，安置率达100%。列支专项经费，足额发放，确保退役士兵待安排工作期间生活补助和自主就业一次性经济补助等政策保障待遇有效落实。注重完善政策措施，制定出台了自治区《关于促进新时代退役军人就业创业工作的意见》《关于进一步加强由政府安排工作退役士兵就业安置工作的实施意见》，于12月13日联合印发执行。

四、就业创业工作

制定促进新时代退役军人就业创业工作实施意见，把退役军人就业创业纳入自治区就业整体规划，推动形成退役军人就业创业良性机制。全区自主择业军转干部就业创业率达60%，自主就业退役士兵就业创业率达85%。以开发自主择业军转干部人才为主线，促进自主择业军转干部在“双创”中发挥主力军作用，2018年4月，协调主办了“2018年春季自主择业干部专场招聘会”，44家企业提供岗位220个，招聘人数660人，参加招聘的自主择业军转干部人数626人，达成就业意向195人。

2018年，接收安置自主择业军转干部2000多人。2018年，全区共有2343名退役士兵参加了职业教育和技能培训，其中短期培训2490人次，学历教育205人，就业率达85%。

针对自主择业军转干部管理特点，逐步健全完善定期联系、年度面签等制度，加强自主择业军转干部的联系。利用重要节日、生病住院等特殊时节进行走访慰问，对有重大困难的自主择业干部进行了个案帮扶，共同解决他们生活中的实际困难，积极主动协调公安户籍管理部门，解决近两年自主择业干部在落户过程中出现的问题。

五、拥军优抚工作

（一）政策制定

一是按照自治区的部署要求，区、地、县、乡、村五级联动，对退役军人和其他优抚对象启动开展了“大走访”活动，一年来，各级走访慰问退役军人和其他优抚对象8万余人，妥善解决各类矛盾问题280多个。

二是自治区双拥领导小组办公室研究解决中央军委政治工作部反馈需要帮助部队解决的问题，主动与部队对接，逐级建立问题台账，实行挂单销账，以强烈的政治意识、大局意识和担当精神抓好落实。

三是全年下拨抚恤补助资金 5.02 亿元，确保重点优抚对象能按时足额领到抚恤补助资金。下拨优抚事业单位建设补助资金 2596 万元，不断提升各优抚事业单位的服务保障能力。

四是全年新评残疾军人（伤残公务员、伤残人民警察）共 104 人，调整残疾等级 10 人，为新退役军人换发残疾军人证 209 人。接收计划移交的一至四级残疾及患精神病五至六级残疾义务兵和初级士官 6 人，并兑现了住房、医疗等相关政策。

五是全年开展了 3 批次优抚对象巡回医疗活动，为 785 人次优抚对象免费检查身体、诊疗疾病，发放药品价值 23 万余元。组织开展了 5 期优抚对象短期疗养，175 名优抚对象参加疗养。

（二）双拥工作

一是开展国防教育和双拥宣传。一年来，军地各级运用报刊、广播、电视、微博、微信、移动客户端等媒介，广泛开展双拥宣传教育活动。“八一”前夕，在《新疆日报》、《新疆经济报》、天山网刊登了自治区“八一”慰问信。自治区四套班子领导，以及新疆军区和新疆生产建设兵团负责同志来到新疆军区某红军师参观军史馆，开展迎“八一”革命传统主题教育活动。在第五个烈士公祭日，全区各地以不同形式举办了缅怀烈士、祭奠英灵活动。自治区党政军领导同全区各族各界干部群众代表在乌鲁木齐市人民广场举行了烈士公祭活动，向人民英雄敬献了花篮，表达深切哀思。驻疆部队和部分地（州、市）宣传表彰了一批爱军精武标兵和情系国防“好家庭”、“好军嫂”、“最美拥军人物”、优秀退役军人等先进典型，在全区形成了关心国防、尊崇军人的良好社会氛围。编印出版了 6 期《新疆双拥》杂志，免费赠送给全区乡镇以上民政部门和驻疆部队连以上单位。通过形式多样的宣传教育，全区广大干部群众受教育面达 90% 以上，国防观念和双拥意识进一步增强。

二是助力驻疆部队改革建设。积极服务部队练兵备战，全力支持陆军新疆集训、国际军事比赛，支持民兵服务队建设、战备拉动等工作。支持配合驻疆部队如期完成军区机关、作战和边防部队、训练机构、人武系统等调整编制。自治区主要领导亲自出面支持部队停止有偿服务工作，自治区政法委、高级人民法院等部门全力协助，军区 2000 多个项目关停率达 98%。在地方机构改革不断深化、编制员额持续压缩的形势下，仍然保持安置转业干部进党政机关和参公单位的比例在 90% 以上，每年拿出 1 亿多元保障自主择业干部管理服务工作。指定疆内 8 所院校降分照顾录取 100 多名干部子女上大学等。筹备召开了 2018 年自治区迎新春军地座谈会，筹备实施了“八一”慰问活动，自治区组成 4 个慰问团，分别由省级领导带队对驻疆部队各大单位进行了慰问。各级党政领导着眼国防建设和军队改革需求，利用召开军地座谈会、双拥联席会和慰问部队之机，主动了解部队建设改革中需要地方支持的事项，倾力帮助转隶移防、新调整组建部队解决战备训练、工作生活等方面遇到的实际困难，以实际行动支持国防建设和部队改革发展。

三是召开迎新春双拥座谈会。开展“万幅春联送军营、送退役军人”活动，积极服务部队练兵备战，配合完成陆军新疆集训、国际军事比赛、战备拉动等重大任务的保障工作。

六、军休服务管理工作

完成军休干部安置去向审定250余人、接收军休干部（士官）261人。拨付军休安置资金9.7亿元。落实走访慰问、重点关爱、困难帮扶等制度，先后走访慰问近千名军休人员，组织5100余人体检。举办全区军休系统信息化管理培训班，推进军休服务管理信息系统“五级联网”工作顺利运行。对服务对象信息进行精准核对，更新信息600余条。采取购买社会服务方式，继续编印《新疆军休》杂志，完成4期16 000册编印任务。

七、信息采集工作

一是建立工作机制。自治区层面成立了退役军人和其他优抚对象信息采集工作领导小组，自治区副主席任组长，自治区民政厅、人社厅、新疆军区政治工作部相关领导任副组长，自治区党委宣传部、公安厅、国资委等14个相关单位领导为成员。自治区信息采集工作专班组建以来，通过制定专班工作制度，明确职责分工，加强技术指导，各项工作规范有序推进，为下一步工作奠定了坚实基础。

二是开展培训。2018年9月2—8日，自治区民政厅会同人社厅分别在昌吉市、阿克苏市举办了两期退役军人和其他优抚对象信息采集工作培训班。邀请信息采集系统开发工程师授课讲解，全区14个地（州、市）和96个县（市、区）民政、人社部门负责同志和相关工作人员共493名参加了培训。

三是信息采集。自治区信息采集领导小组办公室制定了宣传提纲。各地在车站、商场、农村巴扎等繁华热闹地段通过设置宣传栏、宣传窗，张贴宣传海报，发放宣传单，悬挂宣传标语等方式广泛开展宣传活动，运用各级门户网站、社区网格、村微信群、民政微信公众号、短信、标语、横幅、海报、村（社区）LED屏滚动字幕形式反复播发等多种传统和现代手段，开展立体式社会发动，力争做到信息采集宣传全覆盖，引导广大退役军人和其他优抚对象主动申报采集信息。

四是探索方法。为确保退役军人和其他优抚对象信息采集工作顺利进行，全区各地积极发挥聪明才智，探索信息采集的有效方法。由自治区民政厅、人社厅筹集300万元专项工作经费用于保障信息采集工作，为南疆22个国家级贫困县每个县补助3万元（共计66万元），用于采购电脑和相关专用设备。自治区信息采集办建立了信息报送制度及信息采集工作交流微信群，指定专人负责指导和答疑，及时解决信息采集过程中出现的困难和问题。为了加快工作进度，有的地区在设备没有到位的情况下先采集纸质版摸底，等设备到位再录入系统；有的地区为行动不便的老人和残疾人提供上门采集服务；有的地区聘用了专门的技术人员，用于解决采集过程中遇到的技术问题。

为认真贯彻落实国务院和自治区人民政府关于做好退役军人和其他优抚对象信息采集工作的部署要求，全区开展了退役军人和其他优抚对象信息采集工作，启动了悬挂退役军人光荣牌工作。

八、权益维护工作

协调各地、各部门在做好政策落实和矛盾纠纷排查化解工作的同时，突出做好复退军人解困工作。热情接待来访人员，对合法的、符合政策的诉求积极协调，指导各地不折不扣地兑现政策。

新疆生产建设兵团

一、政策法规工作

兵团高度重视退役军人工作，把做好退役军人工作与贯彻落实新时代党的治疆方略结合起来，与党中央对兵团的定位要求结合起来，先后制定印发了《中共新疆生产建设兵团委员会、新疆生产建设兵团关于进一步做好退役军人服务管理工作的意见》和《鼓励引导高校毕业生和退役士官到南疆兵团全民所有制连队工作专项补助办法（试行）》两个重要文件。其中，后者是兵团党委出台的兵团历史上第一个专门鼓励退役士官留兵团连队工作的政策性文件，对引导退役士兵留兵团连队工作意义重大。

二、拥军优抚工作

（一）双拥和烈士褒扬工作

2018 年，为进一步发扬拥军优属的光荣传统，兵团秉承军爱民、民拥军、军民团结一家亲的宗旨，积极开展双拥活动，进一步加强了军政军民团结，巩固了“同呼吸、共命运、心连心”的新型军民关系。

一是开展拥军优属活动。2018 年元旦、春节、“八一”建军节期间，按照民政部、中央军委政治工作部的总体要求，兵团及各师（市）在拥军优属慰问活动中，组成慰问团（组）934 个，走访慰问部队 1223 场（次），慰问优抚对象 2.5 万人次，共投入慰问经费近 3764 万元。兵团本级在开展拥军优属慰问活动中，慰问部队官兵 6000 余人，发放慰问品 3000 余件，共投入双拥慰问经费 162 万元。

二是开展烈士祭扫活动。2018 年，兵团各级党政军领导干部、军烈属及老退伍军人代表、驻兵团各部队官兵、社会各界群众广泛开展清明节祭扫烈士活动，各级烈士纪念场所接待缅怀纪念烈士干部群众共计 5000 余人次。

三是开展双拥先进表彰活动。“八一”期间，兵团部分师（市）组织召开“双拥”工作先进典型表彰大会，表彰近年来作出突出贡献的“情系国防好家庭”“优秀退役军人”“最美拥军人物”“好军嫂”等。表彰各类先进典型 38 名。

（二）优抚工作

兵团要求各相关部门认真贯彻落实优抚政策，着力强化优抚保障，不折不扣地将党的关怀及时传送到优抚对象。

一是提升优抚保障水平。制定印发《关于调整部分优抚对象等人员抚恤和生活补助（补贴）

标准的通知》，从2018年8月1日起，调整部分优抚对象等人员抚恤和生活补助（补贴）标准。2018年，中央和兵团财政投入抚恤补助资金惠及兵团优抚对象2789人。其中，优抚对象补助3000余万元，优抚对象医疗补助1200余万元，优抚事业单位补助700余万元，兵团本级用于双拥慰问资金160余万元，兵团本级用于优抚专项资金近5000万元。

二是服务重点优抚对象。2018年，为21名从部队复员转业的残疾军人换发残疾军人证，接转抚恤关系；为52名国家机关、人民警察、参加核试验退役人员评定残疾等级；审核通过59名60岁农村籍退役士兵，并按规定标准及时足额发放了残疾抚恤金。

三是抓好优抚设施建设。2018年，争取维修改造资金189.2万元，用于优抚设施维修。截至2018年年底，兵团有光荣院1个、复员退伍军人精神病康复院5个。

四是做好信息采集工作。从2018年8月开始，认真开展第一阶段退役军人和其他优抚对象信息采集工作。制定印发《关于印发〈兵团退役军人和其他优抚对象信息采集工作实施方案〉的通知》，对兵团信息采集工作进行了全面统一部署，并成立了兵团退役军人和其他优抚对象信息采集工作领导小组，明确了各职能部门工作职责。完成217个信息采集点的设备采购，组织3期450人信息采集业务培训班。

三、移交安置工作

2018年，兵团始终以习近平总书记关于军转安置工作的重要指示为统领，切实提高政治站位，强化使命担当，严格执行党中央关于军转安置工作的政策规定，认真完成军转安置各项工作任务。

（一）转业干部安置工作

制定印发《兵团人力资源社会保障局兵团党委组织部关于下达2018年兵团驻乌外单位军队转业干部安置计划的通知》，2018年共接收安置8名计划分配军转干部，其中，3名安置在党政机关，5名安置在事业单位。

（二）兵团自主择业军队转业干部接转工作

2018年11月，新疆维吾尔自治区退役军人事务厅、财政厅，兵团人社局、财政局和自治区建设银行新疆区分行召开专题会议，决定从2019年1月起，由兵团相关部门及代发银行负责石河子市、五家渠市等9个师（市）的自主择业军队转业干部退役金发放工作，确保每月10日前将自主择业军队转业干部退役金发放到个人账户。此次接转，自治区退役军人事务厅共移交兵团7个师（市）自主择业军队转业干部570多人。未建市的师辖区自主择业军队转业干部兵地隶属关系尚不明确，暂未移交。

（三）退役士兵职业教育和技能培训工作

为拓宽退役士兵就业渠道，帮助退役军人尽快转换角色，掌握就业基本技能，提高就业竞争能力，兵团充分摸清退役士兵的学习需求，并结合自身实际情况，通过集中培训和分散培训相结合、自愿报名和免费培训相统一的方式，年内共培训退役士兵546人。

政策法规

中华人民共和国英雄烈士保护法

（2018 年 4 月 27 日第十三届全国人民代表大会常务委员会第二次会议通过）

第一条　为了加强对英雄烈士的保护，维护社会公共利益，传承和弘扬英雄烈士精神、爱国主义精神，培育和践行社会主义核心价值观，激发实现中华民族伟大复兴中国梦的强大精神力量，根据宪法，制定本法。

第二条　国家和人民永远尊崇、铭记英雄烈士为国家、人民和民族作出的牺牲和贡献。

近代以来，为了争取民族独立和人民解放，实现国家富强和人民幸福，促进世界和平和人类进步而毕生奋斗、英勇献身的英雄烈士，功勋彪炳史册，精神永垂不朽。

第三条　英雄烈士事迹和精神是中华民族的共同历史记忆和社会主义核心价值观的重要体现。

国家保护英雄烈士，对英雄烈士予以褒扬、纪念，加强对英雄烈士事迹和精神的宣传、教育，维护英雄烈士尊严和合法权益。

全社会都应当崇尚、学习、捍卫英雄烈士。

第四条　各级人民政府应当加强对英雄烈士的保护，将宣传、弘扬英雄烈士事迹和精神作为社会主义精神文明建设的重要内容。

县级以上人民政府负责英雄烈士保护工作的部门和其他有关部门应当依法履行职责，做好英雄烈士保护工作。

军队有关部门按照国务院、中央军事委员会的规定，做好英雄烈士保护工作。

县级以上人民政府应当将英雄烈士保护工作经费列入本级预算。

第五条　每年 9 月 30 日为烈士纪念日，国家在首都北京天安门广场人民英雄纪念碑前举行纪念仪式，缅怀英雄烈士。

县级以上地方人民政府、军队有关部门应当在烈士纪念日举行纪念活动。

举行英雄烈士纪念活动，邀请英雄烈士遗属代表参加。

第六条　在清明节和重要纪念日，机关、团体、乡村、社区、学校、企业事业单位和军队有关单位根据实际情况，组织开展英雄烈士纪念活动。

第七条　国家建立并保护英雄烈士纪念设施，纪念、缅怀英雄烈士。

矗立在首都北京天安门广场的人民英雄纪念碑，是近代以来中国人民和中华民族争取民族独立解放、人民自由幸福和国家繁荣富强精神的象征，是国家和人民纪念、缅怀英雄烈士的永久性纪念设施。

人民英雄纪念碑及其名称、碑题、碑文、浮雕、图形、标志等受法律保护。

第八条　县级以上人民政府应当将英雄烈士纪念设施建设和保护纳入国民经济和社会发展规

划、城乡规划，加强对英雄烈士纪念设施的保护和管理；对具有重要纪念意义、教育意义的英雄烈士纪念设施依照《中华人民共和国文物保护法》的规定，核定公布为文物保护单位。

中央财政对革命老区、民族地区、边疆地区、贫困地区英雄烈士纪念设施的修缮保护，应当按照国家规定予以补助。

第九条　英雄烈士纪念设施应当免费向社会开放，供公众瞻仰、悼念英雄烈士，开展纪念教育活动，告慰先烈英灵。

前款规定的纪念设施由军队有关单位管理的，按照军队有关规定实行开放。

第十条　英雄烈士纪念设施保护单位应当健全服务和管理工作规范，方便瞻仰、悼念英雄烈士，保持英雄烈士纪念设施庄严、肃穆、清净的环境和氛围。

任何组织和个人不得在英雄烈士纪念设施保护范围内从事有损纪念英雄烈士环境和氛围的活动，不得侵占英雄烈士纪念设施保护范围内的土地和设施，不得破坏、污损英雄烈士纪念设施。

第十一条　安葬英雄烈士时，县级以上人民政府、军队有关部门应当举行庄严、肃穆、文明、节俭的送迎、安葬仪式。

第十二条　国家建立健全英雄烈士祭扫制度和礼仪规范，引导公民庄严有序地开展祭扫活动。

县级以上人民政府有关部门应当为英雄烈士遗属祭扫提供便利。

第十三条　县级以上人民政府有关部门应当引导公民通过瞻仰英雄烈士纪念设施、集体宣誓、网上祭奠等形式，铭记英雄烈士的事迹，传承和弘扬英雄烈士的精神。

第十四条　英雄烈士在国外安葬的，中华人民共和国驻该国外交、领事代表机构应当结合驻在国实际情况组织开展祭扫活动。

国家通过与有关国家的合作，查找、收集英雄烈士遗骸、遗物和史料，加强对位于国外的英雄烈士纪念设施的修缮保护工作。

第十五条　国家鼓励和支持开展对英雄烈士事迹和精神的研究，以辩证唯物主义和历史唯物主义为指导认识和记述历史。

第十六条　各级人民政府、军队有关部门应当加强对英雄烈士遗物、史料的收集、保护和陈列展示工作，组织开展英雄烈士史料的研究、编纂和宣传工作。

国家鼓励和支持革命老区发挥当地资源优势，开展英雄烈士事迹和精神的研究、宣传和教育工作。

第十七条　教育行政部门应当以青少年学生为重点，将英雄烈士事迹和精神的宣传教育纳入国民教育体系。

教育行政部门、各级各类学校应当将英雄烈士事迹和精神纳入教育内容，组织开展纪念教育活动，加强对学生的爱国主义、集体主义、社会主义教育。

第十八条　文化、新闻出版、广播电视、电影、网信等部门应当鼓励和支持以英雄烈士事迹为题材、弘扬英雄烈士精神的优秀文学艺术作品、广播电视节目以及出版物的创作生产和宣传推广。

第十九条　广播电台、电视台、报刊出版单位、互联网信息服务提供者，应当通过播放或者刊登英雄烈士题材作品、发布公益广告、开设专栏等方式，广泛宣传英雄烈士事迹和精神。

第二十条　国家鼓励和支持自然人、法人和非法人组织以捐赠财产、义务宣讲英雄烈士事迹和精神、帮扶英雄烈士遗属等公益活动的方式，参与英雄烈士保护工作。

自然人、法人和非法人组织捐赠财产用于英雄烈士保护的，依法享受税收优惠。

第二十一条　国家实行英雄烈士抚恤优待制度。英雄烈士遗属按照国家规定享受教育、就业、养老、住房、医疗等方面的优待。抚恤优待水平应当与国民经济和社会发展相适应并逐步提高。

国务院有关部门、军队有关部门和地方人民政府应当关心英雄烈士遗属的生活情况，每年定期走访慰问英雄烈士遗属。

第二十二条　禁止歪曲、丑化、亵渎、否定英雄烈士事迹和精神。

英雄烈士的姓名、肖像、名誉、荣誉受法律保护。任何组织和个人不得在公共场所、互联网或者利用广播电视、电影、出版物等，以侮辱、诽谤或者其他方式侵害英雄烈士的姓名、肖像、名誉、荣誉。任何组织和个人不得将英雄烈士的姓名、肖像用于或者变相用于商标、商业广告，损害英雄烈士的名誉、荣誉。

公安、文化、新闻出版、广播电视、电影、网信、市场监督管理、负责英雄烈士保护工作的部门发现前款规定行为的，应当依法及时处理。

第二十三条　网信和电信、公安等有关部门在对网络信息进行依法监督管理工作中，发现发布或者传输以侮辱、诽谤或者其他方式侵害英雄烈士的姓名、肖像、名誉、荣誉的信息的，应当要求网络运营者停止传输，采取消除等处置措施和其他必要措施；对来源于中华人民共和国境外的上述信息，应当通知有关机构采取技术措施和其他必要措施阻断传播。

网络运营者发现其用户发布前款规定的信息的，应当立即停止传输该信息，采取消除等处置措施，防止信息扩散，保存有关记录，并向有关主管部门报告。网络运营者未采取停止传输、消除等处置措施的，依照《中华人民共和国网络安全法》的规定处罚。

第二十四条　任何组织和个人有权对侵害英雄烈士合法权益和其他违反本法规定的行为，向负责英雄烈士保护工作的部门、网信、公安等有关部门举报，接到举报的部门应当依法及时处理。

第二十五条　对侵害英雄烈士的姓名、肖像、名誉、荣誉的行为，英雄烈士的近亲属可以依法向人民法院提起诉讼。

英雄烈士没有近亲属或者近亲属不提起诉讼的，检察机关依法对侵害英雄烈士的姓名、肖像、名誉、荣誉，损害社会公共利益的行为向人民法院提起诉讼。

负责英雄烈士保护工作的部门和其他有关部门在履行职责过程中发现第一款规定的行为，需要检察机关提起诉讼的，应当向检察机关报告。

英雄烈士近亲属依照第一款规定提起诉讼的，法律援助机构应当依法提供法律援助服务。

第二十六条　以侮辱、诽谤或者其他方式侵害英雄烈士的姓名、肖像、名誉、荣誉，损害社会公共利益的，依法承担民事责任；构成违反治安管理行为的，由公安机关依法给予治安管理处罚；构成犯罪的，依法追究刑事责任。

第二十七条　在英雄烈士纪念设施保护范围内从事有损纪念英雄烈士环境和氛围的活动的，纪念设施保护单位应当及时劝阻；不听劝阻的，由县级以上地方人民政府负责英雄烈士保护工作的部门、文物主管部门按照职责规定给予批评教育，责令改正；构成违反治安管理行为的，由公安机关依法给予治安管理处罚。

亵渎、否定英雄烈士事迹和精神，宣扬、美化侵略战争和侵略行为，寻衅滋事，扰乱公共秩序，构成违反治安管理行为的，由公安机关依法给予治安管理处罚；构成犯罪的，依法追究刑事责任。

第二十八条　侵占、破坏、污损英雄烈士纪念设施的，由县级以上人民政府负责英雄烈士保护工作的部门责令改正；造成损失的，依法承担民事责任；被侵占、破坏、污损的纪念设施属于文物保护单位的，依照《中华人民共和国文物保护法》的规定处罚；构成违反治安管理行为的，由公安机关依法给予治安管理处罚；构成犯罪的，依法追究刑事责任。

第二十九条　县级以上人民政府有关部门及其工作人员在英雄烈士保护工作中滥用职权、玩忽职守、徇私舞弊的，对直接负责的主管人员和其他直接责任人员，依法给予处分；构成犯罪的，依法追究刑事责任。

第三十条　本法自2018年5月1日起施行。

国务院办公厅关于印发《为烈属、军属和退役军人等家庭悬挂光荣牌工作实施办法》的通知

国办发〔2018〕72号

各省、自治区、直辖市人民政府，退役军人事务部：

《为烈属、军属和退役军人等家庭悬挂光荣牌工作实施办法》已经国务院同意，现印发给你们，请认真贯彻执行。

悬挂光荣牌是落实中央决策部署、弘扬拥军优属优良传统、推进军人荣誉体系建设的重要举措。各地区要牢固树立“四个意识”，充分认识做好悬挂光荣牌工作的重要意义，切实加强组织领导，建立工作机制，列支相关经费，周密安排部署，精心组织实施，确保悬挂光荣牌对象准确、档案齐全。各地区要于2019年5月1日前完成为既有全部对象悬挂光荣牌的任务，并将有关情况报送退役军人事务部。

2018年7月29日

（此件公开发布）

为烈属、军属和退役军人等家庭悬挂光荣牌工作实施办法

第一条　为做好悬挂光荣牌工作，弘扬拥军优属优良传统，营造爱国拥军、尊崇军人的浓厚社会氛围，推进军人荣誉体系建设，依据《烈士褒扬条例》、《军人抚恤优待条例》等有关法规政策，制定本办法。

第二条　本办法的适用对象是烈士遗属、因公牺牲军人遗属、病故军人遗属（以下统称“三属”）家庭和中国人民解放军现役军人（以下简称现役军人）家庭、退役军人家庭。

主动为持《中华人民共和国烈士证明书》、《中华人民共和国军人因公牺牲证明书》、《中华人民共和国军人病故证明书》的“三属”家庭和现役军人家庭、退役军人家庭悬挂光荣牌。对于非持证的烈士、因公牺牲军人、病故军人的父母（抚养人）、配偶和子女家庭，依申请悬挂光荣牌。

同时具备两个以上悬挂光荣牌条件的家庭，只悬挂一个光荣牌。

第三条　光荣牌称号统一为“光荣之家”。

第四条　悬挂光荣牌工作坚持彰显荣誉、规范有序、分级负责、属地落实的原则。

第五条　退役军人事务部统一设计和规范光荣牌的样式、监督光荣牌制作，光荣牌落款为省（自治区、直辖市）人民政府、新疆生产建设兵团。

省级人民政府退役军人事务主管部门负责本省份光荣牌的统一制作。

县级人民政府退役军人事务主管部门会同当地人民武装部门组织落实本行政区域内光荣牌的具体悬挂工作。

第六条　光荣牌的悬挂位置应尊重悬挂家庭的意愿，一般悬挂在其大门适当位置，保证醒目、协调、庄严、得体。

因建筑结构、材质等因素不适合悬挂的，可在客厅醒目位置摆放。

第七条　悬挂光荣牌的对象居住地或户籍所在地改变，或发生光荣牌老化破损等情形，可申请更换光荣牌。

现役军人退出现役或去世后，其家庭继续悬挂光荣牌。

悬挂光荣牌家庭的“三属”或退役军人去世后，该家庭可继续悬挂光荣牌，但不再更换。

第八条　悬挂、更换光荣牌工作原则上于每年建军节或春节前进行。

集中悬挂或更换光荣牌时，村（居）民委员会或社区应举行悬挂仪式，安排专人负责安装悬挂。悬挂仪式应简朴、庄重、热烈。

第九条　悬挂光荣牌对象及其家庭成员依法被判处刑事处罚或被公安机关处以治安管理处罚且产生恶劣影响的，现役军人被除名、开除军籍的，取消其家庭悬挂光荣牌资格，已悬挂的由县级人

民政府退役军人事务主管部门负责收回。

被公安机关处以治安管理处罚后能够主动改正错误、积极消除负面影响的，经县级人民政府退役军人事务主管部门审核同意，可以恢复悬挂光荣牌。

第十条　省级人民政府退役军人事务主管部门要加强对悬挂光荣牌工作的指导和检查督促，对工作不及时、不到位的，要责令限期整改。退役军人事务部会同军地有关部门定期组织抽查，并通报情况。

第十一条　悬挂光荣牌工作列入全国和省级双拥模范城（县）创建考评内容，作为创建双拥模范城（县）的重要条件。

第十二条　县级人民政府退役军人事务主管部门要建立健全悬挂光荣牌工作建档立卡制度，汇总相关信息和统计数据，及时录入全国优抚信息管理系统，加强信息数据管理。

第十三条　各地区应结合悬挂光荣牌工作和本地实际，视情开展送年画春联、走访慰问和为立功现役军人家庭送立功喜报等活动。

第十四条　本办法适用于中国人民武装警察部队官兵家庭。

第十五条　本办法由退役军人事务部负责解释。

第十六条　本办法自印发之日起施行。本办法实施前已悬挂的光荣牌，原则上继续保留，需要更换时按照本办法办理。

附件：光荣牌设计和技术标准

附件

光荣牌设计和技术标准

光荣牌（式样图附后）材质为钛金牌，底色为金黄色、沙底镀金；规格为280毫米 ×135毫米，厚度1毫米；“光荣之家”字样为红色套亮金边，方正魏碑简体132号字，四个字规格为202毫米 ×43毫米，距上边31毫米，左右居中；“× × × 人民政府”字样为方正宋体黑色32号简体字，规格为82毫米 ×11毫米，距下边29毫米，距右边32毫米；左下角配长城图案、亮金色，规格为155毫米 ×36毫米，距下边15毫米，距左边16毫米；红色花边宽4毫米，距边缘10毫米，花边内线粗0.7毫米，花边外线粗1毫米。右下花边内“退役军人事务部监制”字样为方正宋体黑色20号字，规格为73毫米 ×6.8毫米，距下边16.5毫米，与“× × × 人民政府”右端对齐。

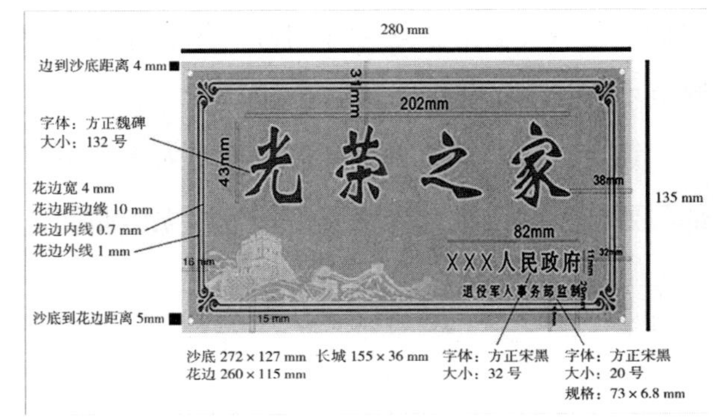

退役军人事务部　中共中央组织部
关于印发 2018 年中央单位接收安置军队转业
干部计划的通知

退役军人部发〔2018〕15 号

中央和国家机关各部委、直属机构、直属事业单位、人民团体，各中央企业：

2018 年是全面贯彻落实党的十九大精神的开局之年，是继续深化国防和军队改革的重要一年，是调整改革退役军人管理保障体制的第一年。经国务院批准，今年中央单位接收安置 980 名军转干部，其中师职干部 50 名、团职干部 220 名、女干部 130 名。现将安置计划印发你们，并就有关要求通知如下：

一、以习近平总书记重要指示精神为统领，切实增强做好军队转业干部安置工作的使命担当。习近平总书记高度重视军队转业干部安置工作，多次发表重要讲话，作出重要指示，提出明确要求，为做好军队转业干部安置工作提供了根本遵循。要始终坚持以习近平总书记的重要指示精神为统领，切实提升政治站位，强化使命担当，坚持把做好军队转业干部安置工作作为一项特殊的政治任务，摆上突出位置，采取有力措施，狠抓工作落实，以实际行动支持深化国防和军队改革，为全国军队转业干部安置工作发挥好带头和表率作用。

二、严格执行中央关于军转安置工作的政策规定，进一步提高安置工作的透明度和公信力。要认真贯彻《中共中央　国务院　中央军委关于印发〈军队转业干部安置暂行办法〉的通知》（中发〔2001〕3 号）、《中共中央　国务院　中央军委印发〈关于进一步做好军队转业干部安置工作的意见〉的通知》（中发〔2007〕8 号）、《中共中央　国务院　中央军委关于做好深化国防和军队改革期间军队转业干部安置工作的通知》（中发〔2016〕13 号）及其配套文件的政策规定和要求，坚决落实中央单位接收安置军队转业干部计划。要突出师团职干部安置重点，采取预留领导职数、使用空出的领导职位、按规定增加非领导职数或者先进后出等办法，安排好他们的工作和职务。按规定增加的编制主要用于师团职干部安置；对接收师团职干部的单位，在核定增加编制时予以倾斜。

今年中央党政机关、事业单位、人民团体接收行政团职（含）以下和专业技术军队转业干部，除涉密和特殊岗位外，继续采取统一考试的办法落实安置计划；鼓励中央重点骨干企业参加统一笔试，参照机关事业单位程序办法落实安置计划；其他中央企业继续采取网上双向选择的办法落实安置计划。各单位要贯彻公平公正公开的原则，进一步改进考核选调、统一考试、双向选择的程序、办法和措施，把安置结果与军转干部服役期间德才表现挂起钩来，完善军转安置考核评价体系，切实提高安置工作的透明度和公信力，推进中央单位“阳光安置”工作机制与人才资源合理配置相统一。

三、切实加强组织领导，推动军转安置任务顺利落实。各单位要压实领导责任，认真落实军转安置工作领导责任制，主要领导同志要履行好第一责任人职责，确保今年军转安置任务顺利完成。要严肃工作纪律，在规定时间内完成安置任务，对不能完成的，将采取指令性分配的办法落实安置计划；对安置计划落实不及时、安置政策落实不到位的，要约谈主要负责同志；对拒绝或变相拒绝接收军转干部以及未完成安置任务的单位，将严格按照中发〔2001〕3号、中发〔2007〕8号、中发〔2016〕13号文件的有关规定执行。

今年中央单位军转安置工作时间紧、任务重、要求高，各单位要依据下达的年度安置计划和规定要求，尽快确定接收安置军转干部的具体部门、岗位及相关条件，7月27日前报退役军人事务部军转安置组审核，8月上旬将在中国转业军官网上公布安置岗位，组织军转干部在网上报名选岗，各单位按规定完成报名审核工作；8月中旬组织统一笔试。统一笔试成绩公布后，各单位要尽快组织面试或专业能力测试，确定接收人选，完成安置任务，10月底前统一向部队发出军转干部报到通知。

附件：

2018年中央单位接收安置军队转业干部计划（略）

2018年7月11日

退役军人事务部 中共中央组织部 中央机构编制委员会办公室 公安部 财政部 教育部 中央军委政治工作部 中央军委后勤保障部 关于做好2018年军队转业干部安置工作的通知

退役军人部发〔2018〕19号

各省、自治区、直辖市党委组织部、编办，政府公安厅（局）、人力资源社会保障厅（局）、财政厅（局）、教育厅（教委），中央和国家机关有关部委干部人事司（局），各战区联合参谋部、政治工作部，各军种政治工作部、后勤部，战略支援部队参谋部、政治工作部，联勤保障部队政治工作部、财务局，军委机关各部门有关厅、局，军事科学院、国防大学政治工作部、管理保障部，国防科技大学政治工作处、供应保障处，武警部队政治工作部、后勤部：

2018年是全面贯彻落实党的十九大精神的开局之年，是继续深化国防和军队改革的重要一年，是改革组建退役军人管理保障体制的第一年，做好今年的军队转业干部安置工作，具有十分重要的意义。按照国防和军队改革发展的需要，全军将安排82 358名干部转业地方工作，其中计划分配49 850名，自主择业32 508名，安排4567名现役干部转改文职人员。为做好今年的安置工作，现就有关问题通知如下：

一、坚决落实习近平总书记重要指示精神，进一步增强做好军队转业干部安置工作的使命担当

做好军队转业干部安置工作，是事关党和国家发展全局的一件大事，是确保军队改革顺利实现的重要支撑，是让军人成为全社会尊崇职业的有力保障。习近平总书记高度重视军队转业干部安置工作，多次发表重要讲话，作出重要指示，提出明确要求，为做好军转安置工作提供了根本遵循。各级党委、政府和军队各级组织，要始终坚持以习近平总书记关于军转安置工作的重要指示精神为统领，切实提升政治站位，强化使命担当，坚持把做好军队转业干部安置工作作为一项特殊的政治任务，摆上突出位置，采取有力措施，狠抓工作落实，圆满完成今年的军转安置任务，以实际行动支持深化国防和军队改革，为建设新时代中国特色社会主义、实现中华民族伟大复兴中国梦贡献力量。

二、严格执行中央关于军转安置工作的政策规定，认真完成军转安置各项工作任务

各地、各部门、各单位要认真贯彻《中共中央　国务院　中央军委关于印发〈军队转业干部安置暂行办法〉的通知》（中发〔2001〕3号）、《中共中央　国务院　中央军委印发〈关于进一步做好军队转业干部安置工作的意见〉的通知》（中发〔2007〕8号）和《中共中央　国务院　中央军委关于做好深化国防和军队改革期间军队转业干部安置工作的通知》（中发〔2016〕13号）及一系列配套文件的政策规定和要求，切实解决好军队转业干部的安置去向、工作分配、职务安排、待遇保障、教育培训、家属子女安置等方面的问题。要进一步强化政治纪律和政治规矩意识，准确理解把握和坚决贯彻落实中央政策规定精神，不得在中央政策之外附加其他条件，不得提高安置门槛，不得在执行中央政策上讲价钱、搞变通。要坚决清理不符合中央政策的各种规定，纠正不符合中央部署和要求的行为，确保中央政令畅通。

中央下达的安置计划，是指令性的政治任务，必须严肃认真、无条件落实。要针对党和国家机构改革全面展开新形势，科学谋划工作，及早安排部署，切实搞好统筹，确保军转安置工作质量不下滑。要切实做好计划分配军队转业干部安置工作，改进安置办法，深挖安置潜力，大力推行“阳光安置”办法和机制，提高安置工作的透明度和公信力。要进一步改进考核选调、考试考核、双向选择、指令性分配等办法，探索完善德才条件与安置结果挂钩的办法措施，妥善安排好每一位计划分配军队转业干部。要突出师团职干部安置重点，安排好他们的工作和职务。要照顾安排好功臣模范、长期在艰苦边远地区工作和特殊岗位工作的军队转业干部。要进一步完善优惠政策，鼓励和支持军队转业干部到基层一线工作。要大力加强自主择业军队转业干部服务管理工作，扎实做好退役金调整、发放和监管工作，提高工作科学化、规范化水平。要大力推进自主择业军队转业干部思想政治工作、就业创业工作和党员组织管理工作，充分发挥他们在经济社会发展中的重要作用。要大力加强军队转业干部教育培训工作，切实抓好适应性培训、自主择业个性化培训和计划分配上岗前专业培训。要按照国转联〔2017〕1号文件要求，扎实推进计划分配军队转业干部进高校专项培训工作，进一步把好事做实做好。

要按照国家政策规定，加强军转安置经费使用管理，提高经费使用效益。军队转业干部适应性培训、专业培训和行政事业费标准及划拨办法，仍按现行规定执行。其中：2018年军队转业干部11月至12月份的行政事业费，由军队（含武警部队）按照军队转业干部计划分配数的60%和财政部规定的各地标准，在本通知下发后一次性按原渠道划拨，并按原渠道转拨各地；2019年的行政事业费标准和划拨方式不变。自主择业军队转业干部管理服务经费按照国转联〔2016〕6号文件规定执行，计划分配军队转业干部进高校专项培训经费按照国转联〔2017〕1号文件规定执行。计划分配军队转业干部的工资待遇，按照《国务院　中央军委关于2006年度及以后计

划分配军队转业干部工资待遇确定办法的通知》（国发〔2008〕8号）执行。自主择业军队转业干部的退役金从2019年1月核发。

军队转改文职人员干部落户及随调随迁配偶子女安置，按照《中共中央办公厅　国务院办公厅　中央军委办公厅印发〈关于改革期间现役干部转改文职人员的实施意见〉的通知》（中办发〔2017〕65号）和《关于改革期间现役干部转改文职人员工作有关问题的通知》（军政〔2017〕93号）有关规定执行。

三、加强组织领导，推动军转安置工作顺利落实

要压实领导责任。今年的军队转业干部安置工作任务重、时间紧、要求高。各级党委、政府和军队各级组织要把做好深化国防和军队改革期间军队转业干部安置工作列入重要议事日程，周密安排部署，加强组织领导，确保各项工作落实。要认真落实军转安置工作领导责任制，主要领导同志要履行好第一责任人职责。要健全完善军转安置工作考核评价机制，把军队转业干部安置工作纳入目标管理，作为考核领导班子、领导干部政绩的重要内容和评选双拥模范城（县）的重要条件。

要严肃安置纪律。任何部门和单位都要严肃认真地落实军转安置任务，决不允许拒绝或变相拒绝接收军转干部的问题发生。对安置计划落实不及时、安置政策落实不到位的，要约谈主要负责同志，严令整改；对工作消极懈怠、推诿扯皮的，未完成军转安置任务或完成任务不力、拒绝或变相拒绝接收军转干部的部门和单位，要追究领导责任，问题严重的给予组织处理。

要加强军地协作。军地各有关部门要充分发挥职能作用，加强协调配合，建立沟通顺畅、运行高效的工作机制，共同研究解决工作中的矛盾和困难，确保今年军转安置任务圆满完成。要结合军队转业干部安置工作，一并办理军队转改文职人员干部落户以及随调随迁配偶子女安置手续。要加强舆论宣传，进一步营造大力支持国防和军队改革、关心关爱军队转业干部的社会氛围。

要抓好时间节点。各地要严格按照规定的时间节点抓好工作落实，7月底前完成军队转业干部档案交接工作，8月至9月组织实施计划分配军队转业干部接收安置工作，10月底前落实计划分配军队转业干部定岗定位，计划分配和自主择业军队转业干部的报到通知要同时向部队发出，确保按时全面完成年度军转安置任务。中央和国家机关及军队有关部门将适时组成联合督查组，对军转安置工作情况进行督导检查，及时发现和通报存在问题。

附件：

1. 2018年军队转业干部安置计划（略）

2. 2018年军队转业干部随调随迁配偶子女安置计划（略）

3. 2018年军队转改文职人员干部安置落户计划（略）

4. 2018年军队转改文职人员干部随调随迁配偶子女安置计划（略）

2018年7月16日

退役军人事务部　财政部
关于调整部分优抚对象等人员抚恤
和生活补助标准的通知

退役军人部发〔2018〕21号

各省、自治区、直辖市民政厅（局）、财政厅（局），新疆生产建设兵团民政局、财务局：

经研究，决定从2018年8月1日起调整部分优抚对象等人员抚恤和生活补助标准，现就有关问题通知如下：

一、提高残疾军人（含伤残人民警察、伤残国家机关工作人员、伤残民兵民工）的残疾抚恤金、烈属（含因公牺牲军人遗属、病故军人遗属）的定期抚恤金、在乡退伍红军老战士（含在乡西路军红军老战士、红军失散人员）的生活补助标准，调整后的标准见附件。

二、各地要按照《军人抚恤优待条例》规定，加大资金投入，大力提高在乡老复员军人的生活补助标准，切实保障其生活水平。中央财政在现行补助标准的基础上，每人每月增加100元。

三、各地要按照每人每月不低于550元、不高于十级残疾军人抚恤金标准的原则，调整带病回乡退伍军人生活补助标准，每人每月提高标准不低于50元。中央财政对北京、天津、上海、江苏、浙江、福建、广东、山东、辽宁等9个省（直辖市），补助标准调整为每人每月220元；对河北、山西、吉林、黑龙江、安徽、江西、河南、湖北、湖南、海南等10个省，补助标准调整为每人每月330元；对内蒙古、广西、重庆、四川、贵州、云南、西藏、陕西、甘肃、青海、宁夏、新疆等12个省（自治区、直辖市），补助标准调整为每人每月440元；对新疆生产建设兵团补助标准调整为每人每月550元。

四、对在农村的和城镇无工作单位且家庭生活困难的参战退役人员提高生活补助标准，每人每月提高50元，达到每人每月600元。中央财政对北京、天津、上海、江苏、浙江、福建、广东、山东、辽宁等9个省（直辖市），补助标准调整为每人每月240元；对河北、山西、吉林、黑龙江、安徽、江西、河南、湖北、湖南、海南等10个省，补助标准调整为每人每月360元；对内蒙古、广西、重庆、四川、贵州、云南、西藏、陕西、甘肃、青海、宁夏、新疆等12个省（自治区、直辖市），补助标准调整为每人每月480元；对新疆生产建设兵团补助标准调整为每人每月600元。

五、对不符合评残和享受带病回乡退伍军人生活补助条件，但患病或生活困难的农村和城镇无工作单位的原8023部队退役人员，以及其他参加核试验军队退役人员（含参与铀矿开采军队退役人员）提高生活补助标准，每人每月提高50元，达到每人每月600元。中央财政对北京、天津、上海、江苏、浙江、福建、广东、山东、辽宁等9个省（直辖市），补助标准调整为每人每月240元；对河北、山西、吉林、黑龙江、安徽、江西、河南、湖北、湖南、海南等10个省，补助标准调整为每人每月360元；对内蒙古、广西、重庆、四川、贵州、云南、西藏、陕西、甘肃、青海、宁夏、新疆等12个省（自治区、直辖市），补助标准调整为每人每月480元；对新疆生产建设兵团补助标准调整为每人每月600元。

六、对居住在农村和城镇无工作单位、18周岁之前没有享受过定期抚恤金待遇且年满60周岁的烈士子女（含建国前错杀后被平反人员的子女）提高生活补助标准。中央财政在现行补助标准的基础上，每人每月提高50元，达到每人每月440元。

七、对从1954年11月1日试行义务兵役制后至《退役士兵安置条例》实施前入伍、年龄在60周岁以上（含60周岁）、未享受到国家定期抚恤补助的农村籍退役士兵提高老年生活补助标准，每服一年义务兵役每人每月提高5元，达到每服一年义务兵役每人每月补助35元。中央财政对北京、天津、上海、江苏、浙江、福建、广东、山东、辽宁等9个省（直辖市）按上述补助标准的50%安排补助资金，对其他省（自治区、直辖市）、新疆生产建设兵团实行全额补助。

八、对建国前加入中国共产党的农村老党员和未享受离退休待遇的城镇老党员调整生活补贴标准，每人每月提高50元，补助标准调整为：1937年7月6日前入党，达到每人每月720元；1937年7月7日至1945年9月2日入党的，达到每人每月660元；1945年9月3日至1949年9月30日入党的，达到每人每月580元。已享受优抚对象抚恤补助的老党员，不执行上述补贴标准，仍按每人每月50元标准发给生活补贴。已对老党员实行定额补贴的地方，补贴标准低于上述标准的，按照补差原则发给补贴；补贴标准高于上述标准的，仍按原补贴标准发给补贴。中央财政对北京、天津、上海、江苏、浙江、福建、广东等7省（直辖市），按上述补助标准的25%安排补助资金；对其他省（自治区、直辖市）、新疆生产建设兵团按上述补助标准的50%安排补助资金。

九、此次调整标准所需中央补助资金，由中央财政安排，另行下达。地方各级有关部门要认真落实地方应安排的资金，切实加强资金管理，保证及时、准确、足额地把抚恤金和生活补助费发放到优抚对象等人员手中。

附件：

1. 残疾军人、伤残人民警察、伤残国家机关工作人员、伤残民兵民工残疾抚恤金标准表

2. 烈属、因公牺牲军人遗属、病故军人遗属定期抚恤金标准表

3. 在乡退伍红军老战士、在乡西路军红军老战士、红军失散人员生活补助标准表

2018年7月12日

附件 1

残疾军人、伤残人民警察、伤残国家机关工作人员、伤残民兵民工残疾抚恤金标准表

（从 2018 年 8 月 1 日起执行）　　　　单位：元 / 年

残疾等级	残疾性质	抚恤金标准
一级	因战	80 140
	因公	77 610
	因病	75 060
二级	因战	72 520
	因公	68 710
	因病	66 140
三级	因战	63 640
	因公	59 800
	因病	56 010
四级	因战	52 150
	因公	47 080
	因病	43 260
五级	因战	40 740
	因公	35 620
	因病	33 080
六级	因战	31 830
	因公	30 120
	因病	25 440
七级	因战	24 190
	因公	21 650
八级	因战	15 270
	因公	13 980
九级	因战	12 680
	因公	10 190
十级	因战	8910
	因公	7620

附件 2

烈属、因公牺牲军人遗属、病故军人遗属定期抚恤金标准表

（从 2018 年 8 月 1 日起执行）　　　　单位：元 / 年

烈　属	因公牺牲军人遗属	病故军人遗属
25 440	21 850	20 550

附件 3

在乡退伍红军老战士、在乡西路军红军老战士、红军失散人员生活补助标准表

（从 2018 年 8 月 1 日起执行）　　　　单位：元 / 年

在乡退伍红军老战士	在乡西路军红军老战士	红军失散人员
55 570	55 570	25 070

退役军人事务部 中共中央组织部 中共中央政法委员会 教育部 公安部 民政部 财政部 人力资源和社会保障部 国务院国有资产监督管理委员会 国家税务总局 国务院扶贫开发领导小组办公室 中央军委政治工作部 关于促进新时代退役军人就业创业工作的意见

退役军人部发〔2018〕26号

各省、自治区、直辖市党委组织部、政法委，人民政府办公厅、教育厅（局）、公安厅（局）、民政厅（局）、财政厅（局）、人力资源社会保障厅（局）、国资委、扶贫办，国家税务总局各省、自治区、直辖市、计划单列市税务局，各战区、各军兵种、军委机关各部门、军事科学院、国防大学、国防科技大学、武警部队政治工作部（局、处）：

退役军人是重要的人力资源，是建设中国特色社会主义的重要力量。促进他们就业创业、引导他们积极投身“大众创业、万众创新”实践，对于更好实现退役军人自身价值、助推经济社会发展、服务国防和军队建设具有重要意义。新时代退役军人就业创业工作要以习近平新时代中国特色社会主义思想为指导，坚持政府推动、政策优先，市场导向、需求牵引，自愿选择、自主作为，社会支持、多方参与，调动各方面力量共同推进，保障退役军人在享受普惠性就业创业扶持政策和公共服务基础上再给予特殊优待。现就促进退役军人（自主就业退役士兵、自主择业军转干部、复员干部）就业创业工作提出如下意见：

一、提升就业创业能力

（一）完善多层次、多样化的教育培训体系。将退役军人就业创业培训纳入国家学历教育和职业教育体系，依托普通高校、职业院校（含技工院校）等教育资源，促进现役军人与退役军人教育培训相衔接、学历教育与技能培训互为补充，改善知识结构，提升能力素质。

（二）开展退役前技能储备培训。组织开展退役前技能储备培训和职业指导，深入开展“送政策进军营”活动，加强经济社会发展和就业形势介绍、政策咨询、心理调适、“一对一”职业规划，有条件的部队可在军人退役前开展技能培训，努力把退役军人服役期间锤炼的品质转化为就业创业的优势。

（三）加强退役后职业技能培训。引导退役军人积极参加职业技能培训，退役后可选择接受一次免费（免学杂费、免住宿费、免技能鉴定费）培训，并享受培训期间生活补助。教育培训期限一般为 2 年，最短不少于 3 个月。督促指导承训机构突出提高社会适应能力和就业所需知识及技能，按需求进行实用性培训，开展“订单式”“定向式”“定岗式”培训，推进培训精细化、个性化。坚持谁培训、谁推荐就业，压实目标责任，提高就业成功率。

（四）推行终身职业技能培训。将退役军人纳入国家终身职业技能培训政策和组织实施体系，鼓励用人单位定期组织退役军人参加岗位技能提升和知识更新培训。对下岗失业退役军人，及时纳入失业人员特别职业培训计划、职业技能培训等范围，并按规定予以补贴。

（五）鼓励参加学历教育。鼓励各地将符合高考报名条件的退役军人纳入高等职业院校单独考试招生范围。退役军人参加全国普通高考、成人高考、研究生考试，符合条件的可享受加分照顾，同等条件下优先录取。成人高校招生专升本免试入学，服役期间立二等功以上且符合报考条件的，可申请免初试攻读硕士研究生。退役军人接受中等职业教育可实行注册入学。中等职业教育期间，按规定享受免学费和国家助学金资助；对退役一年以上、参加全国统一高考，考入全日制普通本科和高专高职学校的自主就业退役士兵，学历教育期间按规定享受学费资助和相关奖助学金资助，家庭经济困难退役士兵享受学生生活费补助。国家鼓励军人服役期间参加开放教育、自学考试等学历继续教育，退役后可根据需要继续完成学业，获得相应国民高等教育学历文凭。

（六）加强教育培训管理。建立退役军人职业技能承训机构目录、承训企业目录和普通高校、职业学校目录，及时向社会公开并实行定期考核、动态管理。各类目录由省级退役军人事务部门每年发布。经省级退役军人事务部门同意，退役军人可参加跨省异地教育培训。加强对承训单位教育培训质量考核，建立激励机制。

二、加大就业支持力度

（七）适当放宽招录（聘）条件。机关、社会团体、企业事业单位在招收录用工作人员或聘用职工时，对退役军人的年龄和学历条件适当放宽，同等条件下优先招录聘用退役军人。

（八）加大公务员招录力度。在军队服役 5 年（含）以上的高校毕业生士兵退役后可以报考面向服务基层项目人员定向考录的职位，同服务基层项目人员共享公务员定向考录计划，优先录用建档立卡贫困户家庭高校毕业生退役士兵。各地特别是边疆地区、深度贫困地区结合实施乡村振兴、脱贫攻坚等战略，设置一定数量基层公务员职位面向退役军人招考，西藏和四川、云南、甘肃、青海四省藏区以及新疆南疆地区县乡逐步扩大招考数量。各级党政机关在组织开展选调生工作时，注意选调有服役经历的优秀大学生。适当提高政法干警招录培养体制改革试点定向招录退役军人比例，应征入伍的高校毕业生退役后报考试点班的，教育考试笔试成绩总分加 10 分。有效拓宽从反恐特战等退役军人中招录公安机关人民警察渠道。

（九）拓展就业渠道。研究制定适合退役军人就业的岗位目录，提高退役军人服务保障以及安保等岗位招录退役军人的比例，辅警岗位同等条件下优先招录退役军人。选派退役军人参与社会治理、稳边固边、脱贫攻坚等重点工作，鼓励退役军人到党的基层组织、城乡社区担任专职工作人员。

（十）鼓励企业招用。吸纳退役军人就业的企业，符合条件的可享受相关税收优惠。对退役军人就业作出突出贡献的企业，给予表彰、奖励。

（十一）强化就业服务。各级公共就业服务机构设立退役军人窗口或实行退役军人优先制度，为其提供便捷高效服务。县级以上地方人民政府每年至少组织 2 次退役军人专场招聘活动，为其就业搭建平台。国家鼓励专业人力资源企业和社会组织为退役军人就业提供免费服务。

（十二）实施后续扶持。建立退役军人就业台账，实行实名制管理，动态掌握就业情况，对出现下岗失业的，及时纳入再就业帮扶范围。接收退役军人的单位裁减人员的，优先留用退役军人。单位依法关闭、破产、改制的，当地人民政府优先推荐退役军人再就业，优先保障退役军人合法权益。

三、积极优化创业环境

（十三）开展创业培训。组织有创业意愿的退役军人，依托专业培训机构和大学科技园、众创空间、网络平台等，开展创业意识教育、创业项目指导、企业经营管理等培训，增强创业信心，提升创业能力。加强创业培训质量评估，对培训质量好的培训机构给予奖励。

（十四）优先提供创业场所。政府投资或社会共建的创业孵化基地和创业园区可设立退役军人专区，有条件的地区可专门建立退役军人创业孵化基地、众创空间和创业园区，并按规定落实经营场地、水电减免、投融资、人力资源、宣传推广等优惠服务。

（十五）享受金融税收优惠。符合条件的退役军人及其创办的小微企业可申请创业担保贷款，并按国家规定享受贷款贴息。鼓励有条件的地方因地制宜加大对退役军人就业创业的支持力度。退役军人从事个体经营，符合条件的可享受国家相关税收优惠。适时研究完善支持退役军人就业创业的税收优惠政策。

（十六）探索设立创业基金。引导企业和社会组织积极扶持退役军人创业，鼓励社会资本设立退役军人创业基金，拓宽资金保障渠道。

四、建立健全服务体系

（十七）搭建信息平台。加强信息化建设，形成全国贯通、实时共享、上下联动的退役军人就业创业服务信息平台，充分运用大数据，畅通信息渠道，促进供需有效对接，为退役军人就业创业提供精准服务。

（十八）建立指导队伍。组织动员创业经验丰富、关爱退役军人、热心公益事业的企业家和专家学者等人员，组成退役军人就业创业指导团队，发挥其在职业规划、创业指导、吸纳就业等方面的传帮带作用。

（十九）建设实训基地。依托现有专为退役军人服务的机构，按照分级分类管理原则，加快建立优势互补、资源共享、专为退役军人服务的区域化实训基地，将其纳入国家政策支持范围，给予适当补助。

（二十）引导多元服务。积极倡导全社会共同参与退役军人就业创业，把政府提供公共服务、社会力量补充服务、退役军人自我服务结合起来，支持为退役军人就业创业服务的社会组织依法开展工作。

五、切实加强组织领导

（二十一）健全工作机制。要把退役军人就业创业工作作为一项政治任务摆上重要议事日程，健全工作机制，统筹协调、组织指导退役军人就业创业工作，重点做好研究制定政策、拟定实施方案、选定承训单位和就业创业指导服务机构、开展监督考评等重要事项。

（二十二）明确任务分工。退役军人事务部门负责退役军人就业创业的组织协调、宣传发动、监督考评等工作。教育部门负责推荐并指导所属教育培训机构做好招生录取、教学管理、就业推荐等组织实施工作。财政部门负责退役军人就业创业经费的安排与监管工作。人力资源社会保障部门负责指导职业培训机构、公共就业服务机构为退役军人提供职业技能培训、基本公共就业服务。军地有关部门按照职责共同做好退役军人就业创业相关工作。

（二十三）严格追责问责。要把退役军人就业创业工作纳入年度绩效考核内容，加强监督检查，严格追踪问效，确保政策落实落地。对在中央政策之外增设条件、提高门槛的，坚决予以清理和纠正；对政策落实不到位、工作推进不力的，及时进行督查督办；对严重违反政策规定、造成不良影响的，严肃追究相关人员责任。

（二十四）强化宣传教育。加强退役军人思想政治和择业观念教育，帮助他们尽快实现角色转换，顺利融入社会，退役不褪色、退伍不褪志，继续保持发扬人民军队的光荣传统和优良作风，在社会主义现代化建设事业中再立新功、赢得全社会尊重。同时，大力宣传退役军人就业创业典型，弘扬自信自强、积极向上的精神风貌。宣传社会各界关心支持退役军人就业创业的先进事迹，营造有利于退役军人就业创业的良好氛围。

各地结合实际制定实施细则，贯彻落实情况及时报告。

2018 年 7 月 27 日

退役军人事务部　中共中央组织部 中央精神文明建设指导委员会办公室 国家发展和改革委员会　公安部　财政部 人力资源和社会保障部 国务院国有资产监督管理委员会 国家医疗保障局　中央军委政治工作部 关于进一步加强由政府安排工作退役士兵就业安置工作的意见

退役军人部发〔2018〕27 号

各省、自治区、直辖市、新疆生产建设兵团党委组织部，文明办，发展改革委、公安厅（局）、民政厅（局）、财政厅（局）、人力资源社会保障厅（局）、医疗保障局（办）、国资委，各战区、各军兵种、军委机关各部门、军事科学院、国防大学、国防科技大学、武警部队政治工作部（局、处）：

为进一步加强和改进由政府安排工作退役士兵就业安置工作，真正把党和国家关心关爱退役士兵的各项要求落到实处，显著提高退役士兵的获得感、荣誉感，根据《退役士兵安置条例》等有关政策规定，结合新时代做好退役士兵安置工作的新任务新要求，现提出如下意见：

一、统一思想认识

退役士兵是退役军人的重要组成部分，由政府安排工作退役士兵曾是部队建设的骨干、是地方发展的重要人力资源。妥善安置这些人员，对贯彻落实改革强军战略，推进国防和军队建设；对维护政治社会大局稳定，全面建成小康社会具有重要意义。习近平总书记对退役军人工作高度重视，对退役安置作出一系列重要论述。各部门要提高政治站位，深刻领会习近平总书记关于退役军人工作的重要指示批示精神，把退役士兵安置作为一项重要的政治任务，不讲条件、不打折扣地履行安置责任和国防义务，为现役官兵安心服役、专谋打赢提供有力保障，为退役士兵融入社会、就业创业创造良好条件。任何部门、行业和单位都不得以任何理由拒绝接收安置退役士兵。

二、提升安置质量

（一）严格落实政策规定。各类机关、团体、企事业单位都要严格落实中发〔2016〕24号文件要求，确保“由政府安排工作退役士兵安置到机关、事业单位和国有企业的比例不低于80%”。安置地退役士兵安置工作主管部门要制定具体的办法措施，形成机关、事业单位和国有企业科学合理的分类接收结构比例。党政机关要采取措施鼓励退役士兵参加公务员招考，事业单位和国有企业要发挥安置主渠道作用，确保提供充足的安置岗位数量，不断提高安置岗位质量。

国有、国有控股和国有资本占主导地位的企业，要按照本企业全系统新招录职工数量的5％核定年度接收计划，每年4月底前主动报送同级人民政府退役士兵安置工作主管部门，审核通过后按计划落实。不得提供濒临破产或生产有困难的企业岗位以及与退役士兵安置地不在同一地区（设区市）的岗位给退役士兵。中央企业岗位不计入属地提供的岗位数量。

（二）改进接收安置制度

1. 放宽安置地限制。士兵服现役期间父母户口所在地变更的，可随父母任何一方安置。经本人申请，也可在配偶或者配偶父母任何一方户口所在地安置。其中，易地安置落户到国务院确定的超大城市的，应符合其关于落户的相关政策规定。

2. 加强计划统筹。县级安置任务较重的可由市级在本行政区域内统筹安排，市级安置有困难的可由省级统筹调剂安排。由上级统筹安排的人员，要经本人同意且不受户口所在地限制，公安部门根据实际安置地办理落户手续。

3. 允许灵活就业。选择由政府安排工作的退役士兵回到地方后又放弃安排工作待遇的，经本人申请确认后，由安置地人民政府按照其在部队选择自主就业应领取的一次性退役金和地方一次性经济补助金之和的80%，发给一次性就业补助金，同时按规定享受扶持退役军人就业创业的各项优惠政策。

三、依法保障待遇

（一）及时安排上岗。接收单位应当从所在地人民政府退役士兵安置工作主管部门开出介绍信的1个月内，安排退役士兵上岗。非因退役士兵本人原因，接收单位未按照规定安排上岗的，应当从开出介绍信的当月起，按照不低于本单位同等条件人员平均工资80%的标准，逐月发给退役士兵生活费直至上岗为止。

（二）落实岗位待遇。退役士兵享受所在单位正式员工同工龄、同工种、同岗位、同级别待遇。军龄10年以上的，接收的企业应当与其签订无固定期限劳动合同，接收的事业单位应当与其签订期限不少于3年的聘用合同。任何部门、行业和单位不得出台针对退役士兵的歧视性措施，严禁以劳务派遣等形式代替接收安置。

（三）发放相关补助。退役士兵待安排工作期间，安置地人民政府应当按照上年度最低工资标准逐月发放生活补助。

（四）接续基本保险。退役士兵在国家规定的待安排工作期，以其在军队服役最后年度的缴费工资为基数，按20%的费率缴纳基本养老保险费，其中8%作为个人缴费记入个人账户，所需费用由安置地人民政府同级财政资金安排。

退役士兵在国家规定的待安排工作期按规定参加安置地职工基本医疗保险，单位缴费部分由安置地人民政府足额缴纳，个人缴费部分由退役士兵个人缴纳，军地相关部门协同做好保险关系接续，确保待遇连续享受。

（五）坚持公平公正。把退役士兵服现役期间的表现作为安排工作的主要依据，结合量化评分情况进行排序选岗，使服役时间长、贡献大的退役士兵能够优先选岗。要进一步健全“阳光安置”制度，各地可结合实际研究制定选岗定岗的具体办法措施。

四、强化组织领导

（一）明确列入考核范围。各级各有关部门要协调推动将由政府安排工作退役士兵就业安置工作纳入党委政府目标考核体系，作为对下级党委政府年度考核内容，作为参加双拥模范城（县）、爱国拥军模范单位和个人评选的重要条件，作为文明城市、文明单位评选和社会信用评价的重要依据。

（二）切实加强督导检查。各级退役士兵安置工作主管部门要采取定期跟踪、实地督导等方式及时跟进了解工作情况。结合重视程度、工作力度以及任务完成情况，进行通报表扬或通报批评，对有问题的地区和单位，要限期整改。年度接收安置工作结束后，接收安置退役士兵的用人单位，要向同级人民政府退役士兵安置工作主管部门报告安置任务落实情况，地方人民政府退役士兵安置工作主管部门要向上级人民政府退役士兵安置工作主管部门报告安置任务落实情况。

（三）依法依规追究责任。各级要及时梳理汇总年度落实岗位、取消安置待遇等情况，形成存据、规范管理。要建立责任倒查制度，退役士兵安置工作主管部门要积极会同相关部门，对政策落实不到位的地区和拒收退役士兵的单位，进行约谈督促、挂牌督办、媒体曝光，责令限期整改；对拒绝整改的，要对相关单位负责人和直接责任人依法依规问责。

（四）高度重视教育管理。强化政策宣讲。每年士兵退役前，县级以上退役士兵安置工作主管部门到驻地部队开展 2 次以上“政策进军营”活动；退役士兵待安排工作期间，要向他们讲清安置政策和不同单位行业基本用人需求及发展预期等，帮助其找准就业预期与就业现状的平衡点，使他们能够更好更快融入社会。坚持规范管理。由政府安排工作退役士兵无正当理由自开出安置介绍信 15 个工作日内拒不服从安置地人民政府安排工作的，视为放弃安排工作待遇；在待安排工作期间被依法追究刑事责任的，取消其安排工作待遇；弄虚作假骗取安置待遇的，取消相关安置待遇。注重宣传引导。对接收安置工作积极、措施得力、成效显著的行业部门以及在不同岗位建功立业的退役士兵，要作为先进典型及时给予宣传表扬，激励各部门行业不断提高接收安置的积极性，引导广大退役士兵退伍不褪色，珍惜荣誉，自觉做改革发展的维护者、推动者。

本意见自 2018 年 8 月 1 日起执行，2018 年 8 月 1 日后退出现役的士兵适用本意见。各地各有关部门要根据本意见，制定具体实施办法，落实好各项规定和任务。

2018 年 7 月 27 日

退役军人事务部关于做好2018年度自主就业退役军人接收安置工作的通知

退役军人部发〔2018〕42号

各省、自治区、直辖市人民政府办公厅（转退役军人事务部门）：

根据国防和军队改革发展需要，2018年全军（含武警部队、公安现役）共有40万自主就业退役军人（包括自主择业军转干部、复员干部和自主就业士兵）退出现役。为做好自主就业退役军人接收安置工作，现就有关事项通知如下：

一、认真做好档案交接管理

退役军人人事档案是记载个人经历、体现职业贡献的重要载体，是确定各项待遇的重要依据。要搞好档案接收，严格履行交接签字手续，认真核查档案要件是否完备，特别是涉及待遇核定的应逐项核对。要加强档案审核，确保内容准确、完整、真实，发现档案涂改、材料不全、登记不详、安置去向不符的，及时与部队档案移交部门协调解决，档案问题严重的做退档处理，发现违规违纪问题的及时向部队通报。要加强档案管理，建立健全档案借阅和转出机制，严格保密管理，杜绝遗失遗漏。省级退役军人事务部门要加强对地、市工作的指导，及时发现和解决问题，确保档案工作规范有序。

二、主动配合做好党组织关系转接

党组织关系转接是做好退役军人党员教育管理的重要基础。各地退役军人事务部门要配合党委组织部门，严格落实《中共中央组织部　退役军人事务部　中央军委政治工作部〈关于进一步做好退役军人党员组织关系转接工作的通知〉》（组通字〔2018〕24号）要求，将转接组织关系作为接收报到工作重要内容和必备环节，健全完善组织关系转接工作机制，切实从源头上解决退役军人党员组织关系转接不及时、材料不完整、衔接不紧密、落实不到位等问题，防止出现“口袋党员”“隐形党员”。同时，积极探索新时代做好自主就业退役军人党员教育管理的有效途径，确保退役军人“离军不离党”。

三、及时兑现落实退役金等待遇

自主择业军转干部退役金、自主就业退役士兵一次性经济补助等是其应当享受的重要待遇，要严格按照规定政策和标准，不折不扣地核实资金数额，确保及时准确发放。自主择业军转干部退役金核发要根据本人档案材料和供给关系，重点审核军龄、立功授奖、在艰苦边远地区和飞行、舰艇岗位服役经历等内容。退役金核定要实行安置地退役军人事务部门初核、省级部门复核的工作程序，核定表必须经转业干部本人签名确认。地方为自主就业退役士兵发放的一次性经济补助、家庭优待金等地方性补助，要规范工作程序、严格监督管理、及时足额发放。要认真做好自主就业退役军人的社会保险关系转移及补助资金划转工作，落实好自主择业军转干部的医疗保险、取暖补助等待遇。

四、加强信息登记管理

准确完备的基础信息是做好退役军人服务管理工作的前提。各地要结合年度接收报到工作，建立健全自主就业退役军人信息登记管理制度。要按照退役军人信息统计要求，利用现有技术平台手段，做好各项信息登记录入工作。对自主就业退役军人未报到的，要主动跟踪掌握有关情况并登记录入。要结合年度登记、教育培训等工作，对数据信息进行更新完善。省级退役军人事务部门要统筹谋划年度信息登记工作，明确工作目标、统计内容、时间节点和登记方式，市、县级退役军人事务部门要建立信息登记工作机制，落实人员设备，精心组织实施，确保基础数据实时完整准确。

五、尽早谋划就业创业工作

扶持退役军人就业创业是各级退役军人事务部门的重要职责，也是自主就业退役军人接收安置工作的重要内容。各地要在组织接收报到的同时，谋划部署好教育培训和就业扶持工作。要根据《关于促进新时代退役军人就业创业工作的意见》（退役军人部发〔2018〕26号）精神，抓紧制定出台符合本地区实际的具体措施办法。要主动将退役军人就业创业工作纳入本地区就业创业工作总体规划，整合各类资源，搭建工作平台，形成联动机制。要抓紧组织针对性适应性培训，使他们尽快熟悉掌握政策，调整心态，融入社会。要及时了解掌握退役军人就业创业意向，组织用人单位和培训机构对接协同，制定教育培训计划并组织实施，切实提升就业创业能力。要围绕市场需求和退役军人特点，开展形式多样的就业创业促进活动，大力宣传退役军人就业创业先进典型，形成退役军人自主作为、政府协助、社会支持的就业创业良好环境。

做好自主就业退役军人接收安置工作，关系到退役军人切身利益，关系到军地改革平稳推进，关系到社会和谐稳定。各级要坚持用习近平总书记关于退役军人工作的重要指示精神统一思想认识，切实把这项工作摆在更加突出位置，加强领导、压实责任、抓好落实。

本年度自主就业退役军人接收情况及统计数据，请于2019年1月15日前书面报送我部就业创业司。

2018年10月29日

中共中央宣传部　退役军人事务部关于授予王启荣等20名同志“最美退役军人”称号的决定

退役军人部发〔2018〕51号

各省（自治区、直辖市）党委宣传部、政府退役军人事务厅（局），新疆生产建设兵团退役军人事务局：

为深入学习贯彻习近平总书记关于退役军人工作的重要指示精神，加强思想政治引领，讲好退役军人故事，展现退役军人风采，激励广大退役军人不忘初心、牢记使命，继续在新时代中国特色社会主义建设中再立新功，推动在全社会形成尊崇军人、争当先进的意识和行动自觉，经广泛发动、各方积极参与，各地宣传部门、退役军人事务部门严格把关、遴选推荐，中央宣传部、退役军人事务部在优中选优、集中公示后，决定授予王启荣等20名同志“最美退役军人”称号（以姓氏笔画为序）：

王启荣　广西壮族自治区那坡县烈士陵园原园长
王明礼　贵州省思南县东升森林种养家庭农场场长
王贵武　天津市银座集团董事长
甘露（女）　广东省广州海关归类分中心三级关税专家
刘传健　四川航空股份有限公司责任机长
李志强　中国航空发动机集团沈阳黎明航空发动机有限责任公司高级技师
吴洪甫　河北省广宗县件只乡槐窝村村民
吴惠芳　江苏省张家港市南丰镇永联村党委书记
沈汝波　河北省秦皇岛市海港区先茂社区工作人员
宋玺（女）　北京大学心理与认知科学学院2018级硕士研究生
张东堂　河南省渑池县段村乡四龙庙村原党支部书记
张保国　山东省济南市公安局特警支队排爆中队负责人
陈堃源　江西省兵哥送菜实业有限公司创始人
林上斗　福建省尤溪县梅仙镇半山村党支部书记
周晓东　海南省华光渔业科技有限公司总农艺师
郑　璐　内蒙古自治区乌海市电业局输电管理处高级技师
胡　晨　安徽省枞阳县雨坛镇双丰村村民

徐文涛　　原沈阳军区后勤史馆馆长

徐申权　　湖北省麻城市殡仪馆火化工

谢彬蓉（女）　重庆市支教教师

希望荣获称号的同志，珍惜荣誉、发扬成绩，谦虚谨慎、戒骄戒躁，争取更大进步、作出更大贡献。广大退役军人要牢记习近平总书记“幸福都是奋斗出来的”期望，以“最美退役军人”为榜样，自觉弘扬人民军队光荣传统和优良作风，不忘从军经历，永葆军人品格，服从组织安排，积极到党和人民最需要的地方建功立业。各地各级党委宣传部门、退役军人事务部门要做好先进典型的学习宣传和关心关怀工作，切实让他们得荣誉、享尊重、受关爱；要创新方式方法，发挥好先进典型的激励效应，动员广大退役军人倍加珍惜荣誉、积极投身国家建设发展，激励广大干部群众学习最美、争当最美，在全社会大力营造关心国防、尊崇军人的浓厚氛围，为决胜全面建成小康社会、夺取新时代中国特色社会主义伟大胜利、实现中华民族伟大复兴的中国梦提供强大精神动力。

2018 年 11 月 22 日

退役军人事务部办公厅关于进一步加强军队离退休干部安全管理工作的通知

退役军人办函〔2018〕215号

各省、自治区、直辖市退役军人事务厅（局）：

时下正值隆冬季节，火灾、煤气中毒等各类安全事故易发高发。军队离退休干部服务管理机构（以下简称军休机构）担负着党中央、国务院、中央军委赋予的服务保障军队离退休干部（以下简称军休干部）的重要职责任务，抓好安全管理工作、确保军休干部身心安全至关重要。为深入贯彻习近平总书记关于安全生产系列重要指示精神，全面落实党中央、国务院关于安全生产的决策部署，进一步加强军休干部安全管理工作，现就有关事项通知如下：

一、提高防范意识，加强技能培训

各级退役军人事务部门和军休机构要加强对军休干部和工作人员的安全教育培训，促使他们强化安全理念、树立红线意识、掌握处置程序，为抓好安全管理工作夯实思想和技能基础。要结合本单位工作生活环境和军休干部实际，采取发放宣传材料、开展知识咨询、举办安全宣讲等形式，组织学习安全相关法律法规和管理制度。利用开设专题专栏、播放宣传影片、悬挂安全横幅、张贴宣传标语、推送微信短信等方式，展开全方位、立体式安全宣传，营造良好安全氛围。通过组织观看警示教育展览、参观安全体验中心、探访社区安全教育基地等方法，进行互动体验式安全教育，推动党和国家关于安全工作的系列决策部署和重要指示精神进机构、进家庭，实现安全法律法规家喻户晓、安全常识人人皆知。要结合军休干部日常生活安全需求，举办安全基本技能培训，安排专业人员或邀请专家进行防火、防盗、防诈骗等专题讲座，对行动不便的军休干部登门授课。深入开展应急演练活动，邀请消防人员进行各种险情下防护、逃生的现场演示，切实增强军休干部和工作人员的安全自助自救能力。

二、严格履职尽责，增强服务效能

各级退役军人事务部门和军休机构要把加强军休干部思想教育和满足军休干部身心安全需求结合起来，抓紧抓好。要统一军休干部思想认识，组织他们认真学习《人民日报》评论员文章，支持对极少数打着“退役军人”旗号的违法犯罪分子进行依法打击，维护广大退役军人形象，确保在思想上政治上行动上同以习近平同志为核心的党中央保持高度一致。要完善定人包户制度，定期走访军休干部，及时了解他们的身体状况和需求。坚持全时值班制度，健全安全管理应急预案，有效应对突发状况。建立自我互助制度，鼓励军休干部和工作人员成立互助小组，定期查找身边安全隐患，积极开展互帮互助活动。要加强对空巢、失独、病重、高龄及失能、半失能等重点对象的服务保障，建立并及时更新信息档案，提高走访联系频率，每周至少走访 1 次，及时掌握有关情况。对患重病、大病的空巢军休干部，积极协调本人或家属同意，将其送到医院进行专业看护治疗。关注军休干部心理健康，鼓励社会工作者、志愿者走进军休机构，提供专业心理疏导，防止因精神疾病而导致极端情况。

三、加大排查力度，根治安全隐患

各级退役军人事务部门要对军休机构安全管理情况开展全覆盖排查、全方位治理。要重点检查军休机构 24 小时值班和重要时期领导带班制度是否严格执行，电气火使用等各类安全管理制度是否建立健全，定人、定岗、定责的安全责任制度是否落实到位，消防设施是否符合要求并保持畅通，车辆管理、派遣、维护是否严格规范等。要持续加强对老旧住宅小区、军休干部活动室等用火用电安全管理督查和高层建筑消防安全综合治理，从细摸排高危敏感场所，逐个详细登记，逐一落实监管责任。对排查中发现的各类隐患问题和薄弱环节要列出清单、建立台账，限期整改、务求实效。对一时不能整改的，要采取有效防范措施，责任到人，整改结果要由主要负责人签字确认。要强化隐患排查治理监督，实行重大安全隐患挂账督办，组织“回头看”，做到检查、整改、验收闭环管理，确保安全风险点真正得到有效清除。

四、加强组织领导，压实安全责任

各级退役军人事务部门要始终把军休机构安全管理列为重点工作，纳入议事日程，召开专题会议，及时研究部署，切实加强领导，帮助他们解决关键性安全问题，在组织机构、人才队伍、资金支持等方面提供保障。要坚持党政同责、一岗双责、齐抓共管、失职追责，按照“谁主管、谁负责”的原则，建立主要负责同志负总责，分管负责同志具体抓，安全管理人员和岗位员工具体负责的安全工作管理责任制，层层落实责任，层层传导压力，确保各项安全制度措施落实到位。要针对军休工作特点，压实军休机构主体责任，确保安全责任落实到每个环节、每个岗位、每位人员，细化到每个具体位置、每项工作标准，确保人人肩上有担子、个个身上有责任。对因失职渎职、工作不力造成严重安全后果的，要依法依规追究相关责任人责任。

2018 年 12 月 12 日

中国退役军人事务年鉴 2019

大事记

退役军人工作大事记

二月

2月28日，中国共产党第十九届中央委员会第三次全体会议通过《中共中央关于深化党和国家机构改革的决定》，提出组建退役军人管理保障机构，协调各方面力量，更好为退役军人服务。

三月

3月17日，第十三届全国人民代表大会第一次会议通过《国务院机构改革方案》，决定组建退役军人事务部。将民政部的退役军人优抚安置职责，人力资源社会保障部的军官转业安置职责，以及中央军委政治工作部、后勤保障部有关职责整合，组建退役军人事务部，作为国务院组成部门。

3月22日，孙绍骋同志率临时工作组进驻国家工商总局招待所三层，退役军人事务部开始临时办公。

3月22日，退役军人事务部发出第1件公文，致函国家机关事务管理局申请机要保障用车（退役军人事务部尚无印章，该函件由孙绍骋同志手签发出）。

3月23日，孙绍骋同志主持召开退役军人事务部第1次党组会，学习贯彻习近平总书记在十九届三中全会、十三届全国人大一次会议解放军和武警部队代表团全体会议上的重要讲话精神和《中共中央关于深化党和国家机构改革的决定》《深化党和国家机构改革方案》，研究安排组建退役军人事务部近期工作。钱锋、方永祥、林国耀同志出席。

3月24日，孙绍骋同志参加深化党和国家机构改革推进会。

3月25日，孙绍骋同志主持召开退役军人事务部第1次部长办公会，研究确定退役军人事务部办公地点为金苑大厦东侧楼（朝阳区北苑路36号），审议并原则通过《退役军人事务部机构改革组织实施工作方案（送审稿）》。钱锋、方永祥、林国耀同志出席。

3月26日，钱锋同志到财政部，与副部长余蔚平同志沟通开户及经费相关事宜。

3月26日，部班子参加中共中央政治局委员、国务院副总理孙春兰同志组织召开的见面会。

3月26日，部班子与来访的国家机关事务管理局局长李宝荣、副局长赵峰涛同志座谈交流，研究办公新址有关事宜。

3月27日，孙绍骋同志主持召开部党组会，审议并原则通过人事工作组提交的《退役军人事务部主要职责内设机构和人员编制规定（送审稿）》。钱锋、方永祥、林国耀同志出席。

3 月 29 日，退役军人事务部收到国务院办公厅发来的退役军人事务部印章。

3 月 29 日，孙绍骋同志主持召开部党组会，审议并原则通过人事工作组提交的《退役军人事务部工作人员借调方案（送审稿）》。钱锋、方永祥、林国耀同志出席。

3 月 30 日，孙绍骋、方永祥同志与中央军委改革和编制办公室副主任丁向荣同志，就新部组建有关事宜座谈交流。

3 月 30 日，退役军人事务部发出第 1 件印章公文，致函武警部队总部协商退役军人事务部安保工作事宜。

3 月 30 日，收到中共中央办公厅发来的中共退役军人事务部党组印章。

3 月 30 日，孙绍骋同志主持召开部长办公会，研究退役军人事务部印章使用事宜，审议退役军人事务部开办工作经费方案。钱锋、方永祥、林国耀同志出席。

3 月 31 日，孙绍骋同志参加国务院机构改革工作推进会。

四月

4 月 2 日，孙绍骋同志主持召开部长办公会，研究《退役军人事务部机构改革组织实施工作方案（修改稿）》。钱锋、方永祥、林国耀同志出席。

4 月 2 日，退役军人事务部印发第 1 个文件。

4 月 4 日，孙绍骋同志主持召开部长办公会，审议并原则通过《退役军人事务部挂牌仪式和成立大会工作方案（送审稿）》。钱锋、方永祥、林国耀同志出席。

4 月 4 日，收到人力资源社会保障部《关于办理军官转业安置司等职责机构人员转隶的函》。

4 月 7 日，孙绍骋同志主持召开部党组会，研究民政部划转优抚安置局职责、转隶人员问题。钱锋、方永祥、林国耀同志出席。

4 月 8 日，收到民政部《关于划转职责、转隶人员的函》。

4 月 10 日，部机关进驻金苑大厦东侧楼（朝阳区北苑路 36 号）。

4 月 11 日，孙绍骋同志主持召开部党组会，审议并原则通过《退役军人事务部工作小组职责分工和人员组成方案（送审稿）》，审议并原则通过《〈每日动态〉编制方案（送审稿）》。

4 月 12 日，孙绍骋同志主持召开部党组会，研究确定部领导分工。钱锋、方永祥、林国耀同志出席。

4 月 13 日，孙绍骋同志主持召开部业务工作汇报会。钱锋、方永祥、林国耀同志出席。

4 月 15 日，方永祥同志出席退役军人事务部干部职工大会并讲话，对退役军人事务部挂牌仪式暨成立大会进行动员部署。

4 月 16 日，退役军人事务部挂牌仪式和成立大会在京举行。中共中央政治局委员、国务院副总理孙春兰同志，中央军委委员、中央军委政治工作部主任苗华同志出席并讲话。孙绍骋同志主持。中央军民融合发展委员会办公室、国务院办公厅、国务院研究室、国家机关事务管理局、中央军委办公厅、中央军委后勤保障部、中央军委国防动员部有关负责同志参加。钱锋、方永祥、林国耀同志参加。

4 月 16 日，孙绍骋同志参加新一届国务院在中南海举行的宪法宣誓仪式观礼。方永祥同志进行宪法宣誓。

4月17日，部来访接待室正式接待来访人员。

4月18日，孙绍骋同志列席国务院第5次常务会议。

4月18日，孙绍骋同志主持召开会议，听取河北省退役军人安置工作汇报。钱锋、方永祥、林国耀同志出席。

4月19日，退役军人事务部发出第1个电文。

4月20日，孙绍骋、钱锋同志参加全国网络安全和信息化工作会议。

4月20日，孙绍骋同志出席部全体干部大会并讲话。钱锋同志主持，方永祥、林国耀同志出席。

4月20日，孙绍骋同志主持召开部党组会，研究干部人事工作。钱锋、方永祥、林国耀同志出席。

4月23日，孙绍骋同志主持召开部党组会，传达学习习近平总书记在全国网络安全和信息化工作会议上的重要讲话和中央财经委员会第一次会议上的重要讲话，审议退役军人事务部拟建基本制度目录，研究干部人事工作。钱锋、方永祥、林国耀同志出席。

4月23日，孙绍骋同志主持召开部务会，审议近期重点工作任务、机关文稿样式及格式。钱锋、方永祥、林国耀同志出席。

4月23日，孙绍骋同志主持召开部长办公会，研究部课题研究工作。钱锋、方永祥、林国耀同志出席。

4月24日，孙绍骋同志主持召开部长办公会，审议《关于全面加强新时代退役士兵就业创业工作的意见》。钱锋、方永祥、林国耀同志出席。

4月25日，孙绍骋同志列席国务院第6次常务会议。

4月25日，林国耀同志参加中央纪委有关会议。

4月26日，孙绍骋同志主持召开党组会，传达学习习近平总书记重要讲话，研究确定部党组成员分工。钱锋、方永祥、林国耀同志出席。

4月26日，孙绍骋同志主持召开部长办公会，研究重大课题研究工作。钱锋、方永祥、林国耀同志出席。

4月26日，钱锋同志参加全国人大宪法和法律委员会全体会议。

4月27日，孙绍骋同志出席国务院第一次廉政工作会议。

4月28日，钱锋同志赴天津市调研退役军人就业创业和优先优待工作。

五月

5月2日，孙绍骋同志列席国务院第7次常务会议。

5月3日，孙绍骋同志主持召开部长办公会，研究推进信访办理网络化有关事宜，审议退役军人事务部组建初期政府采购结算经费支出、《关于进一步加强由政府安排工作退役士兵就业安置工作的意见》和《关于加强新时代退役军人就业创业工作的意见》。钱锋、方永祥、林国耀同志出席。

5月4日，孙绍骋同志参加纪念马克思诞辰200周年大会。

5月7日，孙绍骋同志参加国务院机构改革第二次推进会，并介绍退役军人事务部前一阶段推进机构改革工作进展、主要做法及成效。

5月8日，孙绍骋同志与中国农业银行行长

赵欢同志座谈交流。

5月9日，孙绍骋同志主持召开部长办公会，研究解决退役军人信访有关问题。钱锋、方永祥、林国耀同志出席。

5月10日，孙绍骋、钱锋、方永祥、林国耀同志分别与山西省副省长曲孝丽同志座谈交流。

5月10日，孙绍骋、钱锋、方永祥、林国耀同志分别与大连市民政局局长张淑华同志座谈交流。

5月10日，孙绍骋、方永祥、林国耀同志分别会见北京市朝阳区委书记、区长王灏同志。方永祥同志与王灏同志就做好退役军人有关工作座谈交流。

5月10日，林国耀同志会见中央和国家机关工委调研组。

5月11—14日，孙绍骋同志赴河北省调研退役军人管理服务工作。

5月15—16日，方永祥同志赴北京市调研军转安置和军休安置管理工作。

5月16日，孙绍骋同志列席国务院第8次常务会议。

5月17日，孙绍骋同志主持召开部党组会，审议《中共退役军人事务部党组会议规定（暂行）》《退役军人事务部部务会议规则（暂行）》《退役军人事务部部长办公会议规则（暂行）》。钱锋、方永祥、林国耀同志出席。

5月17日，孙绍骋同志主持召开部长办公会，审议提高优抚对象抚恤补助标准事宜和《为烈属、军属家庭悬挂光荣牌工作实施办法》《关于开展退役军人工作课题研究方案》《关于抓好机遇做好在朝志愿军烈士褒扬工作的方案》。钱锋、方永祥、林国耀同志出席。

5月17日，孙绍骋同志主持召开退役军人事务部第1次部务会议。会议审议并原则通过《退役军人事务部办理全国人大代表建议和全国政协提案工作规定（送审稿）》《退役军人事务部领导干部外出请假报备规定（送审稿）》。钱锋、方永祥、林国耀同志出席。

5月17日，钱锋同志参加国务院残疾人工作委员会第一次全体会议。

5月18日，孙绍骋同志参加全国生态环境保护大会。

5月18—19日，林国耀同志参加全国生态环境保护大会。

5月21日，孙绍骋同志主持召开部党组会，传达学习中央有关文件精神和全国生态环境保护大会精神。钱锋、方永祥、林国耀同志出席。

5月21日，孙绍骋同志主持召开部长办公会，审议部年度调研计划。钱锋、方永祥、林国耀同志出席。

5月22日，孙绍骋同志赴天津市调研退役军人工作。期间，与中共中央政治局委员、天津市委书记李鸿忠同志就落实军队退役人员安置、军人抚恤优待政策，探索创新工作体制机制，进一步做好退役军人管理服务工作座谈交流。

5月23日，孙绍骋同志列席国务院第9次常务会议。

5月23—25日，钱锋同志赴江苏省调研退役军人就业创业和优抚褒扬工作。

5月24日，孙绍骋、方永祥同志分别会见公安部副部长侍俊同志。方永祥同志与侍俊同志就共同做好退役军人有关工作座谈交流。

5月24日，方永祥同志参加全国普通高等

学校毕业生就业创业工作电视电话会议。

5 月 29 日，孙绍骋同志主持召开部党组会，研究有关工作。钱锋、方永祥、林国耀同志出席。

5 月 30 日，孙绍骋同志列席国务院第 10 次常务会议。

5 月 31 日，孙绍骋、钱锋、方永祥、林国耀同志分别会见甘肃省副省长何伟同志。钱锋同志与何伟同志座谈交流。

六月

6 月 1 日，方永祥同志到国家信访局走访，与国务院副秘书长、国家信访局局长舒晓琴同志座谈交流。

6 月 2 日，孙绍骋同志主持召开部党组会，审议关于商财政部下达 2018 年中央财政抚恤补助和优抚对象医疗补助经费有关问题和《退役军人事务部党组贯彻落实中央八项规定精神的具体措施》《退役军人事务部党组关于维护党的集中统一领导的规定》。钱锋、方永祥、林国耀同志出席。

6 月 6 日，孙绍骋同志列席国务院第 11 次常务会议。

6 月 7 日，孙绍骋同志主持召开部党组会，传达学习中央领导同志重要讲话精神，研究讨论部“三定”规定（草案稿）和《从中央和国家机关、军委机关借调工作人员有关安排》《部直属机关临时党委、直属机关临时纪委组成人员建议名单》。钱锋、方永祥、林国耀同志出席。

6 月 8 日，孙绍骋同志出席我国首枚“友谊勋章”颁授仪式并观礼。

6 月 12 日，孙绍骋、方永祥同志到军事科学院，与院长杨学军、政委方向同志就加强退役军人工作研究座谈交流。

6 月 12 日，孙绍骋同志与中国工商银行董事长易会满、副行长张红力同志座谈交流。

6 月 13 日，孙绍骋同志列席国务院第 12 次常务会议。

6 月 13 日，方永祥同志到中央政法委，与副秘书长陈训秋同志座谈交流。

6 月 14 日，孙绍骋同志到中央政法委，研究在河北省召开军队退役人员服务管理工作推进会筹备事宜。

6 月 15 日，孙绍骋同志主持召开部党组会，传达学习习近平总书记关于打赢脱贫攻坚战三年行动重要批示，研究关于推荐退役军人事务领域改革开放杰出贡献表彰人选问题和“八一”前出台政策措施及退役士兵安置工作有关政策。钱锋、方永祥、林国耀同志出席。

6 月 15 日，孙绍骋同志主持召开部长办公会，研究退役士兵有关工作。钱锋、方永祥、林国耀同志出席。

6 月 15 日，孙绍骋、钱锋同志会见国家机关事务管理局局长李宝荣同志。

6 月 15 日，方永祥同志参加国务院口专项协调小组会议。

6 月 16 日，方永祥同志到中央军委改革和编制办公室，与副主任丁向荣同志对接有关工作。

6 月 19 日，孙绍骋同志到中央组织部沟通有关情况。

6 月 20 日，孙绍骋同志列席国务院第 13 次常务会议。

6 月 21 日，孙绍骋同志列席中央政治局常委会会议。

6月21日，孙绍骋同志与广东省省长马兴瑞同志就做好退役军人工作座谈交流。

6月21日，孙绍骋同志主持召开部党组会，研究对《党组决定党员处分事项的工作程序规定（试行）（征求意见稿）》的回复意见，研究干部人事工作。钱锋、方永祥、林国耀同志出席。

6月21日，孙绍骋同志主持召开部长办公会，审议《为烈属、军属和退役军人等家庭悬挂光荣牌工作实施办法（送审稿）》。钱锋、方永祥、林国耀同志出席。

6月21日，钱锋同志到国家机关事务管理局，参加新组建部门后勤保障工作对接会。

6月22日，孙绍骋同志参加中央外事工作会议第一次全体会议。

6月22—23日，钱锋同志参加中央外事工作会议。

6月24日，孙绍骋同志主持召开务虚会，研究当前退役军人工作主要问题和有关对策。钱锋、方永祥、林国耀同志出席。

6月26日，孙绍骋、方永祥同志到中央军委后勤保障部，与部长宋普选同志就退役军人工作座谈交流。

6月26日，孙绍骋同志参加中共中央政治局委员、国务院副总理孙春兰同志主持召开的专家座谈会。

6月26日，钱锋同志出席中国共产主义青年团第十八次全国代表大会开幕会。

6月26日，钱锋同志与国家机关事务管理局副局长赵峰涛同志研究部机关后勤工作。

6月27日，孙绍骋同志列席国务院第14次常务会议。

6月27日，孙绍骋同志主持召开会议，研究贯彻落实中共中央政治局委员、国务院副总理孙春兰同志听取部班子汇报时的重要讲话精神及下一步工作措施。钱锋、方永祥、林国耀同志出席。

6月28日，孙绍骋同志到国务院参加全国深化“放管服”改革转变政府职能电视电话会议。钱锋、方永祥、林国耀同志在部机关分会场参会。

6月28日，孙绍骋同志主持召开部长办公会，研究讨论部领导在退役军人工作经验交流会上的讲话稿，审议关于做好下岗失业退役士兵社会保险帮扶救助工作的文件稿。钱锋、方永祥、林国耀同志出席。

6月29日，孙绍骋同志列席中央政治局会议。

6月30日至7月1日，孙绍骋、方永祥同志出席在河北省召开的退役军人工作经验交流会。

七月

7月2日，孙绍骋同志主持召开部党组会，传达学习中央有关文件精神，审议部接收安置军队转业干部计划，审议《退役军人事务部〈“十三五”时期全国保密事业发展规划〉贯彻实施情况中期检查实施方案》《中共退役军人事务部党组关于成立保密委员会的通知》稿，研究落实全国深化“放管服”改革转变政府职能电视电话会议精神的意见，传达退役军人工作经验交流会精神。钱锋、方永祥、林国耀同志出席。

7月3日，孙绍骋同志参加全国组织工作会议第一次全体会议。

7月3日，孙绍骋同志主持召开部党组会，传达学习中央领导同志重要批示，研究推荐退役军人事务领域改革开放杰出贡献表彰人选。钱锋、方永祥、林国耀同志出席。

7月3日，孙绍骋同志主持召开部长办公会，审议《2018年中央单位接收安置军队转业干部计划》《2018年军队复员干部安置计划》。钱锋、方永祥、林国耀同志出席。

7月4日，孙绍骋同志列席国务院第15次常务会议。

7月5日，孙绍骋、方永祥同志到国防大学，与校长郑和、政委吴杰明同志就退役军人工作座谈交流。

7月5日，孙绍骋同志主持召开部党组会，传达学习全国组织工作会议精神，传达中央领导同志重要批示并研究贯彻落实措施。钱锋、方永祥、林国耀同志出席。

7月5日，钱锋同志与中央军委政治工作部群众工作局局长肖安水等同志，就借助双拥工作机制帮助部队解决实际问题座谈交流。

7月6日，孙绍骋同志主持召开部长办公会，审议《退役军人事务部机关会议费管理暂行办法》《退役军人事务部机关培训费管理暂行办法》《退役军人事务部机关差旅费管理暂行办法》《退役军人事务部机关课题费管理暂行办法》《退役军人事务部机关值班费标准》，研究近期部后勤保障工作。钱锋、方永祥、林国耀同志出席。

7月7日，孙绍骋同志主持召开部党组会，传达学习中央有关文件精神。钱锋、方永祥同志出席。

7月7日，方永祥同志到中国人民抗日战争纪念馆参加纪念全民族抗战爆发81周年仪式。

7月9日，孙绍骋同志主持召开会议，审议《为烈属、军属和退役军人等家庭悬挂光荣牌工作实施办法》，研究下一步工作措施。钱锋、林国耀同志出席。

7月9日，孙绍骋同志参加国务院机构改革第三次推进会。

7月9—11日，孙绍骋同志赴河南省调研贯彻落实“河北会议”精神情况及退役军人服务体系建设、退役军人服务保障等工作。

7月9—12日，林国耀同志带队赴广西壮族自治区、云南省，调研检查中央关于退役军人工作部署落实情况。

7月12日，钱锋同志参加中央和国家机关党的政治建设推进会。

7月12日，方永祥同志出席2018年中央单位军队转业干部安置工作会议并讲话。

7月13日，孙绍骋同志列席国务院第16次常务会议。

7月13日，孙绍骋、林国耀同志与到驻部纪检监察组调研的中央纪委副书记、国家监委副主任陈小江同志和中央纪委组织部部长刘爽同志、中央纪委国家监委第二监督检查室主任崔志成同志座谈交流。

7月13日，方永祥同志到中央军委改革和编制办公室对接工作。

7月13日，方永祥同志参加国务院口专项协调小组会议。

7月13日，林国耀同志主持召开驻部纪检监察组全体干部会议，中央纪委副书记、国家监委副主任陈小江同志作重要讲话，中央纪委组织部部长刘爽同志宣布驻部纪检监察组干部任免事项。林国耀同志代表驻部纪检监察组领导班子在会上作表态发言。

7月14日，孙绍骋同志主持召开部党组会，传达习近平总书记在十九届中央政治局第六次集体学习时的重要讲话、中央和国家机关党的政治建设推进会精神和中央有关文件精神，审议《退役军人事务部党组理论学习中心组学习实施办法》，研究关于加强和规范部机关党组织建设有关问题和干部人事工作。钱锋、方永祥、林国耀同志出席。

7月14日，孙绍骋同志主持召开部长办公会，研究中央军委政治工作部群众工作局《关于发挥双拥工作优势协调地方帮助部队解决实际问题的工作建议》，审议《关于退役军人事务工作课题委托研究有关问题的请示》和关于预算管理等5个办法。钱锋、方永祥、林国耀同志出席。

7月17日，林国耀同志带队到中央纪委国家监委第二监督检查室对接工作。

7月18日，孙绍骋同志列席国务院第17次常务会议。

7月19日，孙绍骋同志与天津市纪委副书记、市监委副主任、市退役军人事务局筹备组组长王宝强同志座谈交流。

7月19日，钱锋同志出席部《退役军人保障法（初稿）》征求意见座谈会并讲话。

7月19日，孙绍骋同志参加第四次全国经济普查电视电话会议。

7月19日，钱锋同志参加国务院研究退役军人管理、保障和服务有关工作会议。

7月19日，林国耀同志到中央纪委国家监委参加有关会议。

7月19—20日，方永祥同志赴河北省张家口市调研退役军人工作。

7月20日，钱锋同志出席退役军人事务部保密委员会第一次全体会议并讲话。

7月20日，钱锋同志到国务院办公厅参加会议，研究召开退役军人工作推进会有关事宜。

7月20日，钱锋同志主持召开退役军人和其他优抚对象信息采集工作协调会。

7月22日，孙绍骋同志主持召开部党组会，传达学习习近平总书记在同团中央新一届领导班子集体谈话时的重要讲话和中央有关文件精神，审议部属事业单位机构编制批复校核意见和部组建及工作情况汇报稿。钱锋、方永祥、林国耀同志出席。

7月23日，孙绍骋同志列席国务院第18次常务会议。

7月24日，方永祥同志听取山东省人社厅副厅长夏鲁青同志关于开展退役军人职业技能大赛活动有关情况汇报。

7月26日，孙绍骋同志与中央宣传部对外新闻局副局长袭艳春同志座谈交流。钱锋、方永祥、林国耀同志出席。

7月26日，林国耀同志参加中央纪委国家监委纪检监察机构干部监督工作座谈会。

7月27日，孙绍骋、钱锋、方永祥、林国耀同志与武警北京总队副司令员孔令强同志看望慰问驻部武警官兵。

7月27日，孙绍骋、钱锋、方永祥、林国耀同志出席国务院办公厅组织召开的部分省份退役军人服务管理工作推进会。

7月28日，孙绍骋同志参加深化党和国家机构改革第二次推进会。

7月29日，孙绍骋同志主持召开党组会，传达部分省份退役军人服务管理工作推进会、深化党和国家机构改革第二次推进会精神，审议《退役军人事务部接收安置军队转业干部办法》，研究部2018年第二批公务员补录人选、新闻发布会有关材料。钱锋、方永祥、林国耀同志出席。

7月29日，孙绍骋同志主持召开部长办公会，研究审议组建信息采集工作领导小组有关事宜。钱锋、方永祥、林国耀同志出席。

7月30日，孙绍骋同志列席国务院第19次常务会议。

7月31日，退役军人事务部门户网站正式上线运行。

7月31日，孙绍骋、钱锋、方永祥同志出席国务院新闻办新闻发布会，介绍退役军人事务部工作进展和相关政策举措等情况并答记者问。

7月31日，方永祥同志参加庆祝建军91周年招待会。

八月

8月1日，孙绍骋同志主持召开部党组会，传达学习习近平总书记在十九届中央政治局第七次集体学习时关于退役军人工作的重要指示，研究部2018年度军转干部接收岗位。钱锋、方永祥、林国耀同志出席。

8月1日，孙绍骋同志主持召开部长办公会，听取各工作组工作汇报，研究部署下一阶段重点工作，研究部分中央国家机关和央企申请易地安置退役士兵事宜。钱锋、方永祥、林国耀同志出席。

8月3日，孙绍骋同志主持召开部党组会，传达国务院机构改革第三次推进会精神，审议《退役军人事务部机关干部选拔任用暂行办法》《中共退役军人事务部党组理论学习中心组2018年度学习计划》，研究干部人事工作。钱锋、方永祥同志出席。

8月3日，孙绍骋同志主持召开部长办公会，审议开通退役军人“网上信访”工作实施意见。钱锋、方永祥同志出席。

8月3日，钱锋同志出席退役军人和其他优抚对象信息采集工作领导小组第一次全体会议并讲话。

8月6日，方永祥同志会见河北省廊坊市委书记冯韶慧同志。

8月7—12日，方永祥同志到江苏省和四川省调研退役军人党建和思想政治工作。

8月8—9日，孙绍骋同志赴河北省石家庄市、邯郸市调研退役军人党建和思想政治工作。

8月10日，孙绍骋、钱锋同志分别会见中国银行副行长刘强同志。钱锋同志与刘强同志就中国银行为退役军人提供金融保险等服务座谈交流。

8月12日，孙绍骋同志主持召开部长办公会，研究《退役军人保障法》起草有关问题，审议购买文印设备、报送2019年通用资产配置计划等事宜。钱锋、方永祥、林国耀同志出席。

8月12日，孙绍骋同志主持召开部党组会，传达学习中央领导同志重要批示和中央有关文件精神，研究贯彻落实措施，研究干部人事工作。钱锋、方永祥、林国耀同志出席。

8月13日，孙绍骋同志会见内蒙古自治区民政厅厅长邓月楼同志。

8月13—15日，孙绍骋同志赴山东省济南市、邹城市调研退役军人党建和思想政治工作。

8月15日，孙绍骋、钱锋、方永祥、林国耀同志分别会见内蒙古自治区副主席欧阳晓晖同志。孙绍骋同志与欧阳晓晖同志就做好退役军人工作座谈交流。

8月16日，孙绍骋同志列席国务院第20次常务会议。

8月16日，方永祥同志主持召开2018年国务院大督查第十七督查组第一次小组会议。

8月17日，孙绍骋同志主持召开部党组会，传达学习习近平总书记在中央财经委员会第二次会议上的重要讲话和中央领导同志重要批示。钱锋、林国耀同志出席。

8月19日，钱锋同志到中央单位和北京市市级单位接收安置军队转业干部统一笔试现场巡视。

8月20日，孙绍骋同志会见中国社会保障学会会长郑功成同志。

8月20日，钱锋同志出席退役军人和其他优抚对象信息采集工作业务培训班开班式并作动员讲话。

8月20—21日，方永祥同志参加国务院大督查业务培训暨部署会。

8月21日，孙绍骋同志参加全国宣传思想工作会议第一次全体会议。

8月21日，孙绍骋同志会见安徽省副省长张曙光同志。

8月21日，孙绍骋同志主持召开部党组会，传达学习习近平总书记重要批示，研究干部人事工作。钱锋、方永祥、林国耀同志出席。

8月21日，孙绍骋同志主持召开部长办公会，审议部2019—2021年支出规划和2019年部门预算“一上”草案、《部机关涉密专用信息设备采购管理暂行办法》等5个管理办法。钱锋、方永祥、林国耀同志出席。

8月22日，孙绍骋同志列席国务院第21次常务会议。

8月22日至9月2日，方永祥同志作为国务院第十七督查组组长，带队赴湖北省开展国务院大督查。

8月23日，钱锋同志参加中央信访工作联席会议全体会议。

8月24日，孙绍骋同志主持召开部党组会，传达学习全国宣传思想工作会议精神，学习《中国共产党纪律处分条例》。钱锋、林国耀同志出席。

8月24日，孙绍骋同志主持召开部长办公会，审议向中央企业下达2018年度符合政府安排工作条件退役士兵接收安置计划、退役军人和其他优抚对象信息采集宣传工作方案。钱锋、林国耀同志出席。

8月28日，孙绍骋同志主持召开部党组会，传达学习中央领导同志关于山东寿光洪灾的重要批示。钱锋、林国耀同志出席。

8月29日，孙绍骋同志会见陆军副司令员尤海涛同志。

8月29日，钱锋同志出席第十次全国归侨侨眷代表大会开幕会。

8月30日，孙绍骋同志列席国务院第22次常务会议。

8月31日，孙绍骋同志参加国务院副秘书长丁学东同志主持召开的专题会议。

九月

9月1日，退役军人网上信访业务正式上线开通。

9月3日，钱锋同志出席纪念中国人民抗日

战争暨世界反法西斯战争胜利73周年座谈会。

9月3日，孙绍骋同志与中央组织部副部长齐玉同志座谈。

9月4日，钱锋同志会见乌干达国防与退役军人事务国务部长鲁瓦米拉马，介绍退役军人事务部主要职能和我国退役军人工作发展情况，交流退役军人安置领域政策制度和经验做法。

9月6日，孙绍骋同志列席国务院第23次常务会议。

9月6日，孙绍骋同志主持部党组会，传达学习习近平总书记关于做好信访工作的重要指示精神，审议《中共退役军人事务部党组履行全面从严治党主体责任实施办法（试行）》，研究干部人事工作。钱锋、方永祥、林国耀同志出席。

9月6日，孙绍骋同志主持召开部长办公会，研究中国援赞烈士陵园项目、部分退役军人身份认定和政策待遇、委托公司翻译外文法律资料有关事宜。钱锋、方永祥、林国耀同志出席。

9月7日，钱锋同志参加全国人大常委会立法工作会议。

9月7日，钱锋同志会见云南省民政厅厅长孙青友同志。

9月7日，林国耀同志到中央和国家机关保密教育实训平台（北京交通大学科技大厦）参加在京新任中管干部保密教育轮训。

9月10日，孙绍骋同志参加全国教育大会。

9月10—11日，方永祥同志参加全国教育大会。

9月13日，孙绍骋同志主持召开部分全国人大代表和全国政协委员座谈会并讲话。钱锋、方永祥、林国耀同志和全国政协常委、全国政协提案委员会副主任戚建国，全国政协常委、教科卫体委员会副主任吴昌德，全国政协常委侯贺华同志出席。

9月14日，孙绍骋同志主持召开部党组会，传达学习习近平总书记在中央全面依法治国委员会第一次会议上的重要讲话、中央领导同志在全国教育大会上的重要讲话，研究干部人事工作。钱锋、方永祥、林国耀同志出席。

9月14日，钱锋同志参加中国残联第七次全国代表大会开幕式。

9月17日，方永祥同志参加由全国人大宪法和法律委员会、全国人大社会建设委员会、全国人大常委会法制工作委员会组织召开的座谈会。

9月18日，孙绍骋同志出席军队有关会议。

9月18日，孙绍骋同志列席国务院第25次常务会议。

9月18—21日，方永祥同志参加宁夏回族自治区成立60周年庆祝活动。

9月19日，孙绍骋同志会见中央组织部组织一局巡视员、副局长黄川同志，就退役军人党建工作座谈交流。

9月20日，孙绍骋同志主持召开部长办公会，研究部分重点工作交接问题。钱锋、林国耀同志出席。

9月20日，孙绍骋同志与中国建设银行党委书记、董事长田国立，副行长张立林同志座谈交流。

9月21日，孙绍骋、钱锋、林国耀同志分别会见辽宁省政府副秘书长、退役军人事务厅筹备组组长秦喆同志。

9月21日，孙绍骋同志主持召开部党组会，研究2019年度中央机关公务员录用计划申报事宜和2018年度军转干部拟录用人选。钱锋、林国耀同志出席。

9月25日，孙绍骋、钱锋、方永祥、林国耀同志出席以“不忘初心、牢记使命　为构建新时代退役军人事务新格局努力奋斗”为主题的英烈文化作品展开幕式，共同为展览揭幕。

9月26日，孙绍骋同志列席国务院第26次常务会议。

9月27日，钱锋同志会见外交部外管司参赞林先江同志，就退役军人事务国际交流合作及部外事管理工作座谈交流。

9月28日，孙绍骋同志主持召开部党组会，传达学习中央有关文件。钱锋、林国耀同志出席。

9月28日，方永祥同志到财政部，与余蔚平副部长座谈交流《关于做好部分退役士兵基本养老和医疗保险帮扶援助工作的意见》出台事宜。

9月29日，钱锋同志主持召开退役军人和其他优抚对象信息采集工作领导小组第二次全体会议。

9月29日，方永祥同志参加中央和国家机关警示教育大会。

9月29日，钱锋同志会见国务院办公厅秘书三局副局长王政敏同志，就退役军人管理服务有关工作座谈交流。

9月30日，孙绍骋同志在天安门广场参加烈士纪念日向人民英雄敬献花篮仪式。

9月30日，方永祥同志与中央军委政治工作部兵员和文职人员局副局长赵钧同志座谈，研究讨论《符合政府安排工作条件退役士兵服役表现量化评分办法（暂行）》。

十月

10月8日，孙绍骋同志列席国务院第27次常务会议。

10月8日，孙绍骋同志主持召开部党组会，研究部领导分工、部内议事协调机构人员调整事宜，审议《关于进一步规范部党组会议、部务会议、部长办公会议有关事项的意见》。钱锋、方永祥、林国耀同志出席。

10月9日，孙绍骋、钱锋、方永祥同志参加中共中央政治局委员、国务院副总理孙春兰同志主持召开的退役军人工作专题会。

10月10日，孙绍骋、钱锋同志会见河北省副省长张古江同志，听取《关于设立退役军人关爱基金的意见》有关情况汇报。

10月10日，方永祥同志参加国务院副秘书长丁向阳同志主持召开的会议，研究退役军人社会保险参保和接续问题。

10月12日，孙绍骋、钱锋、方永祥、林国耀同志分别会见海南省退役军人事务厅厅长罗时祥同志。钱锋同志与罗时祥同志座谈，听取工作汇报。

10月15日，孙绍骋同志主持召开部党组会，传达学习国务院退役军人工作专题会议精神，研究落实措施，传达学习中央有关督查报告及中央和国家机关警示教育大会精神，研究全国人大等5家单位超计划接收军转干部事宜。钱锋、方永祥、林国耀同志出席。

10月15日，孙绍骋同志主持召开部务会，审议《境外烈士纪念设施保护管理办法（草案）》。钱锋、方永祥、林国耀同志出席。

10月15日，孙绍骋同志主持召开部长办公会，传达学习全国信访矛盾化解攻坚现场推进会议精神，研究落实措施，审议《2018年全国退役军人事务厅（局）长会议方案（送审稿）》《退役军人事务部政务微信公众号建设方案（送审稿）》。钱锋、方永祥、林国耀同志出席。

10月16日，孙绍骋、钱锋、方永祥、林国耀同志分别会见四川省民政厅厅长益西达瓦同志。

10月16日，退役军人事务部正式开通官方政务微信公众号。

10月16日，孙绍骋、方永祥同志分别会见中华全国总工会党组成员、书记处书记赵世洪同志。方永祥同志与赵世洪同志就退役军人接收政策和服务工作座谈交流。

10月16日，孙绍骋同志主持召开部党组会，传达学习中央有关文件，研究中国青年干部祭扫交流代表团赴朝执行相关任务事宜。钱锋、方永祥、林国耀同志出席。

10月17日，孙绍骋同志主持召开部党组会，研究干部人事工作。钱锋、方永祥、林国耀同志出席。

10月18日，孙绍骋同志会见中国银行党委书记、董事长陈四清同志，座谈交流退役军人专属金融服务方案。

10月21日，孙绍骋同志主持召开部党组会，传达学习中央有关文件。钱锋、方永祥、林国耀同志出席。

10月21日，孙绍骋同志主持召开部务会，审议《退役军人事务部外事管理规定（送审稿）》。钱锋、方永祥、林国耀同志出席。

10月21日，孙绍骋同志主持召开部长办公会，审议《退役军人综合信息大数据平台建设规划（草案）》，研究退役军人事务部电子政务内网建设等事宜。钱锋、方永祥、林国耀同志出席。

10月22日，孙绍骋同志出席中国工会第十七次全国代表大会开幕式。

10月22日，钱锋同志参加中共中央政治局常委、国务院副总理韩正同志主持召开的会议。

10月22日，孙绍骋同志列席国务院第28次常务会议。

10月22日，方永祥同志出席2018年全国军队转业干部安置工作推进会并讲话。

10月23日，钱锋同志参加国务院副秘书长丁向阳同志主持召开的会议。

10月24日，孙绍骋同志主持召开部党组会，研究干部人事工作。钱锋、方永祥、林国耀同志出席。

10月25日，孙绍骋、钱锋、方永祥、林国耀同志分别会见山东省副省长、公安厅厅长孙立成同志。孙绍骋同志与孙立成同志座谈交流退役军人有关工作。

10月25日，方永祥同志会见滴滴出行科技有限公司总裁柳青。

10月25日，方永祥同志出席退役军人就业创业工作专题研讨会并讲话，研讨贯彻落实《关于促进新时代退役军人就业创业工作的意见》有关工作。

10月29日，钱锋同志出席部政务信息工作会议并讲话。

10月29日，孙绍骋同志主持召开部党组会，传达学习中央有关文件和全国党委秘书长会议精神，研究贯彻落实措施。钱锋、方永祥、林国耀同志出席。

10月30日，孙绍骋同志参加中国妇女第十二次全国代表大会开幕会。

10月31日，方永祥同志参加国务院副秘书长丁向阳同志主持召开的会议。

十一月

11月1日，孙绍骋、钱锋、林国耀同志分别会见江苏省退役军人事务厅党组书记张宝娟同志。

11月1日，孙绍骋同志带队赴中央党校（国家行政学院），与第16期县委书记研修班学员代表座谈交流基层退役军人工作开展情况，听取意见建议。方永祥同志出席。

11月2日，孙绍骋、方永祥同志列席国务院第29次常务会议。

11月2日，孙绍骋同志主持召开部党组会，审议《退役军人事务部机关各司（厅）主要职责、内设处（室）和人员编制规定（送审稿）》。钱锋、方永祥同志出席。

11月2日，孙绍骋同志主持召开部务会，审议《退役军人事务部档案借阅管理暂行办法（送审稿）》。钱锋、方永祥同志出席。

11月2日，孙绍骋同志主持召开部长办公会，审议《符合政府安排工作条件退役士兵服役表现量化评分暂行办法（送审稿）》。钱锋、方永祥同志出席。

11月2日，林国耀同志参加中央纪委国家监委有关工作会议。

11月3日，孙绍骋同志主持召开部长办公会，传达学习中央领导同志重要指示，研究起草向中央领导同志汇报材料等事宜。钱锋、方永祥同志出席。

11月5日，方永祥同志到北京电视台大剧院出席“最美退役军人”发布仪式录制，并和中央宣传部副部长梁言顺同志共同向20名“最美退役军人”颁发荣誉证书。10日，向社会公开发布。

11月8日，孙绍骋、钱锋、方永祥同志分别会见四川省退役军人事务厅厅长鞠波同志。

11月8日，孙绍骋、钱锋、林国耀同志分别会见陕西省退役军人事务厅厅长高中印同志。钱锋同志与高中印同志座谈，听取工作汇报。

11月8日，孙绍骋、钱锋、林国耀同志分别会见山西省副省长曲孝丽同志。

11月8日，钱锋同志会见财政部国库司副司长王绍双同志。

11月8日，方永祥同志会见国务院办公厅秘书三局副局长王政敏同志。

11月9日，孙绍骋同志出席国家综合性消防救援队伍授旗仪式。

11月9日，孙绍骋同志主持召开部党组会，传达学习中央有关文件，研究干部人事工作。钱锋、方永祥、林国耀同志出席。

11月9日，孙绍骋同志主持召开部务会，研究规划财务有关制度修订事宜。钱锋、方永祥、林国耀同志出席。

11月9日，孙绍骋同志主持召开部长办公会，研究“最美退役军人”学习宣传活动经费事宜。钱锋、方永祥、林国耀同志出席。

11月9日，钱锋同志列席国务院第30次常务会议。

11月11—12日，方永祥同志出席在浙江省绍兴市召开的中央政法委有关会议。

11月12日，孙绍骋、钱锋同志分别会见北京市退役军人事务局局长苗立峰同志。

11月12日，钱锋同志主持召开退役军人和其他优抚对象信息采集工作领导小组第三次全体会议，听取信息采集工作进展和数据检查情况汇报，对下一步工作提出要求。

11月13日，孙绍骋同志列席中央军委有关会议。

11月13日，孙绍骋、钱锋同志分别会见司法部党组成员甘藏春同志。钱锋同志与甘藏春同志就《退役军人保障法》立法工作座谈交流。

11月13日，孙绍骋、钱锋、林国耀同志分别会见黑龙江省退役军人事务厅厅长锡东光同志。

11月14日，孙绍骋、钱锋、林国耀同志分别会见广东省副省长叶贞琴同志。

11月15日，孙绍骋、钱锋、方永祥、林国耀同志分别会见甘肃省退役军人事务厅厅长牛彦之同志。

11月15日，钱锋、方永祥、林国耀同志分别会见河北省退役军人事务厅厅长兰保良同志。

11月16日，林国耀同志参加中央纪委国家监委有关工作会议。

11月16日，孙绍骋同志主持召开部党组会，传达学习中央有关文件精神，审议《部党组关于贯彻落实〈中共中央办公厅关于统筹规范督查检查考核工作的通知〉精神的意见》及有关会议方案。钱锋、林国耀同志出席。

11月16日，孙绍骋同志主持召开部长办公会，审议《关于进一步做好伤病残军人退役安置有关工作的通知》，听取退役军人培训工作汇报。钱锋、林国耀同志出席。

11月19日，孙绍骋、钱锋、方永祥、林国耀同志分别会见湖南省退役军人事务厅厅长唐勇同志。

11月21日，孙绍骋同志列席国务院第31次常务会议。

11月21日，孙绍骋、钱锋、方永祥、林国耀同志分别会见江西省退役军人事务厅厅长欧阳泉华同志。

11月22日，孙绍骋、钱锋、方永祥、林国耀同志分别会见云南省副省长和良辉、退役军人事务厅厅长张胜震同志。

11月22日，孙绍骋、钱锋、方永祥、林国耀同志分别会见北京市副市长卢彦、退役军人事务局局长苗立峰同志。

11月23日，孙绍骋、钱锋、林国耀同志分别会见重庆市退役军人事务局局长张邦平同志。

11月23日，孙绍骋同志主持召开部党组会，传达学习中央有关文件和中央领导同志重要批示，研究贯彻落实措施，审议《中共退役军人事务部党组会议规定》《退役军人事务部部务会议规则》《退役军人事务部部长办公会议规则》修订稿，研究事业单位有关问题和干部人事工作。钱锋、方永祥、林国耀同志出席。

11月23日，孙绍骋同志主持召开部务会，审议《退役军人事务部领导干部外出请假报备规定》《退役军人事务部印章管理规定》《退役军人事务部机关公文处理办法》《退役军人事务部办理全国人大代表建议和全国政协委员提案工作规定》《退役军人事务部信访工作办法》等修订稿，以及《退役军人事务部司局级及以下人员因公临时出国（境）管理办法》《退役军人事务部统计工作管理办法》《退役军人事务部关于防范统计造假弄虚作假责任规定》。钱锋、方永祥、林国耀同志出席。

11月23日，孙绍骋同志主持召开部长办公会，研究《全国退役军人信息化建设总体方案》，审议《退役军人事务部庆祝改革开放40周年宣传工作方案》，研究部统计系统软件建设及招标事宜、部机关职工住房公积金缴存基数核定事宜、中央单位计划外选调军转干部和易地安置退役士兵工作。钱锋、方永祥、林国耀同志出席。

11月25—27日，方永祥同志赴宁夏回族自治区组织军地有关部门座谈调研，深入村户了解实际情况，学习借鉴宁夏退役军人工作经验。

11月26日，孙绍骋同志参加中央政治局第十次集体学习。

11月27日，钱锋同志出席退役军人事务部宣传工作座谈会并讲话。

11月28日，孙绍骋同志列席国务院第32次常务会议。

11月28日，方永祥同志会见公安部治安管理局局长李京生同志，交流近期工作开展情况。

11月28日，钱锋同志召集中央宣传部、中央党史和文献研究院、发展改革委、公安部等14个部门相关司局和广西壮族自治区退役军人事务厅有关负责同志，召开“湘江战役红军遗骸收殓保护工作”座谈会。

11月29日，孙绍骋同志主持召开部党组会，传达学习中央纪委国家监委有关文件和中央领导同志重要讲话，研究贯彻落实措施。钱锋、方永祥、林国耀同志出席。

11月30日，孙绍骋同志主持召开部党组会，传达学习中央有关文件，研究贯彻落实措施。钱锋、方永祥、林国耀同志出席。

11月30日，孙绍骋同志主持召开部务会，审议《退役军人事务部关于部领导重要活动安排的规定（送审稿）》《退役军人事务部关于省部级领导来访接待的规定（送审稿）》。钱锋、方永祥、林国耀同志出席。

11月30日，孙绍骋同志主持召开部长办公会，审议《关于退役军人事务部开展2018年综治工作（平安建设）考核评价工作的通知》。钱锋、方永祥、林国耀同志出席。

十二月

12月3日，孙绍骋、钱锋、林国耀同志分别会见湖北省退役军人事务厅厅长周振武同志。

12月4日，孙绍骋、钱锋、方永祥、林国耀同志分别会见新疆维吾尔自治区退役军人事务厅党组书记侯汉敏、厅长李文富同志。

12月5日，孙绍骋同志列席国务院第33次常务会议。

12月6日，孙绍骋同志主持召开部党组会，研究部署有关工作。钱锋、林国耀同志出席。

12月6日，孙绍骋同志会见宁夏回族自治区党委副书记、主席咸辉同志和党委常委、常务副主席张超超同志，就做好退役军人工作座谈交流。

12月6日，孙绍骋同志参加国务院有关会议。

12月6日，钱锋同志主持召开机构改革验收调研集体座谈会，向深化党和国家机构改革协调小组办公室调研组黄路同志一行介绍退役军人事务部落实机构改革方案和“三定”规定情况，并就有关问题座谈交流。

12月7日，孙绍骋同志参加国务院有关会议。

12月7日，孙绍骋同志主持召开部党组会，传达学习中央有关文件、中央领导同志重要批示，研究成立部直属机关党委、纪委、各司（厅）党支部有关事宜，审议《中共退役军人事务部党组贯彻落实中央八项规定实施细则精神的具体措施》《中共退役军人事务部党组贯彻加强和维护党中央集中统一领导若干规定精神的实施意见》《中共退役军人事务部党组理论学习中心组学习实施办法》《退役军人事务部接收安置军队转业干部实施办法》《退役军人事务部机关干部选拔任用暂行办法》修订稿。钱锋、方永祥、林国耀同志出席。

12月7日，孙绍骋同志主持召开部务会，审议《退役军人事务部工作人员因私出国（境）管理暂行办法》和《退役军人事务部机关借用工作人员管理暂行办法》修订稿，以及《退役军人事务部保密管理暂行规定》《退役军人事务部保密要害部门（部位）保密管理暂行规定》。钱锋、方永祥、林国耀同志出席。

12月7日，孙绍骋同志主持召开部长办公会，研究退役军人和其他优抚对象信息资源管理平台建设项目方案及招标工作、全国退役军人事务厅（局）长会议典型发言省份事宜。钱锋、方永祥、林国耀同志出席。

12月9—13日，钱锋同志参加广西壮族自治区成立60周年庆祝活动。

12月11日，方永祥同志主持召开退役军人就业创业政策推进会，对贯彻落实《关于促进新时代退役军人就业创业工作的意见》提出要求。

12月11日，方永祥同志会见中国安能建设集团有限公司筹备组临时党委副书记张金美同志。

12月12日，孙绍骋同志列席国务院第34次常务会议。

12月12日，方永祥同志到八宝山革命公墓参加王瑞林同志遗体送别仪式。

12月13日，孙绍骋、林国耀同志分别会见安徽省退役军人事务厅厅长林海同志。

12月13日，方永祥同志参加南京大屠杀死难者国家公祭仪式。

12月13日，孙绍骋、林国耀同志会见“最美退役军人”先进事迹报告团代表，并出席“最美退役军人”先进事迹报告会。

12月14日，钱锋同志到中央政法委参加2018年综治工作（平安建设）考核评价工作会议。

12月14日，孙绍骋同志主持召开部党组会，传达学习中央有关文件，审议《机关党委（人事司）关于严肃整治领导干部利用名贵特产类特殊资源谋取私利问题的意见》，研究成立退役军人事务部直属机关工会筹备组事宜。钱锋、方永祥、林国耀同志出席。

12月14日，孙绍骋同志主持召开部长办公会，审议《“铭记功勋·致敬英烈——纪念改革开放40周年主题宣传活动”宣传材料》。钱锋、方永祥、林国耀同志出席。

12月17日，方永祥同志出席公安警卫部队改革视频部署会议。

12月17日，林国耀同志参加中央纪委国家监委有关会议。

12月18日，孙绍骋同志参加庆祝改革开放40周年大会。

12月18日，孙绍骋同志主持召开部务会，研究2018年全国退役军人事务厅（局）长会议工作报告。钱锋、方永祥、林国耀同志出席。

12月19日，方永祥同志到清华大学，与副校长郑力、继续教育学院院长刘震同志座谈，并看望2018年中央单位军队转业干部专业培训班学员。

12月19—21日，孙绍骋同志参加中央经济工作会议。

12月21日，孙绍骋同志主持召开部党组会，传达学习庆祝改革开放40周年大会精神和中央有关文件，研究退役军人服务保障体系建设和干部人事工作。钱锋、方永祥、林国耀同志出席。

12月21日，孙绍骋同志主持召开部务会，审议退役军人事务部2019年工作要点、《退役军人事务部驻外机构及驻外人员管理暂行办法》，研究2018年全国退役军人事务厅（局）长会议工作报告。钱锋、方永祥、林国耀同志出席。

12月21日，孙绍骋同志主持召开部长办公会，审议《2019年春节部领导走访慰问活动方案》，研究计划外选调军转干部和易地安置退役士兵事宜。钱锋、方永祥、林国耀同志出席。

12月22日，孙绍骋同志主持召开部党组会，传达学习中央经济工作会议精神，研究支持配合保障驻部纪检监察组履行职责有关事宜。钱锋、方永祥、林国耀同志出席。

12月22日，孙绍骋同志参加党和国家功勋荣誉表彰工作委员会第2次会议。

12月24日，孙绍骋同志列席国务院第35次常务会议。

12月25日，孙绍骋、方永祥、林国耀同志分别会见广西壮族自治区退役军人事务厅厅长周长青同志。

12月25日，孙绍骋、方永祥同志分别会见贵州省退役军人事务厅厅长孙拥辉同志。

12月25日，钱锋同志到中央军委改革和编制办公室沟通《退役军人保障法》立法工作有关情况。

12月28—29日，全国退役军人事务厅（局）长会议在京召开。会议以习近平新时代中国特色社会主义思想为指导，深入学习贯彻习近平总书记关于退役军人工作重要论述，落实党的十九大和庆祝改革开放40周年大会、中央经济工作会议、中央军委政策制度改革工作会议精神，总结2018年工作，部署2019年重点任务。孙绍骋同志出席会议并讲话。钱锋、方永祥、林国耀同志出席。